# 창업하라

캘리그라피_ 문강 류재학

# 창업의 꿈을 가진
# 모든 분들과 함께 하며

『The Customer-Funded Business』의 한국판 독자들에게 개인적인 따뜻한 환영의 인사를 하고 싶다.

전 세계의 대부분 다른 국가뿐 아니라 한국에서도 많은 일자리를 만들어내어서 남녀를 불문하고 사업을 하고자 하는 차세대들에게 희망과 꿈을 불어넣어주는 사람은 빠르게 성장하고 있는 회사를 이끌고 있는 기업가들이다.

하지만 안타깝게도 실리콘 벨리(돈이 나무에 열리는 것처럼 손쉽게 벌 수 있다고 생각하는 사람들이 있는 곳)의 외부와 소수의 다른 기업 분쟁지대에서는 벤처 캐피털의 생태계가 잘 발달되어 있지 않다.

그것은 한국이나 혹은 마음속에 두고 있는 대부분 다른 지역에서 여러분의 사업을 시작하고 성장시키는 벤처 자금조달을 유치할 수 있는 승산은 정말 어렵다는 것을 의미한다.

그러면 벤처를 진행하거나 혹은 그 수를 늘리는데 필요한 자원을 취하기 위해서 기업가들이 무엇을 해야 할까?

이 책의 내용이 훨씬 우호적인 공급원인 여러분의 고객으로부터 필요한 재원을 얻는 다섯 가지 길이 있다는 것을 여러분에게 보여줄 것이다.

여러분이 읽게 되는 다섯 가지 고객 자금화 모델은 마이클 델과 마이크로소프트의 빌 게이츠와 폴 엘런을 포함하여, 세상에서 가장 유명하고 성공한 기업가들에 의해서 사용되었다는 사실을 알게 될 것이다.

한국 경제에서 재벌의 중요성에도 불구하고 한국의 미래 경제 성장은, 튼튼하게 번영하는 미래를 위하여 국가의 최선의 희망을 상징하는 창업의 꿈을 가진 여러분과 같은 사람들에 의해 좌우될 것이다.

여러분이 하는 모든 일에 행운이 함께 하기를 빌면서, 즐거운 마음으로 이 책을 읽어 주길 기대한다.


2016년 11월 런던에서

존 멀린스 John Mullins

# 창업, 기업가 정신, 마케팅에 관한
# 존 멀린스 교수의 친절한 창업 지침서

강 문 식 _계명대학교 경영정보학과 교수

식품 유통 사업 등 두 번의 창업 경험을 바탕으로 창업 성공을 위한 여러 권의 가이드북을 저술한 존 멀린스 교수의 『The Customer-Funded Business』 한국어판 출간을 진심으로 축하한다. 2014년 출간된 이 책은 포천지(誌)가 선정한 '2014년 놓치지 말아야 할 책 다섯 권'에 포함될 만큼 주목을 받았다.

이 책은 시종일관 사업에 있어서 가장 좋은 자금은 투자자가 아니라 고객으로부터 나온다는 사실을 창업자들이 명심할 것을 강조하고 있다. 회사를 창업하고 성장시킨 창업자들에 관해서 논리정연하고 이용 가능한 사례 기록과 세계적으로 가장 혁신적이고 야심적인 창업자와 그들이 세운 성공했거나 혹은 여러 주목할 만한 경우에 성공하지 못한 회사들에 대해 영감을 주는 이야기로 가득 차 있다.

"고객을 어떻게 이용할 것인가?"

이 질문이 존 멀린스 교수가 이 책을 통해 독자들과 창업자들에게 던지는 가장 중요한 질문이다. 성공을 하기 위한 열쇠는 고객이 쥐고 있지만 과연 이 고객을 그저 나의 상품이나 서비서를 위해 돈을 지불하는 존재 정도로 볼 것인가, 아니면 그들이 내 상품이나 서비스를 위해 미리 돈을 지불하고 나의 성공을 함께 응원해줄 수 있는 사업 파트너로 볼 것인가가 창업자들이 해야 하는 선택인 것이다. 창업자들에게 고객은 더 이상 그저 자신들의 흥망성쇠를 결정짓는 존재가 아니라 함께 성장하며 나아갈 중요한 존재가 되어야 한다는 것이 존 멀린스 교수가 우리에게 주는 가장 중요한 메시지이다.

그 어느 때보다 창업에 대한 열기와 관심이 높아진 지금, 이 책은 창업에는 관심이 있지만 그 방법을 모르는 초보들과 이미 창업은 시작했지만 어떻게 성장해야 하는지 방법을 찾고 있는 창업자들, 그리고 어떠한 창업자들에게 투자를 해야 성공적으로 할 수 있을지에 대한 방법을 모색하는 투자자들에게는 안성맞춤인 책이다.

존 멀린스 교수가 자신 있게 내놓은 다섯 가지 모델들은 그가 연구하고 직접 겪은 경험들을 바탕으로 매우 짜임새 있게 잘 구성되어 있다. 그렇기 때문에 글을 읽는 독자들에게는 직접적으로 흥미롭고 도움이 될 만한 내용들이다.

저자 또한 창업에 관심 있는 독자들과 같은 경험을 이전에 해 보았기 때문에 독자의 눈높이에서 글을 쓸 수 있지 않았나 하는 생각이 든다. 그렇기에 이 책은 앞으로 창업자들에게 경각심을 일으킬 뿐만 아니라 창업계가 나아가야할 흐름을 파악할 수 있는 좋은 안내서이자 길

잡이 역할을 해낼 수 있을 것이다.

이 책이 던지는 메시지를 잘 이해하고 활용할 수만 있다면 한국에서도 창업을 꿈꾸는 젊은 이들 사이에서 또 다른 마이클 델이나 빌 게이츠가 탄생할 수 있지 않을까 하는 기대를 갖게 한다. 누구에게나 현실은 똑 같은 무게감으로 있지만 그것을 어떻게 돌파하고 실현시키느냐는 각자의 몫이다. 존 멀린스 교수의 말처럼 창업계에 몸 담은 여러분들 또한 실패를 두려워하지 말고 도전해보는 삶을 살기를 바란다.

2016년 11월

# 이 책에 대한 각계 각층의 찬사들

"모든 다른 길을 피하고 고객들이 자신들의 벤처에 투자해 주기를 지향하는 기업가들을 위한 초석이 되는 개념이다. 이 책은 사업지도지들이 정말 가치 있는 것을 틀림없이 만들어가고 있다는 사실을 보증할 수 있도록 갖춰야 할 중요하고도 강제적인 기능을 제공한다. 엔젤펀드를 모으려다 실패하는 힘든 길에 관한 교훈을 배우고 난 후에 내가 최근에 창업한 두 개의 벤처는 멀린스Mullins 교수의 현명한 충고를 따랐고 그 결과 번창하고 있다."

**-Verne Harnish**

Gazelles의 CEO: '*Scaling Up and Mastering the Rockefeller Habits*' 의 저자

"고객은 단순히 왕이 아니라 여러분의 벤처 캐피털*이 될 수도 있다. 멀린스 교수의 탁월함은 수년 동안 내 자신의 성공에 영감을 주어왔고, 그의 아이디어는 여러분의 성공 또한 이끌어 줄 수 있다."

**-Bernard Auyang**

기업가 겸 투자가: 젊은경영인협회(YPO) 2014-2015 국제 회상

---

*Venture Capital : 잠재력이 있는 벤처 기업에 자금을 대고 경영과 기술 지도 등을 종합적으로 지원하여 높은 자본이득을 추구하는 금융자본을 말한다. 주로 기술력은 뛰어나지만 경영이나 영업의 노하우 등이 없는 초창기의 벤처 기업을 대상으로 한다. 벤처 캐피털이 주로 창업 후 완제품의 시장진입 후에 투자가 이루어진다면, 엔젤 캐피털은 아이디어만 있고 제품이 없는 창업 초기단계에 자금공급을 하는 것이 특징이다.

"고객이 자금을 제공하는 사업에 대한 다섯 가지의 간결한 모델을 통하여 멀린스 교수는 불꽃 같은 통찰력을 명쾌하게 그렸다. 시장 혁신의 힘을 어떻게 사용해야 하는지, 그리고 신흥 사업에 자금을 조달하기 위하여 고객을 끌어들이는 힘에 대한 이해도를 선명하게 했다. 창업자와 경험 있는 기업가를 막론하고 그들을 위한 훌륭한 도구가 될 것이다."

**-Jerry Engel**
General Partner, Monitor Venture Partners:
UC 버클리의 하스 비즈니스 스쿨, 비상근 명예 교수

"기업가와 투자가를 위한 멀린스 교수의 현명한 충고는 혁신과 성장을 하려고 애쓰고 있는 안정된 회사들에게 대단히 중요하다. 고객으로부터의 자금 조달은 너무나 많은 기업들이 단순하게 잊어버리거나 전혀 이해하지 못한 강력한 접근 방법이다. 만일 여러분이 이 책을 읽지 않는다면 이 책을 읽은 경쟁자들에게 지고 말 것이다."

**-Mike Harris**
First Direct and Egg Banking 설립 CEO: *'Find Your Lightbulb'* 의 저자

"핵심을 찌르는 내용이다. 고객으로부터의 자금 조달은 단지 여러분의 사업을 시작하거나 성장시키기 위한 자금 출처가 아니다. 생각보다 훨씬 더 이용 가능한 가장 흥미로운 자금 출처이다. 멀린스 교수는 그 이유를 밝혀주며, 출처를 얻게 하는 다섯 가지 방법 또한 보여준다."

**-Tom Byers**
스탠포드 대학의 Stanford Technology Ventures Program, 교수이자 감독:
*'Technology Ventures'* 공동 저자

"여러분이 사업을 시작할 때 고객을 단지 신용의 원천만으로 보지 말고, 귀중한 자금 출처의 하나로 보라는 시기적절한 환기이다(특히 사업 초기에). 기업 성공과 실패에 관한 좋은 일화와 영감을 주는 이야기를 묶어서 멀린스 교수는 이를 다시 강조하고 있다."

**-Richard Gourlay**
Sussex Place Ventures 대표이사

"긍정적으로 현금이 유입되면 행복하다. 나는 학생들에게 벤처 캐피털리스트와 대부분의 엔젤 캐피털리스트들은 전형적으로 신규 사업에는 자금을 대 주지 않고, 빠르게 성장할 준비가 되어 있는 사업에 자금을 공급한다는 사실을 상기시켜준다. 멀린스 교수가 강조하는 다섯 가지 모델은 다른 자금의 출처가 부족하거나 비용이 높은 경우에 기업가들이 사업을 개시하고 유효하게 만드는 것을 도와줄 수 있다."

**-Andrew Zacharakis**
The John H. Muller, Jr. Chair in Entrepreneurship, Babson College

"확실하게 투자 받는 완벽한 포석을 개발하는데 도움 주는 것을 겨냥한 책은 많이 있다. 그러나 기업가는 사업을 시작하는 사람이지 투자기관이 아니다. 이 책은 타인의 자금을 이용하거나 사업 모델을 전환하고, 그리고 중요하게도 우리 자신에 대한 소중한 재산을 지키면서 이런 사업을 시작할 수 있는 다양한 길을 통한 여정을 보여 준다. 이 책을 읽고 다른 모든 선택을 고려하기 전에 투자 기금을 모으지 말라."

**-Dale Murray**
Omega Logic 공동창업자, 2011년의 영국 엔젤 투자자 선정

"제 8장만으로도 책값을 지불할 가치가 있다. 대부분의 스타트업은 기관 투자를 확보할 기회가 전혀 없을 것이다. 어떤 창업 기업은 전혀 필요 없을지도 모른다. 멀린스 교수는 기업가들에게 입증된 '고객 자금화'의 대안을 채택하는 다른 길을 보여준다. 비록 여러분이 결국 벤처 캐피털로 규모를 조정할 계획을 하더라도 고객으로부터의 자금 조달은 미리 시도해서 자신의 사업을 입증할 현명한 길이 될 수 있다."

**-Randy Komisar**
Kleiner Perkins Caufield & Byers 공동 경영자: 스탠포드 대학 강사:
'*The Monk and the Riddle*' 저자

"포부가 있어 분투하는 기업가들이 쉽게 접근할 수 있고, 면밀하며 유용하다는 점에 의심할 필요가 없다. 제시한 모델들이 대단히 분석적인 수단이어서 사례 연구들을 살아나게 한다."

**-Amar Bhidé**
Schmidheiny* 관련 교수, The Fletcher School, Tufts University:
'*The Venturesome Economy*'와 '*A Call for Judgement*' 저자

"「*The Customer-Funded Business*」를 펴냄으로써 멀린스 교수는 다시 한번 우리에게 환상적인 한 권의 책을 제공한다. 만일 누군가 현금 요구를 최소로 유지하고 투자의 위험을 제거하는 방법에 대한 영감을 찾고 있다면, 이 책은 그 사람이 가장 먼저 뽑아서 읽어야 한다."

**-James King**
Find Invest Grow(FIG) 창업자 회장

---

*Thomas Schmidheiny : 스위스 기업가이며, Holcim(세계 시장을 주도하는 시멘트 제조회사)의 전 회장이다. 포브스 잡지에 2016년 527번째 부자로 등록되어 있다.

"정말 매력 있는 책이다. '판매를 달성하고 지불기일까지 미루어 두라, 그리고 자금이 동나서 파산하는 것을 막아라.' 멀린스 교수는 기업가들이 파워포인트 슬라이드를 버리고 돈을 내는 고객들을 우선적으로 볼 것을 설득력 있게 안내하고 있다. 초기 투자가들은 유사한 형태로 생각하기를 원하는지도 모른다."

**-M.S. Rao**

S P Jain Institute of Management and Research 교수

"신진 창업자를 위한 필독서-신규 벤처에 자금을 조달하는 혁명적인 접근이며 자금 조달과 규모 조정의 야심에 관한 신선한 관점이다."

**-Jim Hall**

Entrepreneurship Centre, Said Business School,
University of Oxford 전무이사

"사업에 성공하는 핵심이 먼저 벤처 캐피털을 모으는 것이라는 신화를 멀린스 교수는 무너뜨리고 있다. 올바른 고객을 찾아 그들로 하여금 여러분의 사업에 자금을 조달하도록 하는 그의 처방이 벤처 캐피털을 모으는 훌륭한 단계적인 지침이라는 것이다. 먼저 사업을 시작하면 투자는 자연히 따라 온다!"

**-Bill Earner**

Partner, Connect Ventures

"기업가에게 실용적이고 압축적인 필독서이며, 어느 기업가나 사업 경영자와도 관련 있는 실용적인 통찰력으로 가득 차 있다."

**-Sunita Singh**

인도의 National Entrepreneurship Network, 공동 창업자 겸 수석이사

"매력적인 책이 너무 늦게 나왔다. 멀린스 교수는 금융에 있어 완전히 새로운 패러다임을 세상에 내놓았다. 창업가들이 이 메시지를 잘 이해하고 실행한다면 많은 사업 실패를 피할 수 있을 것이다."

**-Kavil Ramachandran**
Indian School of Business,
가족 사업과 부의 경영에 관한 Thomas Schmidheiny 교수


"멀린스 교수의 세 번째 작품이다. 「*The New Business Road Test*」와 「*Getting to Plan B*」 이후에, 기업가와 투자가, 교육자를 위하여 엄격한 연구에 근거하고 동시에 매력 있고 실용적인 다른 책이 나오지 않았었다. 사업 초기에 기업가들이 고객들로부터 자금을 모아서 어떻게 비용이 드는 벤처 자금을 피할 수 있는지를 멀린스Mullins 교수는 펼쳐 보여준다."

**-Rama Velamuri**
China Europe International Business School, Shanghai, 창업 교수


"새로운 벤처를 창업할 때 자금 조달 사안에 관한 거의 전반적인 초점에 대하여 시기적절하고도 유익한 해독제이다. 대부분의 비전문적인 창업 기업이 외부로부터 자금을 찾는 것은 극도로 시간이 걸릴 뿐만 아니라 거의 통하지 않고, 실제 고객의 요구에 봉사하는 지속 가능한 사업의 개발에 때때로 비생산적이이라고 멀린스 교수는 대단히 설득력 있게 주장한다. 그의 전작 베스트셀러인 「*The New Business Road Test*」와 「*Getting to Plan B*」 안에서 성공적으로 보여준 창업에 증거를 기반으로 한 접근 방식을 발판 삼아서, 멀린스 교수는 효율적인 도구와 생생한 이야기를 해줌으로써 되고 싶은 기업가 상을 제공한다."

**-Søren P. Hovgaard**
Head of Entrepreneurial Development Unit：코펜하겐 대학 경제학과 외래 부교수

"창업 자금 조달에 관하여 우리가 생각하는 방법 안에서 패러다임의 전환이다. '린 스타트업'*이나 '부트스트래핑'** 그리고 다른 방법론이 창업의 각광을 받았던 반면에, 이 책을 읽어 보니 다음 십 년은 '고객 자금화' 시대가 될 것이라는 사실을 깨달았다. 이 책은 그 방법을 보여주고 있다. 엔젤 투자 뿐만 아니라 창업은 일정한 계획에 따른 순서보다 통제가 어려운 광기를 더 많이 가지고 있다. 그러나 각 장의 끝부분에 있는 '존 멀린스의 엔젤 투자자 체크리스트John's Business Angel Checklists' 뿐만 아니라 다섯 가지 고객 자금 조달 모델은 과정을 정제히여 그 본질에 이르게 한다."

-**Ajeet Khurana**
2013년 인도에서 15위 안에 든 엔젤 투자자


"크라우드 펀딩***을 찾는 기업가들에게 대단히 실질적인 조언을 준다. 기업가 정신에 맞닿아 있는 고객에게 자금을 조달하는 사업에 관한 기초지식을 원하는 사람들에게 이 책을 추천한다."

-**Norris Krueger**
Entrepreneurship Northwest: Max Planck Institute 연구원


"엔젤 투자자**** 뿐만 아니라 기업가, 심지어 경영학 교수에게도 딱 들어

---

  *lean startup : 아이디어를 바탕으로 빠르게 시제품을 만든 다음, 고객 반응을 얻어 제품을 발전시키는 경영 방법. '만들기-측정-학습'의 반복을 통해 낭비를 줄이고 효율성을 극대화하는 반시이다.
  **bootstrapping : 스스로 적은 돈으로 스타트업을 시작하는 창업자를 말한다.
 ***crowdfunding : 소셜 네트워크 서비스를 이용해 소규모 후원이나 투자 등의 목적으로 인터넷과 같은 플랫폼을 통해 다수의 개인들로부터 자금을 모으는 행위이다.
****angel investor : 초기 단계의 벤처 기업에 투자하는 개인 투자자를 말한다. 성공 가능성이 낮아 투자 유치에 어려움을 겪는 스타트업 기업에 투자해 성공을 돕는다는 공익적 측면이 있어 '엔젤'이란 수식어가 붙었다. 주로 혁신적인 기술 관련 분야에 투자하며 이들의 투자 형식을 엔젤 투자(angel investment), 엔젤 투자자가 제공하는 투자 자금은 '엔젤 캐피털(angel capital)'이라 한다.

맞는다. 기업가에 대한 멀린스 교수의 지혜와 경험, 지식이 매 페이지마다 나온다. 특히 나에게 통찰력 있게 느껴진 것은 제 2장에서 7장의 끝부분에 있는 '존 멀린스의 엔젤 투자자 체크리스트John's Business Angel Checklists' 였다. 모든 기업가들이 자신의 기업을 단단하고 지속 가능한 기반 위에 세우기 위해서 반드시 시간을 들여 읽어야 할 책이다."

**-Keith Williams**

Senior Vice President Member Experience: 기업가 기구(EO)*

"성공한 기업가들이 습득한 것에 관하여 아주 다른 종류의 연구를 십여 년간 해 왔지만 멀린스 교수와 나는 유사한 식견에 다다랐다. 내가 연구한 한 전문 기업가가 나에게 말해 준 내용을 정확하게 집어내고 있다. '최초의 고객들을 동반자로 대접하라―여러분의 가장 빠른 투자자이자 가장 좋은 판매원이다' 어떻게 하면 이 책 속의 강력한 이야기대로 할 수 있을지 배울 생각을 품게 한다."

**-Saras Sarasvathy**

The Darden School, Universtiy of Virginia,

Isidore Horween Research 부교수

"스타트업**의 경영자 또는 창업자로서 해야 할 두 가지의 가장 결정적인 과제는 최적의 인력을 고용하는 것과 회사의 재정 관리를 적절하게 유지하는 것이다. 벤처기업의 자금 조달이 적재적소에 이루어지면 기

---

*Entrepreneurs' Organization : EO는 전세계 기업가들의 비영리 국제 조직이다. 대한민국에는 EO korea chapter에 2011년 기준으로 80명 이상이 활동 중이다.

**startup : 설립한 지 오래 되지 않은 신생 벤처기업을 뜻한다. 미국 실리콘밸리에서 생겨난 용어로서, 혁신적 기술과 아이디어를 적용하여 자체적인 비즈니스 모델을 가지고 있는 작은 그룹이나 프로젝트성 회사이다.

업의 성장을 촉진하는 반면, 한 회사가 여러 번 다른 회사로부터 이익을 취하고, 특히 아주 초기 단계에는 더욱 독립적인 자금의 형성이 성장을 돕는다. 이 책이 보여주는 개념과 방법은 여러분의 회사를 투자자들에게 더욱 매력적으로 만들어 줄 것이며, 투자자들이 하는 투자 자금이 단지 재정상의 생존만을 제공하기보다 성장을 촉진하도록 사용될 것이다."

**-Carlos Eduardo Espinal**
Partner, Seedcamp

"매우 시의적절한 책이다. 투자자들 숫자는 적고 기업가들은 더 좋은 투자 출처를 대안으로 구할 수밖에 없다. 기업가들은 자신이 운영하는 벤처의 장점과 고객들을 통하는 것보다 더 좋은 방법이 무엇인지를 증명하도록 요구받고 있다. 멀린스 교수의 작가적 재능이 책을 쉽게 읽히도록 해 주며 '현금이 최고'라는 사실을 다시 한번 상기시켜 준다."

**-Dr. Shai Vyakarnam**
Director Centre for Entrepreneurial Learning,
University of Cambridge, Judge Business School

"여러분이 차고 안에서 사업을 시작하거나 혹은 내가 했던 것처럼 큰 남미의 한 회사를 대표하여 해외지사를 세운다면, 이 책은 관련 있는 필독서이다. 현금이 여전히 최고라는 사실은 의심할 필요가 없다. 멀린스 교수는 실용적인 '엔젤투자자 체크리스트' 뿐만 아니라 방법을 보여주며, 매력적인 도전 일화와 연결하여 궁극적으로 자신의 사업을 위한 적절한 자금 조달 모델을 선택할 수 있도록 도와준다."

**-Peter Moores**
CEO and Country Manager UK, Raymond James

"회사 설립의 핵심에 이르는 또 한 권의 굉장한 책이다. 더 많은 기업가들이 현금 세대가 젊고 자립할 수 있는 사업을 소생시킬 수 있다는 의미와 자유를 이해하기를 희망한다. 그래야 기업가가 주도적이 된다. 벤처 캐피털리스트의 한 사람으로서 기업가들이 독립적으로 상품의 정당성을 입증할 수 있고 또는 시장에 기여할 수 있고, 단지 자금만이 회사를 다음 단계로 만든다는 생각을 내려놓을 수 있기를 꿈꾼다. 멀린스 교수의 이 책은 어떻게 하면 현금을 창출하여 기업가로서 자립할 수 있는가 하는 방법에 관하여 생각할 수 있도록 포괄적인 틀을 제공하여 준다."

**-Hussein Kanji**
Founding Partner, Hoxton Ventures

"나의 지난 30년 내내 사업에서 기업가와 투자자를 위한 핵심적인 이슈를 설명한 알찬 책을 발견하기란 쉽지 않았다. 「*Customer-Funded Business*」란 책은 정확하게 이 역할을 하고 있으며, 실제로 살아 있는 표본과 함께 뛰어나고도 솔직한 조언을 제공하고 있다. 멀린스 교수는 사업의 세계에 있으면서 그런 일을 해 왔다. 그의 지식과 경험을 명백하게 볼 수 있다."

**-James Caan**
*'Start Your Business in Seven Days'*와 *'The Real Deal'*의 저자

"멀린스 교수는 경험이 없는 창업자를 위해 건전한 판단력으로 필수적인 점검을 하도록 도와준다. 투자자들을 쫓아다니는 시간보다 종종 고객 가치를 창조하는데 보내는(그리고 깨닫는데) 시간이 더 낫다."

**-Dave Chapman**
Vice-Dean for Enterprise, University College London

"멀린스 교수의 전문지식은 당연한 것으로 여기는 우리의 생각에 새로운 통찰력을 분명하게 불어 넣어 주고 있다. 이 킥스타터*의 시대에 우리 모두는 고객 자금 조달에 대하여 전부 알고 있다고 생각하는데, 고객들이 우리의 사업에 자금을 모아주는 다섯 가지 방법 중에 킥스타터가 단지 하나일 뿐이라는 것을 보여주고 있다. 굉장한 이야기와 스타일로, 우리 모두가 알고 있는 것을 가져와서 새롭고도 강력한 방법으로 어울리게 만든다."

-**Jerome Katz**
Coleman Professor of Entrepreneurship, Saint Louis University

---

*kickstarter : 2009년 시작된 미국의 크라우드 펀딩 서비스이다. 영화, 음악, 공연예술, 만화, 비디오게임 등 다양한 분야 프로젝트의 투자를 유치했다. 프로젝트에 기부하여 일정 금액이 넘으면 돈을 제공하고, 목표액을 넘지 못하면 투자를 하지 않아도 된다. 투자자는 돈이 아닌 해당 시 제품, 감사인사, 티셔츠, 작가와의 식사 등 다른 유·무형 형태의 보상을 받는다.

**1** / 크라우드 펀딩을 원하는가?
벤처 캐피털과 영합하려는가?
최고재무책임자(CFO)에게 굽실거릴 것인가?:

## 견인의 마술과 고객자금조달의 혁명

**2** / 고객 자금화 모델:

## 신기루 혹은 마음가짐?
## 오래 되거나 혹은 새롭거나

**3** / 구매자와 판매자,
하지만 여러분의 소유가 아닌 상품:

## 중개인 모델

**4** / 현금을 요청하라:

## 선불 모델

Contents

# 왜 이 책이어야 하는가?

한 사람의 기업가가 되기란 힘든 일이다. 기업가의 여정에 필요한 자금을 조달하기는 더욱 어려운 일이다. 환경이 좋은 해에는 매년 대략 1,500개의 미국 스타트업만이 벤처 캐피털에 의해서 자금이 조달된다. 반면에 다른 5만여 개의 스타트업은 엔젤 투자자에 의해서 자금이 조달된다. 스타트업 펀딩[1]을 찾고자 하는 500만 개의 벤처에 비하면 얼마 되지 않는 숫자이다. 시장조사포털Statista의 연구에 의하면, 오늘날 이 숫자는 더욱 악화되었다. 2010년에는 두 배 이상이었다.[2] 몇 년 동안의 가장 좋은 숫자임에도 불구하고, 2013년에 미국 벤처 캐피털 회사가 시행한 거래는 단지 843개의 종자 단계 거래뿐이었다. 정말로 어렵다!

내가 대부분 시간을 보내는 영국을 포함한 다른 지역의 숫자는 더욱 심각하다. 유럽과 아시아 지역 안에서는 여전히 힘들다. 얼마나 어려운지 나는 직접적으로 알고 있다. 왜냐하면 내 경력의 전반 동안 다방면에 걸쳐서 스타트업을 했었고, 자금 조달을 해봤기 때문이다.

세계를 주도하는 비즈니스스쿨 중 한 군데에서 교수로 재직하고 있고 이사회 회원이며 투자자로 활동하고 있는 후반에는, 자금 조달과 다른 문제를 극복하거나 우회해서 성공한 기업가가 되도록 수백 명을 도와주었다. 이 중 일부는 들으면 놀랄 정도의 큰 회사 내 사람도 있으며, 평범한 나머지는 부엌이나 차고 내에서 또는 대중 술집에서 맥주 몇 잔 마시면서 사업을 시작한 사람들이다.

그러나 그들 대다수는 오늘날 복음처럼 전통적인 지혜가 있는 다음과 같은 모범의 길을 따르지 않았다.

- 1단계: 신생 벤처를 위한 아이디어를 떠올린다.
- 2단계: 사업 계획을 세운다.
- 3단계: 약간의 벤처 캐피털을 조달한다.
- 4단계: 부자가 된다!

사실, 미국의 the Inc. 5000이나 영국의 the Fast Track 100 그리고 어디에나 있는 유사한 리스트와 같은 세계적으로 급성장한 회사의 리스트를 온통 차지하고 있는 이름의 회사들도 역시 전통적인 각본을 따르지 않았다.

## 여러분은 정말 벤처 캐피털이 필요한가?

급성장한 그 회사들은 어떻게 했는가? 대다수는 벤처 캐피털로부터 단돈 일 파운드, 일 달러, 일 루피도 조달하지 않았고 **또한 집을 담보로 하거나 저당 잡히지 않았다.** 대신, 벤처 캐피털과 영합하거나 최고 재무책임자CFO: Chief Financial Officer에게 굽실거리지도 않고 사업을 정상적으로 가동하는 방법을 성공적으로 찾아서 성장시켰다. 대부분의 급성장한 기업가들은 고객의 긴급한 문제를 해결함으로써 또는 이전에는 평범한 것(커피 전문점인 미국의 Peet's Coffee나 영국의 Coffee Republic, 또는 캐쥬얼 의류의 Banana Republic 등을 생각해 보라)을 변화시켜서 고객이 즐기운 경험을 히도록 개발함으로써 벤치 캐피털의 자금을 조달하지 않고도 활발하게 성장하는 자신만의 사업을 일으켰다. "그러면 그 자금은 어디서 조달했을까?"하는 의문이 들 것이다. 적어도 최초, 그리고 때때로 전 여정을 위한 알짜 자금은 훨씬 우호적이고 기분 좋은 출처인 그들의 고객들로부터 온 것이다.

## 문제: 세상의 주목 끌기

여러분은 이런 질문을 할지도 모른다. "그러면 왜 사업 계획과 벤처 캐피털의 자금 조달이 기업 시도의 주요 특징으로 보이게 되었을까?" 나의 견해로는 두 가지 이유로 본다.

첫째, 캘리포니아와 보스턴에서 처음 시작되었고 최근에는 그 이외의 어디에서나 더욱 실제적으로 행해지고 있는 것처럼, 벤처 캐피털 집단(VSs, 엔젤 투자자들 인큐베이터 그리고 오늘날 기업 생태계의 나머지 중 많은 부분)이 대략 지난 2세대 동안 기업 재정에 대한 세상의 주목을 끌어왔다. 그들이 그처럼 해 온 정당한 이유는 때때로 그들 자신과 투자자들에게 보냈던 놀라운 보상과 이 생태계가 만들어 낸 놀라울 정도로 크고 가치 있는 회사들 때문이다. Apple, Amazon, Twitter

**와 같은 회사의 평가가 좋은 머리기사를 만든다.** 만약 벤처 캐피털 산업이 후원하는 모든 회사가 한 국가라고 생각한다면 오늘날 세계 최대의 경제 기구 중 하나로 위치해 있을 것이다.

본질적으로 벤처 캐피털에는 잘못이 없다. 나 자신도 벤처 캐피털의 자금을 조달해 봤고 제공하기도 했었다. 그러나 우리가 제 1장에서 보게 되겠지만, 벤처 캐피털은 이해할 만한 가치가 있는 약간의 단점을 가지고 있다. 특히 너무 초기에 벤처 자금이 조달 될 경우에는 더욱 그렇다.

둘째, 학술 집단에 속해 있는 우리는 사람들이 구석에 스테이플로 고정시켜 놓은 서류 뭉치로 제출할 수 있는 상태의 사업 계획을 작성하도록 가르칠 수 있고, 학생들이 몰려들 것이라고 배웠다. 극도로 불확실한 신생 기업에 대하여 정말로 누구도 계획을 잘 세울 수 없으며, 사업 계획에서 그렇게 애정을 기울여 서로 맞물린 Plan A*가 아니라 가장 자주 신생 벤처의 성공이 Plan B**나 Plan Z***의 형태로 다가온다. 우리는 그런 사람들이 계획을 세우게 가르칠 수 있고(또한 시작하도록 가르칠 수 있다), 그 사람은 또한 배운 그대로 계획을 세우고 시작할 것이다.

**그러나 고속 성장한 회사들의 대다수는 자금을 이런 방식으로 조달하지 않는다.** 제 1장에서 보게 되겠지만, 때때로 고객들로부터 필요한 자금을 조달하는 것이 훨씬 더 좋은 방법이라는 강력한 이유가 있다.

---

*Plan A : A안, 모든 일이 예상대로 될 때 진행할 계획을 의미한다.
**Plan B : B안, 첫째 안이 성공하지 못할 경우에 진행할 계획을 의미한다.
***Plan Z : 모든 안을 다 실행해 보고 어쩔 수 없이 선택하는 마지막 계획을 의미한다.

# 해답: '고객이 자금을 조달하는 사업'이라는 아이디어 시대가 왔다

2012년 초기에, 대단한 회사들(때로는 그들의 생활양식에 맞는 작은 회사지만 때로는 평소에 잘 알려져 있는 큰 회사들)을 세운 용기 있는 기업가들과 고객들의 자금으로 사업을 시작하고 성장시키곤 했던 방법들(그들 중 다섯, 서로가 각자 다른)에 대하여 더 깊이 이해하는 연구 여정에 필자도 동참하게 되었다. 여러분이 지금 손에 쥐고 있거나 혹은 화면으로 보고 있는 책은 내 여정의 달콤한 열매를 가져다 줄 것이다.

그러나 이 책은 나 자신의 통찰력과 내가 수집한 근거보다 훨씬 많은 것을 가져다 줄 것이다. 이 책에는 이런 방식(적어도 최초에는, 그렇지만 종종 오래가지 않는)으로 설립하고 자금을 조달했던 회사들(Airbnb, Dell, Banana Republic, 그리고 더 많은)의 매혹적인 이야기들로 가득 차 있고, 초기 단계 투자자들의 전망으로 넘쳐 난다.

그 결과의 하나로, 이 책은 내가 믿고 있는 초기 사업들에 자금을 조달할 때 차고 속에서 또는 부엌 식탁 둘레에서 혹은 안정된 회사들 속에서 기업가들이 고려해야만 하는 최초의 접근으로써 고객으로부터 자금을 조달하기 위한 주목할 만한 사례를 만든다. 그리고 이러한 견해는 나 혼자만의 것이 아니다. 오늘날 경험이 풍부한 투자자들도 역시 이 견해를 공유하고 있다.

Union Square Ventures*의 벤처 캐피털 투자자 프레드 윌슨Fred Wilson은 벤처 캐피털의 자금을 너무나 많이 손해보는 조건에 너무나 빨리 조달하는 어리석음을 언급한다. **"사실은 신생 기업들이 모으는 종자**

---

*Union Square Ventures : 뉴욕에 있는 벤처 캐피털 회사. 초기에 투자한 회사 가운데는 Twitter, Tumblr, Zynga 등이 있다. www.usv.com

돈의 액수와 'Series A round'*는 성공과는 반대 방향으로 연관이 있습니다. 맞아요. 자금을 적게 모을수록 성공할 확률이 높아지지요. 이것이 내가 항상 응시하는 데이터입니다."[3] 두 번의 기업가에서 벤처 캐피털리스트로 변신한 Upfront Ventures의 마크 서스터Mark Suster도 같은 마음이다. "나는 빌어먹을 금전등록기를 울리라고(판매를 완성하라고) 말합니다. 그렇게 수년 동안 말해 왔습니다."[4]

내가 밝혀 놓은 독창적인 다섯 개의 길 중 어느 것을 통하더라도 결국에는 고객으로부터 자금 조달하기가 본질이다. 금전등록기를 충분히 빨리 그리고 자주 울려라, 그러면 여러분의 미숙한 사업을 잘 시작하는데 마법 같이 필요한 고객을 끌어들여서 자금 조달하기로 이어질 것이다. 윌슨, 서스터 그리고 나는 그저 바보인가, 혹은 순진한 것인가? 아니면 아마도 고객 자금화라는 혁명 같은 무언가 위에 있는 것인가?

## 누가 이 책을 읽어야 하는가?

종종 영감을 주는 이야기가 이 책에 활기를 띠게 하는 유럽, 아시아, 북미의 기업가들과 그들 회사의 세계적 다양성을 감안해서 여섯 부류의 창업자 독자를 위해서 이 책을 썼다.

첫째, 창업 자본은 부족하지만 자신의 사업이 제공하는 자유와 기쁨이 지속될 것이라는 포부가 있는 창업자들.

---

*Series A round : 어느 회사가 벤처 캐피털 융자금을 처음으로 받는 의미 있는 회차를 전형적으로 일컫는 말이다. 투자와 교환하여 투자자에게 팔린 우선주의 부류를 말한다. 대개 보통주와 보통스톡 옵션을 창업주, 직원, 친구와 가족, 그리고 엔젤 투자자들에게 발행한 후 처음으로 발행하는 일련의 주식을 의미한다.

둘째, 운용 자금난에 처한 초기의 벤처를 어떻게 하면 시작하도록 할 지 그 방법을 찾으려고 애쓰는 초기 단계의 창업자들.

셋째, 기업가들이 자금을 찾을 때 종종 최우선으로 찾는 엔젤 투자 자들.

아마도 이 책의 가장 중요한 독자일지도 모른다. 왜냐하면 엔 젤 투자자는 기업이라는 배를 좀 더 합리적인 항로로 항해하도 록 하는 힘을 가진 사람이기 때문이다. 사실 너무나 중요한 독 자라서 가장 끝 부분에서 자금을 찾는 창업자에게 물어야만 하는 실사의 질문으로 가득한 '존 멀린스의 엔젤 투자자 체크 리스트'를 발견하게 될 것이다. 엔젤 투자자가 매년 여러분이 보유한 자금을 구하는 500만 명이나 그 이상의 사람들(미국 내에서의 숫자에 불과하지만) 중에서 일부를 바로잡을 수 있다 면, 내일의 기업 생태계에 정말 중요한 공헌을 하게 될 것이 확 실하다. 그렇게 하기를 믿고 있지만 그보다는 **입증된 고객의 요 구를 통해서 위험이 제거된 거래에 우선적으로 접근하게 될 뿐만 아니라 창업자들의 감사를 얻게 될 것이다.** 이것이 여러분의 투자 수익에 어떤 역할을 할지에 대해서는 말하지 않겠다.

넷째, 숫자가 늘어나고 있는 비즈니스 인큐베이터*와 엑셀러레이터** 그리고 포부가 있는 창업자들이 최우선으로 찾는 다른 세트 등

---

*business incubator : 미숙한 신생아를 키우듯 갓 창업한 소기업의 성장을 돕는 업체. 독자적 창조성이 풍부한 기술, 경영 노하우 등을 갖춘 연구개발형 중소기업이 완성한 기업화의욕에 차안하여, 자치단체 등이 증신이 되어 연구시설·기기, 자금 등을 원조함으로써 새로운 산업 창출의 장과 기회를 부여한다. 즉, 연구개발에 적극적인 중소기업을 대상으로 자립화를 지원 하는 것이다.

**accelerator : 스타트 업을 발굴해 지원하는 기업이나 기관. 일정 주기로 대상을 선정한 뒤 3~6 개월 정도 멘토링과 교육 등의 프로그램을 지원해 스타트 업의 성공을 돕는다. 엑셀러레이터 는 성공한 벤처기업이 자신의 경험과 자금, 네트워크를 활용해 후배 스타트 업을 지원하는 개 념이다. 2000년대 중반 이후 미국이나 유럽, 이스라엘 등 창업이 활발한 국가를 중심으로 활성 화하였다. 미래창조과학부에 따르면 2014년 기준 전 세계에서 2천 개 이상의 엑셀러레이터 프 로그램이 운영되고 있다.

을 운영하고 있는 사람들.

Series A round에 성공적으로 자금을 모은 창업 회사가 얼마나 되는지에 대해서는 제발 이제 그만 언급하고, 초기에 고객을 끌어 들여서 그들이 하고 있는 사업의 많은 부분을 소유하고 통제하면서 성장하고 있는 창업 회사가 얼마나 되는지를 이야기 하자. 회사가 만들어낸 가치의 상당 부분을 유지하였던 사람이 누구인가? 마이클 델인가 아니면 스티브 잡스인가? 의문의 여지없이 델이며, 그가 고객으로부터 자금을 모은 이야기가 제 2장에 나온다.

다섯째. 우화가 된 3F: 수많은 기업형의 벤처에 등을 돌린 가족Family, 친구들Friends, 외면한 사람들Fools.

사랑하는 사람들에게 부탁을 해서 시제품을 만들기 전이라 하더라도 처음 돈을 지불하고자 하는 고객을 확보했을 때 여러분을 보러 돌아오라고 요청하기를 제안한다.

여섯째. 오늘날 성장을 갈망하는 회사들의 맨 위에 있는 또는 숨겨진 곳이나 구석에 숨어 있는 잠재적인 혁신자들을 잊지 말자.

비록 기업가나 그 회사의 이야기를 통해서 이 책에 나오는 교훈(슬프게도 벤처 캐피털 투자자인 빌 조이Bill Joy에 따르면, "큰 회사치고 혁신하는 회사가 없다. 그렇다고 혁신 그 자체가 드문 것이 아니라 어디에서도 일어나고 있다. 그 의미는 대부분이 다른 곳에서 일어나고 있다.")[5]의 대부분을 전달하지만, 이 책에 연결되어 있는 행동 지침은 역시 여러분과 여러분의 회사를 위한 것이다.

내 마음 속에 또 하나의 다른 중요한 독자가 있다. **나는 또한 활발한**

창업 프로그램을 제안하면서 전 세계적으로 성장하고 있는 다수의 경영대학원과 다른 교육 기관에서 창업과 벤처 캐피털을 가르치고 있는 나의 동료 교수진을 위하여 이 책을 집필했다. 사실상 장래에 우리 사회의 새로운 직업이 될 모든 것을 창조하는 임무가 맡겨진 새로운 기업가의 세대를 우리는 다 함께 창조하고 있고, 또한 권한을 주고 있다. 이러한 역할이야말로 우리와 우리의 졸업생들이 오늘날 불안정하고도 불확실한 경제 환경 속에서 결정적으로 해야 할 중요한 역할이다.

우리 교직원 모두가 사업계획 과목과 기업재정 과목에 고개으로부터 자금을 조달하기를 한 학기 추가하여 젊은 나이에 회사를 시작하는 선택 접근(내 생각에는 우선권이 있는 접근) 수업으로 제공하면 어떨까? 학생들이 지금이든 나중에든 자신의 사업을 하고 싶어하면, 투자자 대신에 고객들에 집중하도록 하는 나의 생각에 동참하게 되는 것이다. **일단 충분한 고객을 확보하면 투자자들은 필요에 따라 틀림없이 따라 오게 된다.**

## 왜 존 멀린스인가?
## 왜 지금인가?

내가 집필한 이전 두 권의 책 중에서, 첫 번째 『*The New Business Road Test*』는 여러분이 시작하기 전에 엄밀히 그리고 체계적으로 창업의 기회를 평가하는 방법에 관한 책이며,[6] 두 번째 『*Getting to Plan B*』는 단순히 여러분의 사업에 혁명을 일으킬지도 모르지만 실제로 잘 돌아갈 수 있는 사업 모델에 도달하는 법에 관한 책이다.[7]

이 두 권의 책은 나로 하여금 마음의 준비를 잘해서 이 책이 말하고자 하는 답이 없는 질문에 대비하도록 해 주었다. "내가 어떻게 하면 투자자의 자금 대신에 고객들의 자금으로 회사를 잘 시작하고 자금을 조달하고 성장시킬 수 있을까?” 그러나 이게 전부는 아니다.

두 개의 기업을 창업했었고 세 번째 기업에서 일도 해 봤고, 수많은 다른 위원회에서도 일해 봤고, 성공과 실패도 맛보면서 언제나 배움의 확실한 신호인 상처와 멍이 늘어 갔다. 하지만 그 이상으로, 나의 두 번째 경력인 비즈니스 스쿨에서 이십 년 이상 운 좋게도 기업의 성공과 실패의 근거가 되는 ‘왜’와 ‘어떻게’에 관해서 깊이 파고들어갈 충분한 시간과 자원을 가지게 되었다. 단순하게 말하면, 나는 이 책을 연구하고 집필하였던 꼭 맞는 시기에 적당한 장소에 있게 된 것이다.

## 60초 또는 더 짧은 시간 안에: 엘리베이터 피치\*

이 책을 여러분의 손에 쥐어 주고자 하는 목적은 거의 모든 종류의 기업인들이 초기에(종종 이후에도 역시!) 가장 우선적인 것이 벤처 캐피털을 조성하는 것이 아니라 좋은 조건(종종 선불)으로 지불하려는 고객을 찾는 것이라는 사실을 알게 하려는 것이다.

이러한 의도를 이야기하기 위해서, 이 책은 각 항목을 고려하고(제2장에서 7장까지) 추구하면서(제 8장) 질문해야 하는 고객으로부터 자금을 조달한 다섯 가지 모델과 핵심적인 문제를 살려내고 있다. 또한 당연히 일어날 수 있는 중요한 실행 문제를 이야기하고 있다.

---

\*elevator pitch : MBA강의실에서 강조하는 가장 중요한 판매 전략의 하나. 잠재고객과 엘리베이터에 같이 탑승했을 때 같이 있는 30~60초 동안 제품을 설명하고, 잠재고객에게 호감을 얻어 명함을 주고받으면 엘리베이터 피치에 성공했다고 한다.

- 어떤 모델을 언제 사용할 것인가?
- 모델을 어떻게 최신으로 적용할 것인가?
- 무엇을 경계해야 하는가? – 길목에 놓여 있는 함정들

　여러분이 포부가 있는 창업자이지만 필요한 창업 자금이 부족하든, 운용 자금난에 처한 벤처를 이륙 모드로 올리려고 노력하는 초기 단계의 기업인이든, 탄탄한 회사로 성장시키려고 재원을 찾고 있는 기업의 지도자이든, 높은 잠재력을 가진 기업 벤처를 지원하는 엔젤 투자자 또는 조언자이든 **이 책은 자신의 사업이나 여러분이 지지하는 사업을 시작하고 자금을 조달하고 성장시키는 가장 확실한 길을 제안한다.** 이제 흥미가 느껴지고 영감을 받을 준비가 되었는가? 그렇다면 다음 페이지를 넘겨보자!

# 1

크라우드 펀딩을 원하는가?
벤처 캐피털과 영합하려는가?
최고재무책임자(CFO)에게 굽실거릴 것인가?:
## 견인의 마술과 고객자금조달의 혁명

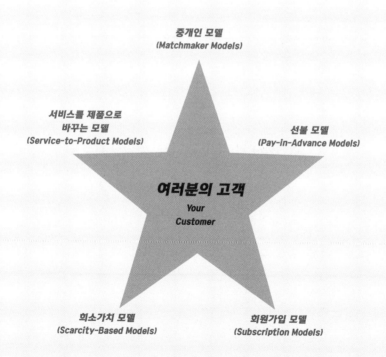

이 경우를 생각해 보자. 1995년이었는데, 이전의 진입 노력이 무산된 이후에 코카콜라 회사는 인도 콜라 시장을 주도하고 있는 Thums Up*의 제조사를 인수한 뒤 이제 막 인도에 다시 진입한 터였다. 그 계약과 함께 Thums Up 제조사의 영토를 법적 전문용어로 설명한 두꺼운 책이 딸려 왔지만, 단 한 장의 지도도 주어지지 않았다. 코카콜라 회사는 새로이 인수한 영토를 찾고 이해할 방법이 필요했다.

그 누구도 Thums Up 제조사의 위치가 어딘지를 코카콜라 회사에 보여줄 수 있는 지도를 갖고 있지 않았다. 1960년대 중반까지 군대에 몸을 담고 있지 않는 한, 인도에서 지도를 갖기란 어려웠다. 30년이 지난 후조차도 지도를 기록하는 관습이나 지도를 읽는 풍조는 존재하지 않았다. 부분적인 이유는 아마도 정확한 지도가 별로 없었기 때문이었을 것이다.

이때 IBM과 같은 우량 기업 고객에게 서비스를 제공하는 CE Info Systems이라는 작은 IT 트레이닝 사업을 인도에서 시작한 라케쉬 베르마Rakesh와 라쉬미 베르마Rashmi Verma가 도움의 손길을 뻗치게 되었다.[1] 그들의 회사 또한 인도의 초기 지도 만들기 산업을 돕기 위해 '미국 디지털 지도 제작 소프트웨어American digital mapping software'의 면허를 받은 상태였다. **"아직까지 단 하나의 지도도 만들지 않은 상태지만, 우리는 여러분들이 원하는 지도를 제공할 수 있습니다."**라고 코카콜라 회사에 말한 뒤 베르마 형제는 디지털 지도 제작 회사를 만들기 시작했다.

먼저 두 사람은 일반적인 사무용 스캐너를 구입한 뒤 부엌가위를 꺼내 들었다. 그런 다음 토박이 인도 사람의 창의력을 발휘하여 그들이 찾을 수 있었던 미숙한 종이 지도를 A4 사이즈로 잘라서 그것들을 스

---

*Thums Up : 인도의 콜라 브랜드의 하나이며 로고는 thums up이다. 1977년에 코카콜라가 인도로부터 철수하면서 시작되었다. 후에 펩시와 경쟁하기 위해서 코카콜라가 브랜드를 사들여서 재출시하였다. 2012년 2월 현재, Thums Up은 인도에서 콜라 부문의 선두이며 시장 점유율 약 42%를, 인도 탄산수 시장의 전체 15% 점유율을 차지하고 있다.

캐너에 넣어서 '디지털화'하기 시작했다. 라쉬미가 가지고 있는 소프트웨어와 프로그래밍 기술과 다른 사람들에게 허가를 주고 있었던 미국 소프트웨어를 함께 사용하여, 베르마 형제는 인구 통계와 다른 데이터를 덧씌워서 코카콜라 회사가(얼마 지나지 않아 다른 상업적 고객들이) 세계의 다른 지역에서 그들이 당연한 것으로 여겼던 것을 인도에서 할 수 있도록 해주었다.

인도 통신 산업이 자유화 되면서 Essar*와 합작 투자를 하여 인도에 진출한 Cellular One**은 그들의 다음 고객이었다. Cellular One은 기술적인 측면(어디가 고지인가? 고층건물이 많은 봄베이에서 정돈된 시정범위를 어떻게 달성할 수 있을까?)과 마케팅적인 측면(우리가 경제적으로 서비스를 제공할 수 있는 적절한 인구 통계에 근거한 고객들이 충분히 밀집해 있는 위치는 어디일까?) 둘 다의 의미로 "우리의 이동전화 기지국을 어디에 두어야 할까?"라고 물었다. 다시 한 번, 베르마 형제는 이 문제를 해결해 주었다.

## 고객으로부터 자금을 조달한 모델

그래서 베르마 형제는 사업을 시작하고 자금을 조달하고 성장시킬 때 벤처 캐피털이 필요했는가? 아니다. 대신에, 이미 만들어 놓은 지도에 추가 지도를 만들거나 추가 인구 통계나 다른 정보를 적용하는

---

*Essar Group : 인도의 다국적 복합기업 지주회사이다. 철강, 에너지(석유, 가스, 전력) 기간 시설(항구, 프로젝트 사업, 정부 승인 면허) 그리고 서비스(해운, 이동 통신, 아웃소싱, 기술 해결) 등의 분야에 주로 투자를 한다. 1969년에 건설 회사로 시작하여 제조, 서비스, 소매까지 사업을 다양화하여 왔다.

**Cellular One : 미국과 버뮤다에서 여러 휴대폰 서비스 제공자들이 사용하고 있는 등록된 브랜드이다. AT&T가 Dobson 통신과 합병한 직후인 2008년에 AT&T에 의해서 Trilogy Partners에게 팔렸다. Cellular One은 원래 맨 처음 휴대폰 서비스 공급자들 중 하나의 상표명이었다.

거의 대부분의 개발 비용을 감당하기 위하여 고객들에게 요금을 부과함으로써, 디지털 지도의 도움을 받은 한 고객에서 그 다음 고객(인도 해군까지)을 식별해 냈다.

그 이후 10년간, 그들의 지도 제작 사업은 한 고객 다음에 또 다른 한 고객의 과제를 해결해서 얻은 자금으로 천천히, 하지만 꾸준히 성장하였고 인도에서 가장 유력한 디지털 지도 제작자가 되었다. 단 1루피의 벤처 캐피털도 조달하지 않고 이루어낸 것이다.

**베르마 형제는 벤처 캐피털을 피하기 위해 근본적으로 어떤 새로운 시도도 하지 않았다.** 현실적으로, 그러한 벤처 캐피털은 1990년 중반에 인도에서는 이용할 수조차 없었다. 하지만 베르마 형제는 사업 초기 성장에 고객들의 현금으로 자금을 조달함으로써, 지금은 거의 세계 어디에서나 그렇지만 엔젤 투자자나 벤처 캐피털 투자자들이 서방 세계에서 한 세대보다 훨씬 오랫동안 기업 재정에 관한 스포트라이트를 받기 전에 거의 모든 기업가들이 했던 것을 단순히 했을 뿐이었다.


## 고객이 제공한 자금:
## 베르마 형제는 혼자가 아니다


베르마 형제가 고객이 제공한 자금으로 이루어낸 것은 인도나 1990년대에 특별한 것은 아니다. 예를 들어, Expedia.com*으로 호텔을 예약해본 사람이라면, 고객들이 Expedia의 운영과 성장의 자금 조달에 어떤 역할을 했는지를 알면 놀랄지도 모른다.

Expedia는 여러분이 호텔에 도착한 이후까지도 호텔에 요금을 지불

---

*Expedia.com : 서계적인 글로벌 온라인 여행포탈사이트. 항공권, 호텔, 렌터카 등 여행과 관련된 모든 상품을 예약할 수 있다.

하지 않을 뿐 아니라(방을 예약했을 때 이미 여러분은 Expedia에 요금을 지불한 사실에도 불구하고) 많은 경우, 여러분이 투숙한 지 6주 후에나 호텔에 요금을 지불하였다. 그 몇 주 동안, 혹은 종종 몇 달 동안 고객들의 돈으로 Expedia는 무엇을 하는 것일까? 당연히 그들의 사업을 운영하고 키우는데 사용한다! 고객의 돈으로 "지불 만기일까지 유예하기sitting on the float"는 이 책에서 내내 이야기할 뿌리 깊은 원칙이다.

제 2장에서 보게 되겠지만 고객의 돈으로 여러분의 사업을 시작하고, 자금을 조달하고, 성장시키는 것은 소설이 아니다. 그것은 많은 기업가들이 근거해서 살아가는 아주 기본적인 원칙이자 사고방식이다. 그것이 20세기의 가장 유명한 성공 사례인 마이클 델Michael Dell(Dell 컴퓨터 창립자)이 만든 방법이고, 멜Mel과 패트리샤Patricia 지글러Ziegler가 고객으로부터 자금을 조달한 다른 현상인 Banana Republic을 만들어 낸 방법이다.

그 다음에 따라 오는 다섯 개의 장 안에는 모두 고객으로부터 자금을 조달한 똑같이 놀라운 이야기들이 있다. Airbnb(제 3장), Threadless(제 4장), 인도의 TutorVista(제 5장), Gilt Group(제 6장), 덴마크의 GoViral(제 7장), 그리고 거의 12개의 다른 영감을 주는 회사들과 (실패한 회사들도 더불어) 그 회사들을 창립하고 이끌고 간 사업가들의 이야기들이 있다.

여러분이 좀 더 빠르게 성장하기를 원하는 안정된 회사의 리더이든 기업가이든, 여러분은 이해할 것이다. 고객이 자금을 제공해 준 사업은 널리 실행되고 있는 현상이지만 지금까지 불충분하게 관찰되었고 충분하지 않게 토론 되었다. 하지만 더 이상은 아니다!

# 문제: 여러분의 스타트업에 자금 조달하기

이 장의 뒷부분에서, 새로운 벤처의 여정을 시작할 때 처음부터 자본을 모으는 것이 거의 대부분인 경우에 왜 창업자와 투자자 양쪽에게 똑같이 엄청나게 좋지 않은 생각이라고 믿는지를 깊이 있게 연구해 볼 것이다. 하지만 지금은 이렇게 생각하자.

• 대부분의 시기에 벤처 캐피털이든 엔젤 투자자이든 경험 있는 초기단계 투자자가 말해주는 것처럼, **여러분이 애정을 기울여 마음에 그려온 Plan A는 성공할 것 같지 않다.** 여러분의 새롭고 전망이 밝고 필연적으로 여전히 성공할 것이라고 생각하는 Plan B에 더 투자해 달라고 요청하면서, 왜 Plan A가 성공하지 못했는지를 투자자들에게 설명하기를 기대하는가? 그런 기대는 하지 않는 것이 좋을 것이다. 20세기를 선도하는 경영 사상가라고 해도 거의 틀림이 없는 피터 드러커Peter Drucker는 이렇게 논평했다.

"만일 새로운 벤처 회사가 성공했다면, 대개 그 회사는,
  • 원래 의도했던 시장과 다른 시장에 있거나,
  • 원래 시작했던 제품과 서비스와는 많이 다르거나,
  • 시작했을 때는 전혀 생각조차 못했던 고객들이 많은 수량을 구매하였거나,
  • 제품이 처음에 디자인 되었을 때의 용도 이외에 다른 많은 용도로 사용된 경우입니다."[2]

• 자금을 너무 빨리 모으는 데에는 중요한 결점이 있다. 그 중에서도 가장 곤란한 것은, 만약 여러분이 안정된 회사 내부에서 어떤 것을 시작하려고 찾고 있다면 벤처 캐피털에 영합하거나 혹은 최고재무책임자에게 굽실거리든지 자금을 모으는 일에 온 힘을 다해 매달려야 한다는 것이다. 물론 벤처를 운영하는 것도 역시 그만큼 힘든 일이다. 여러분이 두 가지를 다 하려고 시도한다면, 둘

중 하나는 틀림없이 어려워질 것이다.

• 이 장의 후반부에서 보게 되겠지만, 벤처 캐피털로부터 도움을 받은 회사가 성공할 확률은 대부분의 기업가들이 인식하는 것보다 더욱 희박하다는 근거가 주의를 끈다. 여러분이 사업을 추구할 때 계획한 것이 내일의 실패한 통계에 동참하는 것인가? 당연히 아닐 것이다!

## 해결책: 견인력의 마술

운 좋게도 과학기술의 비용이 더욱 빠르게 감소하고 있어 고객으로부터 자금을 모으는 사업을 시작하기에는 그 어느 때보다 더 쉽고 비용이 적게 든다. 이 책에서 다른 회사들의 이야기를 통해 분명히 이야기 하겠지만, 다섯 가지 고객으로부터 자금을 조달하는 모든 모델이 창업자들과 그들의 후원자에게 똑같이 제공하는 많은 이득이 있다.

• 첫째, 자금이 모이기를 기다리는 것은 처음부터 그랬어야 하지만 사업가들의 관심을 고객들에게 향하게끔 만든다. **고객들은 중요하다. 피터 드러커가 지적한 것처럼, 고객들이 값을 지불하지 않으면 적어도 결국에는 사업 또한 없다.** (몇몇 dot-com 기업가들과는 정반대 되는 주장이지만)

• 둘째, 고객의 주문을 받고 나면 그 고객이 종종 여러분의 성공에 대한 기득권을 가지게 된다. 만약 그 사람들이 여러분에게 구매하는 것이 행복하다면, 다시 구매하거나 구매한 것에 대한 서비스를 받기 위해서라도 여러분에게 계속 남아 있기를 원할 것이다. 고객을 여러분 편으로 만드는 것은 사업가에게 괜찮은 영역이다. 여러분이 투자하려고 생각하고 있는 회사에 관해 고객들이 극찬하는 것은 엔젤 투자자들에게는 매우 좋은 징조이다!

• 셋째, 아마도 고객들이 여러분에게 주는 적당한 금액의 돈으로 임시변통하는

것은 낭비가 아니라 여러분을 절약하게 만들 것이다. 너무 많은 금액의 돈을 받게 되면 여러분을 멍청하게 만들고 고객을 무시하게 만들 수 있다! 적은 금액의 돈을 받는 것은 여러분을 더 똑똑하게 만들고, 또한 여러분의 사업을 더 좋게 운영하게 만들 것이다.

- 넷째, 벤처 캐피털이 나중에 조달될 때 고객을 끄는 힘이 입증되면 계약조건과 가치평가가 더 좋다는 뜻이니 투자자의 위험이 낮고, 설립자의 지분과 통제력까지도 더 튼튼하게 만들 것이다. 엔젤 투자자들에게는 나중에 투자하는 것이 포트폴리오의 궁극적인 '레몬'의 수를 줄이고, 수익을 쉽게 개선시켜 줄 것이다.

- 다섯째, 아직 증명되지 않은 여러분의 회사로부터 기꺼이 그리고 간절히 사고 싶어하는 고객으로부터 자금을 조달하는데 노력을 집중하는 것은 성공하기 위해서 더 많은 개발(오늘날의 기업가 어휘에서는 피벗**)을 요구하는 어설프거나 석연찮은 아이디어를 다행히도 잠재울 가능성이 있다.

- 여섯째, 자유가 있다! 자유를 얻는 것은 모든 기업가들의 우선순위 목록의 높은 순위에 있고, **자유의 가장 좋은 출처는(은행에 있는 현금보다 더 좋은) 긍정적인 현금 유출입이다!** 고객을 끌어들이는 힘과 그 마술이 가져다주는 현금 유·출입 덕분에 여러분은 훨씬 편안히 잠들 것이다!

이러한 혜택들은 물론 가능성 있는 투자자들과 더불어 스타트업이나 초기단계의 벤처기업들에게 크게 발생한다. 여러분이 이미 고객들(아마 천천히 지불하는 고객들)을 확보하고 있는 안정된 회사의 일원이라면 "하지만 나는요?"라고 물을 수도 있다.

---

*lemons : 투자함으로써 여러분에게 돌아오는 돈이 상상했던 것 보다 훨씬 낮거나, 투자한 돈을 다 잃게 되는 투자를 말한다.
**pivot : 어떤 점을 중심으로 도는 행동. 이 단어를 유행시킨 '린 스타트업'의 저자 에릭 리스 (Eric Ries)는 이렇게 정의했다. '비전의 전환없는 계획의 전환(a change in strategy without a change in vision)'

이동형 컴퓨터 장치(공익사업체에서 계량기를 읽기 위해 사용하거나, FedEx 운전기사가 여러분에게 오는 소포를 집으로 직접 배달할 때 사용하거나, 슈퍼마켓 직원이 모자라는 물건을 더 주문하기 위해 사용하는 휴대용 장치)의 조달업체인 Ryzex는 2007년 4/4분기에 국제적인 금융위기가 그의 발등에 쿵하고 떨어지면서 어려운 도전에 맞닥뜨렸다. 다가오는 불경기에 대해 Ryzex의 설립자인 러드 브라운Rud Browne은 이렇게 말한다.

"컴퓨터 하드웨어 판매는 탄광 속의 카나리아(아직 다가오지 않은 위험을 알려주는 경고)입니다. 사업에서 가장 먼저 비용 지출을 중단할 수 있는 부분이기 때문이죠. 매년 회사가 구매한 신규 자본장비(기계장비, 차량, 컴퓨터)의 큰 퍼센트는 기존 보유 장비를 일반적으로 3년에서 7년 사이클로 교체하기 위해 구매합니다. 경제위기에서 자금을 보존하는 가장 쉬운 방법은 이러한 기존 보유 장비의 교체 사이클을 연장하는 것입니다. 이러한 일이 일어나면, Ryzex와 같은 조달업자들은 매출에서 엄청난 감소를 즉시 경험합니다."[3]

Ryzex 이야기를 듣고, '고객으로부터 자금 조달하기'가 어떻게 번창하는 회사를 만들고, 어떻게 위협적인 내림세를 통과해서 거의 타격을 입지 않았는지에 대해서 알고 싶다면 〈관련기사 1.1〉을 보기 바란다.

---

**〈관련기사 1.1〉 고객으로부터 조달한 자금이 Ryzex의 번창에 도움을 주고 살아남게 했다.**

Ryzex는 초창기에, 사용이 중지되어 창고에서 먼지만 쌓여가는 모바일 컴퓨팅 장비들을 사서, 이미 갖고 있는 매장을 확장하고 싶은 사업을 하는 유저들에게 팔았다. 유저들이 몇 대의 트

럭이나 새로운 매장들을 더 늘렸을 때, 그들은 보통 시스템이 이미 수립되어 사용 중인 그런 종류의 똑같은 모바일 기기들을 구입하길 원했다. 하지만 종종 그런 똑같은 기기들은 더 이상 생산되지 않았다. Ryzex는 그 중고품들을 찾아서, 어쨌든 먼지만 쌓여가고 있었기 때문에 보통 90일 결제 조건으로 구매했다. 그런 후에 Ryzex는 구매한 중고기기들을 수리하여, 고객들이 선불로 구매하든지 최악의 경우에는 제품 인도 시 현금 결제조건으로 판매하였다.

이런 매매의 반복 실행으로 90일 혹은 더 오랜 기간 동안 고객 현금을 유용해서 생긴 매력적인 매상 총이익 덕분에(중고기기를 헐값으로 구매하여 몹시 필요로 하는 소중한 고객들에게 판매한), Ryzex는 1989년 브리티시 콜롬비아 주 벤쿠버의 작은 아파트에서 아무런 준비 없이 시작하여, 2007년에는 7,500만 달러의 매출을 올리며 5개의 나라에 걸쳐 360명의 직원을 둔 회사로 성장하였다.

인터넷의 시대가 도래하면서 더 큰 회사로 이동한 고객들과 새로운 기기의 판매 등이 더해져 Ryzex의 선불 결제조건과 이윤에 압박을 가했다. 그래서 2008년 초기에 Ryzex의 판매량은 곤두박질쳤고 이윤은 감소하였으며, 300만 달러의 빚까지 지게 되었다. 세계 금융위기는 Ryzex에게 확실히 위기였다.

Ryzex의 창립자이자 CEO인 러드 브라운Rud Browne은 최대한의 활동을 시작하였다. 개인적으로는 360명의 직원 한 명 한 명에게 현금유동성의 중요함을 가르치며, Ryzex는 판매 대리점으로부터 더 느린 지급조건을 받든지 혹은 고객들로부터 더 빠른 결제를 받든지 간에, 현금을 관리하는 것을 모두의 일로 만들었다. "고객 쪽에서는 단 하나의 실탄(자금) 공급도 없었습니다."라고 브라운은 회고했다. 하지만 회사의 현금 유동성을 극적으로 개선시킨 몇 개의 고객자금화 계획이 있었다.

- 고객들이 **추가** 할인을 원할 때(거의 언제나 그랬지만) **주**어지는 할인은 선불로 하거나 7일 내 지불조건으로 묶어 두었다. "어쨌든 우리는 낮은 가격으로 가야만 했습니다."라고 브라운은 회고한다. "그래서 추가 할인에 대한 무언가를 확실히 해 두었습니다. (더 나은 조건)"

- Ryzex는 매달 발생하는 지불체납 대신에 일 년 서비스와 선불의 유지보수 조건 쪽으로 판매를 늘렸다. 돌리기에는 12달이 걸리는 재고들이라서 부분적인 투자가 필요 없는, 판매 대리점이 제공하는 서비스 계약 쪽으로도 판매를 늘렸고, 그로 인해 소중한 자금을 더욱 지킬 수 있게 되었다.

- 산업에 종사하는 모든 사람들이 매번 구매 주문서를 받는 것에 엄청난 압박을 느끼고 있을 때, Ryzex는 교육이 잘 되어 있어서 재정적으로 위험하다고 여기는 고객들에게는 간단하게 신용판매를 거절하였다. "그 고객들을 도산시키는 것보다 우리의 판매에 타격을 입는 쪽을 택했습니다."라고 브라운은 말한다. 선불을 고집한 뒤 한 고객이 물품을 인도받은 후 일주일 만에 파산했을 때 Ryzex가 150만 달러의 손해를 피한 것을 보고는 이 정책의 내부적인 저항은 사라졌다.

- Ryzex는 운용 자금난에 처한 많은 고객들이 큰 물량의 구매를 할 때
  는 임대 장비를 사용하도록 권유했다. 리스(임대) 회사들은 Ryzex에
  게 72시간 내로 대금을 지불했고, Ryzex는 판매 대리점에게(계약 조
  건 내에) 45~60일 후에 지불했다.

Ryzex는 그들의 청구서를 번쩍이는 밝은 초록색 종이에 인쇄
하기 시작했다. "못생긴 초록색 청구서요," 그 회사의 미수금 계
정 직원들은 고객들이 Ryzex 청구서를 못 찾겠다고 주장할 때
이렇게 말했다.

경기 불황이 더 깊어지면서 25%의 판매 감소와 50%의 이윤
감소에도 불구하고, 비용과 조달 영역에서 이러한 전략들을 적
용하면서, Ryzex는 300만 달러의 빚을 가진 회사에서 단지 17
개월 만에 650만 달러의 자금 흑자를 만들어냈다.

이러한 예와 같이 고객을 자금화한 원칙이 여러분의 회사에
도 적용될 수 있냐고? 러드 브라운은 말해 주고 있다. "확실히
적용될 수 있다!"고.

출처: Rud Browne, 저자와의 인터뷰, 2013년 12월 2일

## 고객으로부터 자금을 조달한 모델들: 다섯 가지 유형

나의 연구는 고객 자금화 모델들을 더 잘 이해하기 위해 오늘날의 사
업가들이 그것들을 가장 잘 사용할 수 있는 방법과 상황, 그것들을 시

행할 때 수반되는 도전들을 보며 창업가들은 특히 창업 초기에 고객들을 확신시켜서 회사에 자금을 모아 주도록 한다는 사실을 통해 다섯 가지 다른 종류의 모델들을 밝히게 되었다. 만약 여러분이 조금만 더 신중히 생각해보면 각각의 모델들은 놀랍게도 친숙하다.

〈표 1.1〉과 부록 '연구 과정'을 참조하라.

〈표 1.1〉 고객을 자금화한 모델들 – 다섯 가지 유형

| 종류 | 범주를 규정하는 예시들 | 21세기의 예시들 |
|---|---|---|
| 중개인 모델<br>Matchmaker models | 부동산 중개인,<br>eBay Expedia.com | Airbnb, Dogvacay,<br>Profounder |
| 선불 모델<br>Pay-in-advance models | 컨설턴트, 건축가, Dell,<br>Banana Republic | Via.com,<br>Threadless, The Loot |
| 회원가입 모델<br>Subscription models | Wall Street Journal,<br>Financial Times,<br>Showtime, Netflix | TutorVista,<br>H. Bloom |
| 희소가치 모델<br>Scarcity models | Zara | Vente-Privee,<br>Gilt Groupe, Lot18 |
| 서비스를 제품으로<br>바꾸는 모델<br>Service-to-product models | Microsoft | Mapmylndia,<br>Rock Solid,<br>Technologies, GoViral |

이러한 모델들에 대해서 가장 눈에 띄는 것은, 각각의 모델들이 회계사들이 네거티브 운전자금\*(혹은 거의 네거티브에 가까운)이라고 부

---

\*negative working capital : 운전자금이 전혀 필요없는 상태

르는 상황을 회사에 제공한다는 것이다. 즉, 판매한 제품(또는 서비스)을 생산하거나 그 대금을 지불하기 전에 회사가 고객의 현금을 손 안에 쥐고 있다는 것이다. 이 모델들을 탐구하며, 나는 아마 놀랍게도 거의 대부분의 모델들이 물품과 서비스를 파는 양쪽에 작용한다는 것을 알게 되었다. 다섯 가지 모델을 밝혀보자.

## 중개인 모델

몇몇 회사들은 여러분 지역의 부동산 중개인이나 Expedia 혹은 eBay처럼 구매자와 판매자를 중개해주는 사업에서 뛰고 있다. 그들은 단순히 주문을 받으면서 판매한 상품(누군가의 집이나 여러분의 다락방에 있는 쓸모없는 물건)이나 서비스(비행기 티켓이나 호텔방)를 소유하지 않기 때문에 고객의 돈을 재고품에 묶어둘 필요가 없다. 고객으로부터 획득하는 수수료나 요금(구매자로부터, 혹은 일반적으로 판매자로부터 받는)은 그들의 사업을 시작하거나 컨셉을 입증하기 위해 필요한 만큼 키우는 거의 대부분의 자금을 제공하고, 때때로 그보다 더 많이 얻기도 한다.

그러므로 **중개인 모델은 아예 투자가 없거나 제한적인 투자를 미리할 필요가 없는 사업에 구매자와 판매자를 불러와서 거래를 성사시키고(실제로 구매되거나 판매된 것을 소유하지 않고) 그 거래를 통해서 요금이나 수수료를 벌어들이는 사업을 말한다.**

우리는 제 3장에서 중개인 모델을 더 알아볼 것이다. 중개인 모델에 활기를 띄게 하는 사례 기록에서 가장 영감을 주는 사례는 아마도 Airbnb의 경우이다. Airbnb는 2007년에 창업자 조 게비아Joe Gebbia와 브라이언 체스키Brian Chesky의 샌프란시스코 아파트 거실 바닥에 두어 개의 에어 매트리스 침대로 시작하여 세계적으로[4] 사람들의 여분 공간을 금전화하는 예약 시스템으로 성장한 것이다.

내가 이 글을 쓰는 2013년 후반인 지금, Airbnb는 50만 개 이상의 언제나 사용할 수 있는 소유권을 192개국 안에 있는 34,000개의 마을과 도시에서 제공하고 있다.[5]

## 선불 모델

몇몇 산업에시는, 전통적으로 고객들이 믿기를 받기 전에 적어도 그 물건이나 서비스 가격에 대한 일부분을 공급자에게 미리 지불한다. 컨설턴트, 건축가, 그리고 다른 많은 종류의 서비스 회사들은 좋은 예시이다. **그러므로 선불 모델은 고객이 구입하기로 동의한 무엇인가를 만들거나 조달하기 위해 시작하는 요구사항**으로서 어쩌면 착수금일 수도, 어쩌면 다른 구조로 된 무엇일 수도, 어쩌면 전체 금액일 수도 있는 필요한 자금을 미리 지불해달라고 회사가 고객에게 요청(아니 확신시키는)하는 사업 영역이다.

우리는 선불 모델을 제 4장에서 좀 더 검토해볼 것이다. 인도 여행 산업의 보증수표이지만 거의 알려지지 않은 Via.com의 놀라운 이야기는 어떻게 비나이 굽타Vinay Gupta라는 용기 있는 사업가가 2006년에 무일푼으로 고객들의 착수금을 이용하여 사업을 시작해서, 2013년에는 5억 달러의 판매고를 올리면서 인도에서 가장 큰 여행회사로 성장했는지를 보여준다.[6] 이 경우, 선불 모델은 Via.com과 그들의 여행사 고객들에게 매우 잘 공헌하였다!

## 회원가입 모델

물론 회원가입 모델에 관해서는 어떤 새로운 것이 없다. 가입자가 어떠한 것(예를 들어 New York Times나 Showtime 같은)에 대한 값을 지불하면 상품이나 서비스 구독 기간(주간, 월간, 년간) 동안 배달된다. 때로는 내가 정기 간행물이나 신문을 구독할 때 하듯이 구독료 전액을 선불로 지불하기도 하고, 때로는 전형적으로 케이블 TV의 경우와 같이 반복해서 지불되기도 한다.

그러므로 **회원가입 모델은 반복적으로 정해진 기간 동안 배달되는 어떤 것**(어쩌면 신문이나 매주 집으로 직접 배달되는 유기농 채소 박스와 같은 상품, 혹은 케이블 TV 구독이나 매월 Netflix 고정과 같은 서비스)을 **구매하기로 고객이 동의하는 영역이다.** 혹은 우리가 Ryzex 이야기에서 봤듯이, Ryzex 고객들의 모바일 기기들(혹은 우리의 노트북이나 냉장고)에 이상이 있을 경우, 무상으로 확실하게 고쳐주기로 하는 유지보수 계약도 그 중의 하나가 될 것이다.

우리는 제 5장에서 회원가입 모델을 좀 더 살펴볼 것이다. 아마도 이 책 속에 있는 사례 기록 중에 집에서 가장 가까운(문자 그대로!) 사례는 매달 세계적으로 1만 명이 넘는 학생의 숙제를 자신의 집에서 할 수 있도록 도와주는 인도의 Tutor Vista일 것이다.

2005년에 3명의 인도 가정교사와 VoIP 접속을 이용한 반복적으로 지울 수 있는 온라인 화이트보드를 가지고 시작해서, 크리슈난 가네쉬 Krishnan Ganesh는 2011년에 세계에서 가장 큰 교육 회사인 Pearson PLC에 2억 1,300만 달러에 팔린 회사를 만들었다.[7] 6년 만에 빈손으로 시작해서 2억 달러의 값어치를 만든 것이다. 고객으로부터 조달한 자금을 바탕으로 만든 회사가 창출한 놀랄만한 가치에 대한 증거이다.

## 희소가치 모델

요즘에는 다양한 종류의 혁신적인 전문 소매업자들은 희소가치 모델을 이용하여 빠른 재고자산회전율*을 달성해서 운전자금이 전혀 필요 없는 상태(네거티브 운전자금)를 유지한다. 즉, 소매업자가 납품회사에게 물품대금을 지불하기도 전에 고객들이 그 물품들을 구매하는 것이다. 요컨대 소매업자는 여러분과 나의 돈을 이용하여 사업에 자금을 조달하는 것이다.

따라서 **희소가치 모델은 팔려고 내놓은 물건들의 양과 그것들을 판매하는 시간이 판매자에 의해 심하게 제한되어 있고, 판매자에게 납품하는 공급업자는 판매가 완료된 다음에 대금을 받는 영역이다.** 일단 물품들이 품절되고 나면 더 이상 같은 물품은 구할 수가 없게 된다! 희소가치 모델에서는 판매하려고 내놓은 소수의 일정량(일반적으로 재 주문은 없음)과 이러한 일정량의 물품들을 구매할 수 있는 짧은 시간 양쪽에 대체로 희소가치가 반영된다.

우리는 희소가치 모델에 대해서 제 6장에서 검토할 것이다. 하이패션이지만 사람들이 원하지 않아서 공급 과잉된 파리 풍의 의상을 팔아서 프랑스에서 가장 유명한 브랜드로 변신한 회사를 생각해보라.

그것이 정확히 자크-앙투안 그랑종Jacques-Antoine Granjon과 그의 창업팀이 잉여분의 패션 제품들을 반짝세일하는 컨셉의 시초인 vente-privee를 행동에 옮긴 것이다. 고급 브랜드들이 더 이상 원치 않는 재고를 신중하게 움직인 창업자의 이전 경험과 조심스럽게 연마된 브랜드의 이미지에 지장을 주지 않고 대량의 할인된 상품들을 움직일 수 있는 가상 점포를 창조하는 인터넷의 능력을 연결시켜, 그랑종과 그의 팀은 2001년에 반짝세일이라는 새로운 산업을 개척했고, vente-privee를 2013년까지 유럽 8개국에 걸쳐서 1,800만 명 이상의 회원

---

*Inventory turnover : 일정 기간의 상품, 제품, 원재료, 저장품 등의 출고량과 재고량의 비율을 말하며, 이 가운데 재고량은 월평균 재고량 또는 기초와 기말의 평균 재고량에 의해 나타낸다. 예를 들면 1년에 몇 회 재고상품이 회전했는지의 속도를 나타내는 것으로써, 300%라고 한다면 1년간 재고가 3회전한 것을 의미한다.

들에게 매일 20만 개 이상의 상품을 판매하는 회사로 성장시켰다.[8] 유감스럽게도 우리가 제 6장에서 보겠지만, vente-privee의 반짝세일을 모방한 사람들이 전부 성공한 것은 아니다.

## 서비스를 제품으로 바꾸는 모델

개인 컴퓨터 시대가 시작될 때 빌 게이츠Bill Gates와 폴 엘런Paul Allen은 IBM으로부터 새로운 개인 컴퓨터에 들어갈 컴퓨터 운영체계를 제공하는 계약을 성사시켰다. 그들의 회사인 Microsoft는 개인 컴퓨터 마켓이 폭발적으로 성장하는 1980년대, 다른 PC 회사들에 대한 운영체계를 개발하고 인도하는 비슷한 계약을 따냈다.

결국 Microsoft는 지금은 아주 흔한 Word, Excel, 그리고 다른 Microsoft사의 상품들과 같은 포장한 소프트웨어를 인도하기 시작했고, 그로 인해 그들의 서비스 사업을 바로 사용할 수 있는 '상품'을 실어 나르는 회사로 변형시켰다. 따라서 **서비스를 제품으로 바꾸는 모델들은 주문 제작하는 서비스를 제공하면서 시작했다가 결국에는 축적된 전문지식을 이용하여 솔루션을 패키지로 배달하여 홀로 서는 회사들의 영역이다.**

때때로 상품들은 눈에 보이는 용기 안에 넣은 상태로, 때로는 서비스 상태의 소프트웨어(SaaS)로, 디지털 방식으로 우리의 PC, iPads, 혹은 휴대전화로 다운로드 되어 판매자의 큰 도움 없이 고객들이 사용하고 소비할 수 있게 준비되어 배달된다.

우리는 서비스를 제품으로 바꾸는 모델을 제 7장에서 더 검토해보도록 하자. 덴마크의 창업자인 클라우스 모스홀름Claus Moseholm과 지미 마이만Jimmy Maymann이 단 1크로네의 외부 자본을 받지 않고도 어떻게 GoViral이라는 회사를 세계에서 가장 큰 비디오 유통업 회사로 만들

없는가(8년도 채 걸리지 않은 동안에 만든 업적, 2011년에 덴마크 돈으로 5억 크로네에 회사를 넘긴) 하는 이야기는[9] 노스홀름과 마이만을 가장 영감을 주는 전형적인 인물로 만들고, 또한 고객을 자금화하는 사업의 잠재력에 대한 롤모델로 만들었다.

## 고객으로부터 자금을 조달한 모델들의 공통점

성장한 궁극적인 크기나 유형(일부는 믿기 힘들 정도로 크게, 또 일부는 그만큼 크지 않게: 일부는 성공적이고 일부는 그렇지 못한)에 상관없이, 고객 자금화 모델을 이용하는 회사들의 예시에는 세 가지 공통된 속성이 있다.

- 시작할 때 작게 혹은 아예 외부 자본금을 필요로 하지 않는다.
- 설립할 때, 오늘날 기업가의 말투로 할 때 대부분은 린 스타트업들이었다. 오늘날의 린 스타트업 운동과 고객을 자금화하기가 어떻게 서로 밀접한 관계가 있는지에 대해 더 알고 싶다면 〈관련기사 1.2〉를 참조하자.
- 대부분이 결국에는 제도화된 자금을 조달하였고, 일단 컨셉이 입증된 뒤에는 그렇게 했다.

---

### 〈관련기사 1.2〉 린 스타트업 – 기대치를 높이다

오늘날의 린 스타트업 세계에서는 자신이 가지고 있는 최초의 아이디어를 실험적인 방법으로 테스트하는 것이 핵심이다. 그

---

런 많은 초기의 테스트들은 린 스타트업의 전문용어인 최소 실행가능 제품*을 찾으려고 제안된 것을 고객들이 사게 될 것인가, 아닌가를 알아내려고 하는 노력을 수반한다. 다섯 가지의 고객 자금화 모델 중 어느 것을 적용하더라도 린 스타트업의 기대치를 높인다. 어떻게 높이느냐고? 개인이나 회사가 살 거라고 고객이 말로 하는 것에 따라 기준을 정하는 것이 아니라 사람들이 실제로 구매하고 대체로 대금을 선불로 지불하는 것에 따라 기준을 정한다! 따라서 애초에 다섯 가지 고객 자금화 모델 중 하나를 채택하는 것은 린 스타트업을 시작할 때의 첫 번째 선택이어야 한다. 목표로 하는 고객이 여러분이 만든 최소 실행가능 제품이나 혹은 개선된 제품에 대한 수표를 발행할 때, 여러분은 뭔가 좋은 길로 가고 있다는 것을 알 것이다!

반대로 생각하면, 창업의 아이디어를 잠재우거나 혹은 그것을 좀 더 빨리 바꾸거나(그로 인해 초반에 실패하고, 그래서 작게 실패하는 것) 해서 더 나은 아이디어로 옮겨가는 것이 오늘날 대부분 성공한 창업자들의 뚜렷한 특징이다. 만약 고객이 여러분의 최소 실행가능 제품에 돈을 지불하게 만들 수 없다면, 어쩌면 방향을 전환할 때일지도 모른다. 한 고객이 방향을 전환하게 만들고 그 이후에 다섯 가지 고객 자금화 모델 중 하나를 통해 개선해온 제품에 대하여 선불로 지불한다면, 그 변화는 타당한 것임을 증명할 수 있게 된다.

게다가 우리는 거의 대부분 경우, 어떤 시점에서 벤처 캐피털들이 투

*MVP : Minimum Viable Product. lean startup 용어로 최소 실행가능 제품

자를 위해 줄을 서는가를 알아차렸다. 초기 단계의 창업자들이 눈을 씻고 찾으려고 해도 없거나, 혹은 정말로 운이 좋아서 어떤 투자자가 비전을 공유했다면 한 명 정도인 것과 대조적으로 말이다. 창업자에게 는 만약 불행하게도 한 명의 투자자가 있다면, 거래에 대한 지배권은 그 투자자에게 있게 된다. **다섯 가지 고객 자금화 모델 중 어느 것이라도 성공적인 적용은 항상 고객을 끌어오게 만드는 결과를 가져오므로,** 여러분 이 입증해보인 회사를 어느 시점에서 더 빠르게 성장시키기 위해 자금 을 모으려고 결정한다면, 결국 여러분의 문 앞에 벤치 캐피털들이 줄 을 서게 될 가능성이 훨씬 높아진다.

## 크라우드 펀딩*을 간절히 원하는가?
## 이 책이 해답일 수도 있고, 아닐 수도 있다

먼저, 이 책은 많은 사람들이 저술해온 주제인 자신의 사업을 어떻 게 'bootstrap'하는가에 관한 책이 아니다.[10] 이 책 속에 다양한 의미 를 명확하게 전개해 놓은 고객 자금화 재정 정책의 종류를 비록 몇몇 의 부트스트래핑 지지자들이 또한 강조한다 하더라도, 부트스트래핑 은 적은 자금으로 임시변통하는 행위(근근이 이어가는 판매와 마케팅, 근검절약하기, 사들이는 대신에 빌리거나 공유하는 등등의 행위)를 일 반적으로 내포하고 있다. 부트스트래핑[11] 원칙들은 고객 자금화 모델 들의 이용과 더불어 공존할 때 기업 벤처가 자금을 조달하기 전에 훨 씬 먼 길을 추진할 수 있도록 만드는데 중요한 기여를 할 수 있다. 하

---

*crowdfunding : 온라인 플랫폼을 이용해 다수의 소액투자자로부터 자금을 조달하는 방식. '군중을 통해 자금을 유치한다'는 의미로, 예비 창업자들이나 프로젝트 제안자, 창업 초기의 기업들이 온라인 플랫폼을 통해 아이디어나 사업계획을 홍보하고, 소액 투자자들로부터 자 금을 조달하며, 다양한 방식으로 수익을 분배하는 형태의 투자 유치 방법이다.

지만 부트스트래핑은 다른 책에서 아주 잘 설명되어 있기 때문에 여러분은 이 책에서는 그 원칙들을 볼 수 없을 것이다.

둘째로, 전 세계적으로 갑자기 나타나고 있는 모방자들을 언급하지 않더라도, 2012년 미국에서만 Kickstarter와 Indiegogo, 그리고 나머지 138개의 크라우드 펀딩 웹사이트들이 정상적으로 운영되고 있다.[12]

이 책은 역시 크라우드 펀딩에 관한 책은 아니지만 제 3장에서 언급된, 지금은 현존하지 않는 ProFounder의 불운한 사례 기록을 포함하여, 그 현상은 이 책이 탐구하는 고객 자금화 모델의 한 가지 선례이다. 여러분이 원한다면 더 큰 빙산의 일각이지만, 만약 여러분이 크라우드 펀딩을 갈망한다면 그 주제에 관한 책은 얼마든지 있다.

여러분은 **"그럼 이 책은 왜 크라우드 펀딩에 대해서 이야기하지 않나?"** 하고 물을 수도 있다. 결국 2012년 중반까지 Kickstarter에만 5만 개 이상의 프로젝트가 등재되었고, 그 중 거의 절반이 보통 아주 많지 않은 금액인 자금조달 목표에 도달했으며, 2014년 초기까지 Kickstarter는 저당금액 10억 달러를 넘는 이정표를 세웠다.[13]

Kickstarter 자금 프로젝트의 하나인 영화 'Inocente'는 2013년에 아카데미상을 수상했다.[14] 크라우드 펀딩의 실패조차도 그들 제안자들에게는 가치를 부여한다고 런던에 본사를 둔 디자인 에이전시인 Mint Digital의 벤 레드포드Ben Redford는 주장한다. 만일 한 프로젝트가 모금 목표액에 미치지 못해도 그것도 '훌륭하다'고 그는 말한다. "왜냐하면 내가(혹은 누구나) 아무도 원하지 않는 것을 만들지는 않기 때문이다."[15]

그렇지만 평균하여, 성장 잠재력이 있는 영리 목적 사업보다는 예술이나 문화 프로젝트에 더 많은 관련성이 있는 많은 크라우드 펀딩 프로젝트들은 아주 적은 금액을 모았을 뿐이다. 2012년 중반 현재

Kickstarter에서 오직 30개 프로젝트만이 100만 달러가 넘는 자금을 모을 수 있다. "보통의 프로젝트는 5,000 달러를 모으는데 85명이 지원합니다."[16]라고 Kickstarter의 공동창업자 얀시 스트리클러Yancey Strickler는 말한다.

Massolution이라는 연구조사기관에서 나온 근거는 크라우드 펀딩이 일반적으로 아주 적은 금액 밖에 모으지 못한다는 추가적이고도 폭넓은 증거를 제공한다. 100만 개가 넘는 캠페인들이 지금까지 대략 27억 달러의 자금을 창출했고, 이는 한 캠페인당 평균 2,700 달러보다 적은 금액을 모았다는 의미이다.[17]

이러한 크지 않은 성과를 만들어 내기 위해서는 많은 일을 해야 한다. 성공하는 크라우드 펀딩 프로젝트들은 종종 이미 개발된 원형이 있고, 대체로 전문적으로 찍은 비디오를 이용하고, 아마도 넓혀진 인맥으로 실제로 대부분 자금을 충당해줄 그들만의 '대중(유명한 친구들, 가족, 팔로워들)'을 항상 데려온다.

크라우드 펀딩의 장본인인 덴 마롬Dan Marom에 따르면, "기업가는 자신의 소셜 네트워크를 동원하여 대부분 투자를 유치합니다. 즉, 지지자들의 공간은 대부분 플랫폼에 의해서 제공되지 않습니다."[18] 정말로, Kickstarter가 제공한 데이터는 Kickstarter 프로젝트에 투자하는 사람들 중에 85%는 한 번만 투자한다고 제시하고 있다.[19] 물론 크라우드 펀딩 캠페인을 발표하는 것은 단지 시작일 뿐이다.

경험이 풍부한 제안자들은 지지자들에게 진척 상황에 대해 주기적으로 업데이트를 해준다. 순수한 창업을 위한 크라우드 펀딩의 유럽 기록을 세운 시기에, 주식을 기반으로 하여 성공한 크라우드 펀딩 프로젝트의 예를 보려면 〈관련기사 1.3〉을 참조하라.

코라도 아카르디Corrado Accardi는 진절머리가 났다. 엔젤투자자들이 그의 회사에 너무 많은 것들을 요구하는 것과 너무 많은 부담스러운 조건들에 대해 질린 것이다. "처음에 그들은 여러분을 사랑한다고 말합니다. 그런 다음 조건들에 대해 이야기합니다." 라고 그는 기억한다.

그의 은행가 또한 부담스러운 조건들을 요구했다. 아카르디는 스스로에게 언급하지도 않았고, 또한 그의 아내인 티지아나Tiziana가 마음속에 가지고 있던 생각도 정확한 것이 아닌, 아카르디의 집을 담보로 하자는 것이었다.

다행히 아카르디는 그가 제안한 런던 테이크어웨이 피자 컨셉인 Pizza Rossa를 시작하기 위하여 가족과 친구들로부터 다양한 모금으로 20만 유로의 위임을 이미 확보해 두었지만, Pizza Rosa를 시작하기 위해서는 28만 유로가 필요했다. 이상적으로는 런던의 중심부를 가로 질러서 계획한 12개의 직영점 중에서 첫 두 개를 출시할 수 있도록(지원할 수 있는 식당 같은 부엌을 갖춘) 43만 유로를 모을 것을 희망했다. 필요한 나머지 자금을 모으는 것에 대하여 크라우드 펀딩이 해답이 될 수 있을까 궁금했다.

크라우드 펀딩의 목표를 이룬 다른 사업의 캠페인들을 검토하면서 그가 배울 수 있겠다고 생각되는 어떤 방향을 발견했다.

• 적어도 목표의 35%에 도달한 거의 대부분 캠페인은 결국에는

100%의 수치에 도달하는 성공을 거두었다. "나는 이미 43만 유로 목표 금액의 40% 지점을 넘었으니, 나에게 투자해 줄 사람들을 모을 수가 있어!"하고 그는 판단했다.

- 평일보다는 주말에 더 많은 모금 활동이 있었다.
- 모든 캠페인은 잠잠하다가 갑자기 모금 활동의 급성장을 기록했다. "기세가 중요한 것 같으니, 나의 기세가 사라지려고 할 때마다 내가 이미 확보해 놓은 투자의 위임금액을 이용하여 기세를 일으켜 세울 수 있을까?"

아카르디는 그의 캠페인이 좋은 출발을 할 수 있도록 친구와 가족 일부를(그의 캠페인이 자리를 잡으면서 기세를 관리할 수 있도록 나머지는 자제하여) 초대하여, 전문적으로 찍은 비디오와 함께 어느 금요일 런던의 크라우드큐브*에 발표했다.

첫 번째 주말까지 그의 캠페인은 27명의 투자자와 152,000유로의 위임 금액을 기록했다. 그리고 주중 초반 그의 캠페인이 좀 잠잠해졌을 때, 이미 투자 위임을 한 몇몇을 불러서 말했다. "여러분들이 지금 투자할 수 있다면 정말 좋겠습니다."

18일 후에 아카르디는 그가 생각한 최소 금액인 28만 유로에 도달했지만 그는 더 많은 금액을 원했다. 100만 유로 이상의 금액을 투자하려는 어느 해외 투자자가 그에게 접근하여, 더 좋은 조건과 브라질에서의 프랜차이즈 권리를 원했다. 런던에서의 시식시간을 가진 뒤, 더 좋은 조건(브라질에서의 권리를 제외하

---

*Crowdcube : 영국의 대표적인 크라우드 펀딩 플랫폼. 20만 명 이상의 회원과 성장 네트워크를 가지고 있는 주식형 크라우드 펀딩 산업의 시장 리더이다.

고!)으로 거래는 성사되었다.. 이는 소급적으로 모든 초기 투자자들에게 제공되었다. 38만 유로를 모았을 때, 아카르디는 거의 목표에 도달했다.

캠페인이 목표 금액에 가까워지면서 그는 캠페인에 대해 문의한 모든 사람들에게 연락을 취하였다. "만약 지금 투자하지 않으면 매진될 겁니다!" 19일째 되는 캠페인의 마지막 네 시간 동안에 그는 15만 유로를 모았다.

영국에서 크라우드 펀딩으로 창업한 회사 가운데 가장 많은 자금을 모은 그의 캠페인은, 그것을 본 12,000명 정도의 관심을 끌어서 그의 원래 투자자들을 포함하여 122명의 개인에게 투자를 받았다. 크라우드 펀딩을 노련하게 운영한다면, 선택할 수 있는 아주 좋은 방향이 될 것이다!

출처: Corrado Accardi, 저자와의 인터뷰, November 20, 2013

그러면 이 책은 왜 빠르게 성장할 수 있고 수익성이 좋아지는 이 현상에 대해 주의를 덜 기울이는가? "Kickstarter가 사람들이 무언가 만들 수 있도록 도와주었지만, 그 밖의 다른 방법도 여전히 알아볼 필요가 있습니다."라고 샌프란시스코에 있는 디자인자문회사 Fuseproject의 창업자 이브 베하르Yves Behar가 진술한다.[20]

정말 그렇다고, 샌프란시스코에 있는 스타트업에 초기 자본과 멘토링을 제공하는 회사(startup accelerator)를 운영하고 있는 브래디 포레스트Brady Forrest는 덧붙여서 말한다. "제품이 만들어지는 것과 회사가 창업하는 것에는 큰 차이가 있습니다."[21]

'그것이 바로 문제이다.'* 이 책은 고객 자금화 모델을 통해 빠르게 성장하는 회사를 만들어 내고 확립하는 것에 관심이 있다. 영국에서의 코라도 아카르디의 Crowdcube 캠페인과 같이 성공한 크라우드 펀딩 캠페인은 자금을 너무 일찍 모으는 것에 대한 약점을 완화할 수 있는 반면에, 크라우드 펀딩을 통해 고객의 관심을 모으는 것은 실제로 여러분의 사업이 앞으로 풀어야 할 문제들에 기인하는 고객의 관심에 대한 신뢰성과 반복성이 모자랄 것이다.

여러분의 가족과 친구(운이 좋다면 그들의 인맥)들로부터 모은 크라우드 펀딩 자금은 종종 근본적인 개념과는 사뭇 다른 이유로 제공된다. 그들은 여러분을 사랑하지만 실제 고객들은 아닐 수도 있다! 내가 2013년 하반기에 작성한 바와 같이, Pizza Rossa가 언젠가는 제공할 피자를 런던 사람들이 사 먹을지 아닐지 아카르디는 정말 모르고 있기 때문에, 비록 그가 벌인 모금활동의 역량은 아니라 하더라도 그가 하고자 하는 사업에 대한 고객의 반응은 미결 문제로 남아 있다.

앞으로 이 책 구성의 핵심인 매혹적인 사례 기록들 속에서 우리가 알 수 있듯이, 고객 자금화 모델을 개발하고 조직적으로 적용하는 것이 그저 자금을 모으는 것보다 훨씬 더 많은 것을 수반하며, 대체로 크라우드 펀딩으로 모은 자금이 가져다주는 것보다 훨씬 뛰어넘는 이익을 가져다준다.

따라서 크라우드 펀딩에 대한 판단은 아직 시기상조이다. 기부금이나 기부자에게 주는 현물급부(티셔츠나 제안된 상품의 베타 버전이나 혹은 어떤 것이든)에 대한 답례로서의 다른 금액을 모으는 역할뿐 아니라 이 현상이 스타트업의 보통주株나 빚을 꾸준히 늘리는 방향으로 진화할지는 두고 봐야 할 것이다.

---

*There's the rub : 셰익스피어의 햄릿에 나오는 말

그러한 제안은 지금까지 대부분의 크라우드 펀딩 활동이 초점을 맞춘 곳에 존재한다. 2012년 미국에서 지지를 받은 제정법(오바마 대통령의 JOBS Act)이나 아카르디가 이룬 영국에서의 성공에도 불구하고, 대부분 국가의 규제기관들은 아직도 어떻게 보통주株에 기반을 둔 크라우드 펀딩을 큰 규모로 실현하는지 알아내지 못했다.[22]

그래서 만약 고객 자금화 사업이 부트스트래핑이나 크라우드 펀딩에 관한 것이 아니라면 그 목적은 무엇인가? TechStars의 공동 창업자이자 작가인 데이비드 코헨David Cohen과 브렛 펠드Brad Feld는 이렇게 평한다. **"자금을 조달할 필요가 있다는 생각을 갖고 시작하면 안 된다고 생각합니다. 엄청나게 큰 회사도 외부로부터의 투자를 아주 적거나 아예 없이 창설되어 왔습니다."**[23]

여러분은 이 말을 듣고 혼자 중얼거릴지도 모른다. "그래, 그건 브렛 펠드, 데이비드 코헨 또, 빌 게이츠나 마이클 델한테는 쉬운 일이지." 그럼, 내 회사에 대해서 내가 그렇게 할 수는 없을까?

이 책의 목적은 그 답을 제공하기 위한 것이다. 미숙한 스타트업을 시작한 재능이 있고 창의적이고 동기부여가 되어 있는 창업자나 자리를 잡은 회사의 경영진이 그들의 회사를 시작하고 자금을 공급하고 성장시켜서 그들의 꿈을 이루는데 사용할 수 있는 다섯 가지 고객 자금화 모델이 그 답이 될 것이다.

## 자본을 너무 조급하게 모으기: 이미 설명한 단점들

이 장의 처음 부분에, 나의 관점에서 왜 자본을 너무 조급하게 모으는 것이 대단히 좋지 않은 생각인지 약간의 그 이유에 대해서 언급했다. 여기에서 나는 여러분을 충분히 납득시킬 수 있도록 **자금을 너무**

**조급하게 모으는 것의 결점들에 대해서 좀 더 깊이 파헤쳐 보려고 한다.**

요즈음에는 새로운 벤처기업을 시작하는 사람들은 큰 회사 안에서든지, 그들의 차고 안에서든지 그들이 하고자 하는 스타트업에 자금을 마련하기 위해서 가장 먼저 시작해야 하는 일이 외부 자본을 모아야 한다고 생각하기 때문에, 이것은 창업자나 장래의 투자자들에게 중요한 문제가 된다.

"멋진 아이디어와 어느 정도의 자본이면, 충분하지! 우리와 우리의 투자자들은 곧 부자가 될 거야!"라고 생각하거나 그렇게 믿고 있다. 하지만 베르마 형제와 Ryzex의 러드 브라운이 직감적으로 이해하는 것처럼 이 그림에는 무엇인가 오류가 있다.

여러분이 〈표 1.2〉에서 볼 수 있듯이, 자금을 너무 빠르게 모으는 것(혹은 어떤 경우에는 자금을 모으는 그 자체!)에는 중대한 결점들이 존재한다.

- 자본을 모으는 것은 엄청난 시간과 에너지를 필요로 하고, 창업자들이 본격적인 사업으로부터 마음을 흩어지게 한다.
- 자본을 너무 빠르게 모으는 것은 사업 아이디어의 메리트를 시장의 고객들에게 입증하기 보다 잠재적 투자자들에게 던져주는 것이 된다.

〈표 1.2〉 자본을 너무 빨리 모으려고 시도할 때 나타나는 결점들

| 방해 | 사본을 모으는 일은 종종 모든 집중을 필요로 하지만, 창업을 하는 것 또한 집중이 필요하다. 투자 자본을 찾으려고 할 때 둘 중 하나는 고통 받을 것이다. 왜 사업이 좀 안정이 된 뒤에 외부 자본을 모으려고 하지 않는가? |
| --- | --- |

| | |
|---|---|
| 이점을 던져주기와 입증하기 | 초기의 창업 아이디어는 전도 유망한 반면에, 항상 다양한 문제를 제기한다. 축적된 증거와 고객을 끌어들이는 힘에 기반을 두고, 자신에게나 다른 사람들에게 여러분의 아이디어에 대한 이점을 입증하는 것이 다른 투자자에게 그 이점을 던져주기 위하여 자신의 지혜나 매력을 이용하는 것보다 훨씬 더 설득력이 있다. |
| 위험 | 여러분의 사업을 발전시키기 위해 더 많이 진행할수록 초기의 불확실성이 더 확실해지면서 그 리스크는 점점 낮아진다. 낮아진 리스크는 창업을 하는 팀을 위해 더 높은 가치와 높은 지분으로 옮겨간다. |
| 짐 | 기관의 자본에 첨부된 계약 조건들은(좋은 의미로), 투자자들이 손실 위험으로부터 스스로를 보호하려고 하기 때문에 부담이 된다. 길을 따라 더 멀리 갈수록 이러한 짐이 덜 부담스러워진다. |
| 어려움 | 자본을 모으는 것은 최고의 벤처를 위한 최고의 시기에조차 아주 어려운 과제다! 너무 빠르게 자본을 모으려고 노력해서 왜 더 힘들게 만들려고 하는가? |

- 자본을 일찍 모으는 것은 대부분 위험과 알지 못하는 문제가 여전히 풀리지 않았기 때문에 창업자에게 소유권 지분을 더 적게 남겨둔다. 자본을 투자하는 대신에 투자자들은 장래가 매우 불확실한 사업에서 상당한 지분을 요구한다.
- 자본을 일찍 모으는 것은 매우 많은 짐을 동반한다. 벤처를 지원해주면서 택하는 위험을 상쇄하기 위하여 투자자들이 요구하는 힘든 계약 조건들을 말한다.
- 자본을 모으는 일은 항상 아주 힘든 일이며, 특히 어려운 경제적 여건 하에서는 어쩌면 가능하지 않을 수도 있다.

# 더욱 큰 결점: 나쁜 징조!

스타트업을 위한 벤처 캐피털을 조달하기가 그렇게 좋은 생각이 아닌지 극적인 다른 이유가 있다. 〈도표 1.1〉에서는 이를 그래프로 보여준다. 엔젤투자자들은 제발 유의하기를!

러너의 그래프Lerner's graph는 시작한 시기부터 2011년에 걸쳐서 모든 미국 벤처 캐피털 자금으로부터 창출해낸 수익을 보여주고 있다. 그는 모든 자금에 대한 수익을 최내부터 최서까지의 순서로 그려 놓았다. 가장 높은 수익을 가져다 주는 것들은 그래프 위쪽의 왼쪽 끝에 있고 (투자한 자금에 대한 700% 수익의 위쪽), 가장 최저 수익들은 아래쪽의 오른쪽 끝에 있다. 최악의 경우는 투자자의 자금 100% 전부를 잃었다. **이 그래프는 자신의 사업에 벤처 캐피털을 고려하고 있는 사람들에게 상당히 중요한 것이 될 만한 어떤 점을 말해 주고 있다.**

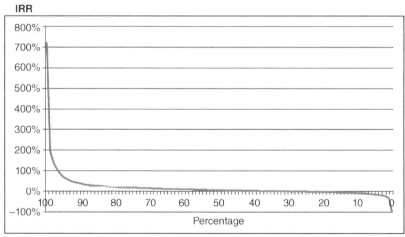

초기부터 2011년 12월 31일까지의 수익

〈도표 1.1〉 역사적인 미국 벤처 자금의 수익

출처: Josh Lerner가 분석한 Thomson/Reuters의 벤처 전문가 자료

- 대부분의 벤처 캐피털들이 좋은 수익을 내는가? 아니다! 벤처 캐피털 자금의 3/4 정도가(0의 수익선 위에 있는 곡선의 왼쪽과 중앙 부분) 어느 정도 수익은 가져다주지만 절반 이상이(곡선의 중앙 부분) 낮은 한 자리 수나 다름없는 수익만 가져다준다. 많은 다른 사람들(곡선의 오른쪽 맨 끝에 있는)은 투자자들의 자금 일부나 모두를 잃는다.

- 벤처 캐피털 자금의 어느 정도가 괜찮은 수익을 내는가? 물론 '괜찮다'를 어느 정도로 생각하는지에 따라 다르지만, 위험한 벤처 캐피털 투자의 본질과 보통 10년 정도 약속되는 투자자의 자금을 고려하여, 투자자들 자금의 30%를 초과하는 연간 수익(내부 수익률, 혹은 IRR)이 괜찮다는 정도라고 가정해보자. 모든 자금들 중에 오직 10%만이 그 정도 혹은 더 많은 수익(곡선의 맨 왼쪽 부분)을 창출한다. 나머지 90%는 그렇지 못하다. 이 문턱을 20% IRR로 낮춰도 모든 자금의 오직 20%만이 수익을 창출한다. 이 문턱을 10%로 낮춘다고 해도 여전히 절반보다도 적은 수가 이 테스트를 통과한다. 왜일까? 대부분의 벤처 캐피털 자금들이 좋지 못한 수익을 내는 이유가 아주 많지만, 그 중에서도 다음과 같은 이유들이 있다.

  - 많은 벤처 캐피털들이 그들 스스로 창업을 해보거나 창업자들이 피할 수 없이 마주해야 할 난관들을 헤쳐 나갈 방법을 배운 적이 없다. 그들의 좋은 의도에도 불구하고, 그들은 벤처기업이 성공하도록 도와주는 방법을 정말로 모른다.
  - 몇몇은 사업을 일으키는데 진짜로 유용한 깊고 넓은 네트워크가 부족하다.
  - 몇몇은 '빠르게 커지려는' 경주에서 아직 증명되지 않은 Plan A에 여전히 너무 많은 돈을 쏟아 붓는 경향이 있다. 이는 제 6장에서 더 자세히 알아볼 것이다.

- 몇몇은 나그네쥐*처럼 최근의 투자에서 일시적인 유행을 서로 따라가고 있다. 제 5장에서 알아볼 것이지만 신참자들은 종종 화상을 입는다.
- 더욱 근본적으로 말하면, 창업 회사에 투자해서 매력적인 수익을 창출하기란 정말 힘든 일이다. 우리가 잊어버리지 않도록 대부분의 기업가들도 역시 그렇게 하지 않는다.

여러분은 벤처 캐피털로부터 자금과 함께 무엇을 얻는가? 물론 '조언'이다. 러너의 그래프에서 중앙과 오른쪽 맨 끝을 차지하면서 자금을 운영하고 있는 그들로부터 얻는 조언이 얼마나 좋을 것이라고 기대하는가? 그들의 자금을 운영하는 별로 좋지 않은 실적(그 자금들이 투자된 포트폴리오 기업들의 실적에서 직접 얻은 데이터)을 보면, 그들의 조언이 어느 정도로 좋은지 의문을 가져도 무방하다. 불행하게도, 그들이 여러분의 회사에 투자를 하며 맺으려는 계약조건에 의하면, 여러분은 그들의 '조언'을 따라야만 할 것이다.

러너의 그래프가 보여주지 않은 한 가지 사실이 더 있는데, 이것 또한 중요하다. 성공한 자금 속에(그래프의 윗부분 왼쪽 끝에 있는) 포트폴리오 기업 10개 중에서 오직 1개나 2개의 회사(Google, Facebooks, Twitters와 같은 전 세계적인)만이 실제로 매력적이고 때때로 깜짝 놀랄만한 수익을 가져다 줄 것이다. 약간 더 많은 포트폴리오 기업들이 투자 자금의 전부나 일정 부분을 회수했을지 모르지만, 나머지(대체로 성공한 자금 중 절반만큼의 회사와 아마도 러너의 그래프 상에 오른쪽 끝부분에 있는 자금 중 모든 회사들)는 완전한 실패다. 벤처 캐피털 시장에서는 몇몇 승자들이 나머지 회사의 손실을 부담한다.

---

*lemming : 번식기에 바다나 호수로 대이동하여 집단으로 빠져 죽는다고 한다. '레밍효과'는 맹목적으로 남을 따라하는 행동을 말한다.(쏠림 현상)

2012년에 Facebook 혼자만 미국 전체 벤처 캐피털 출구평가의 35% 이상을 차지했다.[24] 따라서 벤처 자금을 성공적으로 모은 전망 있는 창업회사들 중에 가치 있는 몇몇 만이 실제로 성공적인 실적을 가져다준다. 이러한 종류의 확률 게임에 여러분은 참여하고 싶은가? 아마도 더 높은 확률의, 더 나은 게임이 있을 것이다. 벤처 자금을 조달하는 게임보다는 고객으로부터 자금조달하기와 같은 게임 말이다.

**만약 여러분이 이 장을 읽는 엔젤 투자자라면, 여러분이 잠시 멈추어야 하는 이유를 러너의 그래프가 증명해 주어야 한다.** 여러분은 "엔젤 투자자의 수익도 똑같이 편향되어 있나요?"하고 궁금해 할지도 모른다. 불행하게도 이 질문에 답할 수 있는 종합적인 분석은 지금까지 없었다. 하지만 나는 그 대답이 "Yes"라고 울려 퍼질 것으로 기대하고 있고, 아마도 그럴 것이다. 그렇다면 투자자로서 여러분이 해야 할 일은 개념상으로는 간단하다. 곡선의 윗부분 왼쪽 끝으로 가는 길을 찾는 것이다. 이 일은 말하기는 쉽지만 실천하기는 어렵다!

그렇지만 이를 실행하는 한 가지 방법은 여러분의 투자활동을 고객 자금화 모델과 함께 사업에 집중하거나, 여러분의 자금(여러분의 조언도 함께!)을 찾고 있는 사람들에게 그런 모델을 이용하도록 납득시키는 것이다. 결국 고객을 끌어들이는 힘이 입증된 회사에 여러분의 자금을 투자하는 것이 40장의 사업계획서와 매끄러운 파워포인트 슬라이드들을 보유하고 있는 사람에게 투자하는 것보다 훨씬 위험부담이 적다. 사람을 끄는 힘의 마술은 당연히 비밀이 아니다. 하지만 인큐베이터들과 엑셀러레이터들이 늘어나고 있는 가운데, 여러분과 여러분의 동료 엔젤 투자자들은 창업자들이 우선적으로 찾게 되는 투자자의 입장에서 벗어나서, 고객이 제공하는 자금과 고객을 향하는 변화를 만드는데 아주 중요한 배역을 맡고 있다.

# 그럼, 왜 지금인가?
## 고객 자금화 혁명이 가까이 온 것인가?

솔직해져 보자. 아무리 좋은 시기라도 자금을 모으는 것은 쉽지 않고, 최근에는 창업자들이 자금을 모으기에 최고의 시기는 아니었다. 벤처 캐피털 자금들은 여기저기 투자의 문을 걸어 잠갔고, 이 사실은 러너의 그래프 상의 오른쪽 끝부분에 있는 회사들에게는 놀라운 소식이 아닐 것이다.(〈도표 1.1〉 참조) 2011년에, 미국 포트폴리오 기업\*들에 흘러 들어간 벤처 캐피털 투자금은 닷컴 버블이 터지기 바로 직전인 2000년도의 초절정일 때보다 70% 이상 낮아졌다.[25]

기본적인 투자자들인 벤처 캐피털의 한정된 파트너들이 2008~2009년 세계금융위기 동안 벤처 캐피털 자산군에 대한 배당금을 절반으로 삭감하면서, 벤처 캐피털로 흘러 들어가는 자본 또한 사실상 모든 곳에서 추락하면서 급격히 줄어들었다.[26] 안타깝게도, 벤처 캐피털과 자금을 찾고 있는 창업자들에게는 아무것도 바뀐 것이 없다. 런던에 근거지를 둔 Dawn Capital의 업무 파트너인 하콘 오벌리Haakon Overli가 2013년 중반에 주목한 것처럼 "몇몇 자금의 투자 시기들이 끝나가고 보다 소수의 매니저들이 신규 자금 영입을 폐쇄하면서 주위에 자금이 아주 적어졌다."[27] 미국 내에서 활동적인 벤처 캐피털 회사들의 숫자가 2000년에 거의 1,000개이던 것이 2007년에는 약 450개로 줄어들었고, 2013년에는 300개보다 더 적게 되었다.[28]

정부 또한 예산이 없기 때문에, 여러 곳에서 스타트업들을 지원하던 정부지원금은 거의 없고 또한 더 없어지고 있다. 잘 알려진 3F(Family,

---

\*portfolio company : 벤처 캐피털 회사, 기업인수회사, 지주회사, 혹은 다른투자자금이 투자를 하는 회사나 독립체(법인)를 말한다. 사적지분회사에 의해 현재 지원을 받고 있는 회사의 모든 것은 회사의 포트폴리오라고 말할 수 있다.

Friends, Fools)조차도, 세계금융위기가 불러온 여파로 돈이 없거나 부채가 많은 상태라서, 그들이 사랑하는 사람들이 시작한 스타트업에 투자할 돈이 없는 것이다.

마지막으로, Dealogic에 따르면 2013년에 여섯 개의 IPO* 중에 단지 한 개만이 기술을 가진 회사였다. 이는 기술 산업에서 20년 만에 두 번째 최악의 성과를 만들었다. 1990년대 기술이 인기를 누리던 최전성기인 1999년에는 IPO의 69%가 기술 회사 혹은 인터넷 회사였다.[29] 벤처 캐피털들은 2013년에 이루어진 Twitter의 성공적인 신규상장이 어떤 방향전환으로 이어지기를 희망하고 있다. 시간이 말해줄 것이지만 현재 Twitter는 어려운 실정이다.

따라서 여러분이 만일 다음 벤처(이미 안정된 회사 내에서 혹은 여러분의 차고에서 막 부화하고 있는 벤처이든지)에 현금이 필요하다면, **나는 여러분이 자금을 모으는데 시간을 사용하는 대신에 고객과 사업에 공을 들이기를 제안한다. 여러분이 고객의 주의를 끌기만 한다면, 여러분이 원하거나 필요로 할 때 더 많은 자금이 따라올 것이다.** 우리가 제 3장에서 7장까지를 통해서 볼 수 있겠지만, **많은 예로 든 회사들이 결국에는 상당한 기관의 자본을 모았다.** 그것이 요점이다.

여러분의 직관과는 반대로, 증거 요점들이 성취될 때까지(고객을 끄는 힘의 마술) 자금을 모으는 것을 기다리면, 더 많은 자금을 조달하기가 극적으로 쉬워진다. 우리는 창업자들이 그들의 파워포인트 슬라이드를 버리고 최우선적으로 고객에게 시선을 돌리는 혁명을 곧 볼 수 있을까? 내일의 창업자들과 성장에 굶주린 안정된 회사의 리더들이 그들의 회사를 창업하고 자금을 모으고 성장시키기 위한 확실한 디딤판으로 고객을 생각할까? 엔젤 투자자들과 인큐베이터들이 내가 희망하

---

*Initial Public Offerings : 신규상장

는 이러한 변화를 주도하는 역할을 하여, 그 과정에서 아마도 수익을 극적으로 증진시킬까? 얼마 지나지 않아 우리는 알게 될 것이다.

## 고객 자금화가 모든 벤처를 위한 올바른 접근일까?

모든 창업자와 경영진이 고객 자금화의 악대차 위에 뛰어 올라야 할까? 아니다. 고객 자금화 모델이 모든 사업에 알맞은 것은 아니다. 예를 들어서, 여러분의 아이디어가 오늘의 에너지를 향한 물릴 줄 모르는 갈증을 만족시켜주는 수력발전용 댐을 건설하는 것이라면, 전통적인 프로젝트 자금이 여러분이 필요로 하는 더욱 현명한 자금의 출처가 될 것이다. 사용자는 아마도 내일의 전기요금을 오늘 지불하려고 하지는 않을 것이다. 하지만 만일 다섯 가지 고객 자금화 모델 중 하나가 여러분의 상황에 적합하다면, 아마도 그것이 여러분을 위하여 앞으로 나아가는 더 좋은 길이다.

## 고객 자금화가 잘못 되었을 때

하나의 고객 자금화 접근방식이 여러분의 사업에 다양한 이익을 제공할 수 있고, 이 책이 진행되면서 매우 선명해질 것이다. 하지만 그것이 만병통치약은 아니며, 여러분의 수익성을 보장해 주지 않고, 또한 나머지 원칙을 바르게 하면서 대체하지도 않을 것이다.[30] 오랫동안 벤처 투자가로 활동한 빌 이건Bill Egan이 유명하게 언급한 바와 같이, **"자본과 재능이 있는 경영 팀을 보유하고 있다 하더라도, 만일 여러분이 근본적으로 형편없는 사업에 몸을 담고 있다면, 좋은 사업에서 가질 수 있는**

**그런 종류의 결과를 얻지 못할 것입니다.** 모든 사업이 평등하게 만들어지지는 않습니다."[31] 비록 고객 자금화 모델이라 하더라도 말이다. 따라서 고객 자금화가 때로는 잘못될 수 있을까?

Groupon*을 생각해보면, 2004년 Google 이후에 미국의 인터넷 기업이 기록한 가장 큰 규모의 IPO였던 7억 달러를 Groupon이 조달했을 때, 간절히 기다렸던 IPO였지만 창업한 지 3년 밖에 안 된(2011년 11월) 초창기였으니, 그저 요동치며 매일 거래되는 고공 비행주(株)에 지나지 않았다.[32] 지구상의 누구나 알고 있는 Groupon은 다양한 지역 식당, 스파, 헬리콥터 전문 여행업자 등 원하는 것은 무엇이든지, 회원들에게 할인된 'daily deals**'을 제공한다.

희소가치 모델(거래는 아주 짧은 시간 동안만 공개된다)과 선불 모델(고객들은 거래가 제공된 날에 지불하고, 그 이후에 식당을 찾아가거나 헬리콥터 관광을 한다. 혹은 아마 안 할 수도 있다)의 양쪽의 장점을 가진 Groupon의 독창적인 고객 자금화 모델은 엄청난 액수의 현금을 Groupon의 금고 속으로 쓸어 담았으며, 그 일부를 거래선(상인)에게 종종 60일 기간의 할부로 지급했다. 여러분의 사업에 이런 종류의 지불 조건을 가지고 싶지 않은가?

뒤이은 벤처 캐피털 자금과 함께 해일과 같이 밀려든 현금으로, Groupon은 일 년 남짓 동안에 17개의 대부분 모방 기업을 인수하여

---

*Groupon : 그루폰은 'group'과 'coupon'의 합성어로 2008년 앤드루 메이슨이 설립했으며 시카고에 본사를 두고 있다. 단체할인 방식(social commerce)을 이용하여 인기 상품과 서비스를 50~90%까지 대폭 할인해서 제공한다. 창업한 지 7개월 만에 흑자로 돌아서면서 즉각적인 성공을 거두었다. 시카고에서의 성공 후 뉴욕시티와 보스턴, 워싱턴 등 주요 도시로 빠르게 사업체를 확장했다. 창립 2년 후 그루폰은 미국 내 150여 개가 넘는 도시와 세계 30여 개국에서 운영되고 있다. 제공되는 상품은 자동차 점검에서 외식권, 스파 패키지 이용권, 영화 표에 이르기까지 다양하다.
**daily deals service : 소셜 쇼핑 서비스 사업자가 하루에 제품 하나 또는 서비스를 일정한 거래량을 달성하면 50% 이상 할인된 금액으로 제공하는 서비스. 미국의 소셜커머스회사인 Groupon이 공동구매와 쿠폰 개념을 더하여 서비스 하면서 시작되었다. 일정한 거래량을 확보하려면 함께 서비스 받을 사람들을 모아야 하는데 주로 SNS를 이용한다.

45개 국가로 확장하였고, 거래선이 78,466개로 성장하였으며, 불과 2년 만에 37명에서 9,625명으로 종업원 기반을 성장시켰다[33] "고객 자금화 모델을 가진 기업이 빠르게 성장할 수 있을까?" 여러분이 묻는 다면? 물론 할 수 있다.

**하지만 Groupon은 정말 생존 가능한 기업일까?** 그것은 별개의 의문이다. Groupon은 2010년 매출이 절반 이상 줄었고, 그 다음에 또 2012년도 4/4 분기에 대한 분기별 손실이 4,230만 달러에서 6,490만 달러로 올라서, IPO 이전의 재정상대를 두 번이나 고쳐 말해야 했다.[34] 고객 환불금(특히 레이저 눈 수술과 같은 더 비싼 서비스)을 부담하기 위한 충분한 자금을 따로 떼어 놓지 않았던 기업은 환불금이 예상치보다 훨씬 높이 이르렀던 것으로 보인다.

왜 이것이 문제일까?[35] 일부의 고객들은 마음이 변할 것이고("나는 라식 수술을 원하지 않아요.") 결국 이행되지 않은 서비스에 대한 책임을 Groupon이 혼자 지도록 내버려둔 채 일부의 거래선은 파산할 것이다. 따라서 Groupon은 고객들에게 보장하는 장래의 환불금을 위해서 얼마의 자금을 따로 떼어놓아야 할지 확신할 수 없기 때문에, 예상된 반품 후의 매출 수치는 불확실하였다.

자, 그럼 Groupon의 사업을 운영하는 곳에 수반되는 비용은 어떻게 될까? Groupon에게 몰려드는 현금이 쉽게 비용을 지출하게 만들지 모르지만, 실제 순이익을 예약하는 충분한 총매출 이익으로 그 비용을 부담하는 것과는 아주 다른 이야기이다. IPO 이전과 그 이후에, 부분적으로는 사용자 기반을 키우기 위한 공격적인 지출로 인하여, Groupon은 이익이 없었다.

Groupon의 주가는 약 4.00달러(IPO 가격의 1/4)로 추락하여 발생한 재무보고서에 나오는 손실, Groupon의 모델은 쉽게 모방 가능하다는 사실(그리하여 관련 사업을 심하게 경쟁적으로 만들고), 국제적인 매출의 감소 등 이 모든 일들이 대가를 치르게 되었고, 2013년 2월에 창업주이자 CEO인 앤드류 메이슨Andrew Mason을 해고하기에 이르렀다.[36]

2013년 후반기에 내가 글로 쓴 것처럼 Groupon은 현금이 풍족한 채로 남았고, 기업의 주가는 약 4.00달러에서 9.00달러로 회복 되었음에도 불구하고 여전히 IPO 가격의 절반 정도에 머물러 있다.[37] **Groupon은 흘러넘치는 현금만큼 이익을 창출할 수 있는 무언가로 전략과 사업 모델을 바꾸거나 그 영향력을 회복할 수 있을까?** 그것은 일반 사람들의 추측이다. 하지만 Groupon에게 좋은 소식은 Groupon이 취하고 있는 고객 자금화 모델이 적어도 함께 시도해 볼만한 군자금을 제공한다는 사실이다.

Groupon 이야기는 고객 자금화가 잘못되는 하나의 선례이다. 이익은 없어도 많은 고객의 현금을 가진다는 것은 멋진 문제라고 주장하더라도 말이다. 고객 자금화의 더욱 불길한 예측은 아마도 강력한 시장 지배력을 가진 기업(예를 들면, 대규모의 슈퍼마켓이나 다른 소매점 체인들)이 훨씬 작고 힘이 약한 납품업자들에게 부담스러운 계약조건을 요구하는데 그 힘을 사용할 때이다.

슈퍼마켓은 고객들이 물건을 구입한 시점에 고객으로부터 현금을 받거나 신용카드 지불일 경우에는 하루 이틀 후에 현금을 수령한다. 고객들이 방금 구입한 물품에 대하여 납품업자에게는 아직 지급하지 않았으니, 슈퍼마켓에게는 고객 자금화의 한 가지 멋진 출처가 된다.

하지만 슈퍼마켓이 납품업자에게 60일 또는 90일 지급조건을 요구한다면(몇몇은 그렇게 하고 있지만), 슈퍼마켓의 지체된 지급일을 기다리는 동안(혹은 자금 조달하는 길을 찾으려고) 납품업자의 자체 자금을 조달하는 능력에다 스트레스뿐만 아니라 추가 비용까지 부담시키는 것이다. 그것은 슈퍼마켓의 고객 자금화의 진정한 예측이 아니라, 그 자체로 고객 측이 아니라 공급 측에 문제가 놓이게 된다. 하지만 기업을 운영하는데 필요한 현금을 인도하는 자본 방정식을 함께 움직이는 것은 고객과 공급자 양쪽이다. 납품업자 쪽을 향하여 함부로 대하는 행위는 이 책이 주장하는 바가 아니다.

# 베르마 형제: 나머지 이야기[38]

여러분은 이 장의 처음에, 라케쉬 베르마와 라슈미 베르마 형제가 인도에서 주행할 수 있고 정확하고 세부적인 모든 종류의 디지털 지도의 최고 출처로 많은 사람들이 간주하여 2004년까지 성장하였던 서비스 기업을 어떻게 만들었는지 읽어보았다.

그 다음 어떻게 되었을까?

그 해 미국을 방문하였을 때, 베르마 형제는 어느 때 어느 곳에서도 단순히 인터넷에 접속함으로써 소비자나 다른 사람들이 정확히 필요한 지도를 구할 수 있는 제품을 MapQuest가 만들었음을 알게 되었다. **"인도를 위한 MapQuest를 우리가 할 수 있을까?"**하고 형제는 궁금해 하였고, MapmyIndia가 탄생하였다.

각각의 고객을 위하여 맞춤형 지도제작의 새로운 해결책에 만족하지 않고, 베르마 형제가 이전에 했던 것처럼 MapmyIndia는 지도제작 자료를 '제품화'하여, 고객과 사용자가 그 일(지도제작)을 하도록 했다. 소매점이 매장 위치를 소비자에게 알려주기 위해서 방법을 찾는 것으로부터, 모든 종류의 위치 정보를 소비자가 찾는 쪽으로 더 많은 세부 정보를 위해 화면을 확대하고, 더욱 큰 그림을 위해 화면을 축소하였다. 이전까지 기업이 하고자 해도 그다지 측정 가능하지 않던 서비스가 모든 것이 잘 된다면, 엄청나게 측정 가능한 제품 사업이 된다.

그런 사업을 개발하려면 알고리즘*, 소프트웨어 개발, GPS 기술, 그리고 많은 부분을 위해서 외부 자금을 선택한다. 사업을 성장시키기 위해서는 고객들이 자금을 조달하는 것은 더 이상 현실적이지 않았다. MapmyIndia가 취한 첫 번째 작은 규모의 벤처 캐피털은 캘리포니아에 본거지를 둔 투자사 Kleiner Perkins Caufield & Byers와 Sherpalo Ventures로부터 2006년에 조달되었으며, 그 전년도 매출이 겨우 백만 달러인 소기업이었지만 그들은 MapmyIndia를 약 700만 달러로 평가하였다.

추가로 3회에 걸쳐서 2007년, 2008년, 그리고 2011년에 더 높이 평가된 자금이 뒤를 이었고, MapmyIndia는 제공하는 제품을 확대시켜 나갔다. 자동차 부품 시장을 위한 TomTom이라는 이름의 소비자 내비게이션 장치, 인도에서의 택시와 물류산업을 위한 선단 추적 해법, 자동차 생산회사의 계기판 교육오락프로그램 시스템을 위한 인가된 콘텐츠, Web을 경유하는 탐지기 콘텐츠, 그리고 iPhone에 내려 받아서 인도를 위한 내비게이션 장치로 바꾸는 50달러짜리 앱까지 원래의 서비스 사업 또한 지속적으로 잘 되어 가고 있었다. 누군가 오늘날 인도에서 MapQuest와 TomTom 또는 Garmin이 합쳐져서 하나의 회사가 아닌가 생각할 수도 있다.

## 엔젤 투자자는 무엇을 알고 싶을까?
## 또 무엇을 물어보고 싶을까?

포부가 있는 창업자가 나중에 엔젤 투자자나 기관 벤처 캐피털 투자

---

*algorithms : 어떤 문제의 해결을 위하여 입력된 자료를 토대로 하여 원하는 출력을 유도해 내는 규칙의 집합을 말한다.

자로부터 자금을 조달하려면, 고객 자금화 모델의 어느 하나를 성공적으로 적용하는 것이 그 자금 조달을 비교적 손쉽게 가능하도록 만든다고 나는 줄곧 주장해왔다. 제 3장에서 7장까지에 나와 있는 사례 기록들이 나를 지지해 줄 것이다. 하지만 그렇다고 이 투자자들이 어려운 질문을 하지 않을 것이라는 의미는 아니다! 진짜로, 초기 기업을 상대하는 경험 있는 투자자들은 리스크가 심각하다는 것을 잘 알고 있으며, 그들이 하는 투자 이외에는 많은 초기 기업들이 잘 되지 않을 것이다. 그래서 창업한 지 얼마 되지 않은 회사에 하려는 투자는 그들이 심사숙고하기 때문에 그 사람들의 마음속에는 항상 세 가지 중요한 이슈가 있다.

- 제품이나 기술이 실제로 유효하게 작용하는가?
- 시장 수요가 진짜라는 것을 가리키는 고객을 끄는 힘이 충분한가?
- 더 이상 내가 수표를 발행하지 않아도 중요한 진행을 할 수 있을 만큼 사업 모델이 충분히 자금이 능률적인가? 대부분의 벤처 캐피털 투자자들이 필요한 만큼 추가 횟수의 자금이 뒤따르기를 기대하는 반면, **대부분의 엔젤 투자자들은 추가 수표를 발행하는 것이 종종 결국 거듭 손해를 보는 힘든 길이라는 것을 배웠다.**

다섯 가지 고객 자금화 모델 중 어느 하나를 이용하여 출발이 좋아서 그 이후 성장을 늘리거나 혹은 새로운 목표시장에 진입하려고 자금을 찾게 되는, 초기의 기업을 생각해 보자. 기술은 유효하게 작용하고 고객을 끌어들이는 힘은 있는가? 그렇다! 만일 기업이 일어설 준비가 되어 있다면 이 두 가지는 이미 사실이라는 것을 의미한다. 기업 자금이 능률적인가? 만일 기업이 고객이 제공한 자금으로 유지해 왔다면, 고객들로부터 모은 자금이 이미 부담하는 매일의 고정지출 경비보다 오히려 더 빠른 성장을 지지하는데 추가 자금이 사용될 수 있다는 것을 시사한다. 하지만 중요한 이 세 가지 질문은 경험 많은 비즈니스 엔젤이 물어보려 하는(혹은 물어야만 하는) 질문에 대한 빙산의 일각만을 보여주고 있다. 각각의 다섯 가지 모델에 대하여, 주어지는 각 모델 특유의 질문은 다음과 같다.

- 각각의 다섯 가지 모델이 최고로 적용된 곳의 배경은 무엇인가? 서비스 사업 또는 제품에 대한 것인가? 소모성 또는 내구성을 위한 것인가? 기업이 기업에 대한, 기업이 고객에 대한, 고객이 고객에 대한 마케팅 전략에 대한 것인가?
- 각 모델을 작동시키는데 주의할 'how-to' 교훈은 무엇인가? 기획이 중요하지만, 실제로 결과를 가져오는 것은 효과적인 실행이라는 사실을 경험이 많은 투자자들은 알고 있다.
- 창업자와 그의 후원자가 경계해야 할 일반적인 함정은 무엇인가?

따라서 제 3장에서 7장까지의 각 끝부분에, 각각의 다섯 가지 자금화 모델과 관련된 핵심 교훈을 강조하면서 이 책의 밑바탕이 되는 연구의 본문을 의지할 것이다. 이러한 각 장 구획의 끝부분과 핵심 수업을 잘 요약해 놓은 '존 멀린스의 엔젤 투자자 체크리스트'는 엔젤 투자자들과 창업자들, 기업을 성장시키는데 고객 자금화의 잠재력을 본 안정된 회사의 대표들을 위하여 네 가지를 말하려고 한다.

- 이 책을 읽고 있는 독자 여러분은 자신의 기업이나 혹은 후원하려고 생각하고 있는 회사에 다섯 가지 모델 중 어느 것이 효율적인지 판단할 때 필요하게 되는 수단과 통찰력을 갖추어라.
- 여러분이 창업하기 전에 가능성 있는 실수를 피하기 위해서 각 모델의 궤도에 이미 진입한 다른 사람들(창업자와 후원자 양 쪽)의 경험에 의지하라.

- 엔젤 투자자들, 다른 초기 투자자들, 심지어 기업 투자자들에게도 그들이 고객 자금화 기업 혹은 그럴 가능성이 있는 기업에 투자를 고려하고 있을 때, 그들이 물어볼 수 있는 일련의 정당한 실사 질문을 제공하라. 무언가 실제로 증명되기 전에 외부 자금을 찾기 보다는 다섯 가지 고객 자금화 모델 중 하나를 거쳐서 꿈을 추구해 보는 것이 어떠냐고, 엔젤 투자자들이 유망한 아이디어를 가진 포부가 큰 창업자들의 주의를 끌어내주기를 나는 희망한다. "창업에 자금을 조달하는 더 나은 방법에 대한 아이디어가 여기 있어요."하고 말할 수도 있다. "창업을 해서 고객이 확실히 보이면 나를 찾아오세요. 여러분이 성장하도록 내가 도와줄께요."

- 고객 자금으로 투자받은 회사의 효과적인 경영에 기여하도록 엔젤 투자자를 도와주라. 투자를 받은 회사에 투자자가 가져다주는 가장 중요한 것은 달러, 유로, 파운드나 루피가 아니다. **정말 중요한 것은 중요한 결정에 직면할 때 제공하는 현명한 조언이다.** 이 책의 가르침은 여기에 적어놓은 모델을 적용하여 투자자의 후원을 받은 다른 창업자의 여정에 근거하여, 그런 결정에 직면할 때 도움이 되는 관점을 추가할 수 있다.

이런 가르침을 법인 쪽보다는 창업자의 여정으로부터 많은 부분 끌어 모았다 하더라도, 거기에는 정당한 이유가 있다. 필요에 의해서, 창업자들은 고객 자금화 길을 찾는 자질이 부족해서 법인 동업자보다는 더 많이 강요받아 왔다. 하지만 이 장의 앞부분에 나오는 Ryzex 이야기에서 보았듯이 가르침은 안정된 기업 환경에도 공평하게 적용된다.


## 앞으로 가야할 길

제 1장에서 다섯 가지 고객 자금화 모델의 본질에 대하여 간략한 개

요를 제공하였다. 그 이유는 여러분의 기업이나 혹은 여러분이 언젠가 투자할 수도 있는 기업과 연관되어 있을지도 모르고, 또한 이 책의 나머지를 읽어 나갈 때 여러분이 어떤 상태에 있는가와도 관련이 있을지도 모르기 때문이다. 하지만, 작은 IT 훈련 회사에서 출발하여 인도의 디지털 지도제작 시장을 지배하는 회사로 성장하기까지의 베르마 형제의 여정에 대한 이야기 이외에, 나는 아직 그 어떤 부분도 심도 있게 살려내지 않았다.

제 2장에서, 나는 고객 자금화 모델에 관한 두 가지의 중요한 의문을 제기하고자 한다. "이 모델들은 신기루인가, 혹은 마음가짐인가?" 그리고 "여기에 정말 새로운 것이 있는가?" 이 장의 끝에, Banana Republic과 Dell의 시작 초기 사례기록 속에서 설명한 바와 같이, 엔젤 투자자들이 물으려고 하는(물어야만 하는) 약간의 질문을 제기하고자 한다.

이 질문들은 여러분을 위한 하나의 고객 자금화 사업이라고 밝혀질 수 있는 것을 만들기 위해서, 고객 자금화에 착수하는 것이 실제로 유효하게 작용할까 아닐까에 관하여 여러분이 생각하기 시작할 때 도움을 주어야만 한다.

이 장의 핵심인 제 3장에서 7장까지 안에 다섯 가지 모델을 고안하고 적용하여 급성장한 기업을 만든 12명 이상의 엄청나게 혁신적인 21세기 창업자들의 사례기록(종종 감동시키는)을 통하여, 각각의 다섯 가지 고객 자금화 모델에 숨을 불어넣으려고 한다. 하지만 그 사람들 모두가 성공한 것은 아니다.

제 8장에서 이 책을 마무리하면서, 창업자와 엔젤 투자자 모두를 위하여 다섯 가지 모델을 능가하는 핵심 가르침을 재생시켜서 소집하려한다. 또한 나는 각 모델을 이행하는 것에 관한 다수의 결정적인 가르침을 모으려 한다.

그러니 여러분은 한 개 또는 그 이상의 모델을 적용하면서 정식으로 활동을 개시할 준비가 되어야 한다. 여러분은 영감을 받을 준비가 되어 있는가? 새로운 차원의 기업이라는 게임을 받아들일 준비가 되어 있는가? 여러분이 하는 엔젤 투자금의 수익을 개선할 준비가 되어 있는가? 고객을 자금화하고 고객에 집중하는 여러분의 사업이나 여러분이 후원할지도 모르는 여정에 승선할 준비가 되어 있는가? 그렇다면 페이지를 넘기고 계속 읽어보기로 하자!

# 2

## 고객 자금화 모델:
# 신기루 혹은 마음가짐?
# 오래 되거나 혹은 새롭거나

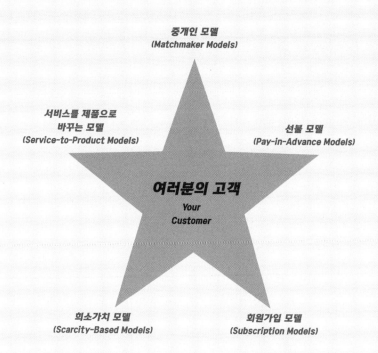

중개인 모델
(Matchmaker Models)

서비스를 제품으로
바꾸는 모델
(Service-to-Product Models)

선불 모델
(Pay-in-Advance Models)

**여러분의 고객**
Your
Customer

희소가치 모델
(Scarcity-Based Models)

회원가입 모델
(Subscription Models)

1942년에, 카스티야 왕국* 이사벨라Isabella 여왕에게 문제가 생겼다. 이사벨라 여왕과 페르디난드Ferdinand 왕의 스페인 왕실은 그라나다 Granada 지역의 무어Moor 왕국과 오랫동안 전쟁을 벌여 왔으며, 전쟁에서 패한 무어 왕국은 결국 협정[1]에 따라 서아프리카로부터 축출되었다.

이것은 왕실 재정에 공헌을 한 중요한 조공의 제공처가 없어졌다는 것을 의미하였다. 중세 후기에도 전쟁을 벌이는 것은 언제나 엄청난 재정이 필요하였으며, 보석과 우아한 연회복을 너무도 좋아한 강력한 통치자인 이사벨라에게는[2] 잃어버린 조공처를 대신할 또 다른 공급원이 필요했다.

이때, 인도로 가는 새로운 무역항로를 찾는 작업을 시작할 자금이 필요한 크리스토퍼 콜럼버스Christopher Columbus가 한 가지 가능한 해결책을 제안하게 되었다. **오늘날의 많은 창업자처럼, 콜럼버스에게는 기업가의 꿈이 있었다.** 인도로 가는 직항로를 발견하여 명성과 재물, 그리고 적어도 귀족의 신분을 손에 넣는 것이었다.

이사벨라 여왕을 끈질기게 설득하는데 비록 5년이 걸렸지만, 그의 고집이 마침내 보상 받게 되었다. 1492년 4월 17일, 콜럼버스는 마침내 그가 필요한 자금을 승인 받았고, 이 일이 성사되면 그 보상으로 이익의 10%와 귀족의 신분과 도중에 발견하는 그 어떤 새로운 영토라도, 자신과 후손들에게 돌아가는 약속도 함께 승인 받았다. 그의 투자자인 스페인 왕실은 드디어 같은 배에 올랐다!

3개월 후인 8월 3일, 콜럼버스의 탐험은 이름이 알려진 세 척의 선박(Nina, Pinta, Santa Maria)에 올라 미지의 세계로 닻을 올렸다. 그가 신세계인 미대륙을 어떻게 발견하였는가에 대한 나머지 이야기

---

*Reino de Castilla : 중세 유럽, 이베리아 반도 중앙부에 있었던 왕국. 레콩키스타에서 주도적 역할을 완수하였으며, 훗날 아라곤 왕국과 통합하여 통일 스페인 왕국의 핵심부가 되었다.

는 모두가 알고 있다.

## 창업 벤처에 자금조달하기: 전혀 새로운 것이 아니다

콜럼버스와 이사벨라 여왕의 이야기가 말해주듯이, 창업자들은 오랫동안 투자자들로부터 자금을 조달해 왔다. 콜럼버스는 마음속에 다소 호기로운 목적을 품고(인도로 가는 서쪽 무역항로와 재물을 찾아나선), 필요한 자금을 제공할 투자자를 설득하였다. 거의 500년을 앞당겨보면, 벤처 캐피털 산업은 그와 유사한 꿈을 실현하고자 자금을 모으려는 창업자들의 유서 깊은 문제들을 좀 더 효과적으로 해결하는 방향으로 일어났다.

효율적인 자금 시장이 출현하는 대가로[3], 또 창업자들이 필요로 하는 후원을 제공할 수도 있는 고도의 순자산을 보유한 개인(이사벨라 여왕, 나중에는 록펠러 가문Rockefellers, 밴드빌 가문Vanderbilts, 로스차일드 가문Rothschilds 같은)을 식별하고 찾아다니느라 몇 개월 혹은 몇 년을 소모하지 않아도 되는 대가로, 창업자들은 회사가 창출하는 이익을 후원자들에게 기꺼이 지불한다는 것을 입증하였다.

벤처 캐피털에 접근하는 좀 더 효율적인 방법이 캘리포니아와 보스턴의 128번 간선도로(보스턴 교외의 벤처 산업단지)에서 1950년대와 1960년대에 개발되었고, 전 세계로 수출되었다.[4]

불행하게도, 많은 창업자들을 위하여 벤처 캐피털이나 엔젤 투자자로부터 자금조달을 따내는 그 자체가 하나의 목표가 되어버릴 정도로 창업 자금 조달이 세상의 이목을 끌었다. 정말로, 많은 인큐베이터나 엑셀러레이터는 그런 자금을 조달하는데 성공한 졸업생들을 자랑스러워한다.[5]

그러나 놀랍게도 여러분의 벤처에 고객들이 자금을 조달해주는, 아마도 지루하지만 훨씬 더 일반적인 방법 찾기에 주의를 기울이지 않았다. 지금까지도 그렇다! 그래서 제 3장부터 7장까지를 통해서 다섯 가지 고객 자금화 모델을 소생시키는 여정을 출발하기 전에, 이 장에서 두 개의 아주 유명한 회사(고객 자금화의 20세기 뿌리이며, 선불 모델이며, 널리 알려지지 않은 사실을 가진)의 사례 기록을 살펴보고자 한다.

첫 번째, Dell의 사례 기록은 고객 자금화 모델이 추구하는 가장 널리 이해되고 가장 잘 알려진, 그들이 가진 문제나 필요성을 해결하기 위해서 기업간 전자상거래의 고객들에게 선불해 주기를 요구하는 환경을 설명하고 있다. Banana Republic의 공격적이고 혁신적인 창업자인 멜 지글러Mel Ziegler와 패트리샤 지글러Patricia Ziegler의 사례 기록은 이것이 기업간 전자상거래 환경에 한정되어 있지 않다는 것을 보여주며, 종종 고객들 역시 창업자들이 빚을 지지 않도록 거래선에 지불해야 하는 날짜에 적어도 한 발 앞서 자금을 제공할 것이다.

## 기숙사 방에서 시장 주도권까지: 고객 자금화로 출발한 Dell[6]

마이클 델Michael Dell은 일찍부터 기업가가 되려고 열중했었다고 말할 수 있다. 어린 나이인 8살에 고등학교 검정고시에 응시해서 그의 인생을 되찾게 되었다. 안에서 밖으로 어떻게 작동하는지 이해하려고 초기 Apple II 모델을 분해할 정도로 그는 일찍부터 컴퓨터에 흥미를 보였다. 16살이던 어느 여름날, 델은 The Houston Post 신문 예약 구독권을 판매하는 직장을 얻었다. 그가 하는 일은 직장 상사가 넘겨주는 신규발행 전화번호부에서 목록을 만들어 임의로 전화를 해서는 구독을 제안하는 것이었다.

델이 여름방학에 한 일은 돈벌이가 잘 되어서 개학하고도 계속되었고, 대부분 방과 후나 주말에 하면서 그 일의 일부는 친구들에게 외부 조달하였다. 그 학년의 후반기에, 그의 소득신고 서류정리에 관련된 학교 과제를 하라고 요청받았다. 수천 장의 신문 구독권을 판매하고 나니, 전년도 수입이 18,000달러에 달했다. 선생님이 소수점을 잘못 찍었다고 생각해서 서류를 고쳐주었다. 하지만 숫자가 제대로 작성되었다는 것을 알고 난 뒤, 자기가 그 해에 번 돈보다 야심에 찬 16살 소년이 더 많이 벌었다는 사실에 놀라움을 금치 못했다.

## 델의 엄마가 알았어야만 했다

얼마 후, 부모님의 소망에 따라 델은 Austin에 있는 텍사스 대학의 의대생으로 등록하였다. 그러나 델이 가지고 있는 진짜 관심은 이미 분명해졌다. "내가 학교로 떠난 그 날, 신문 구독권을 판매하여 번 돈으로 구입한 흰색 BMW의 뒷좌석에 3대의 컴퓨터를 싣고 출발했습니다. 이때 내가 의대 공부를 제대로 할지에 대해서 엄마가 의심을 해야만 했습니다."[7]

대학에서 델의 첫 학기는 펼쳐졌고, 텍사스 대학 같은 큰 교육 기관에서 아무도 학생들이 무엇을 하는지, 무엇을 안 하는지에 관해서 정말로 모르고 있다는 것을 발견하였다. 델은 회상했다. "그래서 잠들 수도 있고, 다른 것도 할 수 있단 말이지. 사업을 시작하는 것처럼."[8]

유감스럽게도, 델이 수업에 출석하는 것보다 사업을 진척시키는 데에 더 많은 시간을 보내고 있어서 성적이 떨어지고 있음을 부모님이 알아차렸다. 1983년 11월에, 부모님이 불시에 방문하고자 비행기를 타고 Austin 공항에서 전화를 걸어서는 곧 만날 거라고 말했다. 델은 부리나케 서둘러서 부모님이 도착하기 전에 기숙사 방에 흩어져 있는 컴퓨터와 부품들을 정리해서, 겨우 룸메이트의 목욕탕 샤워 커튼 뒤에 치워둘 수 있었다.

1984년 1월 그의 두 번째 학기가 시작되었을 때, 델은 기숙사 방에서 PC 호환가능 컴퓨터를 판매하는 PC 회사를 정식으로 설립하였고, 가족들에게는 놀랄만한 일이었다. 델은 최신 유행의 컴퓨터 매장에서 판매하는 PC보다 훨씬 싼 가격의 PC를 만드는 부품을 구입하는 방법을 이미 발견해 두었다.

더욱 좋은 것은 압도적인 수요에 직면한 IBM이 부족하게 선적할까봐 걱정하고 있는 컴퓨터 매장들이 종종 실제로 원하는 수량보다 많은 PC를 주문하려고 하였다. 가끔 발생했지만 예상보다 많은 수량을 수령하면, 즉시 여분의 개수를 가져와서, 고속 주행하도록 개조한 자동차를 좋아하는 사람이 차를 자기 개성에 맞게 꾸미는 것과 같은 방법으로 손을 본 뒤에 고성능화한 PC로 판매하였다.

## 고객으로부터 자금을 조달하기 위해 델이 캠퍼스를 떠나다

델이 가진 특별하고 성공한 접근 방식에는 두 가지의 핵심 요건이 있다. 시장에서는 달리 구할 수 없는 고객이 원하는 구성을 조립하여 고객의 요구를 더욱 만족시킬 수 있었고, 자기가 만드는 것을 구하려면 미리 돈을 지불해야 한다고 고객들에게 제안하였다. 이 접근 방식은 중요한 이점이 있다.

• 더 낮은 비용: 대부분 작은 회사와 정부 고객에게 직접 판매한 채널은 다른 컴퓨터 제조회사가 제품을 일반적으로 유통하는 소매점과 관련된 비용을 없애 주었다. 델은 대부분의 판매자보다 싸게 팔면서, 절감한 비용을 고

객들에게 돌려주는 쪽을 택했다.

- **투자금 없음:** 이 사업 모델에서 가장 중요하게 영향을 미치는 것은 필요한 투자금이었고, 혹은 이 경우 부족분이었지만 아무것도 신경 쓸 필요가 없었다! 델은 주문을 받기 전에는 어떤 부품도 구입할 필요가 없었으며, 판매되지 않은 재고를 안고 갈 위험 또한 없었다.

원하는 PC를 정확하게 주문하는 델의 행복한 선불 고객들은 빠르게 성장하는 회사에 얼마 안 가서 자금을 조달해 주었고, 델은 기숙사 방을 벗어나서 침실 두 개가 있는 아파트로 이사하기에 충분한 현금(사실은 고객들의 돈)을 재빨리 모았다. 그리고는 Austin 북쪽에 27평 규모의 공간을 마련하여 6피트(1.5 미터)짜리 책상에 앉아서 컴퓨터를 조립하고 품질을 개선하는 3명의 직원으로 구성된 '제조사'를 갖게 되었다.

델이 집에서 시작한 회사는 5만 달러와 8만 달러 사이의 월 매출을 창출하고 있었다. 잇따라 3번을 더 옮긴 후에, 델의 회사는 거의 축구장 크기만 한 8,900㎡(2,700평 정도)의 긴물로 들어갈 만큼의 비약적인 발전을 거듭하였다. 이것은 아직 1985년의 이야기이며, 외부 자금을 1달러도 조달하지 않았다! 그가 이룬 모든 성장은 고객들의 현금을 조달하여 만든 것이었다.

## 고객 자금화: 종종 간과한 가르침

오늘날, 사업에 관해 공부하고 있는 모든 학생들은 회사의 성공에 관계되는 중심요소로서 델의 직접 주문제작 모델을 알게 되었다. 소매점을 없애고 낭비를 제거함으로써 델의 모델은 나머지 PC 산업과 비교하여 매우 좋은 매출 총이익을 가져다주었다. 하지만 Dell 모델의 선불 특징이며, 특히 회사의 초기 몇 년 동안 델에게 이 요소가 가져다 준 기회인, 용감하고도 무모할 만큼 엄청난 속도로 성장시킨 고객 자금화의 중요성에 대하여 생각하거나 이해하는 사람은 별로 없었다.

이 장의 끝부분에서 델 이야기로 다시 돌아가서 우리가 알게 된 가르침을 다시 한 번 정리할까 한다. 그렇게 하기 전에, 어느 소비자 환경에서 유사한 업적을 이룬 또 하나의 급성장한 기업의 이야기를 살펴보기로 하자.

## Banana Republic: 반팔 스페인 낙하산병 셔츠로부터 유행을 정착시키는 패션 소매점까지[9]

1978년 어느 날, 멜 지글러는 한 그룹의 동료 여행 기자들과 함께 호주여행으로부터 돌아와서 샌프란시스코 국제공항의 세관 유리문을 막 나서고 있었다. 2주 동안 못 본 아내 패트리샤와 인사하면서(함께 일했던 샌프란시스코 크로니클 잡지사에서 2년 전에 만난 이후로 가장 오래 떨어져 있었다) 포옹을 하던 중, 호주에서 구한 진품의 창이 넓은 호주 육군 제모가 바닥에 떨어졌다. 하지만 패트리샤의 눈길을 끈 것은 그 모자가 아니라 주머니가 4개 달린 영국식 미얀마 재킷이었다. "얼마나 완벽한 색상이며, 능직의 올라간 선과 약간은 닳은 목덜미며 소맷부리는 또 어떤가. 이 재킷은 '진짜'의 '모험'을 외치고 있었다."고 그녀는 떠올렸다.[10]

패트리샤가 재봉틀을 사용하여 약간 섬세하게 다듬었더니(새롭게 나무로 만든 단추, 팔꿈치에 붙인 스웨이드 조각, 목덜미와 소맷부리에 단 가죽 장식), 멜이 가장 애착이 가는 재킷이 되었다. "나는 장난기가 발동하여 우쭐해졌습니다. 세속적인 걸음걸이로 의기양양하게 걸었습니다. 내가 가는 곳마다 사람들이 발걸음을 멈춰 서서는 한마디씩 했습니다. '대단한 재킷이네요!' 또는 '실례지만 재킷을 어디서 샀는지 말해줄 수 있나요?' 바로 이것이 우리가 그토록 찾던 사업이었습니다."[11]

지글러 부부는 영국식 미얀마 재킷이나 혹은 찾아낼 수 있는 이와 유사한 어떤 것이라도 판매할 회사를 시작하고 싶었다. 적어도 개념적으로는 Banana Republic이 탄생한 것이다. 하지만 한 가지 문제가 있었다. 그렇게 하기에는 가진 돈이 사실상 거의 없었고, 정확하게 단돈 1,500달러가 전부였다.

새로운 기사 정보를 추적하는데 익숙한 리포터로서 잘 연마한 기술을 사용하여, 멜은 몇 군데 전화를 한 후에 미국 최고의 잉여상품 중개상 중 한 회사가 바로 샌프란시스코 만 건너편의 오클랜드에 있다는 사실을 알아냈다.

자신들이 팔 수 있는 상품이 여기에 있다고 확신했다. 바닥에서 천정까지 잉여군수품으로 차 있는 동굴 같은 창고를 소유하고 있으며, 무뚝뚝한 136kg의 거구인 중개 무역의 베테랑 **짐머맨**Zimmerman**과의 미팅에 제시할 믿을만한 계획이 필요하다고 지글러 부부는 생각했다.** 패트리샤가 재빨리 한 가지 방법을 마련했다.

멜의 이야기에 의하면 "우리는 부유한 호사가 흉내를 내기로 했습니다. 자신이 신탁 자금의 상속녀이며 곧 오픈할 예정인 부띠끄를 채울 '관심 있는 상품'을 찾고 있다는 인상을 주고자 아내는 호화롭게 보이는 드레스를 입고 제일 높은 하이힐을 신고 있었습니다. 나는 관대한 남편이었습니다."[12]

짐머맨이 이끄는 대로 창고를 어슬렁거리던 지글러 부부는 카키 셔츠의 엄청난 더미 앞에 이르렀고, "스페인 군대 셔츠"라고 짐머맨이 말해 주었다. 약간의 흥정을 한 후에 지글러 부부는 낡아 빠진 닷선Datsun

에 500벌의 카키 셔츠를 싣고(빈약한 750달러어치) 밀 벨리Mill Valley에 있는 집으로 운전해 왔다.

자, 이제 두 사람은 공식적으로 사업에 뛰어 들었고, 첫 번째 경영상의 도전은 한 번에 세탁기 한 대 분량의 셔츠를 씻어내는 일이었다. 왜 스페인 사람들이 잉여상품이라고 주장했었는지 지글러 부부에게는 그 이유가 분명해졌다. 소매가 너무나 짧았다! 패트리샤는 재빨리 기업가 모드로 생각했다. "아무도 소매를 이렇게 펴 내린 셔츠를 입고 싶지 않을 거야. 아예 팔꿈치까지 소매를 펴 올리자."13

## Martin City 벼룩시장: 지글러 부부가 처음으로 고객의 현금을 취하다

매주 일요일, 샌프란시스코 북쪽으로 6마일 떨어진 먼지투성이의 주차장이 번성하는 상업 매장으로 탈바꿈해서 일요 운전을 하도록 고객들을 불러내고 있다. 지글러 부부는 셔츠 한 장 한 장을 다림질하고 접어서 사인과 함께 벼룩시장에 내놓았다. "반팔 스페인 공수부대원 셔츠 6달러 50센트" 하지만 결국에는 매장을 빌리는 비용 30달러도 겨우 지불할 만큼 밖에 팔지 못했다. **"가격을 두 배로 올려 보자."** 마지막에는 패트리샤가 멜에게 말했다. **"셔츠가 너무 싼 가격이라 사람들이 가치를 모르는가봐.**"14

다음 주 일요일, 같은 매장, 같은 테이블, 같은 셔츠였지만 사인이 달라졌다. "반팔 스페인 공수부대원 셔츠 12달러 96센트" 패트리샤는 셔츠 한 장을 입고 그 위에 허리 벨트를 두르고, 쫙 붙는 진바지를 입고 하이힐을 신었다. 그리고 멜에게도 한 장을 입히고는 깃을 세우고 소매를 말아 올렸다. 그날 장사가 끝나고 나니, 1,300달러 어치보다 많은 102장의 셔츠를 팔았고, 매장 전체 비용을 지불하고도 500달러가 남았다. 은행 잔고가 1,000달러가 넘자(절반은 벼룩시장의 고객들이 제공한), 이 대담한 기업가 부부는 그들의 풋내기 창업회사인 Banana Republic에게 매장이 필요하다고 결정했다!

## 융자를 얻어야 할까: 아니다!

부부는 더 많은 자금(적어도 1,500달러는 더 있어야 한다고)이 필요하다고 새빨리 알아챘다. 만일의 경우를 위해서 명함을 인쇄해서, 지글러 부부는 샌프란시스코 크로니클의 봉급날 급료를 예금하였던 은행 지점장에게 전화를 걸었다. 쾌활한 타입의 프레드Fred 지점장은 몇 가지 질문을 던지면서 묻기 시작했다.

• 집을 소유하고 있는가? 아니요.
• 사업 계획서를 가지고 있는가? 작업 중.
• 정기적인 수입원을 가지고 있는가? Chronical을 떠나고 난 이후에는 없다.[15]

프레드가 친절하게 설명했다. "융자를 일으키려면 우리는 여러분의 3C를 봅니다. 여러분의 담보가 되는 자산Capital, 여러분의 수입이 되는 갚을 능력Capacity과 하려고 하는 사업의 특성Character입니다. 여러분은 담보도 없고 수입도 없습니다. 하지만 나는 두 분께 자격을 드리고 싶습니다." 지점장은 도움을 주려고 노력하면서 말했다. "보세요, 여러분들은 융자 대상으로는 적합하지 않지만, 공급업자로부터의 지불 조건을 요청하는 것에 대해서 생각해 본 적이 있습니까?"[16]

고객 자금화 모델의 조짐(그런 개념은 마음으로부터 가장 먼 것이긴 하겠지만)이 머릿속에서 춤을 추고 있었다. 30일 신용 지불 조건이면 매장을 열고 계획한 카탈로그를 발송할 기회가 주어질 수도 있겠다. 짐머맨에게 지불 조건을 말해 달라고 이야기하는 것이 두 사람이 해야 할 일의 전부였다. 멜은 그렇게 마음을 정했다. 짐머맨으로부터 첫 번째 분량의 셔츠를 현금으로 구입했기 때문에, 그 다음 번부터는 지불 조건을 이야기하라고 못할 이유가 없었다.

두 사람은 시내를 가로 질러서 다른 중개상이 위치한 곳으로 향했다. 짐머맨을 처음 방문했을 때 들은 말이 생각났다. "한 마디 충고를 하자면, 저 사기꾼한테는 어떤 물건도 사지 마시오. 그 놈을 전혀 믿지 못하기 때문이오. 그 놈에게 말을 걸어본 지가 10년이 넘었다오."[17]

지글러 부부는 팔 수 있다고 생각되는 몇 가지 아이템을 찾았다.

"어떻게 지불하시오?" 사장이 물었다.

"우리는 보통 30일 만에 지불하오." 멜이 정색하고 대답했다.

"그럼 어디 다른 곳에서도 구매하시오?"

"짐머맨에게서요." 부부가 답했다.

"그 인색한 놈이 신용으로 거래한다고? 그럼 좋소, 30일이오. 여기 서명하시오."[18]

임무를 완수했고, 이제는 짐머맨을 보러 갈 시간이다. 두 사람은 팔 수 있거나 적어도 잘라서 뭔가 다른 것을 만들 수 있다고 생각되는 좀 더 많은 아이템을 발견했다. "자, 30일?" 멜이 계산을 한 후에 짐머맨에게 말했다.

"남편이 유머 감각이 있군요." 짐머맨이 패트리샤를 향하면서 말했다. 짐머맨의 경쟁자가 30일의 신용을 주고 있다고 패트리샤가 대답하자, 짐머맨이 경쟁자를 향해서 고래고래 욕을 해대더니, 잠시 후 소리를 낮추고는 말했다. "좋습니다, 30일. 그렇다고 31일을 의미하는 것은 아니고요."[19]

## 고객의 현금 자루

　1978년 11월의 추수감사절 다음날 새로운 매장을 열게 되었고, 역사적으로 미국에서 일 년 중 가장 쇼핑으로 바쁜 날이었다. 하지만 캘리포니아 주의 밀 벨리에 있는 작은 스트립 쇼핑 센터*는 그날 사람들이 쇼핑하는 목적지 리스트의 상위에 있는 것은 아니었다. 하루 매출 총액은 한 개의 스웨덴산 가스마스크백을 팔아서 6달러 50센트였다. 그 이후에도 판매가 더 나아지지 않았지만, 3장의 편지 크기 종이 위에 인쇄를 하고 반으로 접어 12페이지로 만들어서 추수감사절 하루 전에 우편으로 발송한 카탈로그로부터 마침내 반팔 공수부대원 셔츠에 대한 첫 번째 주문이 도착했다.

　Rolodex** 안에 있는 모든 사람과 매체나 발행인 란에서 찾을 수 있는 다른 사람들에게도 카탈로그를 발송했는데, 대략 합쳐서 400부 정도가 되었다.

　판매는 지지부진했고, 베이Bay 지역의 잔뜩 흐린 전형적인 12월 날씨조차도 도움이 되지 않았다. 어느 날 아침 뉴욕에 있는 WOR 라디오의 존 겜블링 쇼John Gambling Show로부터 한 통의 전화를 받았다.

　패트리샤가 놀랍게도 방송을 탄다! 겜블링 팀은 두 사람이 흔치 않은 아이템을 어디서 구해오는지, 이태리식 위장 재킷 위에는 왜 후드가 없는지 등 그 외에도 많은 것을 알고 싶어 했다. 멜의 창조적인 카탈로그 카피 위에 그림을 그려가면서, 패트리샤는 20분의 인터뷰 동안 그녀 방식대로 노래를 부르고 춤을 추었다.

　마지막으로 뉴욕, 뉴저지 그리고 코넥티컷에서 이 방송을 듣고 있는

---

*strip shopping center : 대로변에 있는 10개 미만의 소형점포 또는 패스트푸드점과 함께하는 쇼핑센터
**Rolodex : 주소록, 전화번호부 등으로 쓰이는 회전식 카드 파일

사람들이 어떻게 하면 Banana Republic 카탈로그 1번의 카피를 손에 넣을 수 있는지를 겜블링 팀이 물었다. "단지 1달러를, 우편번호 94942 캘리포니아 주의 밀 벨리에 있는 사서함 774호로 보내시면 됩니다."하고 패트리샤가 대답했다.[20] 4일 후, 길 건너편에 있는 우체국으로부터 우편배달부가 편지가 든 2개의 큰 자루를 가지고 나타났다. 우편함에 들어가지 않으니 직접 가져다 줄 수밖에 없었다. 그 속에는 거의 1,000개의 봉투가 들어 있었으며, 각 봉투 속에는 카탈로그 신청서와 1달러짜리 지폐가 들어 있었다.

통신 판매의 금언에는 빠른 우송물로는 돈을 만들기가 불가능하다는 말이 있었지만, 지글러 부부는 그 규칙을 깨버렸다. 그들이 부과한 달러로 카탈로그를 만드는 경비와 우편요금을 감당하고도 남았다.

Banana Republic의 카탈로그 사업은 상품들도 선불 주문이 곧 뒤따라 왔기 때문에 전혀 걱정할 필요 없이 고객들이 카탈로그 값을 선불로 지불하면서 성공 가도를 달리고 있었다. 충분히 창의적이고 저항하기 어려운 뭔가를 보여주면, 고객들은 그것을 손에 넣기 위해서 기꺼이 선불로 지불한다.

또 다른 뜻밖의 매체 행운이 이듬 해 봄에 찾아왔다. Los Angeles Times의 매리 로우 루터Mary Lou Luther 패션 칼럼이 Banana Republic에 실린, 여름철의 가장 맵시 있는 반바지의 하나로 '32사이즈 뿐'인 1949 구르카 반바지Gurkha Shorts에 찬사를 보냈다.

루터가 독자들에게 반바지 한 벌을 손에 넣으려면 수표를 어디로 보내야 할지를 알려주자, 이번에는 15달러짜리 수표를 넣은 수많은 봉투가 곧 도착했으며, 이는 지글러 부부가 반바지 값으로 지불한 금액이 하찮을 정도로 많았다. 물론, 반바지와 함께 카탈로그도 동봉해서 발송했으며, 그 결과는 더 많은 주문으로 이어졌다.

## 제 2호 매장을 위한 자금조달

밀 벨리 매장은 생기를 되찾기 시작했으며, 행복하게도 우편 주문 사업도 더 성장하고 있었다. 일이 늘어나자 힘은 더 들었지만, 짐머맨에게 지불할 고객의 돈을 며칠 더 보유하는 것과 잉어공급업체의 명부가 신규 사업을 적자 내지 않고 해 나가는 핵심이라는 것을 지글러 부부는 재빨리 알아차렸다. 하지만 어느 하나도 쉽지 않아서 지글러 부부는 얼마 지나지 않아서 한계점에 도달했다.

멜의 말을 빌리면, "우리는 모든 것을 사실상 분주하게만 했었지, 스스로 깨우친 것을 제외하면 정말 어느 것도 어떻게 하면 좋은지 그 방법을 몰랐습니다. 사업을 시작하면서 자신을 위해서 했던 일들이 이제 자신에게 불리하게 작용하기 시작하는 지점에 이르렀습니다. 전문적인 아마추어가 된다는 생각에 사로잡힐수록 우리에게 입혀진 것은 누더기였습니다."[21]

**멜은 이 곤경에서 벗어나는 단 한 가지 길은 더 빨리 성장하는 것이라고 결심했다.** 지금까지 만든 그 어느 것보다 더 좋은 카탈로그를 만들어서 거의 100만 부에 가까울 만큼 다섯 배의 복사본을 우편으로 발송했다. 만일 반응 속도가 6% 올라가면(통신판매 카탈로그 사업에서 말하여지는 3배 이상의 기대치인) 두 번째 매장을 오픈할 수 있는 충분한 현금을 만들어 낼 수가 있게 된다. 단 하나의 현금지불 경비는 우편요금이었다. 그 외 모든 사람들은 지불을 유예하는 계약기간을 주고 있었다. 가르침을 제대로 배웠다.

## 제 2호 매장 열기

두 달 후, 두 사람은 제 2호 매장을 열 수 있는 충분한 고객현금을 확

보했다. 이번에는 샌프란시스코 중심가의 두 부유한 지역인 러시안 힐*
과 퍼시픽 하이츠** 사이 중간쯤에 제 2호 매장을 열었더니, 카탈로그
에 가장 높은 반응을 보여주었다. 두 사람은 새로운 매장을 2층 높이
의 얼룩말 줄무늬로 페인트를 칠해서 개업을 했는데, 상품전시회에서
발견한 새로운 물품으로 기존의 잉여상품을 보완했다. 여름용 울(모
직)바지, 면 사파리 셔츠***, 야전복 등이 모든 사이즈가 있다고 생각해
보라. 더 이상 32사이즈만 있는 것이 아니라. 얼마 지나지 않아서 밀
벨리 매장 매출의 두 배가 되고, 그리고 세 배가 되었다.

하지만 패트리샤가 어느 날 지적한 것처럼 절박한 문제가 하나 있었
다. Banana Republic은 그동안 깨끗하게 비축한 가치 있는 내수용
잉여상품을 잘 선택해왔다.[22] 두 사람이 도매 상품과의 틈을 잘 채워
왔지만, 어떤 소매점은 그런 스타일에 역시 접근하였고, 이미 디자이
너들이 새로운 매장을 방문하여 모든 상품 중 하나를 거머쥐기 시작했
다. 소매업의 특성상, 성공적인 신 개념 상품은 악의적으로 복사하기
가 대단히 쉽다. 패트리샤가 이 점을 걱정했지만 멜은 이미 그런 경우
에 대비하고 있었다.

과거 기자였던 멜은 잉여상품의 외국 공급자를 찾으려고 전화를 걸
었고, 유럽이 그의 목표지였다. 유럽은 모든 사이즈와 한 가지 혹은 다
른 종류의 군대 조직을 가진 모든 국가들의 집합이었다. 거기에도 역
시 잉여상품이 반드시 있을 것이다. 역시나 동 런던에서 멀리 떨어져

---

*Russian Hill : 샌프란시스코를 대표하는 아름다운 언덕길과 빅토리아풍 건물들이 모여 있
  는 곳으로 예전에 러시안 선원들의 무덤이 이곳에 있어서 이 이름을 얻었다
**Pacific Heights : 샌프란시스코 내에서 가장 비싼 빅토리안 양식의 맨션과 타운하우스들이
  가득한 사유지이다. 퍼시픽 하이츠에서 내려다보이는 샌프란시스코 베이 전망 하나만으로
  도 경제적 능력만 된다면 샌프란시스코 시민들이 이곳에서 살고 싶어 하는 이유로 충분할
  정도이다.
***Safari Shirt : 아프리카에서 영감을 얻어 1960년대 중반에 디자이너 디오르가 발표하여 유행
  하게 되었다. 앞은 단추로 여미게 되어 있고 4개의 큰 주머니가 달려 있다.

있는 쇠락한 4층 빌딩 안에 Coble's가 있었다. 멜이 회상했다. "**잉여상품의 이상향이라고 할 정도의 업체를 우리가 찾아낸 것입니다. 자루 위의 자루, 베일 위의 베일, 박스 위의 박스.**"[23] 수량은 굉장해 보였다. "우리는 여왕폐하의 영국해군, 육군, 공군, 그리고 대영제국을 위한 가장 질 좋은 맞춤 의류를 공급하는 조달업자입니다."하고 사장인 코블Coble이 교활하게 눈을 반짝이면서 자랑스럽게 말했다.[24]

가장 좋은 소식은 Banana Republic이 미국 내에서 미국산 잉여상품에 지불해온 가격만큼 좋거나 혹은 훨씬 좋은 가격이었다. 그리고 미국 세관을 통관한 후 60일 지불 조건에 코블이 동의하였다. "상품은 이번 주말까지 선적될 것이오." 코블이 제안했다.

## 회사를 매각하다

지글러 부부가 좋아하는 고객들 중 한 사람이며 쇼핑센터 개발가인 메릿 셔Merritt Sher는 오클랜드 만 건너편에 그가 기획하는 차기 프로젝트에 Banana Republic이 매장을 내기를 원했다. 메릿은 지글러 부부를 위해서 매장을 증축해서는 6개월 동안 집세 없이 사용하기를 제안했다. 멜은 확신이 없었다. "메릿, 언젠가 여러분과 같이 뭔가를 하고 싶어요. 하지만 오클랜드는 아닌 것 같아요, 특히 이번에는 말이죠. 심지어 우리가 하고 있는 사업에 필요한 상품조차 충분히 찾지를 못하고 있어요. 우리에게 정말 필요한 것은 우리 자신의 라인을 만들어 내는 일에 집중하는 거예요."[25]

메릿이 대답했다. "그럼 회사를 매각하는 것은 어때요?"

그 말에 멜이 생각했다. "와, 그 사람이 그렇게 말했다고? 나에게 일어날 일은 아닌데, 누가 우리 회사를 사려고 할까? 우리가 하는 일은 기발한데? 이 사업은 우리에게 달렸는데. 하지만 그가 진지한 건가?

우리는 수표를 받지만 그 사람은 머리가 아플텐데. 정말이야?"

메릿이 말했다. "팔려는 생각이 있다면, 돈 피셔에게 의견을 말해 보세요."

멜이 물었다. "그가 누군데요?"

메릿이 말했다. "Gap*을 소유하고 있어요. 전화를 걸어 볼게요."[26]

지글러 부부가 돈 피셔를 만났을 때, Gap은 1982년 말 미국 전역에 걸쳐서 500개 이상의 매장을 소유할 정도로 성장해 있었다. 4개월 후인 1983년 2월 1일, 일련의 소모적인 협상을 거친 다음 지글러 부부는 50페이지에 달하는 회사 판매 계약서에 사인을 했다. Gap이 수용한 조건은 5년간의 고용 계약과 함께 그 금액은 1982년에 250만 달러에 달했다.

Banana Republic은 그냥 단순히 5년 된 회사가 아니었다. 그 사업을 지속적으로 일으키는데 필요한 자율성을 갖춘 채로, 완전한 창의적인 지배권과 성장시키는데 필요한 만큼의 자금과 사업이 수익성을 내는 동안은 멜과 패트리샤는 회사에 남아 있고 싶었다. 두 사람은 자신들이 만들어내는 성과에 근거해서 조금씩 보수를 받고 싶었다. 도난방지용 자동경보기 회사로부터 자신의 이름을 얼마나 빨리 삭제할 수 있을지, 멜은 누군가 이른 새벽에 매장의 전면 유리창을 향해 벽돌을 던질 때 Gap의 직원 누군가 24시간 매장을 빈틈없이 지켜줄 수 있을지에 대해서 궁금해 하는 자신을 발견했다.

오, 그리고 한 가지 더. 지글러 부부는 위임받은 5년 간 Gap과 함께 하며 그들의 기발한 사업을 100개 이상의 매장과 2억 5,000만 달러의 매출을 일으키며 새로운 유행을 정착시키는 패션 리더로 바꾸어 놓았다.[27] 말할 필요도 없이, 그렇게 하는 동안 받았던 조금씩의 보수는

---

*Gap : 미국의 의류전문회사(www.gap.com)

상당한 금액으로 변해 있었다!

## 고객 자금화: 신기루인가? 마음먹기에 달린 것인가?

"그래, 고객 자금화는 델과 지글러 부부에게는 아주 잘 먹혔어."하고 여러분은 생각할지도 모른다. **"하지만 이건 확실히 환상이며 어쩌면 신기루 일지도 몰라. 내가 하는 사업에서도 그렇게 쉽게 이루어질 수 있을까?"** 여러분이 이미 안정된 기업 내에서 새로운 벤처를 실현하려고 애쓰고 있다면, 그런 환경에서는 대부분 반감 위험이 아주 잘 살아 있기 때문에 아마도 더 어려울 것이다. "우리 주위에서는 그렇게 하지 않아요."라고 사람들은 말한다.

물론 쉽지는 않다. 하지만 생각하는 만큼 어려운 것도 아니다. 짐머맨으로 하여금 공급자 신용을 제공하도록 지글러 부부가 보여준 교묘한 계획을 보라. 이것이 사업을 성장시키기 위해서 고객들의 현금을 사용하도록 하는 핵심 요소이다.

따라서 고객 자금화라는 동전에는 양면성이 있다. 한 쪽은 고객이 가능한 한 빨리 지불하도록 하는 것이고(Dell PC를 주문하면서 미리 돈을 지불하는 것과 Banana Republic의 매장에서 반팔 스페인 낙하산병 셔츠를 구매할 때나 혹은 우편 주문 시에는 주문하면서 미리 지불), 다른 한 쪽은 공급업자들이 가능한 한 늦게 대금을 받도록 지불조건을 늦추는 것이다.

고객 자금화라는 이러한 동전의 양면성은 이 책에서 탐험하는 각각의 다섯 가지 고객 자금화 모델의 근거가 되는 근본적인 원칙들이다. 여러분이 그 결과를 '지불기간 유예sitting on the float'라고 해도 좋다. 고객으로부터 선금을 받거나 혹은 가능한 한 빨리 받고, 공급업자에게는 가능한 한 늦게 지불한다. 다른 어떤 것보다 마음먹기에 달린 것이며, 여러분의 사업이 착수하는 거의 모든 거래(매번 구매 혹은 판매)에서 두 가지를 할 수 있다는 확신이다.

1. 고객을 확신시켜라. 긴 지불조건을 요구하지 않고 여러분에게 일찍 지불해야하는 정당한 이유를. 다른 생각을 하는 것보다 왜 여러분에게 빨리 지불해야 하는데 동의하느냐고? 많은 이유가 있다.

   • 고객들이 그 어디에서도 사지 못하는 것을 여러분은 갖고 있다. 제 1장에서 본 Ryzex의 경우처럼.

   • 고객이 선택할 수도 있는 다른 공급자보다 고객의 눈에는 여러분의 제안이 더 뛰어나다. 어떤 면에서 뛰어나지 않다면, 여러분은 뭔가 다른 것을 해야만 한다. Costco 같은 매장에서는 쇼핑 특권을 위해서 연회비를 선불로 내는 수백만의 소비자들이 합당한 이유로 그렇게 하고 있다.

   • 여러분에게 더 빨리 지불하는 것에 대하여 고객들이 추가의 뭔가를 얻는다. 더 나은 서비스, 더 빠른 배송, 고객들에게 의미가 있다고 생각되는 것은 무엇이든. 수백만의 소비자들이 Amazon에 연회비를 선불로 내는 이유는 Amazon에서 정기적으로 쇼핑하는 사람들에게 무료 배송이나 다른 혜택을 주는 Amazon Prime에 속하고 싶어서이다. 로켓 과학은 어쩔 수 없지만, Amazon.com 대표 제프 베조스Jeff bezos의 창의력과 마음먹기라면 얼마든지 가능하다.

2. 공급업자를 확신시켜라. 그들이 할지도 모르는 제안보다 더 긴 지불조건을 받아들여야 하는 정당 이유를. 왜 그렇게 해야 하는가? 여기에도 많은 이유가 있다.

   • 그들에게 여러분은 크고도 중요한 고객이다. 영향력이 중요하다. Walmart, Tesco, Carrefour 그리고 다른 큰 소매업자들은 요구해서 종종 그들의 공

급업자들로부터 더 긴 지불조건을 얻는다.

- 좋은 지불조건을 제공하면, 사업을 운영하고 성장시켜주는 고객 자금화 덕분으로 여러분의 사업이 더 크고 더 좋은 고객이 되도록 성장시켜준다. 공급업자들에게도 좋고 여러분에게도 역시 좋다. 판매자와 쇼핑센터의 건물주로부터 매력적인 지불조건을 가진 것이 Gap의 초기 성장전략에 두 가지 핵심 요소였다.

- 여러분의 신용이 좋다면, 필요한 지불조건에 대해 30일, 60일 혹은 90일의 수령 가능한 계좌인 여러분의 서류를 통해서 공급업자들이 은행에서 자금을 융통할 수 있다. 이렇게 하면 확실히 약간 높은 가격을 매기도록 비용이 발생할 수도 있지만, 현금을 융통할 수 있게 되어 할 만한 가치가 충분하다. 이런 방법으로 필요한 현금을 확보하는 편이, 지역 은행이나 벤처 캐피털과 영합하는 것보다 훨씬 기분이 좋아질 것이다.

- Banana Republic이 짐머맨과 동 런던의 코블이 거래한 경우처럼, 종종 여러분이 구매하는 것이 어쨌든 더 빨리 현금화하는 길이라서 좋은 지불조건을 제공하는 편이 그들에게는 더 나았다. 짐머맨과 코블로부터 만약 지글러 부부가 구매하지 않았다면 창고 속의 제품은 먼지만 계속 쌓였을 것이기 때문에, 좋은 지불조건을 요청한 것은 전혀 무리한 요구가 아니었다. 초기에 짐머맨으로부터 30일, 코블로부터 세관 통관 후 60일의 조건을 말한다.

　마이클 델은 많은 세계적으로 훌륭한 기업가들이 하는 것처럼 첫날부터 고객 자금화(고객 중심화)로 가기로 마음을 굳혔다. 델은 **성장하기를 희망하는 사업에서 가장 필요한 것이 고객 만족과 적극적인 자금 흐름이 전부라는 것**을 직관적이고도 본능적으로 알아차렸다. 물론, Dell의 고객들이 회사가 제공하는 가격을 믿지 않았다면, 결코 선불로 받지는 못했을 것이다.

여러분의 사업이 크건 작건, 오래되었건 새로 시작했건 간에 이 역시 진실이다. 만약 여러분이 진정으로 고객 문제를 풀지 않거나 실제적인 요구(더 좋고, 더 빠르고, 더 값싸고 혹은 어떤 것이든)를 채워주지 않는다면, 고객 자금화 사업을 이루어내지는 못할 것이다. 밝혀진 바와 같이, 고객 자금화 모델을 추구하는 것이 여러분의 구상에 대한 나쁜 리트머스 시험*은 아니라는 것이다.

사업 세계에서 풋내기로 시작한 지글러 부부는 사업과 고객 자금화에 대한 마음먹기의 양쪽을 다 알아야 했다. 다행히, 고객 자금화라는 동전의 다른 면인 판매자의 지불조건을 가르쳐준 친절한 은행 지점장 덕분에 부부는 이 두 가지를 빨리 습득했다.

## 엔젤 투자자들이 알고 싶은 것이 무엇이고, 무엇을 질문할까?

사업을 해나가는 어느 지점에서 모든 것이 잘 진행되고 있으며 그 결과로 다른 무엇보다 고객을 사업의 중심에 두고 있다면, 고객 자금화 모델이 제공하는 것 이외에 약간의 현금이 필요하다고 생각할지도 모른다. 마이클 델도 결국 회사의 첫 번째 전매특허 PC인 Turbo PC를 개발하기 위해서 고객들의 현금보다 더 많은 현금이 필요했다.

델을 위해서는 다행히도 부모님이 마지못해 30만 달러를 내 주었으며, 이것이 델이 초기에 외부로부터 유입한 유일한 자금이었다. 지글러 부부도 결국 자신만의 사파리 패션을 생산하는 라인을 구축하기 위해서 더 많은 현금이 필요했다. Gap에 회사를 넘기는 것이 부부의 답

---

*litmus test : 리트머스 시험지를 이용해서 눈으로 분간하기 어려운 것을 실험을 통해 보여 준다는 뜻으로, '사건이나 사태 등을 뚜렷하게 알수 있다'라는 뜻으로 쓰인다.

이었다.

　돈 피셔가 지글러 부부에게 수많은 질문을 쏟아내어 만족스런 답을 얻는데 4개월이나 걸렸던 '실사' 질문들과 같이, 델의 경우처럼 파트너라면 아닐 수도 있지만, 외부 자금을 제공하는 투자자들은 여러분과 여러분의 사업을 충분히 이해할 수 있을 만큼 깊게 파고 들어간다. 이제 그런 질문에 눈을 돌려 보자.

　여기 있는 질문들은 제 4장에서 훑어보는 선불 모델에 관한 것이 아니다. 그 질문들은 오히려 투자자를 도와주는 폭넓은 일련의 개인적인 자질과 기업가로서의 실력과 행동들이며, 심지어 기업 환경에서조차 여러분이 고객 자금화를 활용하는 기업가가 되고자 지속적으로 노력하는 담대함과 마음가짐을 지니고 있는지를 식별하는 것이다.

　그 질문들은 여러분이 오늘날까지, 그리고 그 여정에서 마이클 델과 지글러 부부처럼 "그 사람은 진정한 기업가다."라고 사람들이 말하는 그 속에 들어가는 성취의 범위까지 떠나고자 하는 여정에 관한 것이다. 물론 외부의 투자자들은 직접적으로 이 질문들을 묻지는 않겠지만, **돈 피셔가 쏟아낸 수많은 질문에 대한 '실사'와 같이, 집합적으로 이 질문들은 여러분이 기업가로서의 본질을 갖추고 있는지 혹은 아닌지 낱낱이 들춰낼 것이다.** 만일 여러분이 테이블의 건너편에 앉아 있는 엔젤 투자자의 입장이라면 당연히 물어봐야 할 질문들이다.

## 개인적인 질문들

　Dell과 Banana Republic의 사례기록으로부터 많은 가르침이 있어 엔젤 투자자나 다른 투자자들이 여러분과 여러분의 사업에 관해서 알고 싶어 하는 종류의 질문들을 예시해주고 있다. 여러분이 이 책을 읽고 있는 엔젤 투자자라면, 이 질문들은 장래에 투자를 받는 사람들에게, 혹시 어떤 고객 자금화 모델에 속해 있는지 뿐만 아니라 다른 사항들에 관해서도 함께 물어야만 하는 질문들이다.

## 투자자가 무엇을 원하는지 대담하게 질문할 용기가 있는가?

마이클 델[1]은, Houston Post 구독신청이든 성능을 향상시킨 PC이든, 주문과 함께 현금을 요청하는 것을 결코 피하지 않았다. 지글러 부부는 짐머맨으로부터 신용 지불조건을 얻어내는 현명한 방법을 재빨리 알아냈다. 적어도 두 사람에게는 생소한 개념인, 분명히 신용내력이 없는 스타트업을 위한 기준이 아니었던 공급자 지불조건을 요청하는 것에 관하여 배웠기 때문이다.

추가로, 왜 가져야만 하는지에 대한 합리적인 논리와 함께 투자자가 무엇을 원하는지를 물을 수 있는 배짱은 많은 기업가들이 자기도 모르게 피하려고 하는 어떤 것이다. 비록 투자자가 무엇을 원하는지 그 대답을 하지 않을 수도 있지만, 아마도 물어보는 그 용기에 감탄할 것이다. 그리고 그것을 여러분이 고객들이나 공급업자들에게 똑같이 무엇을 원하는지도 물어보는 신호로 받아들이게 될 것이다.

## 젊음이나 미숙함이 방해가 되는가? 그것을 자산으로 만들 수 있는가?

만일 젊다면, 투자자들은 여러분이 순진한지도 또한 알고 싶어할 것이다. 지글러 부부의 경우에는 두 사람 다 순진했고, 마이클 델의 경우에는 비록 젊은 나이였지만 몇 년간 잘 판매하였다. 만일 순진하다면, 투자자들은 그것이 문제인지 아닌지 알고 싶어 할 것이다.

어떻게 알 수 있을까? 만일 여러분이 고객 자금화 모델을 성공적으로 추구하여 고객의 관심을 끄는 데 성공했다면, 어린 나이에도 불구하고 여러분이 약속한 것을 만들고 이끌어 갈 수 있다는 것을 증명한 셈이 된다. Gap사의 돈 피셔가 지글러 부부에게서 본 것처럼 여러분이 창의적인 타입이라면, 특성이나 신선한 관점이 적어도 어느 정도는 미숙함을 상쇄시켜서 여러분의 신선한 시각을 자산으로 바꿔준다.

그 외에 빌 게이츠나 마크 주커버그 등 이루 셀 수 없이 많지만, **젊을 때 시작하면 어느 면으로는 세상이나 산업이 실제로 어떻게 돌아가는지를 배우고 난 후 시작하는 것보다 훨씬 덜 위험하다.** 주택 담보 대출도 없고 양육할 아이도 없으니 말이다. 어쩌면 학자금 융자가 있을지 모르지만, 다른 한편으로는 젊기 때문에 잃을 것이 없다.

## 반대하는 사람들을 무시하고 자신의 예측을 밀고나갈 확신의 용기를 가졌는가?

엔젤 투자자가 여러분에 관하여 캐내는 가장 어려운 질문에 속한다. 마이클 델은 중개인을 잘라낼 용기가 있었고, 왜 그것이 이치에 맞는지를 확신에 차서 설명하였다. 지글러 부부가 가진 불굴의 태도가 궁지를 하나씩 벗어나도록 해주었다.

누가 신용내역이 없는 스타트업에 대한 좋은 구매자 지불조건을 여러분은 가질 수 없다고 말하는가? 이런 종류의 이야기는 여러분이 목석지를 향한 여정의 어딘가에 있을 때에만 들을 수 있다. 그러나 사람들은 기업가로서 여러분의 자질에 관하여 많은 이야기를 할 것이다. 만일 여러분이 큰 조직 속에 있다면 물론 너무 많이 이런 행동을 하면 직장을 잃을 수도 있다.

## 여러분은 좋지 않은 일을 전화위복의 기회로 바꾸는 부류의 사람인가?

머피의 법칙은 아직 살아 있고 모든 기업 경영 팀에도 이 법칙은 해당된다. **만일 일이 잘못되면 여러분이 어떻게 하든 그것을 장점으로 바꾸려고 하는지를 엔젤 투자자들은 알고 싶어 할 것이다.**

그런 소질이 일반인과 최고의 기업가를 구별하게 한다. 패트리샤 지글러는 불필요한 잉여상품들(32사이즈 만 있는 구르카 반바지조차)을 필수 구매의 의류와 액세서리로 바꾸는 재주가 있었고, 돈 피셔는 그것을 알아챈 것이다.

## 여러분은 적게 약속하고 많이 인도하는가? 아니면 안타깝게도 반대인가?

모든 엔젤 투자자는 투자를 받는 사람이 어떤 약속을 하고 그 약속에 대한 성과가 어떤지 등에 관한 별난 이야기들로 친구들을 즐겁게 해 줄 수 있다. 지역에 따라 진행되겠지만 어떤 기업가들은 투자자가 아닌 고객들 사이에서 초과 인도에 대한 명성을 만든다.

Banana Republic에 첫 번째로 주문한 고객인 Oregon주 Bend에 사는 남자에게, 주문품인 반팔 낙하산병 셔츠와 함께 회사의 문양을 새긴 Oregon주 Bend의 명예영사 위촉장을 함께 보내 주었다. 그 이후로 새로운 도시마다 첫 번째 고객은 거의 유사하게 지정되었다.

후에, 멜과 패트리샤는 고객들에게 보내는 휘갈겨 쓴 개인적인 메모를 나가는 상자 속에 넣었고, Banana Republic 임의의 대리인이 사인을 하였는데, 아마도 진행 대리인이거나 선전 대리인이었을 것이다. 의류를 포장하는 포장지 위에 다음과 같은 문구를 등사하는 스탬프를 만들었다. '우리가 믿는 잉여상품 안에서"* 혹은 '남자를 위한 한 벌의 부시재킷"**은 두 벌의 디자이너 재킷과 맞먹는다.' 수표에는 이런 글귀가 찍혀 있었다. "주의: 생활고와 싸우는 신생국가를 위한 기부는 세금공제가 되지 않습니다." 목표는 일반적인 소매점에서는 하지 않는 방법으로 고객들에게 사랑받기 위한 것이었다. 지글러 부부는 가장 적절하게 말한다. **"고객이 최고의 자산입니다.** 그러니 많이 인도하세요. 우리의 의복은 필요한 것보다 항상 훨씬 좋았습니다. 직물이 너무나 좋아서 사람들이 30년 후에도 여전히 입고 있습니다."[28]

## 여러분의 사업 감각에 대한 질문

Dell과 Banana Republic의 사례기록은 엔젤 투자자나 혹은 다른 투자자들이 여러분이 가지고 있는 사업 수완을 포함하여 여러분과 여러분의 사업에 관하여 알고 싶어한다는 추가적인 면을 설명하고 있다.

### 여러분은 현금 흐름과 수익의 차이점을 이해하는가?

풋내기임에도 이미 통찰력이 있는 사업가인 마이클 델은 고객들의 현금을 미리 확보하는 것이야말로 사업을 키우는 데 있어서 결정적이라는 것을 시작할 때부터 알고 있었다. 총이익률도 중요하였지만 현금이 중요하였다. 지글러 부부도 역시 현금의 중요성을 이해했지만 이유는 달랐다. 간단히 말하면 의지할만한 현금이 이 부부에게는 없었다. 둘이서 간신히 마련한 1,500달러가 사업을 시작하는 전부였다. 지점

---

*In Surplus We Trust : '우리가 믿는 하느님 안에서(In God We Trust)'를 모방한 말이다.
**bush jacket : patch pocket 4개와 벨트가 있는 긴 셔츠식 면 재킷

장이 대출 요청은 거절하였지만 친절하게 지불 조건에 관해서 가르쳐 준 덕분에, Banana Republic의 여정에서 중요한 전환점이 되었다.

유감스럽게도, **많은 엔젤 투자자들도 마찬가지이지만, 너무나 많은 기업 가들이 현금 흐름과 수익의 차이를 단순히 이해하지 못하고 있다.** 현금 흐름이 아닌 수익 획득에 사람들을 장려하는 대부분 큰 회사나 투자 회사에서 사업에 관하여 배웠기 때문이다. 그곳에서는 물론 여러분의 프로젝트 수익이 회사의 장애율*을 뛰어넘음을 보여줄 수 있을 때에, 현금은 여러분이 청구할 때 법인 금고로부터 나오는 어떤 것일 뿐이다.

만일 여러분이 기업가라면 현금 흐름과 수익 사이의 중요성과 지불 조건의 중요성을 이해하는 후원자를 찾아라. 만일 여러분이 엔젤 투자자라면, 그 차이를 이해하는 야심 있는 기업가를 찾아라. 만일 그 사람(여자든 남자든)이 고객 자금화 여정에 뛰어 들었다면, 그 사람이 하는 일에 전 재산을 몽땅 걸어도 좋다. 그렇지 않다면, 조심하라.

**여러분은 '규칙을 깨뜨리는' 용기가 있는가? 그리고 다른 방법으로 일을 처리하는가? 아니면 다른 누군가가 해 놓은 일을 그대로 답습하고 있는가?**

마이클 델은 재빨리 중간 상인을 배제하는 이익을 알아챘다. 그의 회사에 미치는 경제성과 다른 이익은 확실하면서도 설명이 가능하였다. 더욱 중요한 것은 그렇게 함으로써 고객에게도 이익이라는 점이다. 낮은 가격과 고객이 원하는 정확한 PC를 가질 수 있다는 사실을 말한다.

Banana Republic에서도, 비록 400부의 카탈로그를 무료로 발송했

---

*hurdle rate : 할인현금 흐름분석에서의 요구수익률에 해당하는 만큼의 자본 지출을 예산 편성하는 것. 만일 어떤 투자안의 기대수익률이 이 비율보다 낮다면 그 투자안은 기각된다. 또한 이 비율은 증분자본비용과 정확히 같아야 한다.

지만, WOR 라디오에서 불렀을 때, Banana Republic에서의 각 활동마다 그 자체의 방식으로 돈을 지불해야 한다는 것이 얼마나 중요한 사실인가를 알고 있던 패트리샤는 재빨리 한 부에 1달러라고 가격을 매겼다. 투자자들이 그들의 자금으로 지글러 부부가 했던 만큼 주의 깊은 기업가를 볼 때, 얼마나 안도의 눈빛이 되는가를 우리는 알 수 있다. 투자자들도 역시 그들의 자금을 보살펴 주기를 원한다.

## 여러분은 권한을 위임할 수 있는가? 아니면 만사를 자기 뜻내로 하는 사람인가?

마이클 델이 숙소가 포함되지 않은 회사의 첫 번째 사무실로 옮겨 갔을 때 모든 열쇠는 여전히 그의 손에 쥐어져 있었다. 콜라 자동판매기가 25센트 동전을 그냥 먹었다고 불평을 늘어놓으러 누군가 그에게 왔을 때에야 비로소 델은 위임의 중요성을 납득했다. **"그때 자동판매기를 여는 열쇠를 다른 누구에게 주는 가치를 배웠습니다."**라고 델은 회상했다.[29] 투자자들은 실제의 창업자를 원하지, 만사를 자기 뜻대로하는 사람을 원하지 않는다. 창업자가 하는 과도한 통제는 성장을 방해한다.

## 여러분은 회사의 핵심적인 강점을 밝히고, 그 점에 평판을 쌓았는가?

마이클 델은 훌륭한 고객 서비스와 훌륭한 제품, 양쪽에 대한 평판을 만드는 데 많은 노력을 기울였다. 가격은 부차적이었지만 확실히 그 점이 도움이 되었다. Banana Republic은 독특하지만 어디에서도 찾을 수 없는 상품에 대한 평판을 쌓았고, Gap에 회사를 넘기고 난 후에도 패트리샤와 그녀가 만든 팀은 Banana Republic의 고유하고도 독특한 스타일을 디자인하도록 함께 배우면서 이 전통은 유지되었다. 경험이 많은 엔젤 투자자는 여러분의 고객을 불러서 여러분으로부터 물건을 사는 이유를 물어볼 것이다. 여러분을 지지하는 쪽으로 자연스럽게 말하는 일관된 대답을 투자자들이 들으면, 여러분의 회사가 어떤 평판을 감시하기 시작했다는 것을 의미하기 때문에 여러분에게는 좋은 소식이다. 만일 그 대답이 중구난방이면 여러분에 대한 평판도 그럴 것이고, 여러분의 시도는 실패할 가능성이 높다.

## 여러분은 천성적인 개인 적성을 발판 삼아 그 적성을 확대하였는가? 요컨대 파티에 정확히 무엇을 가져오겠는가?

공식적으로 자신의 사업을 시작하기 전에, 마이클 델은 몇 년간 물건을 팔아 보았다. Houston Post지의 정기 구독권과 우표수집품 중 우표를 팔아서 2,000달러를 벌어본 경험이 있다. 판매는 타고 났으며, 따라서 그가 만든 회사도 판매를 하였다. 한 번에 한 대씩 혹은 한 번에 몇 대씩 PC를 팔았으며, 인터넷이 도래하기 전에는 대부분 전화기를 팔았다. 그 당시에 엄청난 기업가이며 하나를 보면 하나를 알았던 돈 피셔가 처음 미팅에서 지글러 부부를 평가하기 위해 다그치고 있을 때, 멜과 패트리샤가 회사에 기여한 것이 무엇인지를 알고 싶었다.

"매장이 참 창의적이군요. 새로운 아이디어를 지속적으로 내놓을 수 있다고 생각하세요?"[30]하고 말했다.

"우리에게 아이디어는 문제가 아니에요."하고 질문의 방향을 돌리면서 멜이 대답했다.[31] 자체라인을 생산할 필요가 있다는 더욱 시급한 현안을 피셔에게 언급하면서 패트리샤가 계속 말을 이었다. 잉여상품만 가지고는 커지고 있는 수요를 충족시키기에는 더 이상 충분하지가 않았다. 그때는 이미 리바이스 청바지를 유통하는 일에서 자체라인의 청바지와 캐주얼 의류를 디자인하는 쪽으로 Gap이 방향을 바꿔서 이미 개발을 마쳤고 디자인 능력을 개선하고 있다는 것을 그녀는 알고 있었다. 지글러 부부의 창의성(멜의 창의성이 풍부하며 남의 마음을 사로잡는 카탈로그 문구들과 패트리샤의 패션과 디자인 감각)은 피셔에게는 확실하였으며, 더 이상 설명이 필요 없었다. 멜이 그 당시 안고 있는 핵심적인 사업의 문제점을 밝혔다는 사실이, 매우 창조적인 두 개인이 안전한 투자가 될 것인가에 대하여 많은 것을 말해주고 있다.

## 타겟 시장과 마케팅에 관한 질문

결국 여러분의 풋내기 사업은 고객에 의해 좌우될 것이다. 건전한 고객을 밝혀내고, 그들에게 다가가서 유치하고, 어떻게 하든지 그들이 구매하도록 확신시켜야 한다. 심지어 투자자들은 여러분이 고객들과 해결하고자 계획을 세운 고객들의 문제에 공감하고 있는지, 혹은 여러분이 깊이 이해하고 있는지를 알고 싶어할 것이며 어떻게든 물어볼 것이다. 그리고는 돈 피셔가 지글러 부부에게 한 것과 같이, 위에 나열한 모든 것을 이행하는데 이미 성공적인지에 대한 증거를 찾으려 할 것이다.

**여러분은 타겟 시장이 정말로 누구인지를 알고 있는가? 어떻게 아는가?**

마이클 델은 고객이 사업이라는 것을 재빨리 알아차렸다. 의사, 변호사, 그리고 이와 유사한 사람들처럼 처음에는 대부분 작은 고객이지만, 아마도 그들이 처음 또는 두 번째 PC를 구입하는데 이익을 본 사람들은 그렇게 함으로써 약간의 돈을 절약하기를 원했다. 소규모의 사업에는 소규모의 예산이 필요하다. 큰 회사와 정부 기관들 그리고 결국에는 교육자와 소비자들과 같은 다른 고객들은 나중에 왔다.

지글러 부부는 목적을 가지고 옷을 입는 다양한 연령대의 개인들을 타겟 시장으로 보았다. 심지어 벼룩시장이나 혹은 중고매장 같은 이용 가능한 출처가 어디든 간에 이런 개인들은 자신이 입는 의류에서 신뢰성과 모험심을 원했다.

델과 지글러 부부는 이런 사실들을 알게 되었을까? 패트리샤는 첫 번째 매장에서 방과 후의 일을 찾는 청소년들을 고용하지 않고 직접 일을 했다. 마이클 델과 그의 초기 팀은 고객들에게 직접 판매를 했다. 고객과의 직접적인 접촉으로부터 오는 반응과 함께 작성하는 매일의 판매 보고서는 Dell의 고객들이 구입하는 것과 구입하지 않는 것에 대한 자세한 정보를 제공해 주었다.

## 여러분은 현명한 방식으로 시장을 분할하여, 적절한 부분을 타겟으로 삼았는가?

모든 고객 계층이 평등하게 만들어지지는 않는다. 아주 짧은 좋은 기회에 더 쉽게 손이 닿을 때 왜 어려운 판매를 자초하겠는가? 마이클 델은 타겟 영역으로서 소규모 사업을 시작했는데, 그런 사람들은 번거로운 절차없이 구매 결정을 스스로 내릴 수 있었기 때문이다. 또한 자기가 제공해야만 하는 것을 존중하려 한다고 생각했기 때문이다. **가장 중요하게는 자기 자신에게 물품을 인도하는 능력을 스스로 증명한 뒤에야 다른 타겟 영역으로 손을 뻗었다.** 지글러 부부는 두 사람 다 처음 개업한 밀 벨리 매장에서 카탈로그 고객의 추적 우편번호로부터 고객을 이해하기 시작하면서, 진짜 모험을 걸 두 번째 매장을 샌프란시스코 어디에 열면 좋을지를 알게 되었다.

투자자들은 여러분의 타겟 시장을 구성하는 것이 누구인지를 정확하게 묻는다. 만일 여러분이 회사에 판매를 할 계획이라면 이름과 주소 전화번호, 그리고 이메일 주소를 보자고 할 것이다. 현명한 투자자라면 그 중 몇 군데에 전화를 해 볼 것이다.

### 실제보다 여러분의 회사를 더 크고 더 믿을 수 있게 만드는데 성공했는가?

마이클 델이 그때까지 들어본 일이 없는 30일 환불보장을 제공하기로 결정했을 때, 회사가 믿을 수 있다는 사실을 시장에 알리고 있었고, 제품의 신뢰성에 대한 명성 또한 동시에 알리고 있었다. 지글러 부부가 짐머맨의 경쟁자 창고에 깊이 관여함에 있어, 신탁자금 상속인처럼 패트리샤가 위장한 사실이 발각되지 않은 것은 Dun and Bradstreet* 신용보고서를 보자는 요청에 그녀가 답한 기막힌 응답 덕분이었다. "가족들이 자산을 밝히기를 원치 않는군요."[32]

### 소비자 사업에서, 미디어가 알아채도록 여러분은 충분히 기발하고 창의적인가?

여러분이 지불해야 한다면 마케팅은 굉장히 돈이 많이 드는 일이며, 시청자들이 응답을 해줄지 전혀 모르기 때문에 또한 모험적이기도 하다. 옛 속담에 "광고 예산의 절반을 낭비하고 있다는 것은 아는데, 어느 쪽 절반인지는 모른다."는 말이 있다. 투자하는 사람들은 바로 이런 이유 때

---

*Dun and Bradstreet : 미 · 영 두 나라의 기업 재무 구조. 실적 등에 관한 정보를 구독자에게 제공하는 회사.

문에 아마도 판매부서 뿐만 아니라 광고에 자금을 대주는 것을 싫어한다. 소비자 구축과 개발된 흡인력에서 고객 자금화 모델의 하나를 따랐다면, 미디어가 주목하는 방법을 발견함으로써 할 만한 가치가 있는 모든 주의를 활용해서, 적어도 어느 부분에서는 아마 그렇게 했을 것이다.

지글러 부부는 Banana Republic이 지속적으로 주의를 끌 수 있도록 피셔에게 기발한 방법, 기발한 상표, 그리고 기발한 상품 등을 제안하였다. 패트리샤의 가장 기발하고 주의를 끄는 실마리는 밀 벨리 매장을 열고 얼마 지나지 않아 일찍 왔다.

1979년 7월에, 곧 떨어질 예정인 실패한 미국 우주선 Skylab이 매일 신문에 올랐으며, 곧 지구 대기권 속으로 진입하여 77.5톤의 잔해가 불타는 금속 소나기로 흩어질 것으로 예상되었다. 신문을 팔기 위해 열심히 노력하며 소란을 피우는 언론은 그런 파편이 뒷마당에 떨어지거나 더 안 좋은 경우 깊이 잠들어 있는 동안 침실에 떨어질 수도 있다고 사람들을 부추겼다.

안타깝게도, 지글러 부부는 의도치 않게 경매에서 많은 양의 실제 비행복을 구매하였는데, 컨테이너 바닥에 다른 물품과 함께 묻혀 있었다. 유감스럽게도 비행복은 너무나 확실한 제품이어서 산소와 다른 생명 유지 기능을 위한 튜브들이 달려 있는 가슴과 사타구니 부분에 효과적으로 비치한 여러 개의 큰 모양의 고리를 부착하고 있었다.

그런 비행복을 입고 있으면 죽을 이유가 없다는 것을 패트리샤는 알았다. Time지가 Skylab의 임박한 추락에 대한 기사를 실었을 때, 그녀는 베이 지역에 있는 모든 TV 방송국에 익명으로 전화를 걸어서, 밀 벨리의 Banana Republic에서 'Skylab 보호 비행복'을 선착순으로 살 수 있다고 말했다. 그날 밤, Banana Republic이 오후 6시와 11시 TV 뉴스쇼에 나왔다. 비행복은 팔리지 않았지만 그 후 2 주 동안 매장은 사람들로 혼잡했다.

## 창업의 과정

마이클 델과 지글러 부부 누구도 오늘날 학교에서 종종 가르치는 틀에 박힌 절차에 의하여 사업을 시작한 것은 아니었다. 사업 계획서를 작성하지도 않았다. 사업을 시작할 최소한 필요한 자금을 제공해 줄 투자자를 찾지도 않았다. 대신에 빈약한 재원과 고객들의 현금으로 그냥 시작했으며, 여정이 전개되어 가면서 행동으로 배웠다. "고등학교에서는 사업을 시작하고 운영하는 방법을 배울 수업이 전혀 없었습니다. 그래서 분명히 배워야 할 것이 많았습니다. **많은 실수를 저지를수록 더욱 빨리 배웠습니다.** "[33]고 델은 회상했다.

고객들이 원하고 때로는 선불로 기꺼이 지불해준 제품을 제공함으로써, 두 개의 회사는 엄청난 잠재력을 가지고 있다는 것을 처음에는 창설자들에게, 그리고 결국에는 다른 사람들에게 증명할 수 있었다.

1978년과 1983년에 시작한 그들의 여정으로부터 우리가 수집한 교훈들은(뒤에 따라오는 점검 목록에 요약되어 있는) 21세기의 기업가들이 오늘날 배우고 있는 수업과 전혀 다른 점이 없다. 두 개의 사례기록이 보여주는 것처럼 공급자에게 지불하기 전에 고객들로부터 현금을 수령하는 것이, 오랜 세월이 지나 그 유효성이 증명된 전력임에 틀림없으며 전혀 새로운 것은 아니다. 하지만 그것은 신기루가 아니며, 오늘날 급성장하는 회사들이 대부분 이런 방법으로 개업하고 자금을 조달하고 성장하는 것이 벤처 캐피털과 함께는 아니다.

다행하게도, 오늘의 기업가들은 옛날부터의 고객 자금화 관행에 관한 창의적인 방식을 개발하였고, 여러분이 야심 있는 기업가든 엔젤 투자자든, 혹은 성장이 더딘 회사를 다시 발전시키려고 노력하는 사람이든, 지금이야말로 여러분을 위해 오늘의 기업가들이 가진 이야기와 교훈에 주의를 돌려야 할 때이다. 이어지는 다섯 개의 장에는 한 번에 하나씩 각각의 모델을 다루려고 한다.

이 장에서 다룬 것처럼, 투자로부터 실제로 상당한 재정적인 수익을 얻고 있는 비교적 몇 안 되는 엔젤 투자자 속에 들어가기를 바란다면, 엔젤 투자자들은(아마 법인의 재무부장까지도 역시) 각각의 모델에 관하여 물으려고 하거나 물어야만 하는 질문들을 캐내어서 알아낸다.

여러분은 여정을 떠날 준비가 되었는가? 마음가짐은 다져졌는가? 다섯 가지 모델 중 하나가 여러분의 사업이나(기업가의 경우) 혹은 잠재적으로 투자를 받을 사람에게(투자자의 경우) 잘 작용을 해서, 진행 중인가? 그럼 계속 읽어 보자!

---

### 존 멀린스의 엔젤 투자자 체크리스트
### 고객 자금화 창업자의 마음가짐

**개인으로서 여러분에 관한 질문**

- 무엇을 원하는지 질문할 용기와 뻔뻔함을 가졌는가?
- 만약 젊다면, 젊음과 경험 부족이 방해물인가? 그 방해물을 자산으로 만들 수 있는가?
- 반대자들을 무시하고 꿈을 추구해 나갈 확신의 용기를 가지고 있는가?
- 불량품을 상품으로(좋지 않은 일을 전화위복의 기회로) 바꾸는 부류의 사람인가?
- 적게 약속하고 많이 인도하는가? 아니면 안타깝게도 그 반대인가?

**사업 감각에 관한 질문**

• 현금 흐름과 순익의 차이를 이해하는가?

• "규칙을 깨뜨리는" 용기가 있는가, 그리고 다른 방법으로 일을 처리 하는가? 아니면 다른 누군가가 해 놓은 일을 그대로 답습하고 있는 가?

• 권한을 위임할 수 있는가? 아니면 만사를 자기 뜻대로 하는 사람인가?

• 회사의 핵심적인 강점을 밝히고, 그 점에 평판을 쌓았는가?

• 천성적인 개인 적성을 발판 삼아 그 적성을 확대하였는가? 요컨대 파티에 정확히 무엇을 가져오겠는가?


**타겟 시장과 마케팅에 관한 질문**

• 타겟 시장이 정말로 누구인지를 알고 있는가? 어떻게 아는가?

• 현명한 방식으로 시장을 분할하여, 적절한 부분을 표적으로 하였는 가?

• 실제보다 여러분의 회사를 더 크고 더 믿을 수 있게 만드는데 성공 했는가?

• 소비자 사업에서, 미디어가 알아채도록 여러분은 충분히 기발하고 창의적인가?

# 3

## 구매자와 판매자,
## 하지만 여러분의 소유가 아닌 상품:
## 중개인 모델

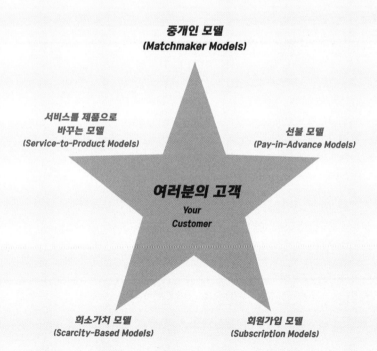

모든 사업은 당연히 무언가를 팔고 있다. 여러분의 사업에서 판매하는 상품을 매입할 때 아무것도 지불할 필요가 없다면 좋은 일이 아닐까? 만일 여러분이 잠시라도 이 점에 대해 생각해 본다면, 이와 같은 방법으로 사업을 하는 것은 로켓공학(고도의 지능을 요하는 일)이 아니라는 결론에 도달할 것이다. 결국, 이것은 부동산중개인들과 다른 많은 종류의 브로커들이 언제나 해왔던 일이다. 그들은 여러분이 팔기를 원하는 집이나 다른 사람들에게 렌트를 원하는 아파트를 구입하지는 않는다. 하지만 여러분이 팔거나 렌트하는 것을 도와주고, 팔리거나 렌트 되었을 때 그들의 서비스에 대한 수수료나 비용을 지불한다.

그렇다면 그런 사업을 부동산중개인의 관점에서 생각해보자. 그 사람들은 그 사업에 뛰어들기 위해서 어떤 종류의 투자를 할 필요가 있는가? 명함, 휴대폰, 그리고 팔거나 렌트할 어떤 부동산을 제공해주고 장래의 고객들을 창출해주는 네트워크 정도가 아닐까? 총 투자금은? 시작하는 부동산중개인의 시간을 제외하면 사실상 없다.

발렌타인 데이의 유명한 큐피드처럼 중개인들은(때로는 장터라고 불리는), 부동산중개인이 하는 것과 똑같은 일을 한다. 중개인 모델은 미리 제한된 투자나 혹은 아예 투자 없이 사고 팔리는 것을 실제로 소유하지 않으면서 거래를 촉진하며 완료시키고, 그에 대한 수수료나 비용을 받는다. 적어도 이론적으로는 그런 수수료나 비용은 판매자나 구매자 혹은 둘 다에게서부터 나올 수 있다. 20세기 말에 인터넷의 힘이 명백해지면서 예지력 있는 기업가들은 eBay나 Expedia와 같은 중개인 회사들을 세웠고, 팔려고 했던 것을 구매할 필요가 전혀 없었기 때문에 사업을 시작할 때 사실상 투자금 없이 세웠다. 대부분은 고객을 자금화 했다.

제 3장에서, 우리는 21세기 중개기업의 세 가지 사례 기록을 검토해 보려고 한다. 각 기업은 창의성이 풍부한 방법으로 인터넷의 힘을 이

용하여 영업을 하는 시장 안으로 구매자와 판매자를 불러 모았다. 소프트웨어를 개발하는 비용은 곤두박질쳤고, 중개인 사업과 다른 종류의 인터넷을 기반으로 하는 사업들을 세우는 데에 편리한 템플릿이 이용 가능해졌고, 이런 사업을 출시하는 비용은 극도로 저렴해졌다. 그리고 만일 **스스로 코드를 작성할 수 있으면, 전혀 비용이 들지 않을 수도 있다!**

사실상 마흔 살 아래의 젊은이라면 누구나 아는 것처럼 Airbnb는 머무르거나 혹온 휴기를 보내기 위한 공간이 필요한 구매자, 그런 장소와 침대 하나 혹은 남는 침실에서부터 햇살이 내리쬐는 캐리비안의 섬에 있는 빌라까지 무엇이든지 소유하고 있는 것을 렌트를 원하는 판매자와 서로 맺어 준다. DogVacay는 그들의 애완동물을 타인의 애완동물을 즐겁게 돌봐주는 믿을만한 애완동물 애호가들에게 임시로(아마 Airbnb를 통해 휴가 중인 동안) 맡기기를 원하는 애완동물 소유주인 판매자들을 서로 맺어준다.

ProFounder*는 펀딩의 출처와 함께 펀딩이 필요했던 신생회사들을 서로 맺어주려고 시도했다. 곧 그 이유는 알게 되겠지만, 그들은 실패했고 이 때문에 과거형으로 썼다. 각각의 사연들은 새로운 중개회사를 설립하려고 시도하는 사업자들에게 뿐만 아니라 지원을 요청받은 엔젤 투자자들과 이런 방법으로 판매자들과 구매자들을 서로 맺어주는 위치에 있는 안정된 회사들에게 배워야 할 교훈을 가지고 있다.

---

*Profounder : 제시카 재클리가 스탠퍼드 경영대학원 시절, 동료와 함께 미국 기업가들이 보다 효율적으로 'crowdfunding(다수의 사람들이 소액을 기부하거나 지원하는 자금조달 방식)'을 진행할 수 있도록 돕는 웹 플랫폼 ProFounder를 개발했다. 같은 해 서비스를 시작한 비슷한 성격의 '킥스타터'가 세계 최대 크라우드 펀딩 사이트로 성장한 반면, Profounder는 3년 만에 문을 닫았다. Profounder 창업자들은 미국 50개주(州) 전체에서 동시에 크라우드 펀딩 사업을 하기로 했다. 문제는 미국 주마다 규제와 법이 달라 모든 주에서 한꺼번에 합법적인 서비스를 출시하는 게 사실상 어려웠다는 것이다. 사업 자금을 구해도 법률문제를 처리하는 변호사 비용으로 돈이 대부분 빠져나갔기 때문이다.

한번만 생각해 보면, 안정된 회사들은 거의 대부분이 상품을 팔든 서비스를 팔든 간에 양쪽 다 구매자(고객)를 보유하고 있으며 스스로 판매자라는 것을 알 수 있다. 하지만 대부분의 경우에 판매자들이 판매하는 것이 무엇이든지 간에 그 상품을 제조하든지 구매를 하게 된다.

그런 회사들은 eBay나 Airbnb처럼 판매하는 상품이나 서비스를 소유하지 않는 더 낮은 원가구조의 웹 기반 기업들에 의해 방해를 받는 입장에 서 있다. 좋은 소식은 이런 회사들은 중개 사업을 시작할 때 필요한 고객의 네트워크(현재 고객들)를 이미 갖추고 있으며 자신들만의 방해 작업을 한다는 것이다.

부족한 것은 경쟁상대인 판매 부문에서의 다른 제공자들이다. 몇몇의 이런 회사들이(여러분의 회사가 해당될 수 있는) 아늑하거나 혹은 아늑하지 않은 자신의 산업에 방해자가 될 수 있을까? 시간이 말해 주겠지만 결국 방해받는 사람이 되는 것보다는 중개 모델을 만들어서 방해자가 되는 것을 고려해 볼만한 가치가 있을 수도 있다.


## 바닥 위의 에어베드에서 실리콘 밸리까지
## 내 사랑: Airbnb AirBed and Breakfast

2007년 8월에 조 게비아Joe Gebbia와 브라이언 체스키Brian Chesky는 곧 내야 할 샌프란시스코 아파트 렌트비를 보충하기 위해서 몸부림을 치고 있었다. 만일 여러분이 어린 나이에 예술세계에 있고 진정한 직업이 없다면, 매달 렌트비를 보충하는 것이 항상 쉬운 것은 아니다. "창의성이 문제를 해결할 수 있다."는 로드아일랜드 디자인스쿨의 주문에 의지하면서, 몇 년 전에 이 학교를 졸업한 게비아와 체스키는 해결할 수 있을 것 같은 문제를 발견하고 그 과정에서 약간의 렌트비를 벌 수는 있을 거라고 생각했다.

지역에 규모가 큰 디자인 총회가 열리게 되었는데, 샌프란시스코에는 모두를 수용할 충분한 호텔 방이 없었다. 모든 호텔은 이미 예약이 만료되어 버렸다. 체스키가 그 줄거리를 이렇게 말한다. "만일 우리의 공간을 빌려주고 잠자리와 아침을 제공하면 돈을 벌 수 있을 거라고 생각했습니다. 우리에게는 세 개의 에어베드가 있었고, 우리는 '에어베드와 아침식사'라는 웹사이트를 만들었습니다. 사람들은 에어베드를 렌트하기 위해서 등록을 하였고, 우리는 그 사람들에게 매일 아침식사를 만들어주었고 투어가이드처럼 행동했습니다. 사업을 시작하려고 마음먹은 것은 아니었는데, 그냥 그렇게 되었습니다. 천재의 번뜩임 같은 것은 없었습니다. 처음에는, 이게 큰 아이디어가 될 수 있다는 사실을 알아채지 못했습니다. 우리가 큰 아이디어를 생각해내기 전까지는 아파트 렌트비를 내는 데 보충하는 수준이었습니다."[1]

## 현금을 쓰려고 하는 고객들을 유치하기: 보기보다 더 어렵다

이후에도 크게 실망스러운 몇몇 추가적인 사업 출시와 세 번째 창립 파트너이자 프로그래머이며 친구인 네이슨 블레차르직Nathan Blecharczyk을 영입했음에도 불구하고, 노력에 대한 결과는 아주 적었고, 체스키는 신용카드에 15,000달러 정도의 빚을 지게 되었다.[2] 기대하던 고객들과 그들의 현금은 획득하기에 아주 힘들다는 사실이 밝혀지고 있었다! 대신 세 사람은 웹사이트를 만드는 것은 쉽다는 것을 알아냈다.

블레차르직이 한 것처럼 자신의 코드를 작성한다면 비용 역시 저렴하였다. **그리고 만약 출시한 것이 성공하지 못하면, 좋은 점은 또 다시 출시할 수 있다는 것이다!** 그리고 또 다시! 하지만 아무도 그 사이트를 알아차리지 않는다면, 무슨 소용인가? 샌프란시스코 디자인 총회를 위해서 첫 웹사이트를 디자인 블로그에 올렸고, 이 방법은 충분히 먹혀서 세 명의 손님을 받게 되었다. 하지만 전혀 모르는 총회에서 주목을 끌기란 더욱 힘들었다. 판매자와 구매자를 연결시켜주는 구상은 아주 좋았지만 양쪽 그룹의 주목을 받는 것은 쉽지 않았고, 그 어려움을 그들은 배우고 있었던 셈이다.

## 주목 받기

2008년에, 세 사람은 다가오는 8월 덴버 민주당 전당대회가 어쩌면 현재 어려움을 겪고 있는 사업에 시동을 걸어 줄 기회가 될지도 모른다고 생각했다. 10만 명이 방문할 것으로 예상되었고, 대다수가 젊고 열광적인 버락 오바마 후보의 지지자였으니 해볼 만한 일처럼 여겨졌다. 3만 개의 호텔방만을 구할 수 있는 상태에서 수많은 언론 또한 올 것으로 예상되었으니, 아마 그들에게 더 많은 명부와 사용자들을 끌어들이고 어떤 단독으로 필요한 PR을 획득할 수 있는 기회가 있을지도 몰랐다. 그들은 남는 침실을 등록하는 지역주민들의 소수 집단 리스트를 만들었고, 대표단과 다른 방문자들의 예상된 습격에 대비하였다.[3]

하지만 매스컴의 관심을 얻는 일은 마법처럼 일어나지 않는다. 미디어는 그들의 신문, 방송, 블로그 등등에 관심을 가져오는 사업을 하고 있어 독자수로 나타난다. 그들은 항상 혼란을 돌파하여서 독자들이 다른 독자들과 나눌 수 있는 기발하고 색다르고 뉴스거리가 되는 이야기를 찾고 있다. 만일 성공적으로 그렇게 할 수 있다면 자신들만의 독자수가 늘어나는데, 이것은 Airbnb팀이 자신만의 회원수를 늘리기를 희망하고 있었던 것과 똑 같았다. 그렇다면 Airbnb와 같은 회사가 덴버에서 어떻게 헤쳐 나갈 것인가?

**사업이 PR뿐만 아니라 자금 또한 절실히 필요하다는 것을 인정하면서,**

**팀은 창의적인 고객 자금화 계획을 내놓았다.** 아침식사용 시리얼박스를 기념품으로 파는 것이었다. 하지만 그냥 일반적인 아침식사용 시리얼이 아니었다. 공동창업자인 조 게비아가 설명했다.

"우리는 Obama O's*와 Cap'n MaCain's**의 박스를 각각 500개 만들었어요. 각 박스의 윗부분에 발행번호가 매겨져 있었고 각 박스당 40달러에 팔았어요. Obama O's는 다 팔려서 Airbnb의 명맥을 이어 매장 해주는 자금이 되었죠. Cap'n McCain's 시리얼은 박스 위에 적힌 것처럼(매번 씹을 때마다 개성이 강한) 잘 팔리지 않았고, 우리는 밥 사먹는 돈을 아끼기 위해 대신 먹어치웠죠."[4]

하지만 CNN에서 기발한 발상에 관해서 게비아와 인터뷰를 하고 난 이후에, 일이 좋아지기 시작했다.[5] 운이 좋게도, 호텔방을 얻는 것이 거의 불가능에 가깝다는 사실이 많이 알려지게 되었고, 다른 미디어에 Airbnb의 사업에 관한 이야기 또한 퍼져 나가기 시작했다.

이 발상이 비록 그들의 핵심사업과 관계가 없었지만(이름의 두 번 째 'b'가 아침식사를 뜻하는 것인지는 모르지만) 운영을 계속할 약간의 고객 자금을 제공하는 목적에는 도움이 되었다! 늘어난 명부의 숫자와 고객이 제공해 준 현금을 손 안에 쥐고 나서, 그들이 할 수 있는 전부였던[6] 구두로 전달을 해 보려는 노력으로, 사용자 커뮤니티는 여전히 많지 않았지만 그들이 이룬 성장에 관한 이야기를 하면서 전국투어를 하기로 결정했다.

조금 후에, 그들은 캘리포니아로 돌아와서 창업성공률을 높이는 엑셀러레이터인 Y Combinator*** 2009년 겨울 학습에 참가신청을 했다.

---

*Obama O's : 아침식사용 시리얼인 Oreo O's의 모방(2008년 민주당 대통령 후보인 버락 오바마를 상징)

**Cap'n MaCain's : 아침식사용 시리얼인 Cap'n Crunch의 모방(2008년 공화당 대통령 후보인 존 매케인을 상징)

***Y Combinator : 소액 벤처 캐피털 www.ycombinator.com

그들을 받아들여서 Airbnb의 첫 번째 외부 주식 투자인 2만 달러를 제공하면서, Airbnb 팀이 성공적인 사업을 세우기 위해서는 무엇이든지 할 수 있다는[7] 당돌함을 확신시켜 준 것이 바로 Obama O's와 Cap'n McCain's의 이야기였다고 Y Combinator의 폴 그레이엄Paul Graham이 언급하였다.

약간의 기발한 판촉과 두 번의 한도를 넘어선 신용카드와 그리고 아주 소액 고객들의 현금이 Airbnb를 여기까지 데려온 것이다. **기발함도 멋지게 투자자를 움직일 수 있다!**

## 마침내 이륙: 벤처 캐피털들이 몰려들다!

Y Combinator와 실리콘 벨리의 기름진 토양 속에서 Airbnb에게는 형편이 곧 좋아졌다. 2009년 4월에, Sequoia Capital은 시드 라운드에서 60만 달러를 투자했고, 2010년 11월에, Series A 라운드가 다른 투자자들과 함께 그 뒤를 이었다.[8] 이러한 투자금은 팀이 렌트를 위한 건물 리스트와 임차인들의 기초를 키우는데 투자할 수 있도록 하였다.

2011년 7월에, Andreessen Horowitz*와 Amazon의 제프 베조스 Jeff Bezos로부터 112만 달러까지 모았는데, 다른 투자자들 중에서도 10억 달러의 높은 평가를 받는 회사들이었다.[9] 이 자금 중에서 어느 정도는, 대부분 다른 지역에서 빠르게 Airbnb의 영역까지 확장하고 있던 모방 회사들을 인수하는데 지출했다.

초기에 힘들어했던 한 신생회사가 왜 그렇게 빨리 실리콘 벨리의 사

---

*Andreessen Horowitz : 2009년에 Marc Andreessen과 Ben Horowitz가 설립한 개인 벤처 캐피털 회사이다. 캘리포니아의 Menlo park에 본사를 두고 있다. 미국의 실리콘밸리에서 막강한 영향력을 행사하고 있다. 그들이 투자한 회사에는 Skype, Instagram, Airbnb, Facebook, Foursquare, Groupon, Lookout, Twitter, Zynga 등이 있다.

랑받는 회사가 되었을까? 포춘지의 과학기술담당 필자인 제시 헴펠 Jessi Hempel은 그들이 고객으로부터 자금을 효과적으로 만들어낼 수 있는 능력이 핵심이라고 말한다. "자본가들은 Airbnb가 화려해서가 아니라 수익모델과 성장 잠재력에 끌렸다고 주장합니다. 다른 소셜웹사이트와는 달리, Airbnb는 처음 시작하면서부터 현금을 만들어냈습니다. 왜일까요? 그리 크지 않은 원가 구조와 재고 또한 없기 때문이 아닐까요? 요즘에는 웹사이트를 만들고 유지하는 데 비용이 많이 들지 않기도 하고, Airbnb는 예약된 공간을 소유하지 않았기에 밀입니다. 그들은 거래당 6%~12% 정도의 수수료를 청구해서 2011년 매출에서 500만 달러의 기록을 이끌어 냈습니다."[10]

Y Combinator의 폴 그레이엄이 지적한 바와 같이, **"그들은 자금을 효율적으로 사용합니다. 투자자의 자금을 오래 견디도록 만듭니다."**[11] 자금의 효율성은 투자자들이 좋아하는 중요한 것이다!

Facebook이나 Twitter와 같은 소셜네트워크 사업들과 대비해 보자. 틀림없이 아주 큰 청중들을 어떻게 돈으로 환산하는지를 알아내는 데 몇 년씩이나 걸린다. 하지만 만족한 Airbnb 고객들에게 부과된 비용으로 조달된 회사의 초기 고객 자금이 없었더라면, 또한 창업자가 신용카드를 신중하게 사용한 것과 비용을 부담하려고 시리얼을 판 것도 포함하여 어떤 것이라도 하려는 창의성과 적극성이 없었더라면, Airbnb에 모여든 투자는 결코 일어나지 않았을 것이다.

2013년 12월까지, Airbnb는 192개 국가 34,000개의 도시에서 50만 개 이상의 건물에 여유분의 침실, 빌라, 유르트(몽골 유목민들의 전통 텐트), 그리고 가끔 나무 위의 집을 명단에 올렸다.[12] 어느 순간에는, 새로운 iPhone을 출시하는 Apple 스토어가 열리기를 기다리며 줄 서 있는 앞에서 텐트 한 개가 이용 가능한 적도 있었다.[13]

## 애완견을 위한 중개도 가능하다: DogVacay

애완견 주인들이 집을 비울 때 대부분의 개처럼 람보와 로키(덩치가 큰 개 이름)는 갑갑한 체인링크 우리의 개집 이외 어디든지 다른 곳에서 시간을 보내고 싶어한다. 다른 개들처럼 산책을 하고, 뛰어다니고, 다른 개들이나 사람들과 노는 것을 좋아한다. 2011년에, 개를 두고 짧은 여행을 갈 계획을 세운 람보와 로키의 주인은 큰 정원을 갖고 있는 개를 돌보는 훈련시를 찾았다. 아론 허쉬혼Aaron Hirschhorn은 자신과 그때는 훈련 파트너였지만 현재는 아내인 카린Karine과 그들의 다루기 힘든 두 마리 개를 위하여 그 경험이 얼마나 좋은 것이었는지를 상기했다. "정말 좋았어요. 개들은 친구가 생겼고 사회적 환경에 있어서 너무 좋았어요. 결국은 개들도 군생동물인 거에요. 우리 자신의 사업으로 시도해보기에 아주 좋은 아이디어라고 생각했습니다."[14]

UCLA에서 MBA(경영학 석사)를 하고 Los Angeles의 벤처 캐피털 산업에서 몇 해 동안 일한 아론의 사업배경은 애완동물 산업에서 그의 흥미를 자극하기에 충분했다. 그는 애완동물보호소와 같은 다른 연관된 사업들을 살펴보았다. "마음 한구석에 생각은 하고 있었지만, 깊이 관여하지는 않았습니다."[15] 그가 조사해본 바에 의하면, 미국에만 7천 8백만 마리의 애완견이 있었고, 애완동물 돌보기에만 5억 달러가 지출되었고, 여기저기 흩어져 있는 시장을 다 합치면 미국에서의 애완동물 관련 매매만 51억 달러에 이르렀다는 것이다.

카린과 아론이 결혼할 예정이었고 요즘에는 결혼 비용이 많이 든다는 점도 무시할 수 없었기 때문에, 카린은 그 아이디어에 달려들었다. 사람들이 여행을 떠났을 때, 더 좋은 개 수용시설에 대한 개인적인 요구는 분명히 큰 잠재력이 있는 시장이었고, 사람들의 개에 대한 사랑은 몇 마리의 강아지를 더 맡아도 상관없다(한 번에 최대 여섯 마리)고 결정하게 하였으며, 이는 추가 수익으로 돌아왔다. 그래서 카린과 아론은 Yelp*에 애완견 돌봄 서비스에 대한 리스팅을 올렸고, "갑자기 우리는 매일 대여섯 통의 전화를 받게 되었습니다."라고 아론은 회상했다.[16]

마케팅에 비용을 하나도 지출하지 않고, 그들 부부는 단지 8개월 만에 고객으로부터 3만 달러의 현금을 벌었다. 부부의 서비스로 알려진 것처럼 아론의 애완견 기숙사Aaron's Dog Boarding는 DogVacay로 바뀌기 전의 초기 고객인 웬디Wendy와 같은 개주인으로부터 Yelp에 일성적인 평가를 게재하도록 이끌었다. "우리 개 비글은 저희에게 너무나도 중요한데, 아론과 카린에게 너무나 감명을 받을 수밖에 없었어요! 정말 사랑스럽고 따뜻한 분위기를 조성해줬어요. 물론 안정성과 편안함이 저희 애완견에게 가장 걱정스러운 점이었지만, 애완견들이 사랑을 받고 애정을 받고 있다는 것을 아는 것이 아주 큰 우선사항이었어요. 저희의 아이를 돌봐 주셔서 감사해요!"[17] 하지만 허쉬혼 부부가 스스로 돌볼 수 있는 애완견의 수는 한정되어 있었으니, 여행을 떠나려는 애완견 주인과 다른 몇 마리를 돌봐줄 수 있는 애견인들을 연결하는 사업을 만들 수 있을지 생각하기 시작했다.

## 해결해야할 진정한 소비자 문제점

아론이 설명한다. "애완견의 주인인 여러분이 여행을 매장 되면 두 가지 옵션이 있습니다. 첫 번째로, 보통 값이 비싸게 매겨진 애완동물 보호소에 여러분의 개를 맡길 수 있습니다. 이곳에서 애완견들은 우리 안에 하루에 23시간 동안 갇혀 있어야 되고, 주인들은 매우 죄책감을

---

*Yelp : SNS 기반 지역 정보 검색 (www.yelp.com)

느끼게 되죠. 두 번째 옵션은, 여러분은 친구들이나 가족 구성원에게 애완동물을 돌봐 달라고 부탁할 수 있습니다. 비록 가끔 이 방법이 먹히지만, 여러분은 도움을 요청해야 하니 감정을 불안하게 만들어서, 멀리 운전을 해야 할 수도 있는데 여행 내내 죄책감을 느낄 수도 있죠."[18]

애완동물보호소는 아주 비싸기도 하였다. "여러분은 하룻밤에 55달러를 지출하여 50마리의 다른 애완견들이 요란하게 짖어대지만 지속적으로 돌봐주는 사람이 단 한 명도 없는 우리에 여러분의 애완견을 넣어두고 싶습니까?" 허쉬혼은 묻는다. "아니면 하룻밤에 25달러를 주고 진짜 가족들이 살고 있는 집에서 하루에 세 번 산책을 시켜주는 곳에 맡기고 싶습니까?"[19]

"나를 놀라게 한 것은 서비스에 대한 수요가 대단히 많았으며 많은 사람들이 기꺼이 경비를 지불했다는 것입니다."라고 아론은 아직도 놀라하며 회상한다. "그뿐만이 아니라 손쉽게 준비할 수 있었다는 겁니다. 아무것도 필요 없었습니다. 전혀요! 우리는 마케팅에 단 한 푼도 지출하지 않았고, 그저 Yelp 리스트에 올렸습니다. 우리는 애완견의 접근을 방지하거나 혹은 그와 유사한 어떤 것에도 투자할 필요가 없었습니다. 매일 여러분의 강아지와 하는 일상생활을 그대로 하며, **준비하는데 어떤 것도 할 필요가 없고, 마케팅에 한 푼의 지출 없이 돈을 버는 사업들이 몇 개나 되겠습니까?**"[20]

두 사람의 제안에 대한 긍정적인 반응이 아론과 카린을 더 앞으로 나아가도록 격려했다. 아론은 이렇게 묘사한다. "견본 상품을 만들고, 짧은 비디오를 만들고 외부에 오가는 말을 들으면서, 우리는 해야 할 일을 풀어나가기 시작했습니다. 일단 그렇게 하고, 이 사업을 만드는 여러분의 열정 때문에 기회를 남겨 두었다는 것을 사람들이 보기 시작하면, 여러분은 작은 환영을 받기 시작합니다."[21] 아론의 벤처 캐피털 산업에서의 경험으로, 그리고 이미 벤처 캐피털의 Kool-Aid*를 마셔본 사람으로서, 그는 상대방의 입장에서 초기 투입자본을 모을 수 있을 것이라고 생각했다. Silicon Beach**로 알려진 성장 기업 클러스터의 핵심 지역인 Santa Monica의 한 신규 인큐베이터가 허쉬혼의 아이디 어에서 장점을 보았다.

## 종자 자본

인큐베이터로 불렸던 Science는 스타트업을 만들고 더 많은 벤처 캐 피털 자금을 로스엔젤레스로 가져 오는 체계적인 과정에 착수하기 시 작했다. 최초부터 실제로 수익을 가져다 줄 수 있는 회사들에 초점을 맞추기를 원했으며, 회사를 지켜보는 눈과 사용자들이 전부라고 생각 하는 다른 닷컴 투자자들이나 창업자들과는 달리, 수익을 나중에 해결 해야할 전혀 중요하지 않은 세부사항이라고 남겨두었다. 2012년 인큐 베이터 산업에 참여한 Triple Thread의 CEO인 앨런 존스Allan Jones의 경험을 묘사하면서 TechCrunch***는 이렇게 말한다. "프로그램의 초점 은 의미 있는 매출을 가진 회사를 세우는데 도움을 주는 것입니다. 이 런 일을 하고 있는 곳은 오래되고 지루하고 못보고 넘어간 산업들 가 운데 있습니다."[22]

의미 있는 현금을 고객으로부터 만들어내는 힘을 회사가 가지고 있 다는 것을 이미 보여주고 나서 아론은 2011년에 1,000만 달러를 모 았던 Science가 그의 여정 다음 단계에 자금을 조달하기에 완벽히 들

---

*Kool-Aid : Kraft Foods가 소유하고 있는 향이 있는 쥬스용 분말의 한 브랜드. 네브라스카 주 Hastings에서 Edwin perkins가 만들었다. 여기서는 갈증을 해소하는 자금을 뜻한다.
**Silicon Beach : 로스엔젤레스 서쪽에 있는 대도시 지역으로서 500개가 넘는 스타트업 회사 들이 입주하고 있다.
***TechCrunch : IT 블로그, 세계주요 IT 정보, 뉴스 수록 (www.techcrunch.com)

어맞는다고 생각했다. 2011년 11월에 Science로부터 작은 투자를 받으면서, 투자자들의 후원과 함께 진정한 사업 만들기에 착수했다. 그의 새로운 팀은 웹사이트를 만들고 전체적 내용이 가득 찬 블로그를 만들기 시작했다. DogVacay의 호스트가 되는 준비 방법, 여러 마리의 애완견들을 돌보는 방법, 그리고 더 많은 관련 내용들과 같은 것들 말이다. DogVacay의 호스트가 돌보는 동안 혹시 응급의료처치를 받아야 할 경우에 대비해서, 미국에서 가장 크게 수의 서비스를 제공하는 VCA Antech*와 거래를 체결하였다.[23]

Airbnb의 원래 창업자 두 사람의 경우처럼, 허쉬혼 부부는 Airbnb의 공동 창업주 네이선 블레차르직 같은 사람을 찾아서 혼자 할 수도 있었을 것이다. 왜냐하면 이미 고객들이 기꺼이 지불하려는 의사가 있다는 증거를 갖고 있었고, 우리가 보아왔듯이 그것이 바로 고객 자금화 모델의 조리법이기 때문이다. 하지만 아론이 보았던 것처럼 Science가 아이디어를 개발하는데 도움을 주게 만드는 가치는 두 부분이었다.

- 첫 번째, Science는 그가 실제로 실용적인 상품과 인터페이스를 만들도록 도와주었다. 코드를 작성하고 웹사이트를 만드는 것은 그의 능력 밖이었고, 그 일을 잘 할 수 있는 사람을 뽑는 것도 아니었다.
- 두 번째, 자금조달을 하기 위해 Science가 데려온 연줄 있는 사람들과

*VCA Antech : 2002년에 미국 NASDAQ에 상장된 회사로 2004년 3/4 분기까지 2억 2,000만 달러의 매출을 올렸다고 공시. Antech은 원래 미국 전역의 동물병원에 임상병리 위·수탁 서비스(혈액검사, 조직검사 등과 이에 대한 자문서비스)를 주업으로 하다가 골드만 삭스로부터 1,800만 달러, 은행으로부터 5,000여만 달러 등을 투자받아 동물병원업에 진출한 기업이다. 홈페이지(www.antechtechnology.com)에 가보면 동물병원을 매입함을 알리는 메뉴가 있는데 미국 전역에 160개 이상의 동물병원을 매입하여 프랜차이즈형 동물병원 서비스를 제공하고 있으며 2003년에 임상병리 분야에서 1억 7천만 달러, 동물병원에서 1억 8천만 달러의 매출을 올렸다. 그 결과로 VCA의 주가는 2배 이상 뛰어 NASDAQ에서도 성공한 기업 반열에 올라 있다.

신뢰성은 매우 가치 있는 것으로 드러났다.

허쉬혼은 규모가 있는 경쟁의 어느 지점에 자신이 속하기를 기대했다.

## 여러분의 애완견이 낯선 사람과 같이 있는 것을 신뢰하는가?

허쉬혼 부부는 스스로도 애완견을 좋아하는 사람으로서, 낯선 사람에게 사랑하는 애완동물을 맡기는 것이 일반적인 인터넷 거래보다는 훨씬 믿음을 요구하리라는 것을 알고 있었다.

**"이것은 Craiglist\*에서 누군가를 찾는 것과는 다릅니다."**라고 아론은 말했다.[24] 마음속 신뢰와 함께, 그리고 기술적인 면과 시장에서의 양쪽 면을 잘 이해하는 웹 2.0의 능력과 함께, 팀은 호스트들의 자질을 확인하고 또한 다른 중요한 기능을 이행할 수 있는 시스템을 만들었다.

- 먼저, Facebook Connect와 LinkedIn은 신원(애완견의 신분이 아니라 애완견 주인과 호스트들의 신원)을 확인하기 위해 사용되고, 새로 등록한 호스트들을 위한 잠재적인 고객들을 식별하는데 도움을 준다.
- 호스트들에게 온라인 설명 비디오와 선다형 테스트를 이용해서 트레이닝이 제공된다.
- CPR\*\* 자격증, 관련된 전문 협회들, 혹은 수의사 전문 배경과 같은 호스트들이 가진 자격증들은 게시될 것이고, 인터뷰한 호스트들 또한 게시될 것이다.
- DogVacay는 보험 역시 제공한다.

---

\*Craiglist : 미국판 중고나라
\*\*CPR : 심폐기능 소생법(Cardio Pulmonary Resuscitation)

이후에, 손님 애완견들에 대한 평가뿐만 아니라 호스트들과 그들의 집에 대한 평가가 있다! 아론은 근본적인 이유에 대해서 설명했다. "이 개는 많이 짖기 때문에 만일 여러분의 이웃이 불평을 제기한다면 이 개를 예약하면 안 됩니다. 혹은 여러분이 크고 오픈된 목장에 있으면 개가 많이 짖는 것은 문제가 되지 않을지도 모릅니다. 그런 점들을 같이 죽 늘어놓으면, 정말로 애완견 주인들과 호스트들이 애완동물을 돌보는 방법에 대한 올바른 결정을 할 수 있도록 우리는 도와줄 수 있다고 믿습니다. 뿐만 아니라 만약 모든 것이 좋게 보여도 일단 먼저 만나보고 싶다면, 우리는 그것 또한 지원해줍니다. 우리는 '만남과 대화의 행사' 기능이 있어서, 미팅 날짜를 잡고, 애완견을 서로에게 인사시키고, 집을 보고, 그렇게 해서 완전한 마음의 평안을 얻게 됩니다."[25]

## 출시와 더 많은 자금 제공

아론의 애완견 기숙사를 Yelp에 올린 뒤에 이어진 2012년 3월 DogVacay 웹사이트의 출시와 동시에, 이미 검증된 고객의 이목을 이끄는 행동과 투자자들이 전반적인 기회를 신뢰해준 덕분에, DogVacay는 Adreessen Horowitz(Airbnb에 1억 1,200만 달러 투자 직후 채 일 년도 되지 않아)와 다른 투자자들로부터 100만 달러의 종자 펀딩을 받을 수 있었다. 비록 뛰어다닐 수 있는 목초지를 가진 집보다 작은 아파트에 대한 요금이 더 낮아질 가능성이 있었지만 호스트들은 그들의 경험, 제공한 숙소의 종류, 그리고 돌봐주는 애완견들의 특성에 따라 자신만의 요금을 정할 수 있었다.

웹사이트는 호스트에 대한 유저들의 평가와 사용 빈도에 따라, 웹사이트 상에서 체결된 각 계약의 3%~10% 정도의 비용을 청구하였다. DogVacay는 많은 횟수의 긍정적인 평가와 더 빈번한 사용을 창출한

'스타 호스트'들을 위해서 범위의 더 낮은 선에서 요금을 취하였다.

## 판매자들(애완견을 돌봐주는 사람들) 역시 DogVacay를 좋아한다

DogVacay의 득을 보는 것은 애완견과 주인뿐만이 아니다. 애완견을 돌봐주는 사람들 또한 좋아한다. 샌프란시스코 주립대학에 다니는 사브리나 헤르난데스Sabrina Hernandez는 그녀의 아파트에서 애완견을 돌봐주는데 하룻밤에 40달러의 요금을 청구한다. 그녀는 2012년 가을 학기에 평균 매달 12,000달러를 벌었으며, 그 주의 나머지 날에는 자유롭게 애완견을 돌봐주기 위해 일주일 중 이틀에 수업을 다 밀어 넣었다. 그녀는 예전에 스타벅스에서 바리스타로 일했을 때보다 새로운 일을 훨씬 더 좋아한다. 그리고 훨씬 더 많은 돈을 지불받는다![26]

## 탱크에 더 많은 연료를

출시한 지 8개월 뒤인 2012년 11월에, DogVacy는 600만 달러의 Series A round*로 투자를 받았는데, 이번에는 Benchmark Capital 로부터였다.[27] 일주년 기념일이었던 2013년 3월까지 DogVacay는 호스트들에게 100만 달러 이상을 지급했으며, 회사에 따르면 호스트들은 매번 체류마다 평균 5일 밤에 매달 12,000번의 체류를 받았고, 한 달 평균 500달러를 벌었다고 한다.[28] 2013년 10월에, 또 하나의 1,500만 달러의 Series B round**가 뒤를 이었다.[29]

DogVacay의 창업자들은 실제로 시작할 때 충분한 공급량이 있는지 확신하기 위해서 새로운 도시에 출시하는데 항상 주의를 기울였다. 아

---

*Series A round : 첫 번째 투자시기
**Series B round : 두 번째 투자시기

론에 따르면, "우리가 문을 열었을 때, 모든 지역에 소비자들을 위해서 자격이 있는 호스트들이 충분한지 확인하고 싶습니다. 우리는 호스트들이 다양한 옵션과 선택을 할 수 있게끔 하고 싶습니다. 두 번째는, 이들이 일반 사람들이기 때문에 계획이 바뀐다는 것입니다. 때때로 최후의 순간에 취소를 해야 할 수도 있기 때문에, 어떠한 일이 생길지 모른다는 것입니다. 그래서 저희는 각 지역에 만약 마지막 순간에 누군가 취소할 때, 만약 누군가 다른 지역을 찾아 이사를 해야만 할 때, 효과적으로 호출할 수 있는 일단의 응급처치요원을 설정해 둡니다. 저희의 접근 방식은 확신할 수 있도록 실제로 각 도시마다 가는 것입니다."[30] 충분한 공급을 확보하려는 공세 후에, 그들은 서부(샌프란시스코와 로스엔젤레스)에 진출한 지 6주 만에 빠르게 뉴욕에 진출했다.

사업을 시작한 지 2년도 되지 않은 2013년 말까지, DogVacay 웹사이트는 100개가 넘는 미국의 도시와 캐나다에서 만 명 이상의 호스트들이 명단을 올렸다.[31] 분명히, 허쉬혼 부부는 벤처 캐피털의 유혹의 말을 지지하여 그들이 초기에 시도한 고객 자금화 접근을 버렸음에도 불구하고, 발로 뛰어서 중개인 모델의 비밀을 알아냈다.

## 고객 자금화 중개인 모델의 기회를 놓치다: ProFounder

스탠포드 경영대학원의 동급생인 제시카 제클리Jessica Jackley와 데이나 모리엘로Dana Mauriello는 함께 사업을 시작하고 싶었으며, 두 사람이 가진 상호보완적인 배경은 새로운 아이디어로 그들을 이끌었다. 제클리는 개발도상국의 프로젝트나 작은 사업들과 돈을 빌려줄 수 있는 서구의 대출업체(금융기관)를 온라인으로 연결해주며 번창일로에 있는

P2P 방식(복수의 PC를 대등하게 접속하는 네트워크 수법)의 소액대출 단체인 Kiva의 공동창립자였으니, 이미 중개 사업을 만들기 위해서 웹을 어떻게 사용하면 되는지 알고 있었다. 모리엘로는 몇 번의 작은 사업을 시작하고 운영해 본 가족 속에서 자랐다.

제클리는 그들 벤처(모험 기업)에 대한 최초의 영감을 기억한다. "우리는 미국에서 어떻게 작은 사업들에게 더 나은 서비스를 제공할 수 있을지 생각하기 시작했고, 작은 사업들이 성공하기 위해 필요한 자금을 쉽게 얻는 방법에 큰 차이가 있다는 것을 깨달았습니다. 맞아요, 물론 융자도 있었고, 많은 사람들이 언뜻 보기에는 벤처 캐피털이나 엔젤 투자자를 찾아가거나 혹은 신용공여를 받아보지 그러느냐고 생각할 수도 있습니다. 하지만 대부분의 개인 회사들은 친구나 가족에게 자금을 받고 있어서, 이렇게 자금을 조달하는 정말로 쉽거나 분명한 방법이 없다는 겁니다."[32]

실리콘밸리의 창업 온상의 한가운데에 있는 경영대학원에서, 그들 또한 동급생들이 초기 투입자본을 서로에게서 조달하는 것을 목격하고 있었다. 미국에서만 연간 1,000억 달러 이상일 정도로 스타트업 자금을 위한 친구와 가족 시장은 아주 큰 부분을 차지하고 있다는 것을 몇몇 빠른 탁상조사가 확인해 주었다.[33]

## 야심을 품다

그래서 2009년 여름에, 제클리와 모리엘로는 일에 착수했다. 첫 몇 달은 스타트업 회사가 어떻게, 그리고 어떤 다른 단체로부터 자금을 찾을 수 있게 허락되었는지를 관리한 복잡하게 얽힌 법(연방정부와 전체 50개 주)을 이해하면서 보냈다. 더 정확하게 말하면 어떻게, 그리고 누구에게서 자금을 모으면 안 되는지에 대해 공부했다. 간단히 말하면, 방대한 양의 다루기 힘든 서류와 법적 비용 없이는 스타트업이 다른 사람들에게 폭넓게 권유하는 것은 허락되지 않았다.

이러한 규정의 숨겨진 의도는 자금을 취한 후 다시는 볼 수 없을지도 모르는 비양심적인 기업가들로부터 평범한 사람들을 보호하기 위함이었다. 창업자들이 다른 사람들에게 자금을 요청하도록 허락된 상황에서 그들은 소수의 투자자들만 유치할 수 있었고, 그 투자자들은 속된 말로 이미 돈이 많아야만 했다.

하지만 제클리와 모리엘로는 이러한 규제의 정글 속에서 출구를 찾았다. 미국증권거래위원회는 504조 D항에서, 다음의 세 가지 항목이 사실이라는 가정 하에, 제한 없는 숫자의 신임되지 않은 투자자들(예를 들면, 이미 부자가 아닌)에게 보증의 제공(예를 들면, 스타트업 자금)을 허락했다.

1. 회사는 12개월의 기간 내에 백만 달러 이하의 자금을 모을 수 있었다.
2. 자금은 창업자들이 '실질적이고 이미 존재하는 관계'를 가진 사람들로부터 전적으로 모을 수 있다. 가족과 친구들은 괜찮았다. 모르는 사람 혹은 엘리베이터에서 만난 큰 개인고객은 괜찮치 않았다.
3. 자금을 모으는 행위는 그 자금을 모으는 어떠한 주에서도 주법을 어기지 않았다.

이 규정상의 출구가 친구들과 가족들로부터 자금을 모으는 과정을 촉진해주는, 두 사람이 발견한 1,000억 달러의 시장인 웹기반의 사업을 만드는 것을 가능하게 해 주리라고 그들은 믿었다. ProFounder는 주와 연방 차원에서 법에 순응하였던 '투자제안 도구<sub>pitch creator tool</sub>'와 원형 서류를 제공하려고 하였다. 창업자들에게 더욱 중요한 것은 창업자들이 그들의 제안을 주최할 수 있는 플랫폼을 제공하고 싶었다는 것이다. 창업자에 의해 명시되어 있는 조건으로('투자자'가 보통주가 아닌 미래의 수익에 작은 부분을 차지하는 수익 공유 모델을 기반으로 하여), 친구들과 가족에게 이메일을 거쳐서 투자하도록 초대하고, 그리고 자금을 모을 수 있도록 말이다.

Profounder는 손쉽게 후속조치를 취할 수 있도록 e-mail을 추적하였고, 몇몇 주에서는 각 주에서 계약을 한 투자자들을 계속해서 추적하도록 규정되어 있는데, 창업자들이 어떠한 문서가 작성되고 어떤 요금을 누구에게 지불했는지를 창업자들이 알고 있는지를 확인하였다. 요약하면, ProFounder는 100만 달러 이하 자금 모금의 경우라면, **친구들과 가족들에게 자금을 모으는 라운드에서 어떤 소동도 제거하고 싶었다.**

특히, Kickstarter나 Indiegogo와 같이 이제 막 나타나기 시작한 다른 크라우드 펀딩 웹사이트들은 보통주나 혹은 다른 금융상의 의무가 답례로 부과되었던 자금 모으기를 제안하지는 않았다. 504조의 허점에 의해 가능하게 된 기회를 찾지 못했거나 그 기회를 무시하는 쪽을 택했기 때문이다.

## 구상의 증명

스스로에게 아이디어가 성공하리라는 것을 증명하기 위해서 제클리와 모리엘로는 몇 개의 거래 촉진에 착수했다. 2010년 11월까지, 다섯 명의 창업자들이 108명의 투자자들로부터 합계 15만 5,000달러를 모을 수 있게 도와주었다.[34] ProFounder 웹사이트를 12월에 정식으로 출시했고, 2011년 4월까지 전체적으로 35만 달러 이상이 되는 14개의 거래를 촉진하였다.

그때 530개의 다른 미결거래가 웹사이트 상에 등재되어 있었다.[35]

이것은 아주 좋은 출발일 것 같지만 투자자들과의 ProFounder 거래는 조달된 자금의 약 5%를 가져가는 것이었다. 그래서 그날까지 고객들을 위해 조달된 크지 않은 합계금액을 근거로 한 수익은 대략 25,000달러의 액수 밖에 되지 않았다. 틀림없이 고객으로부터 자금을 모은 것이었지만 그다지 많지 않았다.

## ProFounder는 진정으로 중개인 모델을 추구했던 것일까?

ProFounder의 자금 조달 대상으로서 가족과 친구들 중에서, 누군가 이것이 실제로 중개인 모델인가를 물어볼 수도 있다. 결국에 가족과 친구들에게는 '중개'는 이미 제자리에 있었던 게 아닌가? 대신에, ProFounder는 간단한 법적인 서류작업과 비싼 변호사들에게 물어야만 했던 규정관련 조언의 공급자였는가? 실제로 **어쨌든 정말 고객 자금화 사업이었는가?**

만약 50개 주를 기반으로 한 출시 계획을 제정하고 싶었다면, 연방정부와 주의 요구사항들을 반영하고 준수하는 웹사이트를 만드는 것과 함께, 엄청난 양의 법적 실사가 필요했을 것이다. 제클리의 말에 의하면, 이 모델은 "우리가 멀리 그리고 넓게 영속할 수 있는 무언가가 될 것"[36]이라고 하였고, 모리엘로의 말을 빌리자면, 그들의 목표는 "최대한 많은 사람이 창업정신을 통해 그들의 꿈을 추구할 수 있는 힘을 주는 것"[37]이었다.

그 일은 고객에 의해서가 아니라, 초기 종자 자금인 135만 달러에 의해 조달되었다.[38] 하지만 그렇게까지 합법적으로 시스템이 움직이고 지원하는 자금이 있었다는 것은 ProFounder가 이 책에 정의된 바와 같은 진정한 중개인 사업이 아니었다는 것을 의미했다. 하나의 시장이 있었는가? 그랬다. 하지만 고객자금화의 중개인이었는가? 아니었다.

## 차선책(Plan B)으로의 전환

여전히 진척이 더딘 2011년 5월에, ProFounder는 다시 한 번 504조에 의해 허용된.[39] 가족과 친구들을 위한 추가 자금조달 구조를 출시했다. 하지만 상품의 구체적 내용을 변경한 것은 ProFounder의 문제를 해결하지 못했고, 2012년 2월 17일에, ProFounder는 회사를 폐쇄할 예정이라고 발표했다.

창업자들은 블로그에 이렇게 보고했다. "우리의 신선에도 불구하고, 현재의 규제 환경은 고객들에게 가장 소중하다고 생각하는 혁신을 우리가 추구하는 것을 막고 있어서, 우리는 회사를 폐쇄하기로 결정했습니다."[40]

## 왜 ProFounder는 성공하지 못했을까?

사업이 실패하면, 그것은 언제나 너무 적은 양의 현금이 들어오거나 혹은 너무 많은 현금이 지출된다는 것을 의미한다. **ProFounder의 경우에는, 핵심적인 현금 흐름의 문제는 수익 쪽에 있었다.** 단지 의미 있는 수익의 원천을 제공하는 충분한 거래가 없었고, 친구와 가족의 일반적인 평균 투자가 겨우 25,000~30,000달러로 드러났으며, ProFounder가 가져가는 아주 작은 조각은 창업자들이 상상했던 전형적인 자금보다 너무나 적은 모금이었다. 너무 작은 규모에 너무 적은 횟수의 거래는 ProFounder에게 재앙을 불러왔다.

만약 ProFounder가 다른 전략인 고객 자금화를 따랐다면 성공했을까? 물론 어느 누구도 가지 않은 길이 어디로 이끌었을지는 알 수 없다. 하지만 만약 DogVacay가 한 번에 한 도시를 집중한 것처럼 훨씬 더 좁은 곳에 집중하여 시작했다면(예를 들어 캘리포니아), 50개 주에서 사업을 하는데 요구되는 대부분의 복잡한 법적, 시스템적 투자를 피할 수 있었을 것이라고 보는 것이 타당하다. 더욱이, 온라인에 능숙하고 창업에 관대한 캘리포니아 문화 또한 이런 벤처 회사를 멋지다고 생각했을 수도 있다. 놓쳐버린 기회였을까? 물론 어느 누구도 답을 알 수는 없으며, 우리가 제 1장에서 보았듯이, 주식 기반의 크라우드 펀딩에 대한 배심은 빠진 채 남아 있다.

## 엔젤투자자들이 알고 싶어 하는 것 – 그리고 물어볼 것

몇몇 독자들은 지금쯤 이렇게 생각할지도 모른다, "실제로, Pro-Founder는 진정한 고객 자금화 사업이 아니었다. 그렇다면 왜 그 이야기를 여기에서 하는 것인가?" 좋은 관찰이고 아주 중요한 관찰이다. 모든 시장 사업들이 고객을 자금화 할 수는 없다.

고객을 자금화한 중개인 사업이 될 가능성이 있는 것들은 판매자와 구매자를 맺어주기 시작하는 적은 초기 투자로 그럭저럭 해내는 사업들이다.

요즈음에는 중개를 진행할 수 있는 코드 작성하기 혹은 구입하기는 비용이 거의 없기 때문에 그 부분은 보통 수월하다. 하지만 ProFounder 에게는 미국의 50개 주 전역에 서비스를 제공하는 것이 꿈이었고, 어떠한 중개도 연방과 주 양쪽에서 법적으로 준수하고 있다는 것을 보증해 주는 광범위한 IT 시스템과 나란히 법적인 실사에서 상당한 노력을 필요로 하는 야망이었다. 그런 노력들을 두 명의 MBA 학생 신용카드나 첫 중개 서비스를 진행한 고객의 돈으로 자금을 대기에는 너무나 벅찼다.

다행히 숙박업의 Airbnb나 혹은 애완동물 돌봐주기의 DogVacay와 유사한 업체들에 의해 아직껏 언급되지 않았던 버티컬*이 많이 남아 있다. 그러므로 여러분이 알맞은 버티컬을 찾을 수 있는 문은 활짝 열려 있다. 이번 장에서 살펴본 사례 기록들은 중개모델에 관하여 약간의 근본적인 가르침을 지적하고 있다.

- 적어도 온라인으로 배달되었을 때, 중개인 모델은 승자독식 사업이다. 한 명 혹은 많이야 이주 적은 참가자들이 어떠한 버티컬이라도 지배하는 경향이 있다.

  그러므로 자금의 유동성을 성취하는 것이 아주 결정적이다. 재고를 보유하지 않고는 사용자를 모을 수 없고, 또한 구매하려고 하는 관중 없이는 판매자를 얻을 수 없는, 닭과 계란의 문제에 대한 해결책이기 때문이다.

- 이러한 모델들은 네트워크 효과에 의해 가장 잘 추진된다. 판매자 쪽, 구매자 쪽, 이상적으로는 양쪽에 다 있는 참가자들이 자연발생적인 자극을 가지게 되어 행사에 더 많은 참가자들을 데려오기 때문이다.

- 믿음은 중요하지만 누군가는 여러분이 많이 이용하는 바비큐 그릴을 eBay에서 구입하는 경우처럼, 몇몇 중개 환경에서는 다른 사람들의 환경에서 보다 믿음이 더욱 중요하다.

  예를 들어 누군가가 여러분의 집을(Airbnb를 통해서) 사용하거나 혹은 여러분의 자동차를(RelayRides**와 같은 카쉐어링 웹사이트를 통해) 사용

---

*vertical : 특정 요구사항에 맞춤으로 제품을 제공하는 것
**RelayRides : Turo의 종전 이름이다. P2P 방식(복수의 PC를 대등하게 접속하는 네트워크) 카쉐어링 시장을 운영하는 회사로, 본사는 샌프란시스코에 두고 있다. 개인 차주가 인터넷과 휴대폰 기기를 통해서 렌트 시장에 출시하는 것을 허락한다. 2013년에서 2014년 사이에, RelayRides는 뉴욕주 자동차 보험법을 위반한 혐의로 조사를 받았는데, 20만 달러의 벌금형을 받았다. 포브스지는 2015년에 '가장 뜨거운 on-demand(수요자가 원하는 물품이나 서비스를 바로 공급하는 비즈니스 모델) 스타트업' 14개에 포함시켰다.

하는 것과 같은 중개 환경에서는 믿음이 더욱 중요하다.

이러한 중개인 모델의 현실은 여러분이 어느 순간에 투자를 모색할 수도 있는 사람들로 하여금 철저한 질문을 캐묻도록 이끌어 줄 것이다. 큰 포부를 가진 너무나 많은 기업가들이 eBay나 Airbnb를 모방하려고 기를 쓰고 있으니, 여러분이 선택한 버티컬 속에서 경주를 이기기 위해서 아마 나중보다는 곧 바로 자금을 모아야 할 필요가 있다는 것을 의미한다.

여러분의 모델이 고객의 주목을 받을 수 있다는 것이 증명되면 그렇게 하는데 도움을 줄 것이다. Airbnb는 창업주의 아파트 바닥 위에서 최초의 시장 테스트를 한 후 불과 18개월만에 첫 번째 투자자금을 모았다. 허쉬혼부부가 아론의 기숙 서비스를 8개월 동안의 테스트를 끝낸 지 몇 달 만에 DogVacay는 첫 번째 투자자금을 모았다.

고객으로부터 모은 자금(Airbnb의 경우는 두 개의 신용카드가 한도 초과였지만)은 이 두 개의 사업(Airbnb와 DogVacay)을 제법 잘 착수하도록 해 주어서 투자자들이 곧 다가섰다. **그러니, 고객의 주목을 받고 있는 초기 신호를 쥐고 있으면서 투자를 요청할 때, 엔젤 투자자들은 무엇을 알고 싶어 할까?**

## 왜 여러분의 사업이 '독식'하는 승자가 될 개연성이 있는가?

길을 걷는 사람이나 해안을 따라 걷는 사람들 중 누군가는 여러분이 가지고 있는 아이디어와 똑같은 아이디어를 가지고 있을 가능성이 있다. 여러분이 자금을 찾는 일에 관심을 가질 때 아마도 여러분이 성취한 것과 같은 고객의 주목을 받을 수도 있다.

DogVacay는 2012년 3월에 로스엔젤레스에서 100만 달러의 첫 외부 자금을 받았다. 시애틀에 기반을 둔 매우 유사한 회사인 Rover.

com<sup>*</sup>은 한 달 뒤에 벤처 캐피털 후원에서 340만 달러를 따냈다. 도보 경주가 시작된 것이다!

만약 여러분이 도보 경주에서 이기고 싶다면 거의 확실하게 자금이 필요할 것이며, 경험 많은 투자자들은 왜 승자가 여러분이어야 하는지 그 이유를 알고 싶어 할 것이다. 핵심은 환금성이며 어쨌든 여러분은 이것을 이뤄낼 수 있다. Greylock Partners<sup>**</sup>의 사이먼 로스먼이 지적하듯이, "환금성은 가장 중요한 것이 아니다. 유일한 것이다."[41] 로스먼이 정의한 것처럼, 환금성은 "리스트에 올린 상품을 팔거나 혹은 찾고 있는 상품을 발견한 것에 대한 합당한 기대치"이다.[42]

바라건대, 초기의 고객 자금화 노력을 통해서 여러분이 자금을 찾을 때까지는 어느 정도의 고객 관심을 이미 즐기고 있을 것이므로, 여러분이나 혹은 여러분의 잠재적 후원자가 이길 것 같은 사람이 여러분인지를 식별할 수 있도록, 여기에 로스먼이 말한 이치에 맞는 약간의 기준을 제시한다.

- 30~60% 정도의 환산율이(중개를 찾고 있는 판매자들 사이에서) 기대하기에 합당하다. 만일 여러분의 버티컬에서 평균 판매가격이 비교적 높으면, 이 범위의 더 낮은 부분에서 환산율이 허용될 수도 있다.
- 만일 여러분의 물품을 다른 곳에서 찾기 힘들다면, 이 범위의 낮은 부분에서 환산율이 허용될 수도 있다.

---

*Rover.com : 시애틀에 기반을 둔 회사이며, 애완견을 집에 머물게 하며 돌봐주는 것을 포함한 애완동물 서비스를 팔고 있다. 미국 전역에 걸쳐서 고객들에게 서비스를 제공하기 위해서 공유경제에 지렛대 효과(차입금을 활용하여 자기 자본의 이익률을 높이는 일)를 하고 있으며, 애완동물보호소나 친구와 가족의 대안으로, 애완견 주인과 공인된 애완견 돌보미를 연결해 주고 있다. Rover.com는 공식적으로 A Place for Rover, Inc.의 이름으로 법인화 되어 있다.

**Greylock Partners : 1965년에 설립되었으며, 가장 오래된 벤처 캐피털 중의 하나이다. 반도체 뿐 아니라 소비자와 기업소프트웨어, 그리고 인프라 등의 영역에 있는 초기단계 회사에 집중적으로 투자하고 있다. 경영 자금이 20억 달러 이상이다.

- 만일 여러분의 버티컬에서 가격이 넓게 퍼져 있다면, 환금성에 도달하지 못했다는 것을 가리킨다.

거의 항상 환금성을 성취하는데 가장 핵심적인 도전은 구매자를 여러분의 웹사이트에 끌어들일 수 있을 만큼 충분한 판매자를 동참시키고 있는가이다. 아마도 반직관적으로, 초점을 아주 좁게 잡으면 도전을 극복하도록 도와줄 수 있다. 즉, 특별한 주말에 샌프란시스코로 향하는 디자인 전문가들이나 로스엔젤레스에 있는 애완견 주인들에게 서비스를 제공하는 경우처럼 말이다.

여러분의 목표에 '모두'가 포함되면 그 목표를 이루기는 힘들고, 중개를 찾고 있는 구매자들이 목표를 이루기 위해서 딱 맞는 판매자들에게 충분한 깊이의 자금을 댈 가능성은 더 적다. 한 도시에 있는 호스트가 다른 도시에 있는 애완견 주인에게는 아무런 도움이 안 된다. 투자자들은 여러분이 좁게 생각하고 행동할 수 있는지를 알고 싶어 할 뿐만 아니라, 또한 여러분의 영역이 더 넓게 매우 빠르게 넓혀갈 잠재력을 가지고 있는지도 알고 싶어 한다. DogVacay가 현재 100개가 넘는 도시를 보유하고 있는 것처럼.

**네크워크 효과에 의해 입증된 바와 같이, 판매자와 구매자의 한 쌍 중에서 적어도 어느 한쪽에게 강제적인 문제를 어느 정도까지 언급하고 있는가?**

문제해결의 위탁을 받기 쉬운데, 만일 여러분이 구매자나 판매자 혹은 이상적으로는 양쪽 다를 위해서 진짜의 문제를 해결하고 있다면, 구매자 쪽이나 혹은 판매자 쪽 어느 쪽이든지 거기에 따라서 소문이 퍼져 나간다. **"여러분은 네트워크 효과를 보고 있습니까? 증거를 주세요!"**

라고 엔젤 투자자들은 물을 것이다. 초기에 Airbnb는 제공되지 않았더라면 부족했을 임시숙소를 제공했다. 게다가 Airbnb는 참담한 경기불황 동안에 호스트들의 주머니에 현금을 채워 주었고, 현금에 목말라하는 호스트들이 해결하기를 갈망했던 문제였으며, Airbnb가 제공한해결책으로 호스트들과 비슷하게 현금에 굶주린 친구들과 나눌 수 있었다.

애완견 주인들에게는 현실적인 문제였던 람보와 로키를 어디에 맡겨야 할지에 대한 문제를 풀어주면서, DogVacay도 유사하게 움직여 나갔다. 정말로, 초기 DogVacay 투자사인 First Round Capital의 공동 경영자인 하워드 모건Howard Morgan은 말했다. "First Round Capital은 웹사이트가 크고 비효율적인 시장(특히 애완견 기숙과 같이 불만족도가 높은 시장)을 붕괴시킬 수 있는 창의적인 방법을 찾고 있습니다. DogVacay의 경우, 100억 달러의 펫 서비스 시장에 더 나은 해결책을 애완견 주인들에게 제공해 주는 공동 네트워크 속으로, 열정적인 애견가 커뮤니티를 강화시켜주는 특별한 방법을 우리는 봅니다."[43] Airbnb에서처럼 DogVacay는 호스트들의 주머니에, 때로는 거듭 발생하는 상당한 금액의 현금을 채워 준다. 사브리나 헤르난데스의 경우, 스타벅스에서 일하는 것보다 훨씬 나았다!

반면에, ProFounder는 판매자 측과 구매자 측의 어느 쪽에 관한 강제적인 문제도 언급하지 않은 것이 틀림없다. 미국증권거래위원회 규정들로 인하여, 그들은 창업자들의 현행 네트워크에 의존해야 했으며, 창업자들의 십중팔구는 클릭해야 하는 웹 플랫폼이 필요 없었을 것이다. 강제적인 문제는 거기에 없었다. 친구들과 가족의 돈을 가져갈 때 추정되는 법적인 복잡함은 어떠한가? ProFounder의 창업자들이 가정했던 것만큼 어려웠는가? '추정'은 항상 위험한 단어이다. 창업자들의 말로는, "나는 이것에 대한 진짜 증거는 없지만, …"이라는 뜻이다.

그 효과에 대한 증거가 있었나, 아니면 그냥 그렇다고 추정한 것인가? 아마도 그곳에도 강제적인 문제는 없었을 것이다. 마지막으로 계약 테이블의 반대편에 있는 자금 제공자에게 만약 있다면, 어떤 이익을 가져다주었는지를 짐작하기는 어렵다. DogVacay처럼 **가장 좋은 중개인이 되는 기회는 거래의 양쪽에 있는 진정한 문제를 해결해 주는 것이다. 여러분의 기회는 어떠한가?**

## 여러분이 분열시키려고 계획하는, 너무 값을 높게 책정했거나 열악한 현존의 시장구조가 있는가?

DogVacay가 이룬 초기 성공의 일부분은, 현재의 행태(애완견을 애완동물보관소에 집어 넣기)가 애완견 주인들에게 불만족스럽고 또한 값이 비싸기 때문이었을 것이다. 실질적으로 더 좋고 상당히 더 값이 싼 대안을 제공하는 것은 중개인 사업에는 당연히 좋지 않다. 하지만 중개인들에게, 초기 사업에 자금을 조달하기 위해서 일찍 고객의 관심을 끄는 데에는 도움이 된다.

## 여러분의 버티컬에서 어느 정도의 신뢰가 필요할 것이며, 또 어떻게 보장할 것인가?

중개인 사업을 장기적으로 성공하기 위해서는 거래가 일어나면서 적당한 거래량과 최소의 위험부담이 요구된다. 하지만 Airbnb의 호스트들에게는 Airbnb의 임차인이 호스트의 아파트를 샅샅이 뒤져서 상당한 손상을 입혔던 경우와 같이 분명히 위험부담이 있다.[44] 또 다른 경우에, 두 명의 스웨덴 여자들이 모르고 그들의 스톡홀롬의 아파트를 빌려주었는데, 임차인은 옷을 잘 차려입은 한 쌍의 매춘부들로 드러났으며, 스웨덴 사람들이 한 달간의 긴 휴가를 간 동안에 영업할 장소가 생겨서 행복해 했다.[45] 만약 임대인들이 들통 나지 않고, 경찰들이 메모를 남겨놓지 않았더라면, 호스트들은 자신들의 아파트가 어떻게 사용 되었는지 절대 몰랐을 것이다.

신뢰를 수립하는 것이 중심이지만, 다른 상품이나 혹은 서비스가 제공될 수 있는 것으로부터 신뢰받는 플랫폼을 세울 수 있는 능력을 포함하여, 다른 좋은 면도 가져다준다.

DogVacay의 첫 번째 후원지인 Science의 CEO인 마이클 손스 Michael Jones는 이렇게 말한다. "신뢰받고 있는 애견가들의 공동체를 설립함으로써, 웹사이트가 다른 특별한 상품이나 서비스를 출시하는 것은 필연적입니다."[46]

## 반복 구매 행위: 반복 고객들이 장래의 구매 시 '직접 구매'를 어떻게 막을 것인가?

구매자들이 장래에도 계속해서 중개인을 통해 비즈니스를 하게끔 만들 수 있을지, 아니면 중개인들을 간단히 지나쳐서 자신들이 발견한 마음에 드는 판매자들과 직접 거래를 할 것인가에 대해 걱정할 필요가 있다. 이 행위는 eBay에서 뭔가를 살 때처럼 일회성의 경향이 있는 구매 행위보다, 여러분이 없는 동안 애완견에게 거처를 제공해 주는 것과 같이 빈번한 구매 상황에서 더 쉽게 일어난다. **이것은 적어도 중개인들에게는 반복 구매가 실제로 나쁜 소식이 되는, 아주 드문 경우 중 하나이다.** Airbnb와 DogVacay는 이 문제를 완화시키기 위해서 대량의 건수와 높은 등급을 받은 주인들에게는 수수료를 낮춰주는 것과 같은 조치를 취하지만, 이러한 조치가 장기적으로 충분할 것인지는 아직 확실하지 않다.

## 여러분의 시장이 판매자 측과 구매자 측 양쪽에 흩어져 있는가?

중개인 모델이 가장 잘 작동되는 곳은 산업에 많은 판매자들과 많은 구매자들이 있어서 분열되어 있는 시장이다. 이러한 판매자들을 쉽게 모은 eBay나 Craigslist를 생각해보라.

ProFounder의 경우에는, 거래의 구매자들(투자자들) 쪽은 전혀 분열되어 있지 않았다. 사실, 어떤 주어진 제안에 대해서도 목표의 정확한 숫사와 신원은 이미 알려져 있었다. 중개인의 서비스에 대한 필요성이 아마도 거의 없는 경우다.

## 여러분은 시작할 때 목표를 좁게 잡는가, 아니면 넓게 잡는가? 여러분은 Honda를 만들고 있는가, 아니면 Mercedes-Benz를 만들고 있는가?

거의 대부분 기업적인 추구에서, 이미 존재하는 다른 해결책보다 여러분이 더 좋은 서비스를 제공할 수 있는 수요를 가진(아마 충족되지 않았거나 형편없이 제공된) 매우 좁은 목표 시장과 함께 시작하는 것이 유리하다. 가장 흔하게, 경쟁자는 가지지 못한 수요에 대한 친밀한 이해를 가지고 있기 때문에 여러분은 그런 수요에 비교적 간단한 해결책으로 자주 더 좋은 서비스를 제공할 수 있다. 필립 나이트Philip Knight 와 빌 보워먼Bill Bowerman은 오늘날의 운동화 선두주자인 나이키를 시작해서, 확실히 좁은 목표 시장인 엘리트 장거리 주자들(두 사람도 각각 달리기 선수와 코치였다)의 요구를 충족시켜주었다.

**여러분이 하는 중개인 사업은 모든 것을 더 잘할 필요가 없다는 것이 관련된 개념이다. 하지만 어떤 것을 훨씬 잘할 필요가 있다.** 그래서 초기의 중개인 모델을 위해서는 고객의 관심을 끌어서 고객 자금화가 된다.

DogVacay는 애완견뿐만 아니라 모든 애완동물을 목표로 할 수도 있었다. 현명하게도 그렇게 하지 않았다. 만일 선택한다면, 고양이나 다른 애완동물을 나중에 목표로 할 수 있다.

Airbnb는 시작할 때 회의에 가는 사람들을 목표로 삼았다. 왜냐하면 사용자들에게는 이미 예약이 끝나서 시내에 호텔방이 없다는 분명한 문제가 있었으며, 산업 블로거를 통해서 그들에게 쉽게 닿을 수 있었기 때문이다. 여러분이 회사를 늘리기 위해서 펀딩을 찾을 때, 엔젤 투자자들은 여러분이 좁게 목표를 설정할 수 있는지와, 또한 단순한 어떤 것(허쉬혼 부부의 Yelp 웹사이트와 여러분을 이곳저곳 데려다줄 수 있는 Honda Civic 같은)을 만들 수 있는지를 보고 싶어 할 것이다. 나이키가 육상 이외의 스포츠에도 걸쳐서 진출한 것처럼 일단 여러분의 사업구상이 입증되고 더 나은 자금을 조달받게 되면 명품 자동차와 그 밖의 목표 시장은 나중에 올 수도 있다.

## 엔젤 투자자를 위한 질문: 보유한 자금을 뒤이어서 여러분을 더 많은 자금으로 이끌 수 있는가?

여러분이 중개인 모델에 대해서 일단 고객의 관심을 입증해서 엔젤 투자자나 벤처 캐피털 자금을 조달할 준비가 되어 있다면, 아마 이 책에서 우리가 볼 수 있는 다른 종류의 고객 자금화 모델을 추구하고 있는 사람들보다 더 많이, 자신들이 보유한 자금의 뒤를 이어서 더 많은 투자로 이끌어줄 수 있는 투자자가 여러분은 필요하게 될 것이다.

문제의 일부는 여러분의 단일 거래에서 여러분의 몫은 매우 작아질 가능성이 있으며, 대체로 한자리 수의 퍼센트에 머문다. 그러니 여러분의 몫이 아주 많은 금액이 되기 전에 수많은 계약이 필요하게 될 것이다. 만약, DogVacay와 Rover의 대결을 상상하는 것과 같이, 규모가 승리를 가져오는 승자독식의 경기로 드러날 수 있는 도보경주에 여러분이 참가하면, 최상의 자금을 조달한 참가자가 사업을 확장할 최상의 기회를 가지게 될 것이다. 그러므로 여러분은 장래의 투자자를 조심스럽게 선택하기를 제안한다!

## 중개인 모델 작동시키기

이 장를 덮기 전에, 중개인 모델이 장악하고 있는 것처럼 보이는 무대 중 하나인 크라우드 펀딩 영역 안에서 성공한 제안은, 대개 스스로의 네트워크에 이야기를 기증하고 퍼뜨리는 목표 기증자의 초기 네트워크를 제공하고 있는 프로젝트 지지자의 결과라는 것에 주목할 가치가 있다. 크라우드 펀딩 현상의 예리한 관찰자인 와턴 스쿨* 데이빗 슈 David Hsu 교수가 주장하는 것처럼, **"여러분의 관객이 충분히 신이 나서 또 그들의 관객들에게 말해 줄 것이라는 희망을 가지고 '여러분의 관객을 데려오는 것'이 일반적으로 필요합니다."**[47]

제 1장으로 돌아가면, 우리는 코라도 아카르디가 그의 Pizza Rossa 스타트업을 위해서 그 자신의 관객을 데려온 것을 보았다. 여러분이 올바른 네트워크(거래의 한 쪽 혹은 다른 쪽에, 그리고 이상적으로는 양 쪽 다)를 직접 접근하는 것은 엔젤 투자자들이 찾아야만 하고 또한 장래에 찾을 예정인 하나의 자산이 된다.

Airbnb, DogVacay, 그리고 ProFounder의 사례기록으로 우리가 이미 경험한 바와 같이, 다섯 가지 고객 자금화 모델 중에서 그 첫 번

---

*Wharton School : 펜실베니아대학교(University of Pennsylvania)의 와튼 경영대학원

째인 중개인 모델을 살펴보았고 또 되살려 보았다. 여러분에게 더욱 현실적으로, 만약 여러분이 시작하려는 사업에 중개인 모델이 적합하다면, 혹은 한 사람의 엔젤 투자자로서 후원하고 싶다면 엔젤 투자자, 벤처 캐피털, 혹은 이미 안정된 사업 환경에서의 고위 경영진 누구에 의해서건 십중팔구 질문 받아야 하거나 질문 받을 일련의 실사 질문들을 필자는 또한 밝혀놓았다.

앞으로 네 개의 각 장에서 할 예정이지만, 아래의 편리한 체크리스트에 그 질문들을 요약함으로써 이 장을 마무리하겠나. 하지만 숭개인 모델이 여러분에게 적합하다고 결정하기 전에, 여러분은 페이지를 넘겨서 다섯 종류의 모델들 중 다음에 나오는 선불 모델을 생각해볼 필요가 있다.

---

**존 멀린스의 엔젤 투자자 체크리스트**
**중개인 모델**

- 왜 여러분의 사업이 '독식하는' 승자가 될 가능성이 있는가?
- 네크워크 효과에 의해 입증된 바와 같이, 판매자와 구매자의 한 쌍 중에서 적어도 어느 한쪽에게 강제적인 문제를 어느 정도까지 언급하고 있는가?
- 여러분이 분열시키고자 하는, 값이 지나치게 높거나 품질이 형편없는 현존하는 시장구조가 있는가?
- 여러분의 버티컬에서 어느 정도의 신뢰가 필요하고, 이것을 어떻게 확보할 것인가?
- 반복적 구매 행동: 반복적으로 구매하는 고객들이 미래의 구매 시 '직접 구매'를 무엇으로 막을 것인가?

---

- 여러분의 시장은 구매자 측과 판매자 측 양쪽으로 분열되어 있는가?
- 처음에 여러분은 목표설정을 좁게 하는가 아니면 넓게 하는가? 그리고 여러분은 Honda를 만드는가, Mercedes-Benz를 만드는가?

# 4

## 현금을 요청하라:
## 선불 모델

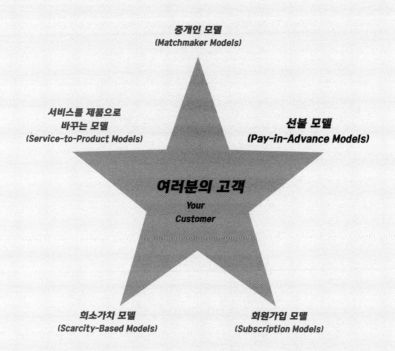

중개인 모델
(Matchmaker Models)

서비스를 제품으로
바꾸는 모델
(Service-to-Product Models)

선불 모델
(Pay-in-Advance Models)

여러분의 고객
Your
Customer

희소가치 모델
(Scarcity-Based Models)

회원가입 모델
(Subscription Models)

딸아이의 가족들은 가끔씩 Costco에서 물건을 산다. 그러나 누구나 살 수 있는 것은 아니다. Costco에서 물건을 사려면 회원이 되어야 하며, 회원이 되기 위해서는 미국에서는 55달러에서 110달러까지, 또 영국에서는 24파운드에서 66파운드까지의 회비를 납부해야만 한다.[1] **도대체 누가 매장에서 물건을 사기 위해 회비를 내야 한다는 말인가?** 쇼핑 카트를 채우기 위해서 우리는 기꺼이 돈을 내지만, 어느 특정 매장에서 쇼핑하는 특권을 누리기 위해서 돈을 내 본 적이 있는가? Costco에서는 그렇게 한다. 왜일까?

다음과 같이 돌아오는 이점 때문에 수백만의 가족들이 Costsco에서 쇼핑하려고 기꺼이 이런 회비를 내고 있다.

- 최저 가격 – 연회비보다 훨씬 많이 절약하도록 해 준다.
- 엄청난 선택권 – 식재료에서 의류와 가전제품까지 모든 구색을 갖추고 있다.
- 구색을 수시로 바꾸기 때문에 Costco를 방문할 때마다 눈이 휘둥그레지는 보물찾기. 한 주는 Maine 주에서 온 살아 있는 바다가재, 그 다음 주는 전자피아노, 그리고 언제나 가격을 잘 책정한다.

Costco에서 쇼핑하는 특권을 위해 고객들에게 회비를 선불할 것을 요청한 것이 Costco가 현명하게 생각해낸 것이었다. 회비만으로도 회사는 수년간 영업 이익의 2/3에 달하는 충분한 돈을 벌어 들였으며, 어느 경쟁자보다 더 낮은 총이익률로 회사를 운영할 수가 있게 되었다.[2] Costco의 선불 모델은 자금 역시 빠른 속도로 성장시켰으며, 전체 30년 역사 동안 믿을 수 없을 만큼 빠르게 회사를 성장시킬 수 있었고, 2013년 9월 기말 매출이 1,000억 달러를 초과하였다.[3]

선불 모델은 이 책에서 탐험한 다섯 가지 고객 자금화 모델 중 가장 확실하다. 매우 간단하게, 선불 모델은 회사가 고객이 구매한 제품을 수령하기 전에 전부 혹은 일부의 금액을 고객에게 미리 지불해 달라고 요청(그리고 확신시키는)하는 것이다.

그것은 Costco의 경우처럼 회비일 수도 있고, 보증금 혹은 다른 방법으로 구조를 갖춘 약간의 금액이다. 일반적으로 부엌을 개축하는 하도급업체가 이런 방식으로 일을 하며, 시작하기 전에 보증금을 요구한다. 그 일을 계획하는 디자이너나 건축 기사도 이런 방식으로 한다. 선불 모델은 확실히 새로운 방식이 아니다!

우리는 제 2장에서 Dell과 Banana republic을 통해서 이미 두 개의 선불 모델을 살펴보았다. 제 4장에서는 3개의 혁신적인 21세기에 대한 이야기를 살펴보는데, 독창적으로 고안한 선불 모델은 회사가 형성되어 나가는 시기에 고객들의 현금을 이용하여 빠르게 성장해 나갈 수 있었고, 회사를 저울질하는 추가 자금에 접근하였다면 더 빠르게 성장했을 것이다.

2008년에 Inc.잡지에 의해 '미국에서 가장 창의적인 작은 회사'로 불려진[4] Threadless는 예술가와 디자이너의 공동체이며 crowdsource(십시일반으로 자원을 모아내는 방식)의 공동체 디자인을 만들어내고 판매하는 전자상거래 웹사이트이다. Threadless online 커뮤니티에서 선별된 티셔츠와 다른 제품들을 말한다.

인도에서 실시간 발권과 다른 서비스를 해 주며 급성장하는 B2B 여행 네트워크인 Via.com은 2007년에 스탠딩 스타트*로 출발하여 놀라운 속도로 성장하였다. 원래 인도에서 위탁품을 중심으로 캐주얼 의류를 파는 소매상이었던 Loot는 사업 모델을 바꾸어서 엄청난 속도로 성장하였지만 거의 실패하였다.

---

*Standing Start : 자동차들이 그대로 서 있다가 신호와 함께 출발하는 방법.
　도움닫기 없이 하는 스타트

이 세 회사는 고객 자금화 선불 모델을 만드는 길을 모색하고 있는 기업가뿐 아니라 안정된 기업 내에 있는 동료 혁신자들을 위해서 중요한 교훈을 제공하고 있다. 우리는 또한 엔젤 투자자 혹은 어떤 점에서 그들을 후원하고 있을지도 모르는 기업 재무담당자를 위해 교훈을 얻을 것이다.

## 티셔츠 디자인 대회에서 크라우드소싱의 전형적인 모델로: Threadless[5]

공동 창업자인 제이크 니켈Jake Nickell은 "**Threadless는 사업을 할 의도는 전혀 없었습니다.** 제이콥 디하트Jacob DeHart와 내가 시작할 때는 모든 것이 우리와 교류를 하고 있던 다른 디자이너들을 위한 재미있는 일인 그저 취미에 지나지 않았습니다."라고 회사의 진화에 관한 책에서 시작한다.[6]

2000년에, Chicago에 있던 니켈과 두 시간 반 운전 거리의 Purdue University에서 공부를 하고 있던 디하트는 웹 개발자이며 학생이었고, 예술과 컴퓨터와 코딩에 관한 아이디어를 나누는 또래집단 공동체에 관여하는 디자이너였다.

2000년 11월 런던에서 개최되는 New Media Underground Festival의 실마리가 되는 대회에서 dreamless.org 포럼에 니켈이 티셔츠 디자인을 게시했다. 거의 100점의 게시물 중에서 그의 디자인이 우승을 차지했지만, 실제로 프린트 되지도 않았고 상금도 없었지만 그 대회는 니켈에게 아이디어를 제공해 주었다.[7] "사람들이 티셔츠 디자인을 항상 제출할 수 있는 대회를 계속하면 재미있을 것 같았고, 그 중에서 가장 좋은 것을 우리는 프린트 하면 되니까요."[8]

## 아이디어에서 실행까지 단 한 시간

"그 아이디어를 떠올린 후 대략 한 시간 후에 Threadless가 출범했다."[9]고 니켈이 회상했다. 바로 그날 저녁, 니켈과 디하트는 dreamless. org 포럼에 진출하는 첫 번째 요구를 게시했다. 대략 100점의 게시물 중에서 5개 정도의 승자를 골랐다. 그리고는 첫 묶음의 티셔츠를 판매하는 웹사이트를 만들었고, 나중에는 사용자가 가장 좋은 디자인에 투표할 수 있도록 투표하는 시스템을 추가하였다.

첫 묶음의 티셔츠를 프린트하려면 돈이 드는데, 두 사람은 각자 500 달러를 투자하여 티셔츠를 구입하여 프린트하고 또 풋내기 사업을 법인으로 만드는 변호사 비용으로 충당하였다. 실제로는 스크린 인쇄를 하는 디하트의 고모가 해 주었지만,[10] 어쨌든 두 사람은 다섯 개의 디자인을 선택하고 각 디자인마다 24장을 인쇄하여, 한 장에 12달러로 정하여 dreamless 커뮤니티에 내어 놓았는데, 빠른 속도로 다 팔아 버렸다. 계산을 해 보자. 다섯 개의 디자인마다 24장이 장당 12달러에 팔렸으니, 합계 금액이 1,440달러가 되었고, 초기 비용 1,000달러를 충당하고도 남기에 충분한 고객 자금이었다.

제 2장에서 우리가 본 Banana Republic의 유래와는 다른 방식이지만 고객 자금화 사업이 탄생하였다. 그 속에서 돈이 아니라 재미를 추구한 니켈과 디하트는 여전히 알아차리지 못하고 있을 뿐이었지만 말이다.

## 파트타임 부업에서 실제의 사업으로

Threadless 대회는 정기적인 것이 되었다. "Threadless의 처음 2년 동안은 티셔츠를 판 수익은 몽땅 더 많은 티셔츠 디자인을 인쇄하는 데 들어갔습니다. 우리는 심지어 급여를 가져가거나 판매의 일부분을 취하지 않았습니다."[11] 16살 나이인 1996년부터 웹사이트를 전문적으로 개발해 왔던 니켈에게는 Threadline 웹사이트를 운영하는데 많은 시간을 보내는 것이 너무나 자연스러웠고, 몇 개월마다 디자인을 고치는 작업이 아주 재미있었다.

니켈은 발견할 수 있는 모든 디자인 블로그에 Threadless 대회의 뉴스를 게시하면서 커뮤니티를 만들기 시작했다. Threadless 커뮤니티가 커지면서 새로운 디자인들이 항상 도착했고, 그 중 가장 좋은 디자인은 표를 모으고 있었다. **한 묶음의 티셔츠가 팔리자마자, 가장 최근에 우승한 디자인을 다른 묶음의 티셔츠에 인쇄할 수 있는 충분한 고객의 돈이 은행 계좌에 들어와 있었다.**

그렇게 해서 Threadless는 2001년에 2개월마다 새로운 묶음을 인쇄하였고, 커뮤니티가 확장되면서 더욱 빈번하게 진행되었다. 2002년에는 10만 달러 어치의 티셔츠를 팔았고 10,000명의 커뮤니티 회원이 모일 정도로[12] 충분히 사업이 잘 되어서, 두 사람은 니켈Nickell의 시카고 아파트에서 나와서 약 82.6㎡ 사무실로 회사를 옮겼다.

그 과정에도 니켈과 디하트는 두 사람 다 웹 개발자로서 일하였고, 자신들만의 다른 프로젝트도 역시 착수하였다. Threadline은 부업이었지만, 그 부업이 점차 어느 지점까지 성장해서 2004년에는 웹 개발자의 일을 그만두었고 외부 의뢰인도 정리하였다.

새로운 티셔츠는 매주 인쇄되었고, 큰 창고로 옮겨간 후에는 연말 판매가 150만 달러를 찍을 정도로, 사업은 더 이상 취미처럼 보이지 않았다. "Threadless는 상당한 사업이 될 엄청난 잠재력을 가지고 있었고, 우리는 더욱 그 사업에 집중하기 시작했습니다."하고 니켈은 밝혔다.[13]

## 사업 모델 확인

그로부터 얼마 지나지 않아, 메사츄세츠공대 슬로안 경영대학원의 연구원들이 인터넷으로 가능한 사업의 새로운 형태를 연구하고 있었는데, 제작자 대신에 사용자에 의해 구동되는 혁신적인 형태도 포함되었다. 연구원들은 이 새로운 사업 모델을 'crowdsourcing'이라고 불렀고, 그들이 찾을 수 있었던 이 형태로 실제 사업을 하고 있는 단 하나의 회사가 바로 Threadless였다.

그래서 연구원들은 니켈과 디하트 두 사람을 화제의 회의에서 발표할 수 있도록 초대하였고, Fortune에 선정된 500개 기업에서 온 최고 회사 대표들에게 Threadless의 사업 모델을 소개하도록 해 주었다. 두 사람의 예술가에게는 MIT에서의 프레젠테이션이 2005년을 확실히 붙들어 매는 환영이었고, Threadless에게는 진정한 기업으로서의 첫 해가 되었다.

Threadless는 계속해서 성장하였고, 어디를 가든지 커뮤니티를 우선 만들고 그 커뮤니티의 성공이 사업으로 이어지도록 한다는 니켈의 이행 공약이 큰 부분을 추진하는 힘이 되었다.

니켈이 설명하였다. "Threadless는 사람이 우선인 커뮤니티이며, 티셔츠 판매는 그 다음입니다."[14] 판매는 여기에 응답하여 2005년에는 650만 달러로 뛰었고, 2004년 보다 4배 이상 증가했다. Threadless의 존재가 세상에 알려지게 되었다. Threadless의 커뮤니티로부터의 고객 자금은 번영하는 기업에 자금을 조달하고 성장시켜 주었다.

## 전문적인 기술과 벤처 캐피털 추가하기

그처럼 빠른 속도로 성장을 이루기란 결코 쉽지 않으며, 취미로 시작되었고 일정 부분은 여전히 그렇게 사업을 운영하다보니 문제가 생기기 시작했다. 선적 지연이 계속해서 일어나고 있었다. 2006년에 니켈과 그때는 CTO(최고기술책임자: Chief Technology Officer)인 디하트는 회사가 전문적인 도움을 필요로 하고 있으며 역시 약간의 자금 조달은 나쁜 생각이 아니라고 결정했다. 니켈이 회고하기를, **"우리의 성공에 정확히 무엇을 투자해야 하는지를 아는 누군가를 데려와야겠다고 결정했습니다."**[15] 결과는 소수의 지분을 Insight Venture Partners*에게 파는 것이었다.

두 사람이 그렇게 한 것처럼 거래에서 약간의 자금을 보관하도록 허락받은 이외에도, 니켈은 그 결정의 이점을 재빨리 알아차렸다. Insight의 제프 리버먼이 그의 말에서 속내를 드러냈다. "우리가 결코 생각하지 못했던 멋진 아이디어가 넘친다는 것을 언급하지 않더라도, 우리가 무엇을 해야 할 지 모를 때 정보의 놀라운 원천입니다."[16] 리버먼도 역시 그 거래에 대해서 열심이었다. "두 사람이 인터넷 상에서 내용과 상업성을 함께 통합하는 그 방법에 우리는 흥분했습니다. 완전히 독특한 회사를 보았습니다."[17]

추가 자금의 덕택에 새로운 장소로 다시 이전할 수 있었고, 이번에는 약 528.9㎡의 시설에서 약 2,314㎡으로 확장하였다. 추가 공간과 핵심 구역 안의 새로운 임대 덕분에 2006년 말까지 모든 일이 더욱 잘 풀렸다. 니켈에 의하면 "대부분의 경우 주문 상품은 같은 날에, 아니면 항상 이틀 안에는 선적 되었습니다. 국제 선적은 더욱 싸졌고 더욱 빨라졌습니다. 우리는 판매할 적당한 양의 물건을 더 잘 만들게 되었습니다."[18] 니켈은 2008년에 CEO의 자리에서 물러나 스스로 커뮤니티의 최고 관리

---

*Insight Venture Partners : 1995년 Jeff Horing과 Jerry Murdock에 의해 설립되었다. 설립 이후 목표 산업에 투자하기 위해서 자본금을 76억 달러로 올렸다. 대표적인 투자 대상은 Twitter, Chegg, Tumblr, Flipboard, Zumba, SpareFoot, Quest Software, Jagex, Virgin Pulse, Hootsuite Hotel Urbano 등이다.

자가 되었고, 음악 산업의 초기 인터넷 스타트업 중의 한 베테랑인 톰 라이언Tom Ryan을 모셔 와서 회사 발전을 이끌도록 했다. 회사는 2010년까지 10년째 전력을 다하여 가동 중이다.

2013년으로 바로 당겨서 말하면, Thredless는 250만 고객에게 봉사하고 있으며, 매주 월요일 10개의 신규 디자인을 제공하고 있다.[19] 커뮤니티 회원들이 Threadless에 어떤 디자인을 구매하기를 원하는지 말해 주기 때문에, 회사의 성장에 자금을 조달하는 주요 원천은 여전히 고객들의 지금으로 남이 있다. Threadless는 곧 주식을 공개할까?

니켈과 라이언은 그 문제에 대해 할 말이 없다. 라이언이 말한다. "우리의 임무는 훌륭한 예술품을 만들고 판매하기 위해서 세상의 창의적인 생각을 모으는 것입니다."[20] 니켈이 첨언했다. "예술가를 존경하고 커뮤니티를 믿으세요. 그리고 우리 자신이 방해가 되어서 걸려 넘어지지 않도록 하는 겁니다."[21]

## Threadless가 성공한 이유는?

니켈의 말 속으로 들어가 보자. **"우리가 한 것 중에서 가장 최고는 우리의 커뮤니티를 신뢰한 것입니다.** 커뮤니티에 지속적으로 충고를 구했으며, 우리가 귀를 기울이고 있다는 사실을 보여주었으며, 커뮤니티가 느끼는 것에 바탕을 두고 바꿔 나갔습니다. 커뮤니티 회원으로서 우리도 우리 자신 전부를 투자하고 있습니다."[22]

트위터 상의 150만 Threadless 팔로워와 페이스북 상의 15만 팬들이, 회사가 커뮤니티를 최우선으로 집중하고 있다는 결과로서의 설득력 있는 증거를 제공하고 있다.[23] 그리고 고객들 현금의 지속적인 흐름 또한 손상 받지 않았다.

# 인도의 영세한 여행사에서
# 21세기의 Via.com으로 거듭나기

2006년에 인도 내에서의 여행 산업은 인도를 제외한 세계 대부분 나라에서 이미 일어난 것처럼 대변혁을 일으킬 수 있는 인터넷과 휴대전화로 해결하는 잠재력으로 들끓었다. 월스트리트 경영간부에서 기업가로 변신한 비나이 굽타Vinay Gupta는 2006년 초기에 Bangalore의 9번 메인 도로상에 있는 작은 차고에서 시작하였고, 분열되고 비능률적인 여행 산업이 변화를 위해 무르익었다는 것을 보았다. 하지만 그가 마음속에 가지고 있던 그 변화는, 빠르게 성장하는 대다수의 재정지원이 좋은 인터넷 여행웹사이트가 추구하고 있던 것이 아니었다.

2006년 7월 28일, 그의 회사가 실시간 발권과 항공편 이용에 접근할 수 있도록 국제항공수송협회* 내의 회원권을 확보한 후, 굽타와 아밋 아가르왈Amit Aggarwal은 휴대폰을 통해서 항공 티켓을 예약하는 방법으로 Flightraja.com을 출시하였다. 그 당시 인도 내에서 1억 7,000만 명이 휴대폰을 가지고 있었고, 2010년까지 3억 5,000만 명이 휴대폰을 소지할 것이라고 예측하고 있었다.

고객은 SMS를 통해서 단순히 목적지와 여행 날짜에 대한 항공편 선택을 요청하는 문자를 보내면, Flightraja.com은 이용 가능한 항공편과 가격으로 답을 준다. 선택된 항공편 e-ticket은 발행한 후 고객의 신용카드로 청구된다. 간단하고, 쉽고, 그리고 빠르다.[24]

**하지만 굽타의 Plan A에는 두 가지의 문제가 있었는데, 인도 내에서의 휴**대폰 진출은 빨리 성장하는 반면 신용카드 진출은 그렇지 않았다. 인구 10억이 넘는 나라에서는 아주 적은 숫자에 불과한 2,300만 명의 인도

---

*IATA : International Air Transport Association

인만이 신용카드를 개설하였다는 사실을 굽타는 곧 발견하였다.[25]

Flightraja의 SMS 해결책은 고객들이 신용카드를 개설하는 것이라고 단정할 수 있었다. 신용카드의 부족은 또한 굽타의 신규 벤처가 직면한 두 번째 도전의 척도가 되었다. 인도는 현금을 근간으로 하는 경제였고, 인도인들은 여행을 포함한 대부분의 경비를 현금으로 지불하기를 선호했다.[26]

## Plan B 차수하기

굽타의 예측은 단순히 휴대폰으로 가능한 소비자를 향하는 사업이 아니었다. 굽타는 인도 내에서 여행 산업은 비교적 작은 시장영역이지만 얼마 지나지 않아 빠르게 성장할 것이며, 인도인들이 대부분 여행할 때 영세하고 재래식 소매 여행사에서 항공권을 구입하고 있음을 알고 있었다. 하지만 인도의 대부분 여행사는 국제민간수송협회 회원이 아니었으며 실시간 발권하는 능력이 모자랐다. "내일 다시 오시면, 항공 시간과 가격을 알려드릴게요."하는 것이 항공권 예약을 요청할 때 고객들이 되풀이하여 듣는 말이었다. 굽타는 방향을 바꾸어서 여행사에 제공하는 B2B 구상을 시작하였다. 실시간에 발행되는 항공권에 대한 회전식 5,000달러 보증금 대신으로, IATA가 보증하는 실시간 항공편 이용과 발권 능력을 제공하는 컴퓨터와 연결선을, 굽타는 거기에다 더 나은 수수료와 함께 여행사에 주었다.[27]

## 고객 자금이 쑥쑥!

아주 빠르게, 고객들의 보증금에 의한 자금 조달하기인 굽타Gupta의 Plan B가 Bangalore에서 110개의 여행사와 Chennai에서 다른 70개 여행사가 등록하였고, 하루에 200장의 항공권이 예약되었다.[28] 계산을 해 보자: 180개 여행사에 각 여행사가 5,000달러씩이면 거의 100만 달러! 상당한 규모의 고객 자금이었으며, 그것도 두 달이 채 안 되는 사이에 모은 것이었다.

진척 상황이 엔젤 투자자이며 범세계적인 여행 거대 기업인 Thomas Cook 전임 인도 CEO인 아쉬위니 카카르Ashwini Kakkar를 확신시키기에 충분하였다. 따라서 소량의 지분을 취득하였다.[29] 하지만 적절한 그의 현금 투자보다 더 중요한 것은 카카르가 가지고 있는 산업 지식과 접촉 가능한 연줄이었다.

Via는 2007년 6월까지 290개 인도 도시 안에 있는 3,000개 여행사에서 등록을 받았으며, 하루에 5,000장의 항공권을 발행하고 있었다.[30] Flightraja는 인도 내에서 290개 도시에 걸쳐서 3,000개의 등록 여행사를 보유하고 있는 가장 큰 여행 네트워크였다.[31] 부분적으로 카카르의 연줄과 굽타의 제안에서 여행사들이 본 가치 덕분에, 인도의 여행사 사회에서 Flightraja와 계약을 하면 성공한다는 말이 돌 정도였다.

Flightraja의 진척 상황과 잠재력이 벤처 캐피털 투자자인 NEA IndoUS Ventures를 확신시켜서, 그 해 6월 500만 달러의 Series A 투자를 가지고 합류하여 회사 이름을 Via로 새로 짓고 호텔, 철도, 버스 예약까지 사업을 확장하였다.[32] NEA 사장인 바니 콜라Vani kola가 2년 후에 회상했다. **"하지만 그들은 실제로 우리의 돈이 필요하지 않았고, 그 돈은 고스란히 은행에 넣어 둔 채였습니다!"**[33]

왜 그랬을까? 고객 자금의 핵심적인 두 개의 출처는, 여행사로부터의 회전하는 선불 보증금과 항공권의 판매로 얻는 Via의 수익이었고, 대부분 회사가 빠르게 성장하는 자금 조달에 충분하였다.

## 더 많은 고객 자금 조달

2008년의 국제적인 경제 침체에도 불구하고 Via는 계속해서 빠르게 성장하였다. Via 플랫폼을 이용하여 여행사 네트워크를 확장시킨 것과 항공 여행을 넘어서 버스표, 호텔 체류, 철도 여행을 성장시킨 것의 양쪽으로부터 고객들의 현금이 여전히 대부분 성장을 담당해준 재원이었다.[34]

아무런 탈 없이 내림세를 극복한 후에, 굽타는 진밀로 크게 생각하기 시작했다. 그는 인도 내수와 함께 국제적으로 사업을 더욱 성장시키기 위해서 다른 투자자금을 모으기를 원했고, 가까운 장래에 대망의 주식 공개로까지 이끌어 가고 싶었다.[35]

그 결과는? Sequoia Capital India가 2009년 12월에 Series B Round에서 1,000만 달러를 투자하면서 참여하였다.[36] Via는 2011년 초반까지 인도의 1,700개 이상의 도시와 마을에 입지를 확립하였고, 필리핀과 중동 지역으로 확장해 나갔다.[37]

하지만 그것이 신규 자본을 가지고 Via가 행한 모두가 아니다. 항공권을 인터넷에 접근해서 사는 방식을 선호하는 시장 영역에 접근하기 위해서 소비자를 대하는 인터넷 예약 사업을 출시하였다. 굽타는 또한 인도 안으로 항공편을 연결함으로써 수많은 다른 도시에 입지를 확립할 기회를 보았다.

그래서 그의 다음 단계는 2011년 11월 신규 자금을 사용하여, 북인도에서 다양한 국제 항공편과 500개의 강력한 여행사 네트워크를 가지고 있던 여행 통합관리 회사인 TSC Travel Service를 인수하였다.

굽타는 이 거래의 합리적인 이유를 설명하였다. "우리는 언제나 유기적이고 인위적인 양쪽으로 성장의 기회를 지켜봐 왔습니다. TSC는 북인도에서 우리의 입지를 더욱 강화시키고 이곳에서 영업활동을 향상시키는 완벽한 플랫폼을 우리에게 제공합니다. TSC는 또한 전반적으로 우리의 국제적인 여행 사업을 향상시키는데 있어 핵심적인 역할을 할 것입니다."[38]

굽타는 일단의 호화로운 볼보 버스들에 투자하면서 성지 순례 관광 시장에 대하여 내기를 걸기까지 했다. **여러분이 밀려드는 엄청난 현금을 가지고 있을 때는 모든 것이 고객 자금일 필요는 없는 것이다!** Via의 최고 마케팅경영자인 존 쿠루빌라John Kuruvilla가 설명했다. "매일 50,000명에 가까운 사람들이 Tirupati를 방문하고 있으니 이 분야는 엄청나 잠재력이 있습니다. 우리가 시장 조사를 해 본 결과, 매일 Andhra Pradesh와 Karnataka로부터 오는 40대의 버스가 사찰 마을에 도착하고 있으며, 다른 30대의 버스가 Tamil Nadu로부터 온다는 것입니다."[39]

Via는 2012년 12월, 필리핀의 150개 이상 도시와 인도네시아의 75개 도시에 해외 영업망을 가질 정도로 성장했으며, 싱가포르의 급성장하고 있는 Tiger Airways와 인도 내에서 독점적 판매자가 되는 거래를 성사시켰다.[40]

Tiger Airways의 상무이사인 카네스와란 아빌리Kaneswaran Avili는 Via가 이미 만들어 놓은 긍정적인 명성과 네트워크를 높이 평가했다. "Via.com의 광범위한 여행사 풀을 가볍게 두드리면, 인도 여행자들에게 가격 대비 좋은 여행 거래와 접근하기 쉽고 더욱 편리한 지불 시스템을 제공함에 우리는 전율을 느낄 정도로 행복합니다."[41]

2013년 1월, 시작한 지 7년이 채 안 되는 기간 동안에 Bangalore의 작은 차고에서 시작한 사업을 인도의 국내 여행 산업에서 가장 큰 기업 중 하나로 이끈 굽타는 회장의 역할로 올라갔다.[42] Via의 고객 자금화 선불 모델은 적시에, 그리고 쉽게 조달한 두 번의 벤처 캐피털과 더불어 너무나 그 역할을 잘 하였다!

# Loot Stores: 작은 위탁품 소매업에서 155개 매장으로 그리고 다시 본래 자리로![43]

제이 굽타는 자신이 기업가가 되고 싶어 한다는 것을 알고 있었다. "작은 사업을 하는 가족에 속해 있으면서, 나는 항상 아버지를 존경하면서 아버지가 거래하는 것과 일상의 활동을 지켜봐 왔습니다. 그것이 바로 나 자신의 독특한 뭔가를 이루려는 열정이 개발된 계기입니다."[44]

그는 대학 시절 친구들 사이에서 이미 유행 의류에 열광하는 것을 보았다. 스타일을 의식하는 젊은 구매자들이 서구 스타일의 신제품 옷을 구입하는 현금 다발과는 쉽게 구별되는 것을 목격하면서, 굽타는 자신에게 답이 있다는 것을 느꼈다. "소매는 이미 내 손 안에 있었습니다. 의류 분야는 내가 쉽게 조직할 수 있다고 느꼈습니다. **나 자신의 사업을 시작하고 잘 사는 편한 생활을 원했습니다.**"[45] 굽타는 아직 뭄바이에 있는 대학 일학년 때 의류 전시회 판매를 통하여 의류 소매업에 뛰어들었다.

## 1994년 전시회

인도에서 임시 전시회는 신진 디자이너와 기업가들이 지역 참관자에게 제품을 전시하는 일반적인 방법이었다. 굽타는 경로를 찾아서 뭄바이 외곽 Vashi에서 전시회를 시작하였다. 전시회 제품 분류는 아주 무시되었고, 전통적인 인도 의상부터 데님 청바지와 티셔츠에 걸쳐 있었다. 상당한 규모의 사업을 시작할 충분한 자금은 부족하였지만 작은 공간을 빌리기에는 충분한 현금을 긁어모을 수 있었던 굽타는 너무 많은 위험성을 초래하지 않으면서 의류 소매업을 배우기 위해서 판매상으로부터 위탁 조건으로 제품을 받았다. 수탁인이 제품을 팔 때까지 그 제품의 소유권은 판매자에게 남아 있음을 의미하며, 굽타는 어느 지점에서 그 제품 값을 판매상에게 지불했다. 당연히 팔리지 않은 제품은 판매상에게 돌려줄 수 있었다.

이것이 판매상 자금을 이용한 전형적인 고객 자금화 선불 모델이었다. 고객들은 구매한 의상에 대해 굽타에게 지불했고, 그 후에 굽타는 판매상에게 제품 구입비를 지불했다. **사업을 시작하면서 현금이 필요했느냐고? 사실상 필요 없었다.**

처음 시작한 전시회가 비록 네 번의 주말뿐이었지만 굽타에게 많은 가르침을 주었으며, 비용을 부담하고도 충분할 정도로 고객들의 현금으로 많은 돈을 벌었다. 또한 빨리 움직이는 제품 항목, 사이즈 그리고 상표들을 식별할 수가 있게 되었다. 인파의 수를 세고 구매 행동을 평가하고, 사업을 하는데 요구되는 자격증과 허가 등을 이해할 수 있게 되었다.

굽타는 같은 공간에서 세 번 더 전시회를 열었다. 처음에는 그 공간을 빌렸지만 마침내 1995년에 작은 18.2㎡의 공간을 사 들였다. 공간 구입은 은행 대출과 물려받은 가족 토지를 팔아서 자금을 마련하였다. 굽타는 몇 번의 성공적인 전시회를 가졌고 호의적인 시장조사가 또한 손 안에 있었으니, 의류 소매업이야말로 자신을 위한 사업이라고 확신했다.

## Casual Plus

굽타는 서구 상표의 평상복에 대한 유행 효과를 높이기 위해서, 아디다스 같은 덩치 큰 외국 브랜드와 ColorPlus 같은 내수 브랜드에 독점 판매권을 달라고 요청했다. 이러한 브랜드들은 이미 인도에서 성공을 증명하였고, 유통을 증가시킬 적절한 파트너를 찾고 있었다. 하지만 그 누구도 어리고 경험이 없는, 단지 교외에서 작은 매장을 운영하는 대학생에게 독점 판매권을 주려고 하지 않았다.

그래서 굽타는 비교적 판매상에게 안전한 제안인, 각 브랜드에서 소수만을 골라서 다양한 구색을 갖춘 모델에 만족해야 했다. 그의 Casual Plus 매장은 1997년에 문을 열었고, Reebok 운동화와 Lee Cooper 청바지 같은 서구 브랜드에다가 인도 상품인 Spykar와 Haute Cotton 등이 중요한 역할을 하였다.

다시 한 번 의류 판매상들에게 그가 필요한 상품을 위탁 조건으로 제공해 주기를 겨우 설득해 성공하였지만, 굽타가 초기 전시회에서 번 수익으로는 매장을 여는 다른 경비를 부담하기에 충분치 않았다. 할 수 없이 연방은행과 가족 친구들로부터의 대출을 통해서 자금을 충당하였다. **그가 사업을 시작하도록 한 고객 자금화 모델은 여전히 제자리에 있었지만, 새로운 매장에 자금을 조달할 수는 없었다.**

어린 굽타는 곧 몇몇 판매상들이 위탁 조건으로 상품을 제공하는 대신 현금으로 미리 지불하면 5% 할인을 해줄 의사가 있다는 사실을 알게 되었다. 지불 기일을 엄수하는 것이 굽타가 진지하게 대하는 사항이었다. "기일을 지켜서 제때에 지불하기 시작하면, 브랜드들이 여러분을 신뢰하기 시작합니다."[46] 하지만 지불 조건의 변화는 고객들이 구매하면서 들어오는 현금이 아무리 수익이 향상되어도 전체 재고품을 충당하기에는 충분치 않다는 것을 의미하였다. 수익은 올라갔지만 현금 흐름은 축소되었다. 수익성이 좋고 성장하는 회사를 지켜본 지역 은행이 대부분 굽타의 재고품에 대한 자금 조달 대출 한도액을 정해 진행하는데 동의하여 간극을 채워 주었다.

Casual Plus의 형태는 판매와 수익성에 있어 성공적이었으나, 굽타는 매장에 들어오는 사람들의 7~8%만이 고객으로 전환된다는 사실을 관찰하였다. 고객들을 개인적으로 이야기를 나누고 관찰하면서, 고객들이 더 큰 쇼핑 환경에서 더 많은 범위의 제품 선택을 원한다는 결론을 얻었다. 그간의 성공과 올라간 신용도에 힘입어서, 굽타는 인도 전역에 걸쳐서 막 가맹점을 열기 시작한 내수 의류 브랜드인 Provogue에 접근하였다. 멋지고 유행에 초점을 맞춘 도시풍의 Provogue는 젊은 구매자들에게 의심할 여지없이 히트를 칠 것이다. 굽타는 독점 가맹 직판장을 개시할 수 있도록 브랜드를 설득했다.

## 단일 브랜드 매장

1998년 초기에 문을 연 신규 Provogue 매장은 다음 몇 해 동안 굽타가 추구한 세 개의 단 브랜드 가맹 형태 중 첫 번째 매장이었다. 이 가맹점의 총 수익률은 건전한 25~28%였고, 처음부터 많은 현금이 필요한 상황을 피하기 위하여 상품들은 대체로 위탁 조건으로 가져왔다.

그래서 굽타는 고객들(그리고 관대한 은행)이 제공한 것 이외 다른 많은 현금 없이도 그럭저럭 해 나갈 수가 있었다. 그는 완전히 고객으로부터 자금을 조달한 것은 아니었으나 고객들이 구매할 때 현금으로 지불하였고, 어떻게든 충당하도록 도와준 위탁 판매상들에게 꼭 대금을 지불해야만 하기 전에는 유보적인 입장을 취하였다.

하지만 굽타는 언제나 다음 기회를 찾고 있었다. 자신의 매장과 뭄바이에 있는 아디다스 소매 직판장에 대한 비공식적인 조사는 굽타로 하여금 소매 철학을 변환시키는 통찰력을 가지게 하였다. "서구 스포츠의류와 평상복 매장을 찾는 고객의 95%는 할인을 원한다는 것을 보았습니다."[47]

이 관찰은 인도 소비자들에 대한 이상한 모순을 표현한 것이다. 소비자들은 확실히 브랜드를 의식하지만 마음속으로는 싸구려만 찾아다니는 사람으로 여전히 남아 있었다. 굽타는 자신의 소매업 체재가 양쪽의 요구를 동시에 만족시키기를 원했다.

## 전환점: 공장 직판 매장

굽타는 1999년 고객들에게 할인과 다양성을 동시에 제공하는 소매업 체재를 찾아서, 또 한 곳의 성장하고 있는 뭄바이 외곽 지역인 Chembur 에 세계적인 운동화 브랜드인 아디다스를 판매하는 첫 프랜차이즈 공장 직판장을 열었다. 굽타의 매장은 공장 직판장으로서 과잉 생산품과 철 지난 재고품, 그리고 때로는 약간의 하자나 손상이 있는 중고 상품을 팔 았다.

첫 해 판매고는 애송이 굽타가 전망한 매장의 손익분기점보다 훨씬 많 은 거의 4배나 치솟았으며, 매장의 생산성은 인도 내에 있는 모든 아디 다스 매장 중에서 가장 높았다. 비록 이미 뭄바이 부유층 쇼핑 지역 내 에서 아디다스 제품을 파는 적정한 가격의 프랜차이즈 가맹점을 운영하 고 있었지만, 굽타는 이 형태가 장래성이 있다는 사실을 믿어 의심치 않 으면서 공장 직판 매장에 최대한 주의력을 기울였다.

굽타는 공장 직판장에서 더 낮은 수익률(15~20%)에도 불구하고, 그 다음 3년 동안 선도적인 인도 의류 제조업체인 Provogue, ColourPlus 그리고 Weekender 뿐만 아니라 서구 의류와 운동화 브랜드인 리바이 스와 나이키를 판매하는 공장 직판장을 다섯 개 더 열었다.

굽타는 재고의 위험성과 현금의 필요성 양쪽을 제한하면서 계속해서 제품을 위탁 조건으로 받아들였다. 그가 가진 10개 의류 매장의 고객 리스트는 이제 3개의 다른 형태를 담고 있었다. 다수의 브랜드를 취급 하는 Casual Plus 매장, 3개의 적정한 가격의 프랜차이즈 매장, 그리 고 6개의 공장 직판장. 모두 Casual Plus를 판매하고 있지만 대부분은 위탁 상품들이었다.

# The Loot: '유명 브랜드 대단한 훔치기'

공장 직판장 형태는 굽타를 위해서 잘 돌아가고 있었으나, 고객들과 나눈 대화는 언제나 고객들이 더 많은 것을 원한다고 지적하였다. "고객들은 교환 정책, 공장 재고가 아닌 최고 품질의 상품, 에어 컨디셔닝, 탈의실 등의 환경을 원했습니다."하고 굽타는 회고했다.[48] 이런 대화를 하고 나니, 굽타는 공장 직판 가격인 적정한 가격의 다수 브랜드를 파는 독점 브랜드 쇼핑 환경을 갖춘 매장을 계획하게 되었다. 굽타는 2004년 6월 말에 'The Loot' 라고 이름 지은 네 번째 소매 형식의 매장을 열었다.

굽타가 이 이름을 선택한 것은 'Loot'가 영어와 힌두어 양쪽이 같은 의미를 가지고 있었기 때문이다. 굽타는 야심적인 브랜드로부터 대단한 거래를 훔쳐서, 패션에 관심이 있지만 아직 싼 제품을 찾아다니는 소비자들에게 돌려준다는 아이디어를 좋아했다. **굽타는 유명한 발리우드(인도영화)의 악당인 굴산 그로버**Gulshan Grover**를 채용해서 브랜드 대사로 만들고, 오늘날 브랜드의 로빈 후드 비용\*에 대한 믿음을 부여했다.**

그로버의 이미지는 The Loot가 상징하는 것의 윤곽을 그리면서 현금 계산대 뒤 간판으로부터 음산하게 응시했다. 모조품도 없고, 재고품도 없다. 보장된 가격에 보장된 상품, 1년 365일 내내 25~60% 할인. 감방처럼 보이는 trial room 내부는 고객들이 옷을 입어보는 공간이었고, trial room의 바깥은 The Loot의 로고로 그어진 큰 바코드가 각인되어 있는 경사로였으며, 그곳에서 고객들이 자신이 선택한 상품을 과시할 수 있었다.

---

\*Robin Hood Tax : 부정직한 방법으로 재산을 축적한 일부 귀족의 재산을 빼앗아 가난한 사람들을 도운 중세시대 영국의 전설적인 영웅 로빈 후드의 사례에서 파생된 용어로, 저소득층을 지원하기 위한 재원 마련을 목적으로, 고수익을 올리는 기업이나 개인에게 부과하는 세금을 일컫는 말이다.

## 한 번의 기회 포착: The Loot의 사업 모델은 바뀌고 있었다

계획의 성공 여부는 야심적인 서구 브랜드들과 탐내는 내수 브랜드를 얼마나 싸게 공급원으로 삼는가 하는 그의 능력에 달려 있다는 것을 굽타는 알고 있었다. "평균적으로 회사는 45% 정도의 과잉 생산품을 보유합니다."하고 굽타는 설명했다. 굽타는 이미 국내로 수입된 과잉 생산품에 대한 많은 공급자 할인을 받기 위해서 그는 미리 대금을 지불하기 시작했지만, 공장 직판 매장로부터의 정확한 출발에 있어서는 재고품이나 하자품을 거절했다. "브랜드들이 나에게 만족하지 않아요."하고 굽타는 외쳤다.[49]

어떤 위탁자들은 상품의 배치에 대해서 제약을 두었지만 이 소유권은 또한 굽타에게 제품의 선택, 전시, 그리고 매장 전역에서의 유통에 관하여 유연성을 주었다. "어느 한 브랜드에게 의존하지 않는다는 것이 좋았고, 우리 자신이 상품을 구입하여 원하는 장소에 전시하고, 사업 모델을 완전히 소유한다는 것도 또한 좋았습니다."하고 그는 말했다.[50] 굽타는 주로 고객과 판매상의 자금화 위탁품 모델을 포기함으로써, 그가 인식한 것보다 훨씬 근본적으로 사업 모델을 바꾸게 되었다.

주로 청년들이 입는 캐주얼 의류(청바지, 탑, 신발, 운동복)에 집중하여, The Loot 형태는 분명히 구매자들에게 반향을 불러 왔다. 첫 두 달 안에, 새로 문을 연 매장은 굽타가 이전에 개업한 어떤 매장보다 극적으로 더 많은 매출을 창출했다. "내가 가진 다른 매장보다 두 배가 큰 594㎡의 공간이지만, 뭔가 대단한 일을 하고 있다고 느꼈습니다."하고 굽타는 회고했다. 매장에 대한 반응에 힘입어, 굽타는 그가 가진 대부분 다른 공장 직판장과 프랜차이즈 매장을 The Loot 형태로 전환해야겠다고 마음을 굳혔다. "프랜차이즈 계약을 한 브랜드를 찾아가서, 매장의 운영권을 인수하든지 아니면 매장을 The Loot로 전환할 수 있도록 허가해

달라고 요청했습니다."[51]

굽타는 2004년 가을 동안 그가 가진 8개 매장을 The Loot로 바꾸어서 합계 9개 Loot 매장이 되었고, 두 개의 적정 가격 상품을 파는 프랜차이즈 매장은 그대로 두었다. "갑자기 우리가 뭄바이 소매업계에서 진짜 영향력을 가지게 되었습니다. **더욱 중요한 것은 같은 형태로 운영하는 9개 매장으로 인하여 우리에게 단독으로 필요한 구매력을 가지게 된 것입니다. 제대로 힘을 발휘하는 공식을 얻었다고 느꼈습니다.**"[52]

## 하지만 사업 모델은?

굽타는 위탁상품은 과거의 일이 되었고, 그전에는 브랜드 책임이었던 새로운 현금 유출을 통하여 미리 재고품을 구입해야만 되었을 뿐 아니라, 더 이상 반품할 수 없게 되어버린 팔리지 않고 남는 재고품에 대한 위험에 직면해야만 했다. 다행스럽게도, 굽타는 거래은행에 회사의 성장과 이윤을 내는 판매를 뒷받침해준 The Loot의 크레딧 라인(대출 한도액)을 높이도록 확신시켰다. 이는 초기에는 대단하지 않았지만 항상 기한이 되면 갚아야 했으며 이제 매년 거의 200만 달러에 달했다.

장인으로부터 조금의 현금 유입과 남아 있는 두 개의 프랜차이즈 매장으로부터 수입에도 불구하고, 굽타는 2005년 3월에 끝나는 회계 연도 말미에 심각하게 현금을 구하려고 손을 내밀었다. 이는 굽타에게 새로운 영역이었다. "나는 언제나 이익과 함께 일해 왔으며, 운영하는데 필요한 현금은 항상 보유하고 있었습니다. 하지만 **이익과 현금 흐름 사이의 차이를 이해하는 데는 실패했습니다.**" 이제 멀리 가버린 초기 위탁품 모델과 함께, "내가 매장을 뒤집고 기업의 경상비를 추가하기 시작했을 때, 현금이 사라지는 것을 보라고 나를 흔들어 일으켰습니다."[53] The Loot는 칼날 위를 걷고 있었고, 은행은 칼자루를 쥐고 있었다. 위험한 상황은 The Loot의 앞날을 위해 좋은 징조가 되지 못했다.

## 챠브라Chhabra가 구조의 손길을 뻗치다

평생을 공공부문과 민간부문에서 재무관리를 하는데 보냈으며 최근에 은퇴한 굽타의 가장 가까운 친구 아버지인 챠브라라는 분이 있었는데, The Loot와 함께 하는 여정에 대하여 굽타와 이야기 나누기를 좋아했다. 그때 챠브라는 굽타가 의존했었던 은행 여신 한도는 필요한 만큼 구하기도 어렵고, 다음 성장 단계를 위해서 충분하지도 않다는 사실을 알고 있었고, 굽타에게 이 사실을 가르쳐 주었다.

굽타는 2006년에, 금융업자들로부터 갓 시작한 사업에 몹시 투자하고 싶다는 문의를 받기 시작했고, 그 사실은 상당한 언론의 주목을 받았다. 한 유명한 뉴스 간행물이 The Loot에 상당한 크기의 평가를 주었고, 굽타는 갑자기 그가 만들어 놓은 가치의 정당성을 입증할 기회를 보았다. 지역 금융 서비스 회사와 미국에 본사를 둔 Raymond James Financial 사이의 합작 투자회사*인 ASK Raymond에게 프레젠테이션을 하였다.

ASK Raymond는 즉시 굽타에게 제안을 하였는데, 지배권의 지나친 희석을 방지하기 위해서 제안한 금액의 60%를 수락해 달라는 것이었다. 굽타는 즉각적인 유동성 외에도 전문적인 금융 기관으로부터 외부 투자가 The Loot에게 은행, 공급자, 그리고 운영자의 입장에서 신용을 부여했다는 것을 보았다. "ASK 회사 사람들은 좋았고, 정당한 방법을 요구했습니다."하고 굽타는 말했다.[54]

---

*Joint Venture : 어떤 사업을 공동으로 수행하는 합작회사. JV라고 약칭하기도 한다.

## 새로운 고객 자금화 모델: 프랜차이즈 하기!

굽타는 회사의 명성이 올라갈수록 The Loot를 프랜차이즈로 운영하는데 관심이 있는 인도 전역에 있는 사업가들로부터 문의를 받기 시작했다. 프랜차이즈가 다시 한 번 고객의 선지급을 이끌어 줄 것이라고 생각했을 때, 물론 이번의 고객은 The Loot의 가맹점주이지만, 굽타는 기회를 잡았다. 2010년 중반까지 인도 전역에 155개의 Loot 매장이 생겼으며, 그 중에서 대부분 뭄바이와 델리에 있는 40개 매장만 굽타가 직접 운영했고, 나머지 매장은 가맹점주들이 소유하고 운영했다.[55]

프랜차이즈 운영으로 창출한 고객 현금은 추가로 회사 소유 매장을 여는 재원으로 사용되었다. 창고 재고품과 40개 회사 소유 매장은 여전히 은행으로부터 자금을 조달했으나 가맹점주들을 위한 재고품뿐만 아니라 회사를 키우기 위한 다른 비용들은 많은 부분 가맹점주들에 의해서 만들어졌다.

## The Loot가 파탄 나다[56]

2008년부터 2010까지 굽타가 운영체제를 유지하면서 앞을 보고 달려가고 있는 동안, 굽타 소유 회사들에 신규 세금이 부과되었다. 처음에는 의류(4%)와 신발(12%)에 대한 부가세였다. 다음에는 굽타가 인사관리 회사로부터 공급받은 매장과 창고의 인력과 임대를 포함하는 대부분 The Loot의 운영경비 구성에 부과된 서비스 관련(12.5%) 세금이었다. 마침내 새로운 소비세가 제조사 소매가격의 4%로 결정되었고, 이는 The Loot 평균 할인 가격의 8% 세율을 의미하였다. **더욱 좋지 않은 것은 상품이 팔리는 시점이 아니라 상품을 매입할 때 새로운 소비세를 납부해야 한다는 사실이었다.**

인도 전체 체인 소매 산업은 새로운 세금에 격분하였다. 소매상들은 이 사안이 심의되는 동안 그 전의 세율을 지켜달라고 요청하였고, 이는 받아들여졌다. 그들은 금전적으로 어려운 고객들에게 경비를 돌리는 것과 여전히 인도 소매업의 90% 이상을 차지하고 있는 전통적인 작은 점포인 kiranas와 자유 경쟁 상태로 남아있는 것은 불가능하다고 주장하였다.

세금이 철폐될 것이라고 완전히 기대하면서, The Loot를 포함한 많은 소매상들이 평소와 같이 사업을 진행하였다. 하지만 2011년 10월, 그들의 희망은 산산조각이 났다. 결정이 발표되었다. 모든 체납세금은 지금 납부되어야만 했다. 이 금액은 Loot에게도 지난 3년 간 매출의 대략 30%에 달했고, 밤이 지나기 전에 납부해야 했다. 이런 사태 변화를 기대하지 않았던 굽타에게는 한마디로 납부할 방법이 없었다.

하지만 그것이 전부는 아니었다. 새로운 세금을 지킬 수 없게 된 많은 가맹점주들이 그냥 매장을 닫아 버린 것이다. 새로운 세법에 따른 인도 내수 상품이나 서구 제품들을 구매하기에 엄두가 나지 않게 비싸진 것을 발견한 몇몇 사람들은 중국으로부터 밀수하여 세금이 붙지 않은 상품에 의존했다. 가맹점들에 대한 The Loot의 매출은 급격하게 떨어졌다. 더욱 악화된 것은 건물주들이 매장 세입자들로부터 세금 일부분을 징수하기를 요구하는 법률이 제정된 것이었다. The Loot와 그 가맹점주 같은 세입자들은 세금을 낼 수가 없었다.

그러자 건물주들은 매장에 자물쇠를 채우고는 납부해야 할 세금을 메우기 위해서 청바지, 티셔츠, 매장 설비 등 무엇이든지 가로채 버렸다. 이 모든 소란의 와중에, The Loot는 현금이 바닥나 버렸고 거래 은행은 대출금을 갚으라고 하였다. 제이 굽타와 The Loot에게는, 하강의 악순환이 연이어 일어나고 회사를 뿌리 채 흔들어서, 2013년 2월 다섯 개의 회사 소유 매장을 제외하고는 모든 매장의 문을 닫게 되었다. '편안한 삶'을 향한 그의 원정은 이루어지지 않은 채로 남게 되었다.

## The Loot의 위태로운 줄타기

**인도 소매업의 정점까지 갔다가 추락한 The Loot의 여정은, 고객 자금화 사업이 주의를 기울이지 않으면 종종 얼마나 위태로울 수 있는가를 보여 준다.** The Loot 초기 몇 년 간 굽타가 상품을 위탁 조건으로 구입하고 팔리지 않은 상품은 판매상에게 되돌려주고 했을 때는, 선불 모델이 잘 돌아갔으며 고객 현금과 기꺼이 대금 지불 날짜까지 기다려준 거래 판매상 자금으로 재정의 큰 부분을 감당하였다. 그래서 그가 취한 선불 모델과 관대한 거래 판매상들이 사업을 잘 출발하도록 해 주었고 위험을 낮춰 주었다.

하지만 굽타 자신이 미리 대금을 지불하기 시작하면서, 비록 더 나은 가격 할인을 제공했지만, 사업 모델이 더 나쁜 쪽으로 모든 것이 바뀌었다. 재고품 증가를 감당하기에는 고객들의 구매와 가맹점주들의 선불 자금이 더 이상 충분하지 않았다. 새로운 매장을 열기에 앞서 상품들을 확보하려고 기회주의적인 구매를 했기 때문에 때로는 재고품을 안고 있는 기간이 6개월을 넘겼다. 갑자기 그런 일을 위해서 은행이 필요해졌다.

모든 일이 잘 돌아갈 때는 은행에 의존하는 것이 나쁘지 않다. 하지만 인도 내의 새로운 세금처럼 시스템에 충격이 가해지면, 조심하라! 모든 일이 잘 돌아갈 동안 굽타는 전력을 다하면서 위태롭게 균형을 맞춰 나갔다. 하지만 시스템에 한 번 충격이 가해지자 모든 것이 끝나 버렸다. 세상사가 다 그렇듯 부채도 마찬가지였다. 여러분 주위의 세상이 바뀌고 은행이 초조해지면 어쩔 도리가 없다. 자업자득이다.

**하지만 부채와 손잡고 찾아온 여러분의 사업이 매일 직면하는 일반적인**

**상업상 리스크, 소위 말하는 대립하는 재정적 리스크는 The Loot 몰락의 일부분에 지나지 않았다.** 고객 자금화 모델을 추구하는데 따른 더 큰 교훈은 초기 단계의 회사이건 안정된 회사이건 간에, 아마도 더 빠르게 성장시켜 보려는 노력으로 고객 자금화 모델에서 현금을 더욱 필요로 하는 모델로 여러분이 일단 바꾸고 나면, 현금이 어딘가에서 마련되어야만 한다.

여기에는 근본적으로 두 가지 선택이 있다. 벤처 캐피털과 같은 투자자로부터 공급되는 일정 금액의 자금, 혹은 은행으로부터의 부채가 그것이다. 빠른 성장을 추진하기 위해서 고객 자금화 모델에서 투자자의 지원을 받는 모델로의 성공적인 전환을 한 Airbnb를 제 2장에서 보았고, 또한 이 장을 통해서 비나이 굽타의 Via를 보았다.

그런 전환은 여러분이 하는 고객 자금화 모델에서도 당연히 일어날 개연성이 높으며, 고객 자금화로 여러분이 훌륭하게 사업을 시작하면 자본이든 부채든 여러분에게 필요하게 될 자금을 얻는데 도움을 줄 것이다. The Loot의 제이 굽타는 벤처 캐피털로의 전환을 도모하지 않는 길을 선택했지만 엄청난 대가를 치르게 되었다. 자금 준비가 잘 된 많은 소매상들은 인도의 세금 체제 변화에도 살아남았다. 애석하게도 The Loot는 살아남지 못했다.

## 엔젤 투자자가 알고 싶어 하는 것은 무엇이며, 무엇을 물어볼까?

우리는 이 장에서 두 개의 급성장한 소매상 사업인 The Loot와 Threadless에 관한 사례 기록을 살펴보았다. "대부분의 소매상 사업이 '선불 조건' 아닌가요?"하고 물으면 여러분은 의아하게 생각할지도 모른다. 맞다. 온라인이든 매장든 간에 대부분의 경우에, 적어도 물리적 매장에서는 어느 순간 이후이긴 하지만 우리들은 돈을 지불하고 구입한 물건을 받는다. 그러니 대부분 소매상 사업은 정말로 선불 조건이라고 할 수 있다. 하지만 그 중 많은 수는 고객 자금화가 아니다. 왜 아닐까? 거기에는 짓거나 임대히는 매장이 있고, 디지털 방식이든 재래식이든 다양한 채비를 갖춰야 하고, 구입해 두어야 할 제품 목록이 있고, 등등의 초기 비용이 발생하기 때문이다.

제 1장에서 우리가 만나본 Pizza Rossa의 창업자인 코라도 아카르디는 중앙부의 상업 부엌뿐 아니라 이러한 초기 비용을 충당하기 위해서 크라우드 펀딩 활동을 선택했다. 기업가이거나 혹은 잘 안정된 소매 기업이건 간에, 대부분 경우 새로운 소매 개념을 시작하고 키워 나가는 소매상들은 그들이 팔고자 내놓는 물건을 고객들이 살지 어떨지를 제대로 알기도 전에 이런 초기 작업을 하는데 종종 많은 돈을 지출한다. 다른 방법이 있는가?

이 장의 교훈과 제 2장에 나오는 Banana Republic으로부터의 가르침에 유의함으로써, 이 많은 신진 소매상들은 선행 투자를 적게 하거나 거의 하지 않고도 자신의 사업을 시작하는 길을 아마도 찾을 수 있을 것이다. Banana Republic의 경우 1,500달러였고, Threadless의 경우 1,000달러였다. 사업 구상에 관한 그들의 입증에 고객과 판매상의 현금으로 투자할 수도 있을 것이다. 아닐 수도 있지만! 적어도 초기에 그리고 Pizza Rossa에 고객들을 끌어 모을 수 있음을 입증하기 전까지, 아카르디는 자신이 비용을 들여서 새 부엌을 직접 갖추는 것보다 런던에서 많이 사용되지 않은 부엌을 빌리기를 희망하기도 했다.

여러분이 선불 모델로 시작해서 고객을 모을 수 있음을 입증한 이후에, 선불 모델에서 잠재적인 투자자들이 여러분의 사업에 관해 무엇을 알고 싶어 할까?

## 이제까지 여러분은 고객 자금화 사업을 해 왔는데, 지금 자본 유입을 필요로 하는 이유가 무엇인가?

이 질문에 대한 솔직한 대답이 있다. "무언가 바뀌었다." 니켈과 디하트가 2006년에 "하고 있는 사업에 대하여 잘 알고 있는 사람"이 필요하다고 결정을 내렸을 때, Threadless에는 매출이 전년 대비 4배가 껑충 뛰어올랐다. 선적 지연이 횡행하면서, 관리자들은 더 이상 통제가 힘들다는 것을 알았다. 그들은 도움이 필요했으니, 또한 그 도움과 함께 오는 자금도 필요했다. 더욱 중요하게도, 그들은 실력 차이를 인지할 정도로 솔직하고 용감하였다. 실제로 그렇지 않을 때 '모든 것이 아주 좋은 척' 가장하지 않았다.

Via에서 카카르가 합류했을 때 변화한 것은 비나이 굽타가 B2C* 경영방침으로 움직인 첫 번째 SMS로부터 B2B** 모델로 전환한 것이었으며, B2B 모델은 카카르가 가지고 있던 여행 산업 네트워크의 특별한 이점을 취할 수 있었다. 그리고 새로운 모델은 잘 돌아갔다! 그리고는 Series A 라운드로 NEA가 동참했을 때, 비나이 굽타의 비전은 더 이상 항공여행뿐 아니라 기차와 버스 여행까지 더욱 넓어졌다. 탱크에 연료를 채울 기회가 거기 있었다!

The Loot에서 돌이켜 보면 충분한 자금은 아니었지만, 제이 굽타가 위탁 조건에서 선 구매로 사업 모델을 바꾸었을 때에 ASK Raymond 로부터 자금이 들어 왔다. 회사의 상품 구매 방식에서 그처럼 단순하지만 결정적인 변화는 사업의 현금 필요성에 대한 엄청난 영향을 안고 있었다.

3개의 경우 중에서 둘인 Threadless와 Via에 있어서 때때로 특별한

---

\*B2C(Business to Customer) : 기업과 고객(소비자) 간의 전자 상거래
\*\*B2B(Business to Business) : 기업과 기업 간의 전자 상거래

순간에 자금보다 더 많은, 첫 라운드의 외부 자금 조달을 위한 추진력을 제공하는 진정한 부가 가치를 위한 요구였다는 것을 기억하자. 엔젤투자자들은 질문할 것이다. 여러분이 그들의 자금과 함께 그들의 지원과 전문 지식을 요청하였을 때, "왜 지금이냐?"고. 여러분이 기업가라면 납득시킬만한 대답이 필요할 것이다.

## 다른 사람들과 비교해서 여러분의 제안은 어떤 점이 다른가?

엔젤이든 벤처 캐피털이든 초기 단계의 투자자들이 나그네쥐와 같다고 종종 말하고 관찰된다. 그들 동료가 한 종류의 회사에 투자를 하기만 하면, 역시 다른 동료들도 유사한 행동을 한다. 하지만 나그네쥐에게 무슨일이 일어날 지 우리는 모두 알고 있다. 또는 실제로는 오해이기 때문에 알고 있다고 생각한다. 1958년 디즈니 영화 '하얀 황야"에 나오는 것처럼, 서로 뒤를 따라서 절벽에서 바다로 뛰어 내려 죽음으로 향했다.

엔젤 투자자이든 혹은 벤처 캐피털이든 가장 좋은 증식은 커브에 한 발 앞서는 것이며, 진실로 신기원을 이룩하는 기업가를 찾아내는 것이다. 처음으로 휴대폰을 이용해서 다른 사람들이 추구하고 있던 인터넷보다 오히려 항공권을 예약하는 SMS 시스템으로, 그리고는 그의 여행사 망을 통해서 Expedia와 Travelocity의 복제 쪽으로 더욱 넓게 몰리는 혼잡 속에서도 Via의 비나이 굽타는 정확히 자신의 활동을 하고 있었다. 그렇게 하는 이유가 그에게는 너무나 분명했다. "다른 나라들에서 시행하고 있었던 모델을 맹목적으로 복사하지 않고, 우리는 소비자와 시장의 요구를 바탕으로 한 다른 시장 진입 정책을 사용했습니다."[57]

커뮤니티 우선 가치체계를 가지고 Threadless의 제이크 니켈도 역시

---

*White Wilderness : 1958년 디즈니 영화사에 의해서 제작된 미국 자연 다큐멘터리 영화로, 나그네쥐의 자살에 대한 오해를 전달해서 주목을 받았다.

# 빈손으로 창업하라

## THE CUSTOMER-FUNDED BUSINESS

고객을 사업파트너로 만드는
다섯 가지 모델!

THE CUSTOMER-FUNDED BUSINESS
by John Mullins, PhD.

Korean Translation Copyright ⓒ 2016 by HAEJOUM Publishing
Korean translation rights arranged with John Wiley & Sons, Inc., Hoboken, NJ
through AMO AGENCY, Seoul

이 책장을 여는 순간 여러분은 이미
창업의 문턱에 들어섰습니다.

실패의 쓴맛을 딛고 성공의 희망을 향해 가는
모든 창업자들께 이 책을 바칩니다.

The Customer-Funded Business

차별화했다. 그러니 가장 좋은 투자자를 여러분 편에 두기를 원한다면, 그들도 역시 여러분이 반대의견을 가지고 있으며 단순히 현재 대중들을 따라하는 사람이 아니라는 증거를 찾으려고 할 것이다.

## 약간의 여유자금을 보유하고 싶은가?

대부분 벤처 캐피털들이 묻지 않는 질문이지만, 추구해볼 가치는 있다. Insight Venture Partners가 Threadless에 투자를 했을 때, 투자사에서는 회사에 투자되는 자금 중에서 얼마간을 떼어서 니켈과 디하트의 개인 주머니 속으로 넣어줌으로써 제이크는 여유자금을 보유하도록 허락하였다. 엔젤 투자자들은 초기에 여러분에게 허락할 것 같지 않지만(Via의 카카르는 허락하지 않았다), Threadless의 경우처럼 고객 자금화 모델이 충분히 제대로 잘 되어 간다면, 벤처 캐피털이나 개인 투자자들은 종종 이러한 행위를 허락해줄 것이다.

그들의 이론은 여러분이 사업을 여기까지(Threadless의 경우 6년) 잘 끌고 옴으로써 이미 공약을 증명했고, 적어도 기업가들이 그렇게 증명할 때까지 회사를 운영하면서 약간의 지출은 있어야 한다고 생각하는 것이 비현실적이지 않다는 것이다. 여러분이 이미 증명한 사업 속에 그들이 동참하기를 원하기 때문에, 동참시켜주는 답례로 그런 혜택을 주는 것이다. 다른 경우이긴 하지만, **투자자 자금으로 사업을 시작하기를 시도한다면, 자금 인출을 시작하기 전까지는 항상 오랜 기다림이다.**

## 여러분은 수익과 현금 흐름 사이의 차이를 진정으로 이해하는가? 아니면 단순히 어쩌다 보니 고객 자금화 모델로 들어간 것인가?

너무나 많은 기업가들과 많은 엔젤 투자자와 기업 대표들 역시, 수익성이 좋은 사업과 현금을 소비하는 것과 대비하여 성장하면서 현금을 창출하는 기업 사이의 차이를 충분히 이해하지 못한다. 제 1장의 말미에서 그렇게 말했고, 또한 여기에서도 그렇게 말할 것이다. The Loot의 제이 굽타는 어쩌다 보니 상품을 위탁 조건으로 받아서 고객 자금화 모델로 들어갔지만, 그 의미를 충분히 이해하지 못했기 때문에 그가 고유한 매장을 The Loot의 새로운 모델로 전환했을 때 본의 아니게 고객 자금화 모델로부터 벗어났다. 그는 결국 엄청난 대가를 치렀다.

## 선불 모델을 제대로 운영되도록 만들기: 현금과 좋은 지불 조건을 요청하라!

이 장에 나온 사례의 창업주들은 공통적으로 아주 중요한 점을 나누고 있다. 주로 고객 자금화 형태의 사업을 시작하는데 필요한 것을 요청하는 대담함과 고집을 그들 모두는 가지고 있었다. Threadless의 경우, 인쇄하기 전에 사람들이 우승한 디자인을 사도록 하였고, 이전의 디자인이 충분한 고객 현금을 창출하기까지 다른 대회가 열리기를 기다렸다.

Via의 경우, 여행사로부터의 5,000달러가 회전하는 보증금이었다. The Loot의 경우, 제이 굽타가 사업을 시작할 수 있게 한 것은 현금으로 지불하는 소매업 속성과 거기에 판매상으로부터 얻어낸 위탁 조건이었다. 우리는 제 1장에서 러드 브라운과 제 2장에서 마이클 델과 지글러 부부로부터 일치하는 행동들을 보았다. **여기에는 어떤 패턴이 있는데,** 고객 자금화 사고방식에 관하여 많은 것을 말하고 있다. 여러분도 곧 가지게 되기를 희망한다.

여러분이 이제 막 사업을 시작한 창업자이든 혹은 성장을 갈망하는 회사의 경영자이든 간에, 만일 선불 모델로 새로운 벤처를 시작하거나 이미 하고 있는 사업을 선불 모델로 바꾸는 방법을 찾고 있다면, 어느 시점에서 추가 자금이 도움을 줄 수 있다고 결정을 내릴지도 모른다. 만일 그렇다면, 위에 제기되었고 아래 점검표에 요약되어 있는 질문을 여러분은 고려하고 싶을 수도 있다. 여러분은 마침내 외부 자본을 끌어들일 수도 있고 아닐 수도 있다.

여러분이 회사 수명을 인수하는 어떤 길을 선택하든, 고객에게 필요한 현금을 요청하거나 판매상에게 필요한 지불조건을 요청하고, 그 요청한 것을 여러분에게 제공하도록 납득시키는 것이야말로 모든 규모의 회사나 모든 산업 속에서 활동하는 오늘날 가장 성공한 기업가들과 다른 성공한 사업가들의 보증마크가 된다. 지금 바로 실행하고 성공하라!

---

### 존 멀린스의 엔젤 투자자 체크리스트
### 선불 모델

- 현재까지 여러분은 고객 자금화로 사업을 하고 있었다. 왜 지금 외부 자금이 필요한가?
- 여러분의 제안이 다른 사람과 비교하여 무엇이 다른가?
- 사업과는 별개로 자금을 보유하기를 원하는가?
- 수익과 현금 흐름 사이의 차이를 정말로 이해하는가? 혹은 단순히 어쩌다 보니 고객 자금화 모델을 하고 있는가?

# 5

## 되풀이되는 매출:
## 회원가입 모델과 SaaS 모델

중개인 모델
(Matchmaker Models)

서비스를 제품으로
바꾸는 모델
(Service-to-Product Models)

선불 모델
(Pay-in-Advance Models)

여러분의 고객
Your
Customer

희소가치 모델
(Scarcity-Based Models)

회원가입 모델
(Subscription Models)

우리들 중 많은 사람들에게, **회원가입 신청은 많은 주의를 기울이지 않지만 매일 덕을 보는 고마운 것이다.** 우리는 Netflix에 회원가입 신청을 해서 비디오를 보고, 많은 신문과 잡지도 역시 구독 신청을 통해서 인쇄된 상태나 인터넷 혹은 모바일 기기에 배달되어 손에 넣는다. 휴대폰 서비스와 케이블 TV 또는 위성 TV 프로그램도 구독 신청을 통해서 온다. 우리 집을 데워 주고 불을 밝혀 주는 가스 기기와 전기 기기도 역시 같은 방법으로 들어온다.

어느 지역에는 매주 받을 수 있도록 회원으로 신청하여 유기농 채소조차 박스 안에 포장되어 현관까지 배달된다. 왜 사람들은 매장에서 DVD를 빌리기보다, 혹은 신문 가판대에서 정기 간행물을 집기보다, 혹은 지역의 슈퍼마켓에서 유기농 제품을 구입하기보다, 그런 상품과 서비스를 회원가입을 통해서 구입하기를 선택할까? 세 가지 주요한 이유가 있다.

1. 가입 신청에 대한 요구는 정기적이고 예측 가능한 것이다.: 그들은 매일, 매주, 매월 받기를 원한다.(비록 공공시설 같은 어떤 세팅에서는 수량이 달라질 수도 있지만)
2. 다른 방법으로 받으려고 기억하거나 특별한 방문을 해야만 하는 것보다 훨씬 쉽다.
3. 종종, 개별적으로 상품이나 서비스를 구매하는 것보다 싸다.

회원가입 모델은 고객들이 연장된 기간 동안 물리적이든 디지털 방식으로든 반복해서 배달되는 상품이나 서비스를 구입하는데 동의하는 것이다. 예를 들면 좋아하는 잡지사에 일 년 구독 신청을 하는 것처럼 때로는 비교적 긴 기간의 시작 지점에서 결제를 한다.

다른 때는 대부분 공공요금과 Netflix 청구서처럼 좀 더 자주, 아마도 매월 결제를 하기도 한다. 이 장에서 보게 되겠지만 회원가입 모델은 최근 아주 놀라운 배경에서 적용되기도 하는데, 너무나 많아서 어느 전문가가 2012년이 '회원가입 모델의 해'가 아닌가 할 정도로 놀랐다.[1]

## 소프트웨어를 위한 회원가입 모델: SaaS*(Software as a Service)

회원가입 모델이 관심을 받게 된 가능한 이유 중 하나는 소프트웨어 산업이 진심으로 회원가입 모델을 받아들였기 때문이다. 박스 안에 에어캡으로 포장된 소프트웨어를 구입하거나 PC에 다운로드하기보다, 우리가 필요한 소프트웨어 회사(서비스로서의 소프트웨어, SaaS)에 간단히 회원으로 가입해서 매월 결제하거나 다른 주기적 비용을 결제하는 것이 일반화가 되어 버렸다.

Salesforce.com**은 초기 SaaS 개척자였지만 최근에는 SaaS 모델이 폭발적으로 증가해서, 2012년 한 해에만 미국에서 회원가입 매출이 560억 달러에 달할 정도로 두 자리 숫자의 성장률을 기록하였다.[2] 왜 사용자들이 SaaS를 바탕으로 구매하는 것을 더 좋아할까?

• 항상 가장 최근 버전을 운용하고 있으며, 최근 피쳐를 업그레이드하는 비

---

*SaaS : 서비스형 소프트웨어. 소프트웨어의 기능 중 유저가 필요로 하는 것만을 서비스로 배포해 이용이 가능하도록 한 소프트웨어의 배포형태이다. 유저는 필요한 가능만을 필요할 때에 이용할 수 있으며, 이용하는 기능만큼만 요금을 지불한다.

**salesforce.com : 인터넷을 통해 사용할 수 있는 '주문형 고객관계관리(CRM : Customer Relationship Management) 서비스'를 제공하는 업체. 미국의 사업가 Marc Benioff가 컴퓨터 하드웨어와 소프트웨어 시스템을 구매하고 유지하는 전통적인 사업운용 방식에 대한 대안으로 1999년에 창립했다. 미국 샌프란시스코에 본사를 두고 있다.

용을 따로 받지 않는다.
- 노골적으로 강요하는 유사한 소프트웨어를 구입하기보다 일반적으로 매우 적은 비용을 요구한다.
- 일반적으로 온라인 지원이 거래의 일부분으로 따라온다.

그러면 소프트웨어 회사들은 왜 SaaS 모델을 선호하는가? 다음과 같은 이유가 있다.

- 예측 가능하며 반복되는 매출을 얻는다.
- 자사 제품의 옛날 버전을 지원하는데 계속해서 경비를 쓸 필요가 없다.
- 초기에 더 낮은 비용을 책정해서 고객들이 더 채택하기 쉽다. 제대로 뿌리를 내리고 있는 경쟁자들을 방해하는데 매력적인 정책으로 만들어 준다.
- 사용자들이 어떤 기능을 내려 받는지 혹은 아닌지를 관찰할 수 있고, 고객들의 요구 사항에 대해 더 좋은 서비스를 제공할 수 있도록 해 준다.
- 다른 방법에 의하기보다 cloud*를 통해서 소프트웨어를 지원하고 파는데 경비가 적게 든다.

에어캡으로 포장되거나 다운로드된 소프트웨어를 옛날 방식으로 판매하는데 오랫동안 선도자였던 Microsoft조차도 2013년 3월에 회원가입을 기본으로 한 Office Home Premium 상품을 시장에 소개하였다. 연회비 100달러를 회원가입 가격으로 해서, 처음으로 연간 매출 10억 달러를 기록한 Microsoft의 가장 빠른 상품이 되었다.[3]
**오래된 모델로부터 SaaS로의 전환을 고려하고 있는 소프트웨어 회사들이 신중을 요하는 부분은 변화를 주면 일반적으로 매출 히트를 수반한다는**

---

*cloud(=cloud computing) : 인터넷에 저장된 서비스가 사용자들에게 단기적으로 제공 되는 컴퓨터 사용 모델

**것이다.** Adobe Systems은 2013년에, 인기가 많고 창의적인 애플리케이션(Photoshop, Illustrator 그리고 다른 것들)을 전체적으로 SaaS 모델로 전환했다.[4]

비록 다음 분기에 분기당 매출이 871만 달러에서 645만 달러로 떨어졌지만 Adobe는 전환한 것이 기뻤다. "지금까지 우리의 기대치를 뛰어 넘었습니다."하고 디지털 매체 사업을 위한 Adobe의 수석부사장인 데이빗 와드와니David Wadhwani가 말했다.[5]

Adobe의 주가가 야단법석을 떨었기 때문에 투자자들도 역시 기뻐하는 듯이 보인다.[6] 만약 여러분이 야심찬 소프트웨어 기업가이거나 혹은 안정된 소프트웨어 기업 경영진이라면, SaaS 모델이 요즘 전략적 사고의 중심에 있어야만 한다. 만일 여러분이 매력적인 가격대의 SaaS 제안을 제시하지 못하면, 분명히 경쟁자들 중 한 사람이 더 매력적인 가격대의 SaaS 모델을 제시할 것이다.

우리는 소프트웨어 커뮤니티 사이에서 SaaS 현상을 너무나 잘 이해하고 있기 때문에, 이 장에서 오히려 소프트웨어 기업에 주의를 덜 기울이고자 한다.

SaaS 모델이 오늘날 소프트웨어 스타트업 현장에서 선택의 모범이 되어 버렸다고 해도 과언이 아니다. 대신 초기 스타트업 내에서든 혹은 안정된 소프트웨어 기업 내에서든 간에, 비록 그 안에 내재된 교훈이 충분히 소프트웨어 운영자에게도 적용이 가능하더라도 회원가입 모델의 적용을 살펴보려 한다.

특히 둘 다 출발을 고객 자금화로 시작하고 고도로 창의적인 구독을 기본으로 한, 두 개의 사업 사례 기록을 탐구하고자 한다. 두 회사의 경우, 운영된 모델이 입증되자 성장률이 급상승하였고 벤처 캐피털 투자자들은 자기들이 본 것을 좋아하였다.

선진국에서 아이들을 위한 수학, 영어 그리고 더 많은 과목에 관한 온라인 가정교사 제공자인 TutorVista*는 Bangalore 안에서 VoIP** 연결을 가진 몇몇 선생님으로부터 선도적인 제공자로 성장하였고, 전 세계에서 가장 큰 교육 기업인 Pearson PLC***가 인수하였다.

Petals for the People과 H.Bloom은 회원가입을 기본으로 하여 사무실, 호텔, 그리고 다른 상업 고객들에게 꽃꽂이를 배달하는 두 개의 제공자였다. 거의 같은 시기에 와싱턴 DC와 뉴욕에서 각각 별개로 시작하였고, 지금은 한 회사로 합쳤다. 합친 회사는 초기에 10개의 미국 도시로 급속도로 퍼져 나갔지만 성장이 정체기로 접어든 것처럼 보인다고 말하고 싶다. 또한 회원가입을 기본으로 시작했지만 실패한 여러 개의 회사 기록을 간략하게 살펴보고자 한다. TutorVista와 이런 실패한 다른 회사 사이의 대비가 모든 것을 말해주고 있다.


## 인도로부터 세상을 교육하다: TutorVista


2005년에, 한 만화 속에서 어느 화가 난 미국인 아버지가 아들에게 소리치는 것을 보여주는데, "안 돼! 너는 숙제를 Bangalore에 맡길 수는 없어."[7] 숙제를 맡기는 일은 그때까지 일어나지 않았지만, 인터넷의 힘과 사실 2005년에 크리슈난 가네쉬Krishnan Ganesh가 관찰한 미국과 그 밖의 국가에서도 교육, 특히 수학에서 고통을 겪고 있기에 배움을 맡기는 일은 일어나고 말았다.

---

*TutorVista : 인도 온라인 교육 시스템 (www.tutorvista.com)
**VoIP(Voice over Internet Protocol : 인터넷 전화, 음성패킷망) : 인터넷과 같은 데이터 네트워크를 통해 주고받는 음성전화를 전송하기 위한 통신기술. VoIP는 전송 제어 프로토콜/인터넷 프로토콜(TCP/IP)의 절반인 인터넷 프로토콜(IP)을 이용한다. TCP/IP는 인터넷을 이용하여 데이터 패킷을 보내고 받기 위한 국제 통신 시스템이다.
***Pearson PLC : 영국의 다국적 출판 교육 회사로 런던에 본사를 두고 있다. 세계에서 가장 큰 교육 회사이며 가장 큰 서적출판사이다.

가네쉬는 그해 10월에, Bangalore의 비즈니스 인큐베이터 속에서 작은 공간을 확보했다. 11월에, 3명의 인도인 학교 선생을 고용해서, 9,000마일 이상 떨어진 미국 학생들을 가정교사로 개별 지도하기 시작했다.[8]

TutorVista는 각 상대편에 있는 headset(마이크가 달린 헤드폰)과 webcam(영상을 리얼 타임으로 네트워크에 전송할 수 있는 디지털 카메라), VoIP 연결, 그리고 컴퓨터 스크린 위에 선생과 학생이 두 사람 다(한 사람은 적색으로, 다른 한 사람은 청색으로) 적을 수 있는 '지울 수 있는 하얀색 칠판'과 함께 탄생했다.

가네쉬는 2005년 초기에 미국을 여행하면서 TutorVista를 어떻게 생각했는지를 회고했다. "내가 방문하는 동안, 미국 학교 교육 시스템 내 위기에 대하여 정말 많은 매스컴 토론이 벌어지고 있는지를 보고 충격을 받았습니다. 나의 호기심을 자극하였는데… 더욱 깊이 갈수록 공립학교 시스템도 좋고 선생님들도 훌륭한 반면에, 각 개인에 맞춘 교육은 그저 힘들다는 것을 발견했습니다."[9]

이전에 성공한 기업가였던 가네쉬는 해결해야 할 새로운 문제점을 찾고 있었는데, 이것이야말로 의미 있고 기회가 무르익은 것처럼 보였다. 그가 언급했다. "수학 과목에서 인도인 선생이 개인교습을 한다고 하니 학생들이 더 없이 기뻐했습니다. 왜냐하면 인도인들은 더 학구적이고 모범생이라고 받아들였기 때문입니다."[10]

이전의 회사에서 사업절차상 외부조달을 했던 경험으로부터 원거리 작업자들을 어떻게 다루어야 하는지를 그는 이미 알고 있었다. 그는 더욱이 값싼 인도인 노동력에 접근하는 것이 자산이 될 것이라고 느꼈다. 인도인들의 급여가 미국인 선생과 개인교사보다 현저하게 낮았을 뿐 아니라 또한 인도인들은 미국인 사이에서 학구적인 평판이 아주 좋았다.

## 고객 자금화 회원가입 모델: 가네쉬의 묘책

가네쉬는 인도에서 두 개의 성공적인 회사를 세운 후 매각해 본 경험 덕분에 서비스를 만지작거리면서 처음 몇 개월을 보냈다. 그는 미국인 교육자를 고용해서, '교단에 서 있는 현자'라기보다 '사이드에서 안내해 주는 사람'의 의미가 강한 애플리케이션 기반의 미국 교육에 대하여 강사들을 훈련시켰다. 이는 기계적인 암기와 반복이 더 일반적인 인도의 교육과는 사뭇 달랐다.[11] 미국 내에서 시간당 60달러부터 시작하는 방문 가정교사를 보고 가네쉬는 강의 과목을 시간 당 20달러로 가격을 책정하였지만, **한 회원가입 모델이 현금 흐름은 언급하지 않고** 배우고 싶은 전 과목에 월 100달러, 연중무휴 조건으로 **고객 채택과 유지를 강화한 것을 곧 발견하였다.**[12]

계약이 완료된 후 고객이 지불하는 시간당 가격으로부터 회원가입 모델로의 전환은, TutorVista의 묘책이 되었다. 회원가입 모델은 서비스를 배달하기 전에 그리고 강사들에게 급료를 지불하기 훨씬 이전에 TutorVista가 회비를 수령한다는 것을 의미할 뿐만 아니라(고객 자금화 모델의 핵심), 고객들에 대한 매출 동향이 습관적이고 예측이 가능하게 되었다.

그 매출 동향에 도움을 주는 강사 능력과 하부 조직을 안정되게 만들었다. 우리가 지금까지 보아온 다른 고객 자금화 모델들처럼, 또한 이 사업이 성장하기에 자본이 대단히 능률적으로 된다는 것을 의미하였다.

소액 엔젤 투자가 재빨리 뒤를 이었고, 성장하고 있는 미국 고객들의 핵심그룹으로부터 정기적인 신청 회비로 연료를 채운 이 사업은 이륙을 하였다. TutorVista를 출시한 후 6개월이 지나자, 가네쉬는 인도 내에서 500명의 학생을 등록시켰고 재택 근무하는 50명의 강사들이 그 학생들을 가르치게 되었다.[13] 가네쉬는 매월 100달러에 가격을 책정하고 계약 갱신이 50%에 달한 6개월이었지만, 매출과 관련해서 60만 달러의 운영 비율을 언급하지 않더라도 그가 필요한 개념증명*을 달성했다.[14] 고객의 관심을 확실히 끌어들이고 나니, 상당한 자금이 모아저서 사업을 급성장시킬 준비가 되었다.

## 고객 자금화는 벤처 캐피털로 가는 길을 제공한다

가네쉬는 고객 자금 조달하기는 회원가입을 기본으로 한 사업의 초기 성장을 주도하고 자금을 조달하는 훌륭한 방법이 될 수 있다는 것을 알고 있었다. 하지만 **그가 급속도로 성장시키고 최대한 기회의 이점을 취하기를 원한다면, 고객 기반을 확장시키는 온라인 영업에 우선적으로 투자할 더 많은 자금이 필요했을 것이다.** 고객들이 그의 제안에 어떤 반응을 보일지 또한 얼마나 오래 남아 있을지 전혀 몰랐기 때문에 그런 투자는 초반에 무모했을 것이다. 하지만 이제는, 고객들이 찾아와서 신청 기간의 반 이상은 머문다는 것을 알고 있었다. 한 사람의 고객이 얼마나 소중한지를 이해하기 시작했으나, 매월 100달러를 내면서 얼마나 오래 머물지를 누가 알겠는가! "소비자 사업을 시작하면서 가장 큰 도전이 무언지 아십니까?"하고 가네쉬가 물었다. "내 생각에 가장 큰 단 하나의 도전은 한 사람의 고객을 유익하게 얻을 수 있느냐, 없느냐 하는 것입니다. 단지 중요한 두 개의 변수는 한 사람의 고객을 얻는 대가가 무엇인지와 고객 생애 가치**가 무엇인가 하는 것입니다."[15]

과거에 기업가로서의 성공으로부터 얻은 가네쉬의 신용도와 초기 추

---

*proof of concept : 상품개발 기간 중 그 상품이 의도된 대로 기능함을 입증하는 단계
**Customer Lifetime Vaue : 어떤 소비자가 일생 동안 얼마만큼의 이익을 가져다 주는가를 계산한 것. 유지비용 대비 최대의 효과를 노리는 것을 말한다.

진력은 2006년 6월에 Sequoia Capital India가 주도한 200만 달러의 Series A 라운드로 이끌었다.[16] 약간의 경쟁 또한 이 거래를 확보하는데 도움을 주었다. 경험이 풍부한 자금조달자인 가네쉬는 조심스럽게 일을 처리했다. "마지막 한계는, 다른 두 사람의 벤처투자가도 투자하고 싶어 한다는 것을 Sequoia가 알아버렸을 때였습니다. 아주 작고도 긴밀한 공동체였기 때문에 다른 벤처 캐피털들도 그들에게 말해버렸고, 나는 그렇게 민감한 사안은 아니라고 암시를 주었습니다."[17]

## 비행기가 나는 동안 엔진을 조정하기

부분적으로 지금까지는 믿을 수 없을 만큼 매력적으로 기회가 보였기 때문에 **가네쉬는 빠르게 성장하기를 원했다. 하지만 진출을 가로막는 것이 없기 때문에 다른 누군가가 정확히 같은 일을 할 수도 있다는 가능성 또한 있었다.** 그래서 많은 새로운 자금이 더욱 적극적인 온라인 마케팅 노력으로 흘러 들어갔고, 자금의 일부는 더 큰 성장이 진척되도록 사업을 정비하고 준비하는 쪽으로 투입되었다.

가네쉬는 신청하는 회원들을 계속해서 즐겁게 남아 있게 하고 회비를 내도록 하고, 회사의 온라인 광고에 가치 있는 보완 수단이 된다는 것을 증명하는, 구두로 하는 마케팅을 촉진하기 위해서는 높은 품질 수준을 유지해야 한다는 것을 알고 있었다.

강사들에게 24시간 접근할 수 있는 권리는 학부모와 바쁜 아이들을 위한 혜택이었고, TutorVista는 각 고객을 위하여 잘 맞는 짝을 찾을 때까지 기꺼이 강사들을 바꾸어 주었다.[18] 캘리포니아 주 산호세에 사는 8살 이샤 굴라티Isha Gulati는 수학, 과학, 지리학, 그리고 영어를 그녀의 가정교사인 비나 조셉Bina Joseph과 함께 일주일에 네 번 내지 다섯 번에 걸쳐 공부하고 있었는데, TutorVista를 아주 좋아했다. "정말 재미있어요. 내가 진짜 알고 싶어 하는 것에 관해 우리는 항상 얘기를 나누어요."[19]

가정교사의 주된 지역 내에서 석사학위를 취득하도록 요구를 받고 있었던 강사들은, TutorVista 강의과목의 탁월함을 확보하기 위해서 미국의 문화와 교육에 관하여 향상된 교육을 받았다. 더욱이, 가네쉬가 이전에 운영하던 한 회사에서와 같이 강사들은 지역 시장에 비해, 사업상 외주를 주는 일에서 받는 급료의 두 배 가까운 평균 이상의 급료를 받았다.[20]

TutorVista는 단지 미국 학생들에 대해서만 좋은 계약이 아니었다. TutorVista의 강사들을 위해서도 역시 좋은 계약이었다. TutorVista에서 일하고 있는 비나 조셉에게는 인도 학교에서 가르치고 있었던 경우보다 가족과 함께 하는 시간을 더 많이 누리면서 급료 역시 훨씬 좋았다. 다른 강사들도 같은 느낌을 받았다. 델리에서 거의 25년 동안 수학과 영어 선생이었던 라리타 벤카테산Lalitha Venkatesan은 최근 은퇴를 하였다.

그녀는 부교장이었지만 손자를 돌보기 위해서 Bangalore로 옮겨야만 했다. 가르치고 배우는 교육에 대한 그녀의 열정은 식지 않았지만, 얼마 지나지 않아 온라인에서 9,000마일 떨어진 새로운 미국 학생들과 함께 하며, 매일 아침 그녀의 컴퓨터 앞에 앉아 있는 자신을 발견하였다. "큰 이점은 집에 앉아서 가르칠 수 있다는 것입니다."하고 그녀는 말했다.[21] 그녀가 가진 장비는 단지 웹캠, 헤드셋, 그리고 대면 상호작용용을 용이하게 하는 좋은 컴퓨터 한 대가 전부였다.

### 즐거운 고객들 + 즐거운 선생들 + 효율적인 자금 = 추가 투자자들

적극적인 고객 확보 정책과 함께, 고객 자금 조달은 TutorVista의 연료 탱크를 채울 만큼 충분하게 제공되지 않았다. 하지만 경제 상태를 이끌어 주는 회원가입 모델의 자금 효율과 함께, 가네쉬는 투자의 초기 라운드 이점을 Sequoia에게 확신시켰다. Sequoia는 2006년 11월에 있었던 1,075만 달러의 TutorVista의 Series B 라운드에 또 다른 300만 달러를 제공하였다.[22] Lightspeed Venture Partners는 700만 달러의 투자와 함께 라운드를 이끌었으며, 무한책임사원*인 라비 마트레Ravi Mhatre에 따르면 "TutorVista는 차세대의 큰 인터넷 교육 회사를 세우고 있다."는 이유로 참여하고 싶어 했다고 한다.[23]

이 더 큰 라운드의 투자는 여태까지 성공을 구축하고 경영상의 발전을 계속하면서 TutorVista로 하여금 더욱 중대한 확장을 가능하게 했다.

TutorVista는 2007년이 시작되자 250명의 인도인 강사가 13개국에 흩어져 있는 2,000명의 학생들을 가르칠 정도로 성장했다. 여기에는 미국, 영국, 캐나다, 터키, 호주 그리고 중국이 포함되어 있다.[24]

그의 경영 인재를 늘리는 것이 가네쉬 의제 중 다음 안건이었으므로, 전임 닷컴 기업가이며 미국 교육자인 존 스터피John Stuppy 박사를 미국 시장을 위한 사장 겸 CEO로 영입했다.[25]

추가 자금은 또한 개인교습실을 위한 TutorVista의 독자적인 온라인 플랫폼을 개발하는데 조달되었다. 회사는 이전에 WebEX를 이용하고 있었지만, TutorVista가 목표로 하는 시청자를 위한 유용성 면에서는 그 방안이 최선은 아니었다. 가네쉬가 설명한 바와 같이, "WebEx는 기술적 지식이 풍부한 사람들에게는 잘 맞지만, 다른 사람들은 약간 벅차다고 합니다."[26]

---

*General partner : 회사 채무에 관하여 회사 채권자에게 직접 연대하여 무한의 책임을 부담하는 자이다. 원칙적으로 업무집행 및 회사대표의 권한을 가지며 겸업금지의무를 지고 재산출자 외에 노무 및 신용의 출자도 인정되며 그 지분이 양도에는 전 직원의 동의를 필요로 한다. 합명회사는 무한책임사원만으로 구성된다.

Bangalore에 있는 회사 위치는 비용 효율을 높여 주었고, 얼마 지나지 않아 TutorVista의 서비스 제공을 향상시켜준 사설 플랫폼의 수준 높은 기술적인 발달을 가능하게 했다.

## 인도 아이들도 역시 더 나은 교육을 필요로 한다

가네쉬는 어느 날 문득 미국과 영국에 사는 아이들을 가르치는 것은 좋은 일거리이지만, **그러면 인도에 사는 아이들은 어떤가 하고 궁금해졌다.** 인도 내 가장 좋은 학교들은 세계적인 수준이었지만, 많은 수의 인도 교육 시스템은, 특히나 시골 지역은 정말 많은 문제를 안고 있었다. 국민 중 글을 아는 사람들의 비율은 중국이나 다른 비교할만한 나라들보다 훨씬 뒤처졌다.

가네쉬는 인도 내에도 TutorVista 서비스를 원하는 시장이 틀림없이 있을 것이라고 결론을 내렸지만, 현재의 형태 안에는 없었다. "인도 내에서 기회를 보았을 때, 우리는 세계적인 모델을 여기에 적용할 수는 없다고 결정 내렸습니다."[27] 가네쉬는 23개 인도 내 도시에 800명 이상 강사들을 보유하고 있었지만, 인도에 대해서는 색다른 접근이 필요하다는 것을 알고 있었다.

따라서 최근에 조달한 약간의 자금을 사용하여 TutorVista는 2007년 11월 첫 번째 습득물을 만들었으며, 2000년에 설립한 Bangalore의 스타트업으로 교육적인 CD-ROMS을 위한 내용물 사업을 하고 있던 Edurite Technologies을 매입한 것이었다.[28]

인도 전역에 걸쳐서 물리적인 센터를 강화하기 위해서 Edurite 내용물의 이점을 취하는 것이 계획이었는데, 직접적인 개별 지도 지원과 함께 과학 기술이 전달하는 교과과정을 규격화해서 배달하려는 것이었다. 가네쉬에 의하면 "이 접근은 세상에서 가장 높은 것 중 하나인,

교육에 지출하는 인도인의 경향의 이점을 취하고자 하였습니다."[29] 오늘날까지 TutorVista의 여정과 같이, 이 계획은 야심적인 목표를 가지고 있었다. TutorVista가 다음 해에는 300개 센터를 여는 계획을 세웠다.[30] 가네쉬는 계속해서 회사 성장에 연료를 공급하기 위해서, 2008년 7월에 1,800만 달러의 추가 자금을 조달하였다.

## 적시적소

가네쉬가 인도 교육 시장을 공격할 채비를 갖추고 있을 때, 영국 출판 그룹사인 Pearson이 같은 사업을 하기 위한 전략을 개발하고 있었는데, 이미 중국과 라틴 아메리카에 상당한 투자를 하고 있었다.[31] Pearson India 부의장인 코젬 메르천트Khozem Merchant가 말했다. "전체 Pearson 그룹은 인도에서 기회를 엿보고 있었습니다."

Pearson과 TutorVista는 2009년 6월에 대화를 나누기 시작했고, Pearson이 밝혀지지 않은 금액에 TutorVista 안에서 17.5%의 지분을 갖기로 했다고 발표했다. 회사에서는 북미, 영국 그리고 세계 다른 지역 안의 학생들을 위한 서비스 범위에 TutorVista 온라인 교습을 추가할 것과 인도 학교 시장에 대한 새로운 사업을 개발할 것을 계획하고 있다고 말했다. 동시에, 23,000개의 학교를 위한 소프트웨어와 훈련시스템을 만들어 낸 델리의 직업교육회사 Educomp Solutions 안에서 50%의 지분을 매입하고 있다고 Pearson이 발표했다.[32]

가네쉬와 그의 팀은 Pearson과의 관계를 잘 유지했으며, 힘을 합친 지 딱 일 년 육 개월 후에, Pearson은 또 다시 1억 2,700만 달러로 회사의 지분을 76%로 올렸다. 그 후 곧 초기 엔젤 투자자들의 지분을 매입함으로써 보유지분을 80%까지 올렸다. 2,000명의 강사들이 매월 10,000명 온라인 학생들을 가르치고 있고, Pearson은 회사를 인도 교육 시스템에 미치는 커지는 영향력이 2억 1,300만 달러에 이른다고 평가했다.

이 거래는 TutorVista의 미래를 위해 대단한 의미를 가지지만, 또한 초기 투자자들에게도 의미하는 바가 컸다. 다른 투자자들과 함께 Lightspeed Ventures와 Sequoia Capital India는 모두 그들의 위치에서 완전히 빠져나갈 수 있었다.

Sequoia Capital India 사장인 발라라지KP Balaraj는, 아마도 모든 투자자들에 외해서 나눌 것이라고 감정을 표현했다. "일곱 번 가까이 돌아와도, 인도 내에서 가장 뛰어난 종자 투자 중의 하나로 평가될 것입니다."[33]

2013년 2월에 가네쉬로부터 TutorVista의 남아 있는 20%를 마저 구매했을 때,[34] 그 거래와 인도에 대한 Pearson의 약속은 한 발짝 더 나아갔다.

새로 임명된 TutorVista CEO 스리칸트 이예르Srikanth Iyer가 언급했다. "우리는 지금 35개의 학교를 가지고 있고, 일 년 남짓 안에 100개 학교로 늘릴 것입니다. Pearson의 가계와 시스템 과정을 통해서, 인도 내에서 선도적으로 과학기술이 가능한 교육 서비스 회사로서의 우리 자신을 구축하는 방향으로 우리는 지금 한 걸음 더 가까워지고 있습니다. 국제적인 배움의 표준을 알맞은 가격으로 인도 학생들에게 제공하면서 말입니다."[35]

TutorVista의 고객 자금화 회원가입 모델은, 물론 이 회사의 전체 여정에 관하여 책임질 필요는 없다. 하지만 이것은 회사가 성장할 수 있는 순조로운 출발과 효율적인 자금 모델을 제공했다. 추가로, 회사가 제공한 초기의 고객 끌어 모으기는 첫 번째 투자사인 Sequoia에게 일찍 지원하고 자금 역시 투자하도록 확신을 주었다.

# Petals for the People과 H. Bloom:
## 두 개의 스타트업이 함께 가다[36]

**2009년 4월에, 샘 폴라로Sam Pollaro는 직업을 잃어버렸다.** 왜냐하면 그의 고용주가 사업을 그만두고 오바마 행정부에 자리를 잡았기 때문이다. 오랫동안 자신의 사업을 시작하고 운영해보고 싶었던 샘은 생각해 보았다. '70년만의 최악의 불황이라는 한가지 사실만 빼고는 사업을 시작할 좋은 기회인지도 몰라.'[37] 아내인 사라Sarah는 결혼식, 이벤트, 기업 단골들을 위한 꽃꽂이를 제공하는 작은 꽃집을 운영하고 있었는데, 샘은 그렇게 많은 자금을 필요로 하지 않는 아이디어를 찾고 있었다. 사라는 이미 꽃을 어떻게 구매해서 꽃꽂이를 하는지 알고 있었고, 사라의 능력과 인터넷을 조합하면 고객들이 꽃을 구입하는 더 좋은 방법을 제공할 수도 있지 않을까 하고 두 사람은 궁금해졌다.

두 사람은 누구도 웹사이트 개발하기에 관하여 알지 못했지만, 샘의 관점에서는 "우리에게 어떤 특징과 기능이 필요한지 아이디어가 없으니, 어떻게 일할 필요가 있는지를 스스로 배우는 것이 더 좋았습니다," 이 길은 '나가서 금색으로 장식한 사이트를 만들어서, 그곳에서 사람들이 필요로 하고 있고 우리가 제대로 보기를 희망하는 모든 것을 알아내려고 시도해 보자'는 생각과는 대립되는 것이었다. 추억 속에서 그가 회고했다. "그 결정이야말로 우리가 제대로 한 것들 중 하나였습니다."

## 쥐꼬리만한 돈으로 시작하고, 고객 자금을 합치다

2009년 7월에, 폴라로 부부는 그들의 사이트인 PetalsForThePeople. com을 시작했다. 그래픽 디자이너와 약간의 인쇄물에 2,000달러를 지출한 것 이외에 실제로는 돈을 거의 쓰지 않았다. 고객들의 현금이 그들 여정의 나머지를 충당해 주었다. 소비자들이 접속해서 매주 혹은 격주 단위로 회원가입을 해 주었고, 작은 꽃다발을 배달받거나 워싱턴 Washington, D.C. 내 두 곳의 위치에서 찾아가거나 양자택일을 하였다. 웹사이트 상 비디오는 꽃을 어떻게 정하는지를 고객들에게 말해 주었고, 사이트는 꽃의 종류에 관한 정보와 함께 그 주의 꽃다발이 고객들에게 어떤 의미를 가지는지 설명해 주었다. 그 컨셉에는 역시 경험적이고 교육적인 요소도 들어 있었다.

샘은 워싱턴 지역 안에서 수만 명의 가입자가 함께 하는 블로그인 Daily Candy에서 누군가를 알고 있었는데, 첫 2주 동안 Daily Candy는 그의 회사가 가지고 있는 장점을 격찬해 주었다. "특별하고 적당한 가격의 꽃을 두 번 다시 부질없이 찾지 말기를. 오늘부터 계속해서, 매주 특별하게 손질한 신선한 꽃다발을 사람들은 받을 것입니다."[38] 어느 하루 오전 동안만 50명의 새로운 고객들이 가입을 했고, 소개가 줄을 이었다. 입소문이 바람을 타고 퍼지고 있었다!

**폴라로 부부는 매일매일 고객들의 요구가 무엇인지를 사실상 모르고 있던 지역의 다른 꽃집과는 달리, 자신들이 얼마나 많은 가입자를 확보하고 있는지 정확히 알고 있었기 때문에,** 최고급 배달 부케 한 개의 가격으로 몇 주 동안 정말 신선한 꽃을 고객들에게 제공할 수 있었다.

2010년 6월까지 사업은 200명 정도 가입자와 함께 하며 비록 여전히 작았지만, 샘의 말을 빌리면, "정속 주행으로 달리고 있었다. 꽃을 포장하고 배달하는 사람들을 고용했고 나머지도 아주 순조로웠다." 폴라로 부부가 함께 한 첫 작품이 탄생했지만, 샘은 꽃 사업이 사라의 열정이지 자기 일은 아니라는 것을 깨닫기 시작했다. 그리고 동시에, 그 외에 자기가 무엇을 시작할 수 있을까 생각하기 시작했다.

## H.Bloom에 입사하다. 다른 전략과 또한 다른 자금조달 모델[39]

폴라로 부부가 워싱턴에서 사업을 시작한 거의 같은 시기에, 브라이언 버크하트Bryan Burkhart는 초기부터 몸담고 일을 해왔던 캘리포니아 소프트웨어 회사를 떠났다. 그는 28세 나이에 수석부사장의 위치에 올랐지만, 판매하고 있던 일에 싫증을 느꼈다. "내가 무슨 일을 여기서 하고 있었는지를 이야기하면, 여러분은 잠에 빠질 것입니다."하고 그가 회고했다.[40]

그래서 그는 기술담당 동료이며 오랜 친구인 소누 판다Sonu Panda와 함께, "한 일 년 정도 일을 떠나서 재충전하면서 새로운 사업 아이디어를 떠올릴 시간을 가지자."고 버크하트는 결정했다.[41] 얼마 지나지 않아 두 사람은 우연히 **꽃시장은 최근까지 기술혁신이 없었다**고 논쟁하는 꽃에 관한 기사를 발견했다.

버크하트는 조사를 좀 해봐야겠다고 결정했다. "꽃 산업은 미국만 해도 3,500만 달러의 시장이라고 드러났습니다. 3,500만 달러란 말이지. 저의 흥미를 자극하기에 충분했습니다. 그렇지만 꽃에 관해서는 문외한이었던 저는, 생각할 수 있었던 더 많이 배우는 한 가지에 집중했습니다. 꽃매장을 구입하고 싶다고 Craigslist에 광고를 냈습니다. 많은 응답이 있었고, 다음 2주 동안 맨해튼의 첼시 마켓에서 가장 좋은 에스프레소 매장 앞에서 많은 꽃매장 주인들을 만나면서 시간을 보냈습니다. 물론 지나친 양의 커피를 마셔야만 했지만."[42]

많은 꽃매장 주인들을 만나서 이야기를 하는 동안, 버크하트는 그들이 살아있는 재료의 각 줄기로부터 생활 예술을 창조하는 현실의 예술가들이란 사실을 재빨리 깨달았다. 하지만 그가 생각하는 소매 꽃집 사업 모델에는 결점이 있었다.

첫째로, 특히 뉴욕에서는 매장세가 너무 비쌌다. 인터넷과 iPhone

시대에 매장 앞에 정말 꽃을 내놓을 필요가 있을까?

둘째로, 꽃을 전시하는 넓은 공간의 필요성은 판매량의 30~50%에 달할 만큼 막대한 손상을 가져왔다.[43] 그러니 꽃매장들은 이런 손실을 메우기 위해서 심한 경우에는 비용의 다섯 배까지 실질적으로 꽃 가격을 올릴 수밖에 없었다.

한 때 세계적인 소프트웨어 판매 경영인으로서 버크하트는 실제로 늘 비행기와 호텔에서 많은 시간을 보냈었다. 생각해보니 모든 사무실 건물, 레스토랑, 호텔 등 어디에나 꽃이 있었다! 꽃을 건물 내부 장식의 중요한 부분으로 보는 기업 고객들이 분명히 있었지만, 버크하트는 아마도 그들이 매주 꽃을 사려고 하지는 않았을 거라고 예상했다. 그래도 꽃이 건물을 돋보이게 하는 쪽을 선호할 것이다.

꽃 시장 속으로 들어가 그가 한 조사의 일부분으로서, 버크하트는 2009년 12월에 지인의 소개로 서로 이야기를 나누게 되었다. 그때는 별로 실질적인 언급이 없었고, 버크하트는 계속해서 자신의 아이디어를 개발해 나갔다. 곧, 그는 깨달았다. **"우리는 꽃 사업에 뛰어들어서, 주로 기업 고객들에게 회원가입을 권함으로써 꽃 사업의 근본적인 경제 개념을 바꾸어 놓을 수가 있겠다."**[44] 사업은 예측 가능한 매출을 만들 것이며 (Petals for the People과 같이), 손상을 줄여서 경쟁을 뛰어 넘는 이점을 가질 것이다.

### 회원가입 모델? Yes. 고객 자금화? Not!

투자자들로부터 자금을 조달하기가 그냥 하는 일이었던 Northern California에서의 경험에서 갓 나온 버크하트는, 예측 가능한 매출 흐름과 손상을 줄임으로써 시장에 변혁을 가져 올 능력을 가진 회원가입 모델이 어떻게 잠재력을 가지는가를 보여줄 기회를 마련했다.

2010년 4월, 작은 엔젤 투자자 그룹으로부터 조달한 종자 자금 110만 달러를 가지고 뉴욕 시에서 H.Bloom을 출범시키면서 말하기를, "우리는 꽃 시장의 Netflix입니다. 우리는 근사한 꽃을 편리한 배달과 정말 적정한 가격에 고객들이 주문할 수 있도록 해 드리겠습니다."[45] 아주 신선한 꽃을 29달러부터, 예쁘게 포장해서 자동으로 배달하였다. 좋은 거래처럼 보였다.

소누 판다는 비록 꽃가루 알레르기가 있어도 공동 창업자로 동행하였고, 버크하트의 사업개발기술을 보완하기 위해서 기술적인 전문지식을 제공하였다.[46] H.Bloom이 회계, 주문의 발주, 배달의 정리 등을 처리할 수 있도록 그는 재빨리 사유기술* 만들기에 착수하였다.[47] 두 사람은 그들이 세우고자 하는 명품 브랜드를 위해서 필수적이라고 생각한 품질과 고객 만족을 확신하기 위하여 모든 운영을 스스로 하였다.[48]

버크하트는 2010년 6월, 폴라로 부부로부터 한 통의 전화를 받았는데, 일전에 친구가 일러준 말 때문에 뉴욕에 본사를 둔 상대방(H.Bloom)을 경계해야 했었다는 내용이었다. 몇 개월에 걸친 논의 끝에, H.Bloom이 주로 고객 리스트인 Petals for the People의 자산을 매입하고, 사라 폴라로를 H.Bloom의 창조적 매장 설계사로 고용하기로 11월에 두 회사가 합의에 이르렀다. 워싱턴이 즉시 H.Bloom의 두 번째 시장이 되었다.

그동안의 과정을 살펴보니, 폴라로 부부는 처음 2,000달러를 제외하고는 그동안 전적으로 고객들이 자금을 조달한 소박하지만 여전히

---

*Proprietary Technology : 개발자인 회사 또는 개인이 재산권을 사적으로 소유하고 규격명세서를 영업기밀로서 보유하고 있는 기술. 개발자가 재산권을 포기하거나 공공의 사용을 위해 기증하여 누구든지 자유로이 사용할 수 있게 공개되어 있는 공용 또는 공개(public domain) 기술과 대배된다.사유기술을 사용료 및 대금을 지급하고 재산권 소유자로 부터 사용권을 획득한 회사나 개인만이 합법적으로 사용할 수 있다.

현금 경쟁력이 있는 사업을 일구는데 15개월이 소요되었다는 것을 보았다. H.Bloom과의 거래는 그 15개월의 노력을 샘의 다음 사업 구상을 추구하는 작은 밑알*로 바뀌었다.

그보다, 그는 인터넷 사업을 만드는, 어떤 의미에서는 고객 자금화 교육인 대단한 거래를 배우게 되었다. 버크하트와 판다에게는 Petals for the People을 매입한 것이, 뉴욕에 있는 상업 고객들과 워싱턴의 소비자들로부터 두 개 시장에서 고객들의 관심을 끌면서, 더 한층 진보된 기술 개발과 조직적 성장에 자금을 조달하기 위해서 Battery Ventures로부터 210만 달러의 라운드를 모으는 기세를 제공하였다.[49]

## H.Bloom에서 운영을 활성화시키다

두 개의 시장을 정상적으로 가동하고 투자자들의 기대치를 순조롭게 키우면서, 버크하트와 판다를 위한 도전이 너무나 빨리 커지고 있었다! 버크하트는 핵심을 설명했다. "**회원가입 모델이 묘책이었습니다.** 누군가 이미 구입 신청한 것만을 구매하도록 해 주었으니, 거의 완전히 손상을 줄일 수가 있었던 것이지요."[50] 하지만 고객들에게 제공한 핵심적인 혜택은 가격 이점이었고, 따라서 효과적인 사업 운영이 또한 결정적이었다. 판다의 소프트웨어 엔지니어 팀은 효과적으로 후방을 구축하는 것을 담당했다.

그들이 구축한 시스템 속에는 꽃 구매 담당자에게 얼마나 많은 calathea cigar** 혹은 amaryllis red lion*** 뿌리가 언제 필요한지,

---

*nest egg : 알을 잘 낳게 하기 위해 둥지에 넣어두는 도자기로 만든 모조 알
**calathea cigar : 열대 아메리카 식물. 울긋불긋한 잎이 있어 실내용 분재 화초로 재배된다.
***amaryllis red lion : 아마릴리스의 한 종류. 트럼펫 같이 생긴 붉은 색의 큰 꽃을 피운다.

500여 종의 붉은 장미 중에서 어느 것이 시즌이고 얼마의 가격이며, 그리고 어느 공급업자가 손상을 많이 입은 꽃을 보내고 있는지 등을 알려주었다. 소프트웨어는 고객들의 위치가 어디인지를 고려하여 배달 노선을 계획하는데 사용되었다. 심지어 홀 건너편의 꽃을 준비하는 사람조차도 엔지니어로부터 다음 주 준비에 어떤 종류의 백합을 사용할지 결정을 돕도록 소프트웨어를 사용하였다.[51]

회사의 소프트웨어 구동 접근은 투자자들에게도 역시 흥미를 끌었다. Battery Ventures에서 파트너인 브라이언 오말리Brian O'Malley가 설명했다. "시스템이 모든 것을 평가하고 있기 때문에, 소프트웨어가 더 좋아지기만 한다면 더 커지겠죠."[52]

H.Bloom은 2011년 9월까지 사업을 자동화하고 성장을 지속시키는 데 있어서 상당한 진척을 보였다. 꽃의 손상율은 일반적인 꽃 산업의 30%에서 50%와는 거리가 먼 1.2%를 유지했다. 뉴욕과 워싱턴 양쪽에서 판매가 상승했으며, 2011년 매출에서 200만 달러를 만들 정도로 사업은 정상궤도에 진입했다.

이는 처음 일부 해에 만들었던 342,000달러로부터 근본적으로 상승한 것이었다.[53] H.Bloom의 투자자들은 진행 상황에 기뻐했으며, 물론 다른 투자자들도 함께 참여하여 Battery Ventures를 470만 달러의 또 다른 자금 조달 라운드로 이끌었다.[54]

## 더 빠르게 성장할 준비가 되다

H.Bloom은 은행에서의 더 많은 자금 조달과 함께 같은 달에 세 번째 시장을 시카고에 개장했으며,[55] 그 뒤를 이어 2012년 2월 샌프란시스코에 개장했다.[56] 성장은 여러 가지 이유로 인해 힘들었으며, 꽃 산업에 이미 진출해 있던 다른 사람들이 쉽게 유사한 장사를 할 수 있

다는 사실도 적잖게 작용했다.

**많은 회원가입을 기본으로 하는 사업에서처럼, 이 건도 전문 기술과는 별개로 모방하기가 쉬웠다.** TutorVista의 경우에서처럼, 여기에도 진입 장벽이 없었다. 하지만 똑같이 중요한 점은 규모의 경제*를 달성하기 시작하는 기회였다. 버크하트는 설명했다. "특정한 규모에 도달하면, 개인영업이 가질 수 없는 가격 파괴를 허락합니다."[57]

하지만 새로운 시장을 추가하는 것이 만만치 않은 일이었고, 인터넷으로 처리하는 것보다 훨씬 전통적인 오프라인 사업이었다. 각각의 새로운 도시에서, 상업상 단골을 확보하기 위해서 그리고 고객들의 현재 납품업자들로부터 멀리하게 만들기 위해서 '발로 뛰자'는 요구가 들어왔다.

각 도시에 있는 꽃을 분류하고 준비하는 간단한 유통 시설과 배달을 위한 작은 일단의 차량 또한 필수였다. 그리고 각 도시 안에서 H. Bloom이 명품 브랜드로 위치를 잡는데 없어서는 안 될 절대적인 재능을 가진 사람인, 최고의 꽃 장식가와 연결하는 것이 필수였다. 즐거운 기존 상업 고객들과 함께 올바른 사람을 선택하는 것이 새로운 시장으로 신속하게 출발할 수 있게 해준다.

워싱턴은 Sofitel Hotel처럼 만족하는 상업 고객들의 늘어나는 숫자와 함께, 첫 해 운영에서 세 배 판매고를 올렸고, 버크하트에 따르면 '누군가의 지하실'에서 '반 사무실 반 식물원인 활기찬 공간'으로 진화하고 있었다.[58] 2012년에는 100만 달러의 판매고를 가져올 만큼 정상 궤도에 올랐다.

시카고는 9월에 1주년이 되었으며, 운영 첫 해에 100만 달러를 창출해 내었다.[59] 그리고 회사의 다섯 번째 시장인 댈러스는 이제 막 시

---

*economy of scale : 생산 규모의 확대에 따라 경비가 감소하는 것

작되었다.[60]

H.Bloom은 최고 레벨로 성장하고 자금을 모으는데 성공 했음에도 불구하고, 성장하고는 있지만 여전히 판매에서 몇 백만 달러에 불과한 소박한 회사였다. 사업의 중심을 이루는 전문기술구동 시스템의 더 나은 개발과 확장 경비에 자금을 조달할 더 많은 현금이 필요했다.

그래서 2012년 4월에 투자자들이 한 번 더 앞으로 나아갔고, 또 다른 10만 달러의 자금과 함께 조달된 자금 총합이 지금까지 1,800만 달러에 이르렀다.

Shasta Ventures가 라운드를 이끌었고, Battery Ventures와 다른 앞선 투자자들이 더 많은 자금을 모으는데 기여하는 도움을 주는 가운데 몇몇의 다른 새로운 투자자들의 계약을 이끌었다.[61] 물론, H.Bloom이 새로운 도시로 확장하는 제일의 목표는 남아 있었고, 회사는 이제 일 년 안에 합계 25개의 시장을 겨냥하고 있었다.[62]

2013년 7월까지, 보스턴과 애틀랜타에 시장을 열었고, 로스앤젤레스와 라스베가스는 그 달에 개시했다.[63] H.Bloom은 대부분 부동산을 소유하고 있는 주요 도시들을 겨냥함으로써 Sofitel과 Four Seasons 같은 고객들에게 더 효율적으로 더 나은 서비스를 제공할 수 있었고, Chanel, Burberry, YSL과 같은 H.Bloom의 최고급 호화 소매점과 국가 사무실 빌딩의 고객 리스트를 가지고 있는 부동산 관리인 고객들에게도 더 나은 서비스를 제공했다.[64]

H.Bloom은 Petals for the People의 뿌리에 충실하면서, 더욱 심각하게 사치품 소비자 시장도 역시 추구하기 시작했다. 하지만 '왜?'라고 누군가 질문할지도 모른다. 상업시장 부문에서 **모든 것이 잘 되지 않고 있다는 것을 가리키는 걸까?**

2012년의 추가 자금 유입과 회사의 적극적인 계획에도 불구하고, 2014년 3월까지 마이애미와 필라델피아만이 H.Bloom의 서비스 지역 명부에 추가되었고, 회사의 홍보 생산은 드문드문 나오는 쪽으로 늦추어졌다. 또 다른 나쁜 신호인가?

사업 초기에는, 매주 배달은 이미 기준이 되었을 뿐 아니라 많은 재래식 소매 경쟁자들이 이미 상업 단골들을 위한 회원가입 모델을 운영하고 있음이 버크하트에게는 확실히 분명하지 않았다. 경쟁자들은 그냥 온라인으로 하지는 않았다.

짐작하건대, 그들도 역시 회원가입을 운용하는 사업 부분이 상품의 손상을 덜 가져온다는 것을 경험했을 것이다. 다른 사람들도 경비구조와 함께 회원가입 모델을 역시 추구하고 있는 상업 시장에서, 과학기술이 H.Bloom에게 진정한 경쟁 우위를 주었을까?

버크하트와 그의 팀이 과학기술을 기본으로 하지만 사람 집약적인 사업을 펴내는 도전을 성공적으로 마주할 수 있을 것이며, 그의 투자자들이 기대하는 수익금을 충분히 전달할 정도로 빠르게 성장할 수 있을까? 시간이 말해줄 것이다.

자금에 대한 회사의 왕성한 식욕이 분명하기 때문에, 회사의 고객 자금화 모델은 매우 빨리 사라졌다. 결국, Petals for the People과는 다르게 H.Bloom에게는 고객 자금화 모델이 실제로는 전혀 있지도 않았다.


## 회원가입 모델이 실패할 때


TutorVista와 H.Bloom의 이야기는 회원가입 모델을 추구하는 약간의 이점을 보여준다. 그런 모델은 본질적으로 예측 가능한 매출, 선행하는 고객의 지불, 그리고 묻지도 않고 많은 고객들이 회원으로 남아 있다는 사실 등 여러 면에서 매력적이기 때문에, 적어도 한 동안은 다음 큰 건을 찾고 있는 인터넷 기업가들에게는 동경하는 무언가가 되었다. 하지만 2012년 말에 Forrester Research* 전자 상거래 분석가인 수차리타 물푸루Sucharita Mulpuru가 관측한 바와 같이, "회원가입 형태는 시대에 뒤진 유행이었지만, 그 에너지의 약간은 정말 침체되었습니다."[65] 좀 더 추가로 사례를 검토해보자.

**남자들은 정말 Manpacks.com을 필요로 할까?** 이곳은 연 4회 가입을 기본으로 하여 아마도 양말, 속옷, 그리고 남자들을 위한 다른 필수품 등을 배달하는 멋진 아이디어를 가지고 있다.[66] 여러분의 속옷에 관해서 모르지만, 곧 시들어 버릴 우리의 식당 테이블 위에 놓여 있는 꽃과는 달리, 필자의 속옷은 변치 않는다.

혹은 구두를 예로 들어보자. 구두를 습관적으로 사는 사람이라 할지라도, 여성들은 정말로 TV 스타인 킴 카다시안의 ShoeDazzle 같은, 매월 새로운 구두 한 켤레를 제공하는 신발회사에 회원으로 가입을 할 필요를 느낄까?

ShoeDazzle은 2012년 말에, 최고의 벤처 캐피털 자금으로부터 조달한 수백만 달러의 벤처 캐피털 펀딩에도 불구하고, CEO를 교체하고 근로자들을 정리 해고했으며, 새로운 유형인 회원가입을 기본으로 한 사업의 지혜에 이의를 제기하면서 허우적거렸다.[67]

ShoeDazzle 같은 그런 사업들은 놀라운 판매 숫자와 많은 초기 가입회원을 갑자기 기록할 수 있다. 하지만 대부분 많은 사업에게는 신기함은 재빨리 퇴색되고, 바라건대 더욱 지속 가능한 제안 쪽으로 선회하곤 했다.

더 많은 이야기가 있다. GuyHaus는 창업자인 제시 미들턴Jesse Middleton이 '그냥 보여주는 마법의 화장품'이라고 불렀던 것을, 브랜드

---

*Forrester Research : 미국 비즈니스 리서치, 마케팅, 전략 기술, 데이터, 기획 연구 정보 등을 안내하는 독립적인 회사(http://www.forrester.com)

를 명기하지 않은 채 특정한 제품에 대해서 그냥 임의의 사람들에게 월 회원으로 가입하기를 제안했다.[68] 생각이 있는 사람이라면 그걸 마시거나 먹으려고 하겠는가? Lollihop은 짐작컨대 조심스럽게 평가된 건강한 스낵 박스를 월 22.75달러의 가격에 가입회원들에게 보냈다.[69] 여러분이 슈퍼마켓에서 아이들을 위한 건강한 스낵을 역시 더 낮은 가격에 찾기가 정말 그렇게 어려운가? GuyHaus[70]와 Lollihop[71] 둘 다 2012년 초까지 사라졌다.

분명히, 회원가입 모델은 생존 가능한 사업을 만드는데 기초를 대신하는 만병통치약은 아니다. 그러니 엔젤 투자자들이 회원가입을 기초로 한 사업을 위한 여러분의 아이디어에 관해서 물을 수 있는 여러 가지 질문들을 검토해보자.


## 엔젤 투자자들은 무엇을 알고 싶어 할까? 그리고 무슨 질문을 할 것인가?

여러분이 이 장을 읽고서 유효하게 이용하고자 한다면, 회원가입을 기초로 한 사업에 자금을 조달해 줄 초기 고객들을 이미 확보한 것이나 마찬가지다.

여러분이 기업가이거나 혹은 잘 안정된 기업 내에서 회원가입을 기초로 한 사업을 만드는 사람이건 간에, 더 나은 기초과학에 투자하거나 혹은 아마노 내몰린 것보다 앞서가도록 더 빠르게 고객을 확보하기 위해서 바로 TutorVista가 했던 것처럼, 지금이야말로 탱크에 연료를 추가해야 할 때이다.

엔젤이나 다른 투자자들 심지어 법인 투자자들은 지금까지의 진행에 관하여 무엇을 알고 싶어 할 것이며, 또 그것은 앞날을 위한 여러분의 잠재력에 관하여 무엇을 말해 줄 것인가?

## 주요 고객을 위하여 회원가입 모델이 여러분의 제안을 더 좋고 더 저렴하게 만들고 있는가?

H.Bloom에게는 회원가입 모델의 주요한 혜택이 줄어든 꽃의 손상으로 인한 경비 절감이라고 말해지고 있다. 그 중 일부는 고객들에게 전가되었고, 일부는 특허 기술을 만들거나 판매영업팀을 각 도시의 현장에 투입하는 비용 속에 감춰져 있다. 하지만 재래식 소매 꽃집 또한 회원가입을 기초로 한 상업 부분에 대한 요구를 전망할 수 있어야 한다. 여기에 정말 재료에 대한 경쟁 이점이 있을까? 고객들의 눈에는 H.Bloom이 더 나을까? 말하기가 정말 어렵다. 그리고 얼마나 더 저렴할까? 상업 고객들에게 꽃을 제공하는 지역 꽃집들은 아마도 새로 온 사람을 가만 두지 않는다!

H.Bloom의 모델이 가진 장기간 생존능력은, 줄어든 손상으로 인한 경비절감이 만약 사실상 진짜라면, 회사 운영의 다른 경비를 제외하고도 수익을 충분히 보충하고도 남음이 있는가에 달려 있다. 만일 그렇지 않고 가격 이점이 그다지 크지 않다고 밝혀진다면, 지역의 영세한 꽃집들도 아마 문제없이 경쟁을 계속할 것이다. **시장을 혼란하게 만들기는 말하기는 쉽지만 구해내기는 어렵다.** H.Bloom은 여전히 신생 회사다. 장기간에 걸쳐 번창할지는 아직 지켜봐야 한다.

반면에, TutorVista에게 회원가입 모델은 확실히 얼굴을 맞대고 한 교습으로 인하여 상당한 경비 절감 효과가 있었다. 하지만 아마도 더욱 중요한 것은 회사가 제공한 연중무휴의 접속이었다. 만일 부모님이 집에 없는 동안 아이들이 수학 문제에 매달려 있을 때 누군가 한 순간의 연결로 도움을 줄 수 있다면, 그때 부모가 느끼는 마음의 평화를 생각해 보자.

훨씬 좋고 훨씬 저렴하다고 느낄 것이다![72] 만일 여러분의 고객 자금화 모델이 더 좋고 더 저렴한 무언가를 제공한다면, 단순히 더 좋고 더 저렴한 것보다 고객들과 투자자들에게는 훨씬 설득력이 있다. 그런데 누군가는 언쟁을 벌이겠지만 Manpacks나 ShoeDazzle처럼 만일 아무것도 제공하지 않는다면, 아마도 여러분은 힘든 여정 속에 있게 된다.

## 고객유치 비용이 무엇이고, 그 투자의 원금 회수가 얼마나 빨리 이루어질 것이며, 고객생애가치(CLV)는 무엇인가?

경험이 많은 기업가로서 가네쉬는, 고객유치 비용을 회사에 대한 고객생애가치보다 낮게(아마도 상당히 낮게) 유지하면서 TutorVista가 얻은 수익성에 대한 핵심을 밝혔다.[73] 예를 들면 목표로 하는 고객들에 대한 결정들은, 회사가 진화할 것 같은 특정 그룹의 전망에 의해 이끌어졌다. 가네쉬가 결론 내리기를, "나는 매달 더 낮은 금액을 책정해서 몇 년간 누군가를 돌보는 쪽을 택하겠습니다. 8학년 혹은 9학년 학생의 생애가치는 무엇입니까? 그 학생이 고등학교, 대학교를 거쳐서 앞으로 나아가면서 어떻게 설득하여 얼마나 더 비싼 제품을 사게 할 수 있겠습니까?"[74]

대부분 투자자들은 이미 손 안에 아주 빠르게, 가네쉬가 적용 받은 것보다 훨씬 엄격한 테스트를 몇 년이 아니라 아마도 몇 주 또는 몇 달 안에, 원금을 회수할 수 있다는 명백한 증거가 없이는 마케팅 비용에 투자하기를 원하지 않는다.

물론 여러분이 하는 사업의 초기에, 고객들이 얼마나 먼 장래까지 여러분과 함께 머물면서 지속적으로 돈을 지출할지 모른다. 하지만

TutorVista가 기록했던 50%의 북부 초기 숫자처럼 지금까지 여러분이 가진 재계약 비율은 시간이 갈수록 발전 가능한 품질에 대해서 약간의 정보를 제공할 것이다.

여러분이 가진 재계약 비율은 모든 엔젤 투자자들이 아마도 상당히 자세하게 알고 이해하기를 원하는 핵심 측정기준이 될 것이다. 여러분이 매월 유치하는 신규 고객들의 무리에 어떤 일이 일어나는지 분석하는 것이, 그들 중에서 얼마나 많이 재계약을 하고 일정 기간 동안 얼마를 지출하는지 등 여러분이 지금 시행하고 있는 모델이 제대로 작동하고 있는지 혹은 아닌지를 이해하고 투자자들과 소통하는 데 가장 좋은 방법이다.

말할 필요도 없이, 여러분이 지금까지 혹은 앞으로도 고객생애가치를 측정할 때, 고객들로부터 얻는 매출뿐만 아니라 고객들에게 팔고 서비스를 제공하는 등의 비용을 제한 후 기여 수익을 측정해야 한다.

## 여러분은 상하기 쉬운 물건, 소모품, 혹은 내구성 소비재를 팔고 있는가?

속옷과 양말의 정기적인 배달을 하는 Manpacks와 같은 스타트업으로부터의 상품과는 달리, "꽃이 시들면 여러분은 실제로 더 많이 원하게 됩니다."하고 버크하트가 말한다. "매주 또는 그 다음 주에 새로운 선적을 필요로 하게 될 것입니다."[75] 성공적으로 사업을 만들어서 적은 금액으로 Amazon에게 매각해 버린 Diapers.com에게는 이 같은 말이 사실이었다.

내구성 소비재를 파는 회원가입 사업을 세우기는 아마도 훨씬 어렵고, 더 빠르고 더 예측 가능할수록 더 좋은 꽃처럼 시들거나 혹은 아주 재빨리 소비되는 물건보다는, 어쩌면 거의 불가능에 가까울지도 모른다. 물론, Manpacks는 콜롱* 같은 화장품도 역시 제공하고 있다. 하지만 남자들이 콜롱을 사용하는 속도는 빠르지도 않고 예측 가능하지도 않다.

대조적으로, 영국의 Abel & Cole 같은 수많은 기업가 회사들은 성공적인 사업을 만들었는데, 고객들의 문 앞까지 유기농 채소 박스를 배달한다. 채식주의자들은 이 채소가 상하거나 먹어 없어지면 물론 재빨리 보충할 필요가 있는데, 그런 회사들이 번창하는 좋은 이유가 된다.

### 여러분의 가입회원들이 '입소문을 내는 데' 도움을 주고 있음을 믿을 만한 증거가 있는가?

이상적으로, 여러분의 가입회원들이 여러분이 운영하고 있는 멋진 회원가입을 기초로 한 사업에 대해서 친구들에게 말해 주기를 원할 것이다. 가입회원들의 부탁이 Petals for the People이 손익분기점 현금 흐름에 재빨리 도달하도록 도와주었다. 고객들이 친구들에게 말할 것처럼 만드는 무언가를 여러분은 제공하고 있는가? 견주고 있다면, 바로 시행하라!

### 여러분이 할 수 있기 때문에 전문기술을 만드는 것인가, 아니면 사업이 그것에 의존하기 때문인가?

소누 판다의 전망과 기술 덕분에, H.Bloom은 사업의 운영과 성장을 지원하도록 전문기술에 크게 투자하였다. 그 전문기술이 고정 비용

---

*cologne : 독일 쾰른 원산의 향수

으로 나타나는 것은 당연하다. 왜냐하면, 일단 충분히 많은 수의 도시에 투입되기만 하면 H.Bloom을 위한 지속 가능하고 경쟁력 있는 이점의 실제 출처가 된다. 대신에, 전문기술로 구동되는 사업에는, 필요해서 세운 것이 아니라 팀이 좋아하거나 세울 수 있어서 근사한 전문기술이 만들어졌다면, 손에 망치를 든 목수는 모든 문제를 못으로 보는 것처럼, 항상 위험이 존재한다. 엔젤 투자자들은 어느 캠프 안에서 여러분이 만들고 있는 사업이 무너지는지를 조심스럽게 살펴볼 것이고 또 살펴보아야 한다.

## 회원가입 모델과 SaaS 모델이 잘 돌아가도록 만들기: 마지막 교훈들

우리는 SaaS 모델을 겉핥기식으로 보면서 이 장을 시작했는데, 저자가 쓴 것처럼 SaaS 모델은 폭풍처럼 오늘날 소프트웨어 산업을 사로잡고 있다. 저자가 막 밝힌 엔젤 투자자 일단의 질문들은, 이 장에서 더욱 깊이 검토했던 다른 산업들의 본보기에게 작용했던 것처럼, SaaS 모델을 이용하는 소프트웨어 사업에 책무를 부여한다. 고객들의 관점에서 더 좋고 더 저렴하게 **고객 유치와 고객생애가치 혹은 원금 상환 기간**(매출에 의해서가 아니라 다양한 경비를 제한 후 순익 기여도에 의해 측정한) **사이에서 올바로 균형을 잡자.**

소프트웨어는 소모품이나 내구 소비재가 아니다. 그것은 서비스이며, 일종의 서비스로서 소프트웨어는 분명히 여러 환경에서 유효한 작용을 한다. 여기에는 다른 이설이 없다. 그러면 여러분이 제공하는 제품에 대해서 '입소문이 나고' 있는가? 만일 그렇지 않다면, 여러분이 희망한 것처럼 고객들에게는 강제적인 것이 아닐지도 모른다.

이 장을 마무리하기 전에, 세계에서 가장 오래된 회원가입 산업들 중의 하나에 무슨 일이 있었는지를 살펴보는 것 또한 가치가 있다. 신문이다. 몇 년간 온라인 매체에 의해 공격을 받고 있지만 권위 있는 신문산업은, 기반을 되찾으려는 신호를 보여주고 있다.

The New York Times는 정기구독자들로부터 광고보다 인쇄와 디지털 양쪽에서 더 많은 매출을 올리고 있다.[76] The Times와 다른 신문사들에 의해 사용된 신문의 온라인 컨텐츠의 일부 혹은 전부에 대해서 디지털 정기구독자들에게 지불할 것을 요구하고 있는 Paywalls는 제대로 운영되고 있는 것처럼 보인다. 아마 놀랍게도, 워렌 버핏의 Berkshire Hathaway가 지난 2년 동안 28개 신문사를 매입하는데 3억 4,400만 달러를 지출하였다.[77] 왜?

버핏은 그가 매입한 신문사들이 돈을 벌어줄 것이라는 이유에 대해 이렇게 말한다. "신문은 지역 뉴스 전달에서 최고의 자리를 지속적으로 누릴 것입니다. 만일 여러분이 사는 동네에서 무슨 일이 벌어지고 있는지 알고 싶다면, 시장이나 세금이나 혹은 고등학교 축구에 관한 뉴스이건 간에, 그 역할을 제대로 하고 있는 지역 신문을 대신하는 것은 없습니다. 캐나다 관세에 관한 두어 가지의 도표 혹은 파키스탄에서의 정치적인 전개상황을 죽 훑어보고 난 뒤에는 독자의 눈이 흐려질 수도 있지만, 결국 독자 자신이나 혹은 이웃에 관한 이야기는 읽어볼 것입니다. 지역공동체의 보급하려는 의식이 존재하는 한, 그 공동체가 특별히 요구하는 정보에 도움이 되는 신문은 상당한 부분의 지역주민들에게 필수적으로 남아 있을 것입니다."[78]

지역 신문들은 지속적으로 사람들에게 정보를 준다는 면에서 다른 대안들보다 아마 더 좋을 것이다. 그리고 여러분 자신이 지역 정보를 모으는 것보다 더 저렴하기도 하다. 버핏이 매입한 신문사들의 도전은 사람들이 원하지만 방송매체를 통해서는 얻지 못하는 지역 정보 제공이 될 것이다. 그의 신문사들이 인쇄나 온라인 혹은 휴대 기기를 통해서 제공하더라도, 언제 어떻게 소비자가 받기를 원하는가에 대해서 컨텐츠가 사용 가능하다면 큰 문제가 되지는 않는다. 그리고 버핏이 공개적으로 밝히지는 않지만 버핏이 좋아하는 그 무엇, 바로 자금이 능률적인 정기구독 모델이 Berkshire에게 되풀이되는 매출을 올려주고 있다는 것이다.

아마도 이 장의 가장 중요한 교훈은 기업가나 엔젤 투자자 모두와 그리고 안정적인 사업에 뛰어든 신규 벤처사들에 투자하려는 사람들에게 **회원가입을 기초로 하면 무언가를 팔 수 있다는 단순한 이유가**(개인 교습, 구두, 남자들을 위한 속옷, 그리고 무엇이든) **그것을 실행해야 함을 의미하지는 않는다는 것이다.**

비록 수많은 기업가들이 저자가 틀렸음을 증명하려고 노력하고 있어도, 내구 소비재를 판다는 것은 아마도 잘 안 될 것 같다고 의심이 든다. 상하기 쉬운 물건이나 혹은 다른 소모품과 서비스를 판매하기는 잘 될 수 있다. 만일 회원가입 모델을 통해서 그렇게 하는 것이 소비자의 눈에 더 좋고 그리고 더 저렴하다면 말이다.

이 장에서 여러분이 배웠던 회원가입 모델에 관한 질문들은 다음 체크리스트에 요약되어 있다. 적어도 B2C dot-com의 다양성이 있는 회원가입 모델의 역사는 명백히 섞여 있기 때문에, 점멸하는 경고 신호를 제공할 의도를 지니고 있다.

하지만 여러분이 추구할 수 있는 고객 자금화 사업을 찾고 있는 dot-commer(인터넷 관련 기업에서 일하고 있는 사람)라면, 혹은 칵테일파티에서 이야기를 나누면서 섬광 같은 dot-com 투자처를 찾고 있는 엔젤 투자자라면, 회원가입 모델은 꼭 들어맞을지도 모른다. 하지만 흥분을 멈추고 다시 생각해보자.

다음 장의 희소가치 모델에서 좀 더 dot-com 본보기를 살펴볼 예

정이기 때문이다. 여러분은 그 이상 좋아할 것인가? 페이지를 넘기고
계속 읽어보자.

---

**존 멀린스의 엔젤 투자자 체크리스트
회원가입 모델과 SaaS 모델**

- 목표로 하는 고객을 위해서 회원가입 모델이 여러분의 제공 상품을 더
  좋고 더 저렴하게 만들고 있는가?
- 고객 유치에 드는 비용이 무엇이며, 그 투자금의 원금 회수는 얼마나
  빨리 이루어지고, 고객생애가치는 무엇인가?
- 상하기 쉬운 상품, 소모품 혹은 내구 소비재를 팔고 있는가?
- 가입회원들이 입소문을 내도록 여러분을 도와주고 있다는 것을 믿을
  수 있는 증거가 있는가?
- 할 수 있기 때문에 전문기술을 만드는 것인가, 아니면 여러분의 사업
  을 거기에 의존하기 때문인가?

---

# 6

## 적게 팔고 많이 벌다:
# 희소가치와 반짝세일 모델

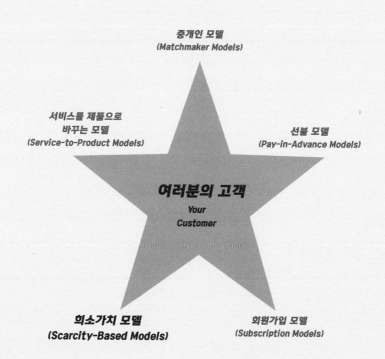

중개인 모델
(Matchmaker Models)

서비스를 제품으로
바꾸는 모델
(Service-to-Product Models)

선불 모델
(Pay-in-Advance Models)

여러분의 고객
Your
Customer

희소가치 모델
(Scarcity-Based Models)

회원가입 모델
(Subscription Models)

희소가치 모델은 다섯 가지 종류의 모델들 중에 아마도 가장 기발하고 가장 성공적으로 잘 해내기가 어려운 모델일 것이다. 우리가 이번 장에서 보게 되겠지만, 그들 대부분이 많은 고객의 현금을 만들어 내고는 있지만, 몇몇은 장시간 동안 수익을 얻는 것을 힘들어하고 있다. 최고의 디자이너 의류와 다른 럭셔리 브랜드 조달업자들은 '희소가치 모델'을 수년간 하고 있었기 때문에 물론 희소가치 모델은 전혀 새로운 것이 아니다. Prada나 Gucci를 모든 길모퉁이에서 볼 수는 없지 않은가. 결혼상대로 좋은 싱글들도 때로 희소가치 전략을 사용한다. "정말 미안한데, 금요일에는 갈 수 없을 것 같아."라고 탐나는 상대에게 스스로를 더 매력적으로 만들기 위해서 구혼자에게 말한다.

하지만 스페인 패션의류 체인인 Zara는 희소가치 아이디어를 새로운 눈높이로 끌어올렸고, 그렇게 해서 새로운 모델을 규정하였다. 가능한 많이 모든 것을 팔려고 하는 대부분의 판매자들과 달리, 희소가치 모델에서 판매자들은 시간과 수량 안에서 판매를 위해 이용 가능한 것을 실제로 제한한다. 물품이 없으면, 진짜로 없는 것이다. 그리고 역시 더 이상 없을 것이다! 물론 이것은 **"지금 사지 않으면 기회를 놓칠 거에요!"**라는 것을 암시한다.

모든 젊은 패셔니스타(패션에 관심이 많고 최신 스타일을 선호하는 사람)들이 알고 있는 것처럼 Zara는 바로 그렇게 하고 있다. 무대 위나 패션쇼 런웨이 위에서, 혹은 런던 거리나 Zara가 시작된[1] 스페인의 작은 마을인 La Coruña의 길거리에서까지, "누가 무엇을 입고 있나?" 하는 생각이 뒤따르고 그것을 베끼고 있다(재빠르게!). 스파이스 걸*이 런던의 O2 Arena**에서 토요일 밤 콘서트 때 입었던 것의 복제품이 짧

---

*Spice Girls : 1994년 영국에서 결성된 여성 5인조 팝 그룹
**O2 Arena : 2007년에 신설된 다목적 엔터테인먼트 컴플렉스. North Greenwich에 위치하고 있으며 최대 수용 인원은 20,000명이다.

게는 2주만에 매장들에 출시될 수 있다. 하지만 Zara는 그와 같은 스타일을 재주문하지 않기 때문에 젊은 단골고객들은 Zara 작업장에서 어떻게 쇼핑하는지를 알고 있다.

- 젊은 고객들은 Zara를 자주 방문하는 것이 좋다, 그렇지 않으면 그들이 원하는 것을 놓칠 것이다.
- 만약 그들이 좋아하는 것을 본다면, 곧 없어질 것이기 때문에 지금 당장 사는 것이 좋을 것이다
- 어느 유일한 스타일이 Zara의 제한된 재고목록에 주어지면, 그들은 같은 옷을 입고 있는 다른 누군가를 발견할 일은 없다, 당치도 않다!

따라서 희소가치 모델은 팔려고 내놓은 물건이 판매자에 의해 재주문 없이 제한된 시간에 제한된 양으로, 판매자의 공급자들이 판매가 된 후에 때로 긴 시간 뒤에 대금을 받도록 하는 것이다. 희소가치 모델은 다양한 업종에 적용될 수 있고, 특히 빠른 속도로 제품들이 진부화*되는 곳에 적용될 수 있다. 그러므로 여러분이 이러한 환경의 회사에서 포부가 큰 사업가나 리더 혹은 혁신가라면, 이 장은 여러분을 위한 것이다.

이 장에서 우리는 vente-privee의 매력적이며 창의적인 고객 자금화 사업의 사례 기록을 살펴볼 것이다. 이 사례의 희소가치 모델은 수많은 모방회사들을 뛰어들게 만든 완전히 새로운 카테고리의 소매업을 만들어 내었다. 바로 반짝세일이다.

Vente-privee는 이미 다른 형태로 존재하는 사업을 시작하기 위해

---

*obsolescence : 공장, 기계, 설비와 같은 고정자산의 수명의 단축화로서 발명, 생산공정의 개량, 경제적 조건의 변화와 같은 기술진보, 또는 기호의 변화 등 외부요인으로 인해 시설재의 내용연한이 단축되는 것을 말한다.

서가 아니라 성장시키기 위해서 고객 자금화 모델을 사용했다. 그러면 우리는, 수많은 모방회사들과 하나의 산업으로서 반짝세일 소매업을 위해서 이 모델이 명백히 뒤섞인 결과를 가져왔다는 사실과 그 사실 뒤에 숨겨진 이유들을 탐험하면서, 몇몇 반짝세일 모방회사들을 살펴보고자 한다.

## Vente-privee가 반짝세일 모델을 개발하다

수년간, 모두가 제조회사의 과잉 재고물품을 유통하는 일에 확실히 뿌리 내리고 있던 자크-앙투안 그랑종과 그의 파트너들은 파리의 패션 디자이너들이 원하지 않는 과잉 재고물품들을, 그들의 상류 공급자들이 조심스럽게 연마해 온 브랜드 이미지를 해치지 않도록 다양한 이벤트를 통해서 처분하는 섬세한 작업을 하고 있었다. 패션산업의 다른 누구와 같이 때때로 디자이너들 또한 잘못해서 한 가지 스타일의 만들어야할 양보다 더 많은 수량을 만들거나, 혹은 더 많은 양의 직물을 사는 경우가 있었기 때문에 그들은 이들 공급 회사들에게 아주 중요한 역할을 하고 있었다.

2001년에, 브랜드 이미지를 희석시키지 않고 대량의 할인된 물품들을 처분할 수 있는 잠재력을 제공한 가상의 매장을 만들어내는 인터넷 역량과 그들의 사업 경험 사이에 점dot을 연결해서, 그랑종과 그의 팀은 간단한 아이디어를 내놓았다.[2] 가끔 vente-privee(영어로 '개인적인 판매Private Sales'를 뜻한다)의 '회원들'에게 다가오는 '판매 이벤트'의 48시간 공시를 하는 이메일을 보내곤 한다. 이메일에는 '재고 과잉, 초과분, 그리고 원치 않은!' 상품을 최상의 방법으로 보여줄 뿐만 아니라 그 이미지가 흐려지지 않았다는 브랜드 신뢰도를 제공하는 비디오가

첨부되어 있다.

이틀 뒤에는, 언제나 vente-privee가 공급업자들을 위해서 해결하고자 하는 진짜 문제였던 재고정리를 위한 경우인 제한된 수량의 물품에 대한 할인판매를 시작한다. 하지만 길게 하지는 않는다. 할인은 단지 3일에서 5일 정도 지속하며 파리 샹젤리제 거리에서 원래 팔렸어야 하는 것보다 50~70%까지 할인해서 판매된다. 브랜드들은 몇 가지 이유로 이 할인판매에 대해서 신경 쓰지 않을 것이다.

• 그들은 원치 않는 재고품을 처분할 방법이 필요했다.
• Vente-Privee는 상품을 매력적인 방법으로 제시할 것이다.
• 할인된 가격은 일반인이 아니라 vente-privee가 유치할 수 있는 회원들에게만 이용 가능할 것이다.

할인 이벤트가 끝나면, vente-privee는 고객들에게 이미 팔아 버린 (그리고 고객 자금화 모델의 전형적인 특징인, 대금을 벌써 받은) 브랜드에게 발주를 할 것이다. 마지막으로, vente-privee는 구매해서 판매한 상품에 대해서 판매자에게 돈을(때때로 여러 주 뒤에) 지불할 것이다. 제 4장에서 우리가 본 바와 같이 공급업자들로부터 위탁으로 구매한 Loot처럼, 혹은 제 3장에 나오는 Airbnb나 Expedia와 같이, 중개인 모델로 하는 사업처럼, 반드시 선불 모델 사업이 그렇게 하는 것처럼 **역시 희소가치 모델에도 판매자가 허락하는 한 '지불 유예'를 적용하라.**

Vente-privee의 희소가치 모델은 독점권, 가격, 그리고 부가가치가 있는 상품화 계획*의 독특한 조합이다. vente-privee의 성공은 브랜드와 브랜드의 가치와 수요에 대한 깊은 이해에서 왔으며, 또한 그

---

*merchandising : 시장 조사를 중심으로 하는 합리적이고 포괄적인 판매

성공은 기간과 수량의 양쪽에 있어서 각 이벤트의 희소성이 vente-privee가 판매자에게 지불하기 전에 안달 난 고객의 돈을 가질 수 있게 해 주었다는 사실에 기인한다. 자신의 회계장부에는 공급업자의 어떤 재고품도 결코 올라가지 않는다. 만약 할인이 계속되었다면, 시스템은 작동하지 않았을 것이다. "우리는 사람들이 원치 않는 물품을 할인된 가격으로 팝니다."라고 그랑종은 말한다. "하지만 우리는 그것을 최고의 패션 방식으로 판매합니다. 우리는 할인된 물품을 판매하는 럭셔리 사이트라는 뜻이죠. 그것은 역설입니다. 그것이 우리의 성공에 대한 열쇠죠."[3]

## 브랜드 이해하기: 고객 자금화가 작동할 수 있는 이유

그랑종은 그의 초기 통찰력에 대해 이렇게 설명한다. "**나는 제품들을 창고에서 갈색 상자에 담긴 채로 갖고 있었습니다. 나는 이 제품들에게 생명을 불어넣어서,** 인터넷 상에서 수요보다 공급이 적은 하나의 모델을 만들어 내 보자고 생각했습니다."[4] 도매업과 과잉재고품 사업에 대한 그의 경험은, 그들 스스로 브랜드 가치와 타협하지 않으면서 브랜드의 남아도는 제품을 팔아야하는 필요성을 이해하게 만들었다. 그리고 고객을 자금화한 온라인 희소가치 모델의 힘에 대한 그의 이해력이 그때는 작았던 회사가 성장하는 기회를 제공해 주었다.

시청자의 수를 제한하는 것에 덧붙여서, vente-privee는 72시간 후에는 인터넷 할인판매에 대한 공식 기록이 남아 있지 않도록 확실히 했다. 이 보호 장치는 할인판매가 끝나고 나서 인터넷 사용자들이 인터넷에서 검색을 할 때 우연히 럭셔리 브랜드 제품의 할인제공을 마주치지 않도록 한다는 것을 뜻하였다. 이 타협은 독점적이고 어느 정도 베일에 가려져 있으려는 노력에 상반되지 않게 처분하고 싶은 브랜드들의 요구를 만족시켰다. Vente-privee의 여덟 명의 공동창업자 중한 사람이면서 마케팅 책임자인 자비에 꾸르Xavier Court는 이렇게 말한다. "우리가 과잉재고품을 처리하고 있는 방법은 브랜드 제품을 위한혁명입니다. 이것은 굉장히 효율적이며, 브랜드 이미지를 보호하고 온라인과 오프라인에서 새로운 고객을 데려옵니다."[5]

브랜드들이 가지고 있는 럭셔리 매력을 희석시키지 않으면서 과잉재고인 패션 아이템으로부터 수익을 만들어내도록 도와주기 위해서그랑종과 vente-privee팀이 개발한 전략은, 첫날부터 vente privee자신을 하나의 럭셔리 브랜드로 만들기 위한 것이었다. "이것은 아주비쌉니다."라고 그랑종은 말한다. "나는 그렇게 하지 않고도 그 모든제품들을 팔 수도 있었습니다. 나는 vente-privee를 만들려던 것이아니라 디스카운트 스토어를 만들려던 것이었습니다. 하지만 그렇게해서 저는 하나의 브랜드를 만들어 낸 것입니다."[6]

물론, ventee-privee는 스스로의 저작권을 가진 하나의 럭셔리 브랜드로 일어서는데 매우 성공적이었으며, Dolce & Gabbana, Cacharel, 그리고 Givenchy를 포함한 600개 이상의 독점적 브랜드들이 vente-privee에게 물품을 공급하게 되었다.[7] 오래 걸리지 않아서, vente-privee는 프랑스에서 다섯 번째로 유명한 브랜드로 자리 잡았으며, 이것은 최고의 프랑스 패션아이콘인 샤넬보다 앞서는 순위였다.[8] CEO인 그랑종은 회사와 물품을 공급해주는 브랜드들 사이에서 서로 이득이 되는 관계에 대해 예리하게 인지하고 있다. "브랜드들과의 관계는완벽하게 윈-윈입니다. 만약 우리가 그들을 위해 잘해 내지 않으면 그들은 떠납니다."[9] 그는 또한 롱런을 위해 회사를 만들었다고 믿고 있다. "미래에는 모든 브랜드들이 우리 같은 회사들을 이용할 것입니다. 과잉재고품을 신중하게 처분할 수 있는 최선의 방법이니까요."[10]

## 고객 자금화가 벤처 캐피털의 지원을 이기다

판매자에게 지불하기 전에 고객의 현금을 수령하기 때문에, vente-privee는 초기에 기관자금의 필요 없이 꾸준히 성장했다. 2004년에, 특별하게 성공한 란제리 이벤트로 vente-privee는 세상의 이목을 받게 되었고, 2005년에는 다행히도 여전히 고객의 현금을 계속 수령하면서 매출은 5배가 되었다. 2007년에는, 다른 회사들이 vente-privee의 공식을 모방하기 시작하면서 그랑종은 일곱 개의 다른 유럽 국가에서 출시하기 위해서 필요한 자금을 준비하려고 사모펀드인 Summit Partners에게 회사 지분 20%를 팔기로 결정하였다. "Vente-privee.com은 브랜드사업을 위해서 완전히 새로운 채널을 만들어 내었습니다."라고 Summit의 크리스티안 스트레인Christian Strain 이 본 계약에 대해서 매우 흥분해하며 말했다.[11]

회사는 유럽 확장의 공격적인 프로그램에 대는 자금으로 새로이 비축한 현금을 사용하였다. 처음에 그들은 스페인과 독일로 진출했고, 그 다음 이탈리아와 영국, 그리고는 벨기에와 오스트리아, 네덜란드로 진출했다. 2008년에, 초대받은 사람에게만 열리는 할인이벤트는 40,000개의 품목을 판매하면서 평균적으로 하루에 100만·명의 독자적인 방문객을 유치하고 있었다. 2010년까지, vente-privee는 8개의 유럽 국가에서 운영하고 있었고, 12억 8,000만 달러의 판매고를 올리고 있었다.[12]

## 새로운 지역? 쉽지 않다!

Vente-privee가 새로운 지역에서 어느 정도 성공을 즐기고 있는 동안에, 2010년에도 수익의 70% 이상은 여전히 프랑스에서 만들어졌다.[13] 왜냐고요? 공급업자와의 관계와 웹사이트를 만들 수 있는 능력을 가진 어떠한 사람도, 그 모델은 모방하기에 믿을 수 없을 만큼 쉬웠다. 70개 이상의 모방 회사들이 프랑스에서 생겨나서 영업하고 있었고, **다른 회사들은 이미 대부분 다른 유럽 국가들의 시장에서 vente-privee를 이겨내고 있었다.**[14]

게다가, 각각의 이 시장들은 vente-privee의 지역 버전이나 혹은 다국적 버전에 의해서 장악되어 있었다. 500만 명의 회원을 보유하고 있으며 또한 벤처 캐피털의 지원을 받은 스페인 Privalia는 스페인, 이탈리아, 독일 그리고 멕시코와 브라질에서도 선두주자였다.[15]

그런 시장에서 반짝세일 개념의 원조인 vente-privee가 모방 기업으로 여겨졌으며, 시장 점유율을 확보하는데 어려움을 겪고 있었다. 런던에서의 소매업 분석가인 사이먼 친Simon Chinn은 이 현상을 이렇게 설명했다. "이것은 더 이상 특별한 비즈니스 모델이 아닙니다!"[16] 맞는 말이다!

## 대서양을 건너다

프랑스 이외의 유럽시장에서 우세함을 지키는데 어려움을 겪으면서, vente-privee는 추가적인 성장을 추구하기 위해서 대서양을 건너 미국으로 진출하기로 결정했다. 하지만 그랑종은 혼자 진행하고 싶지 않아서, 2011년 말에 vente-privee는 미국 시장으로의 진입을 용이하게 하기 위해 American Express와 합작 투자회사를 설립하였다. AmEx의 3,000만 등록회원들과 파트너 관계를 유지하고 있는 1,450개 브랜드들은 성공의 가능성을 높이는 아주 귀중한 자산들로 여겨졌다.

그랑종은 AmEx에 대해 이렇게 말했다. "아멕스는 아주 큰 브랜드입니다. 나는 파트너 없이는 미국으로 진출하지 않을 것이라고 언제나 말해 왔습니다. 미국 시장은 아주 성숙한 시장입니다. 이곳의 할인쇼핑은 TJ Maxx와 다른 회사들이 매년 10억 달러의 수익을 올릴 정도로 매우 구조적입니다."[17] 그는 말을 이어갔다. "이곳은 미국입니다. **엄청나게 많은 경쟁이 있고,** 어디든지 사업가들이 있으며, 항상 여러분이 하는 것보다 더 잘 하고 더 싸게 할 수 있는 사람들이 있습니다. **우리는 아주 겸손해야 합니다.**"[18]

하지만 미국에서도 역시, 각각 2007년과 2008년에 시작해서 재정 상태가 아주 좋은 Gilt Groupe과 Rue La La와 경쟁을 해야 할 만큼 vente-privee는 반짝세일 시장의 지각생이었다. 두 회사가 다 vente-privee를 그대로 모방했기 때문에 시장은 이미 매우 혼잡했으며, 미국의 패션제품 판매자들은 이미 서비스를 제대로 제공하고 있었다. 놀랄 것 없이, vente-privee가 프랑스를 제외한 유럽 여타 국가에서 경험한 것처럼, 이곳에서도 진행은 매우 느렸다.

2012년까지, "가입하려면 반드시 초대받아야 한다."는 요구 조건을 없앤 뒤, vente-privee는 유럽에서 1600만 명의 회원에 도달했으며,[19] 이들은 매일 250만 명이 자발적인 방문을 기록할 정도로 회사의 웹사이트나 모바일 앱에 접속하였고,[20] 매일 110,000개 이상의 품목을 구매하였다.[21] 하지만 프랑스 이외의 지역에서는 모든 것이 잘 진행되지는 않았다. "지금 우리 수익의 78%는 프랑스에서, 22%는 나머지 유럽에서 옵니다."라고 그랑종이 한 인터뷰에서 말했다. "저는 이것이 50대 50이 되기를 원합니다. 그래서 유럽의 아주 큰 회사가 되기를 원합니다. 프랑스에서 우리는 큰 회사이지만 다른 유럽 국가에서도 그렇게 되기를 원합니다."[22] 그럼 미국에서는? "미국에서는, 우리는 기본적으로 아직 존재하지 않습니다. 그렇게 작은 존재입니다. 어쩌면 우리는 여기에서 절대로 큰 회사가 될 수 없을지도 모릅니다. 여기는 할인제품의 나라니까요. 그래서 우리는 아주 창의적이어야 합니다. 이것은 모험입니다."[23] 비록 반짝세일 사업의 창시자조차, 그리고 여전히 크게 고객 자금화 모델의 자금 효율성을 누리고 있음에도 불구하고 (vente-privee는 더 이상 기관 자금을 취하지 않았다), 사업을 다른 지역으로 넓혀나가는 일은 힘든 것으로 밝혀졌다. 사업가들과 투자자들은, 조심하라!

## Gilt Groupe: 크고, 효율적인 자금, 그리고 성장 중, 하지만 수익성이 있는가?

2007년 중반에, 연속적인 창업가 케빈 라이언Kevin Ryan은 파리에서의 vente-privee와 다른 지역에서의 모방자들이 반짝세일을 하면서 어떤 일이 일어나고 있는가를 지켜보았다. 그의 뉴욕시 사무실 밖에서 도시의 패션디자이너 샘플판매에 열광하는 사람들이(굳이 200명이 줄을 서 있는 것을 언급하지 않더라도) 대부분 여자에게 맞춰져 있다는 것을 보았다.

"내가 생각할 수 있었던 모든 것은, 만약 여기에 기꺼이 줄을 설 200명이 있다면, 미국 전체에는 아마도 수십만 명이 있다는 것입니다. 그들은 뉴욕에 살고 있지 않고 지금은 바쁘니 사고 싶어도 줄을 설 수가 없습니다. 하지만 나는 이 샘플을 그들에게 가져다 줄 수가 있습니다."[24]

그렇지만 라이언은 패션에 대해서 전혀 몰랐고, 이전에 그가 한 인터넷 사업은 전자상거래에 관한 것이 아니어서, **그는 함께 사업을 설립할 두 명의 스타일에 민감한 하바드 경영대학원 MBA(경영관리학 석사) 학생을 찾았다.** 알렉시스 메이뱅크Alexis Maybank는 eBay에서 전자상거래 일을 하였고, 그녀의 동창생인 알렉산드라 윌키스 윌슨Alexandra Wilkis Wilson은 라이언과 메이뱅크가 아주 유용하리라는 것을 알고 있는 다른 몇몇 판매자와의 관계와 함께 디자이너 브랜드인 Louis Vuitton과 Bulgari로부터의 경험을 가져왔다.

메이뱅크는 Gilt의 2007년 말 출시에 대해 이렇게 회상했다. "우리는 친구, 전 동료, 동창생, 심지어 초등학교 동창생까지 거슬러 올라가서 15,000명 정도의 사람들에게 초대장을 보냈습니다!"[25] Gilt의 좋은 거래에 대한 소문들이 빠르게 퍼져 나갔다. 출시한 지 4개월 만에 더욱 더, Gilt와 Gilt가 만들었던 좋은 거래는 concierge* 전문가인 마이클 파지오Michael Fazio에 의해 TV쇼에 언급되었다. 윌슨은 이렇게 기억한다. 그 TV 프로의 결과로, "우리는 20,000명의 회원으로 출발했는데 우리 이야기가 언급된 지 몇 시간 만에, 회원 숫자가 80,000명까지 올라갔습니다."[26]

## 성장이 시작되다

사업은 빠르게 성장하였고, 이것은 2008년에 불어 닥친 미국경제의 불경기도 한 몫 했다. 디자이너 의류를 만드는 회사들은 너무 많은 재고에 발이 묶였고, Gilt는 물론 많이 할인된 가격으로 이 재고품을 팔도록 도와줄 준비가 되어 있었다. **타이밍이 모든 것을 좌우한다!**

출시에 자금을 조달하기 위해서 2007년 후반에 Series A 라운드의 투자를 모은 후 Gilt는 Series B 라운드로부터 2009년 8월에 4,300만 달러를, 2010년 5월에 3,500만 달러를, 그리고 2011년 5월에는 10억 달러 평가를 받아서 1억 3,800만 달러의 엄청난 투자금을 모으

---

*concierge : 일상적인 심부름들을 대행해 주는 서비스

게 되었다. Gilt는 2007년에 시작했을 때에는 15,000명에게 이메일로 권유하는 회사에서 2011년 4분기에는 500만 명의 회원을 보유한 회사로 급등하게 되었다.[27] 제조업자들의 과잉재고품만이 Gilt의 믿기 힘든 성장에 연료를 공급한 것은 아니었고, 부분적으로는 사실 Gilt의 모델이 매우 자본 효율적이 아니라는 것을 입증하였기 때문에, 많은 벤처 캐피털이 나머지 역할을 하였다. 왜일까?

그 과정에서, Gilt는 여성용 패션제품을 판매하는 일로 시작하여, 항상 독점적인 고급 고객들에게 여행용 남성의류에서 심지어 자랑할 만한 음식에 이르기까지 가정용 패션제품의 모든 것을 판매하는 브랜드 제품의 소장까지 새 분야로 진출하였다. 교차 판매는 Gilt의 성장을 이끌던 전문용어였다. 그리고 그 사업은 사실상 모든 제품들을 할인된 가격대의 판매로부터 거의 정가의 2/3 가격으로의 판매로 가 버렸다.[28] 이것이 vente-privee의 모델의 정상적인 복제였을까? 회사는 갈 길을 잃어 버렸는가?

## 그리 빠르지 않게

2012년 말까지, 회사가 비틀거리고 많은 새로운 계획과 물품 카테고리가 형편없이 운영되고 있다는 것이 분명해졌다. Vente-privee의 고객과는 달리 Gilt의 고객들은, 2012년의 중요한 크리스마스 연휴 판매시즌에 최악의 온라인 쇼핑만족도를 기록한 회사들 속에 Gilt가 속해 있다는 사실에 대해서 언짢아했다.[29] 라이언과 이사회는 그가 CEO의 자리에서 내려오고 전자상거래와 경영에 능숙한 누군가를 지지하는 것에 동의했다.[30] Gilt의 직원들 중 10% 가까이가 2013년 1월에 해고되었다.[31] 2013년 여름까지, 5년 동안 4번째가 된 새로운 CEO 미셸 펠루소Michelle Peluso가 대표로 있을 때, 라이언은 Gilt가 "*약간의 비용을 제*

*하고도 이윤을 내는 정도에 도달했습니다.*"라고 발표했다.('*제하고도*'
는 라이언이 아니라 내가 사용한 이탤릭체이다. 만약 여러분이 충분한
비용을 제한다면, 어떤 회사가 이윤을 낼 수 있겠는가!) "그리고 회사
가 작년에 5,000만 달러를 잃은 이후 하나의 엄청난 선회인 현금을 만
들어내기 시작했습니다."[32] 2012년의 판매량은 5억 5,000만 달러였
으며, 2011년의 4억 5,000만 달러에서 증가하였다.(중단되었던 사업
의 매출을 제외하고).

하지만 Gilt의 문제가 초기의 모험적인 움직임 속에 있는가, 아니면
Gilt의 원래 반짝세일 사업 자체에 있는 것인가? 펠루소는 이렇게 말
한다. "반짝세일은 우리의 핵심입니다."[33]

그렇지만 다른 관찰자들은 반짝세일 모델이 세간의 평판만큼 되는지
는 확신하지 못하였다. "사람들은 현재 반짝세일에 대해서 상당히 부
정적입니다."하고 Battery Ventures의 VC 투자자인 브라이언 오말
리는 말했다. "Gilt가 수익성을 가진 사업이 되기 위해서 그들 중 누구
라도 좋아했을 법한 시간보다 더 오래 걸렸습니다.

Gilt는 아마도 이 시장의 상징이지만, 확장을 하면서 예상하지 못했
던 복잡한 문제에 마주쳤습니다."[34] 실리콘벨리의 전문가인 톰 타울리
Tom Taulli가 덧붙인다. "Gilt에 대한 큰 걱정은 반짝세일 사업이 일시적
유행이라는 것입니다."라고 말한다. "이 시장의 많은 회사들은 이미
자신들의 사업에 다시 초점을 맞추었습니다."[35]

펠루소가 예상하는 것처럼 Gilt가 정상궤도로 돌아올지, 아니면 닷
컴계의 고가주로서의 날들이 얼마 남지 않은 것인지는 아직 미지수이
다. 보도에 따르면 2014년 초반에, Gilt는 계획된 IPO를 운영하기 위
해서 초기에 Gilt 투자를 한 골드만 삭스와 협상을 했다고 한다.[36]

Gilt는 공개기업으로서의 가치를 대중장세에 증명할 수 있을까? 만
약 IPO를 그럭저럭 해낸다면, Gilt는 번창할 것인가, 아니면 우리가

제 1장에서 봤던 Groupon의 경우처럼 주가가 폭락할 것인가? 시간이 말해 줄 것이다.

우리가 이 장에서 봤던 것처럼, 반짝세일 사업은 고객 자금화를 할 수 있고 아마도 그렇게 해야 하지만, 너무 빨리 성급하게 성장을 시도 하거나, 혹은 모델에서 벗어나는 것은 고객의 현금이 경비를 감당하기 에는 충분하지 못하다는 것을 의미한다.

제 5장에 나오는 H. Bloom의 회원가입 모델에 대해서 우리가 배운 교훈과 비슷한 것이다. 모든 부류의 사업가와 투자자들은 주의하라! 우리가 Gilt의 이야기가 어떻게 밝혀지는지 기다리는 동안, 다른 초기 반짝세일 참가자들을 살펴보면서 더 많은 단서를 찾아보도록 하자.

## Totsy와 Zulily:
## 어린 아이들의 어머니들을 위한 반짝세일

환경의식이 강한 엄마들을 위한 반짝세일 사이트인 Totsy는, 2009 년 미국에서 반짝세일이 대유행의 절정일 때 출발하였다. 반짝세일의 전신인 vente-privee와 Gilt처럼, Totsy는 제조업자들의 원하지 않 는 재고 제품을 팔았다. Totsy는 파격적으로 할인된 가격의 신생아부 터 7살까지의 아기와 어린 아이들을 위한 제품에 초점을 맞췄다.

Totsy는 출시하고 얼마 지나지 않아 실패하였지만 비슷한 사업이었 던 bTrendie의 82,000명 회원 리스트를 확보한 후, 2010년 11월에 DFJ Gotham과 Rho Ventures로부터 Series A 라운드 500만 달러 를 투자 받았다.[37] 그 당시 만연하였던 반짝세일 마니아들에 충실하여, 투자자들은 2012년 8월에 또 다른 1,850만 달러를 결제하였고, 그리 고 그 3개월 후에 또 다른 1100만 달러가 뒤를 이었다.[38] **2012년까지,**

Totsy는 300만 회원들을 관리하는 100명 이상 직원을 보유했다.[39] 상황은 낙관적으로 보였지만, 그리 오래 가지는 않았다.[40]

이런 사건들은 엄마들과 그들의 아이를 겨냥한 거의 동일한 사업으로 엄청난 액수의 자금을 모으고 있었던 2009년 시애틀을 기반으로 한 반짝세일 스타트업 Zulily 진행과 함께 일어나고 있었다. Zulily의 창업자인 데럴 케이번스Darrell Cavens와 마크 베이던Mark Vadon은 두 사람 다 성공한 인터넷 다이아몬드회사인 Blue Nile의 베테랑이었는데, 반짝세일이 아주 매력적인 기회라고 보았다.

그들은 August Capital과 Maveron으로부터 재빨리 1,060만 달러를 모을 수가 있었다. 그리고 출시한 지 22개월만인 2011년 8월에, Meritech Capital Partners가 7억 달러 이상 기업 가치를 평가하면서 엄청나게 큰 액수인 4,300만 달러를 투자하였다.[41] Zulily는 이미 500만 명 유저들과 240명 직원들을 보유하고 있었다.[42] Totsy는 빈 들판을 혼자서 달리고 있는 것이 아니었다.

2013년 5월에, Totsy는 이미 83명으로 줄어 버린 모든 직원들을 해고하면서 무너졌다. 그들의 멤버십 리스트는 여성 의류 반짝세일 운영자인 Modnique.com에게 넘겨졌다. 2012년 Totsy의 매출은 1,690만 달러 밖에 안 되었고 2,290만 달러의 손실을 발생시켰다. 왜일까?

Totsy는 회원 기반을 공격적으로 확장하기 위해서 비용을 지출하고 있었지만, 새로운 회원들은 단기간 내에 고객확보 비용을 수익으로 만들어줄 만큼 충분히 빠르게 돈을 지불하는 고객으로 전환하지는 않았던 것이다. 지난 24개월 동안 Totsy 회원으로 등록한 사람들의 오직 10.8%만이 실제로 돈을 내는 고객이 되었다.[43]

반면에 Zulily는 2012년 11월에 Andreessen Horowitz로부터 10억 달러의 회사가치 평가로 8,500만 달러의 또 다른 투자를 받았고, 총 1억 3,000만 달러의 벤처 캐피털 투자를 견인하였다. Zulily은 천만 명의 회원 기록을 넘었으며, 매일 35개만큼 많은 종류의 반짝세일 상품을 대체로 각 종류별로 72시간 동안 운영하였다. 성취 활동을 회사에 도입하였고, Ohio와 Nevada에 물류센터를 만들어서 고객들에게 더 신속한 배송을 가능하게 했다.[44]

왜 Zulily는 Totsy가 사라지는 동안에 확실히 번영하였을까? Zulily의 CEO인 데럴 케이번스는 이렇게 설명한다. "여러분이 진짜 수익을 내고 성장을 하는 견고한 사업을 보유하고 있으면, 그기에 기꺼이 투자할 자금은 있다고 생각합니다. 첫날부터 우리는 매출을 일으키고 참여를 이끌고, 멤버수를 늘리는 것에 집중하는 진짜 소매업을 만드는 비전을 가지고 있었습니다. 그리고 그 모든 것들이 위대한 사업의 토대가 되었습니다."[45]

대부분 독립적으로 사업을 하고 있는 제조업자들은 시장접근이 너무 막막할 정도로 소매채널이 비교적 빈약하다. 그 이유로 인하여 Zulily 제품 카테고리가 본질적으로 희소가치를 누리고 있다는 논란의 여지가 있다. 2013년 11월에, Zulily는 회사를 상장하였다. 첫날부터 활황주가 거의 두 배로 뛰면서 Zulily의 기업 가치는 48억 달러로 엄청나게 평가되었다. 투자사들은 꿈도 꾸지 못할 1억 1,000만 달러 이상을 가져매장 되어서 매우 행복해했다.[46] 3년 전만 해도 겨우 수익을 내는 회사로서는 나쁘지 않은 결과다!

## Lot18: 와인을 위한 반짝세일

만약 파리에서의 패션 의류와 시애틀에서의 아이들 용품에 대한 반짝세일이 통한다면, 와인도 안 될 이유가 없다. Lot18은 사업을 촉진하는 50만 달러의 초기 종자 라운드에 300만 달러의 캐피털 투자가 더해져서 2010년 11월에 출발하였다. 이미 온라인 와인 애주가들의 커뮤니티인 Snooth의 베테랑이었던 공동 창업자 필립 제임스Philip James는 에베레스트 산을 등산하면서, 트라우마까지는 아니지만 등반 과정 동안 이겨낸 어려움의 경험이 그를 무작정 뛰어 들어서 회사를 시작하도록 이끌었다. "한 사람의 창업자로서, 여러분은 의혹을 품은 사람들을 무시해야 합니다.… 여러분에게 항상 '이 아이디어는 어리석어'라고 말하는 사람들이 있습니다. 나도 늘 그런 이야기를 듣습니다. 하지만 여러분이 만들고 있는 것에 대한 믿음을 가지고, 그것을 무시하려고 하는 사람들의 말에 대해서 '모두 비켜, 난 이걸 만들어 내고야 말거야.'하고 말해야 합니다. 에베레스트가 나에게 가르쳐 준 것이 바로 그것입니다."[47] 하지만 이것이 에베레스트 산에서의 경험으로부터 취해야 할 옳은 교훈이었을까?

## 성과: 아니다!

Lot18의 처음 여섯 달은 조짐이 좋아서, 20만의 새로운 회원들이 가입했다. 매주 수천 병이 팔렸고 따라서 월 매출이 빠르게 100만 달러를 넘어섰다. 더 많은 투자가 들어와서 처음에는 1,000만 달러가, 그리고는 2011년 11월에 또 다른 3,000만 달러가 들어왔다.[48] Lot18은 출시한 지 1년 만에 비슷한 프랑스 회사인 Vinobest를 인수했다. 회사는 고객을 자금화하지는 않았지만 매우 훌륭한 출발을 하였다!

하지만 Vinobest를 인수한 지 단지 몇 주 뒤인 2012년 1월, Lot18은 직원들 중에서 15%을 해고했다.[49] 몇 달 뒤에 네 명의 경영진이 떠났다.[50] 그리고 나서 2013년 초기에 다른 접근 방식을 가진 온라인 와인 회사인 Tasting Room을 인수하여, Lot18은 회원가입 모델로 전환하였다.(우리는 제 5장에서 이 모델의 몇 가지 문제점을 이미 보았다!) 2013년 5월까지 또 하나의 해고 라운드를 겪은 후, 회사는 100명 이상의 직원에서 36명까지 내려갔으며,[51] 두 명의 공동 창업자도 떠났다.[52] 한 명의 불만스러운 전 직원은 이렇게 규정하였다. "기술 산업 속에서 내가 부딪쳤던 가장 실망스러운 경험을 하고 나서 끝내 회사를 떠났습니다."[53] 7월에, 회사는 겨우 4개월 전에 문을 열었던 영국 사무실도 폐쇄했다.[54]

이 소란이 왜 일어났을까? 다른 환경에서처럼, 의류 세계에서 하고 있는 똑같은 방식으로 맛보기는 오고 가지 않는 **와인 사업에서는 반짝세일 모델이 전혀 먹히지 않았다.** 와인은 패션보다는 훨씬 더 안정적인 제품 영역이며 맛보기, 트렌드, 그리고 명성은 긴 시간에 걸쳐서 만들어진다. 패션의 불안정이 거기에는 없기 때문에, 결핍은 제대로 잘 역할을 할 수가 없다. '별거 아닌 것'에서 '핫'한 아이템이 되고 다시 '별거 아닌 것'으로 돌아가는데 몇 달밖에 걸리지 않는 패션과 비교했을 때 그런 상품에서 긴박감을 만들어내기는 더욱 어렵다. 더 힘든 것은, 와인은 규정이 매우 엄격해서 주에서 주, 혹은 나라에서 나라마다 규정이 다 다르다. 이런 종류의 복잡함을 갖고 있는 사업을 확산하기는 간단한 과제가 아니다.


# 반짝세일: 힘든 게임


Vente-privee와 Zulily도 그들 중 하나이지만, 반짝세일 산업이 증명하였던 살아남은 회사들의 궁극적인 운명이 어떠하든, 지금까지 짧게 존재하는 동안 잔인하게 용서가 없었다. Zara의 희소가치 모델 버전과는 달리 반짝세일은 모방하기가 너무나 쉬웠다. 법인 유형을 더 넓게 이해하였고, 더 많은 특허 이점과 함께 하는 사업을 정당하게 선호하는 합리적인 기업가들에게는 좋지 않은 소식이었다. 더 힘든 것은 너무 많은 경쟁 때문에 판매회사들이 적당한 제품들(예를 들면 할인된!)을 한정되게 공급하여 팔 수가 없도록 방해를 받고 있다는 것이다.

반짝세일은 너무 많은 캐피털을 유치해왔고, 그래서 공급 문제를 악화시켰고, 판매 회사들이 열광하는 반짝 할인 고객들을 위해서 단순히 더 많은 상품을 만들도록 부추겼다. 부족은 없어졌다! 그리고 고객들은 받은 메일함에 그날의 거래에 대한 매일의 정보 공세에 지쳐가는 것으로 보인다.

Rue La La의 창업자인 벤 피쉬먼Ben Fischman은 이렇게 기억한다. "이것은 진입하기에는 낮은 장벽이지만 성공하기에는 높은 장벽인 힘든 사업입니다."[55] 하지만 그 어떤 것도 반짝 할인 사업에 대한 믿음을 가지고 지속적으로 시작하는 창업자들이 늘어나는 것을 막을 수가 없었다. Gilt와 아주 흡사한 피쉬먼의 Rue La La는 2008년에 출발했다. 여러 소유주의 손을 거쳐 갔으며, 그 중에서는 2011년 3월 또 다른 온라인 소매회사인 GSI를 사들이면서 함께 Rue La La를 인수한 eBay도 포함되었다. eBay는 Rue La La를 원하지 않았고 잘못 되었을 경우를 대비해서 30%의 지분을 남겨 놓고 곧바로 Rue La La를 spin out* 했다.

피쉬먼은 2012년 초에, 이 회사가 여전히 반짝세일 모델에 전념하고 있다고 말했지만, Rue La La는 85명의 직원을 해고했다.[56] 하지만 피쉬먼은 그의 상황에 긍정적인 스핀을 준다. "우리가 spin out했을 때, 회사는 '죽어서 천국에 간' 종류의 시나리오였습니다. 우리는 기관 투자자나 벤처 투자자나 사적 지분도 없는 개인 회사가 되었습니다.… 나는 우리가 가진 유연성이 좋습니다. 우리는 가장 중요하다고 믿는

---

*spin out : 일반적으로 한 회사에서 시작한 소규모 프로젝트가 성공하면서, 이 프로젝트를 사업화하여 분사해서 새로운 회사를 만드는 것을 말한다.

사업과 함께 할 수 있습니다.… 그리고 합병은 정말 흥미롭다고 생각합니다."[57] 다시 말해서, 반짝세일 산업의 베테랑 중 한 사람인 피쉬먼은 폭락*이 오고 있다고 믿고 있다.

## 반짝세일 주자들은 한 명이라도 살아남아서 번창할 것인가?

Vente-privee의 그랑종은 그의 사업이 2004년부터 수익을 내고 있다고 주장한다. 그리고 그의 경쟁자들은 그렇지 못하다고 주장한다. "그 사람들은 이 사업을 이해했다고 생각하고 많은 자금을 모았지만 아직도 수익을 내지 못하고 있습니다."[58]라고 그의 미국 라이벌 회사들에 대해 말한다. 그들은 모두 비상장 회사들이기 때문에 회의실 밖에서는 진짜 아무도 모르고 있다.

그랑종은 경쟁적인 환경이 마음에 들지 않았지만, 이런 상황을 2001년에는 미리 내다보지 못했다. "모두가 같은 원재료인 브랜드 상의 재고품을 확보하기 위해서 싸우고 있습니다. 너무 많은 사람들이 싸우게 되면, 가격만 올라가게 만듭니다. 이 사업에 대해서 재미난 것은, 재고품을 사려는 사람이 더 많아질수록 우리 모두는 죽게 될 거라는 사실입니다. 여러분이 가격을 올리게 되면, 팔 수가 없게 됩니다. 기억하십시오. 사람들이 처음에는 사고 싶어 하지 않았던 것이 재고품입니다. 그렇기 때문에 우리는 낮은 가격에 팔아야만 합니다."[59]

세계적으로 이 산업에 들어간 많은 벤처 캐피털과 사적 지분이 주어졌다면, **사람들은 IPO(신규 공개)이든 혹은 큰 회사에 한 성공적인 매각(특별 염가 매각이 아닌)이든 간에 지금까지 여러 번의 퇴출을 보여주기를 기대할지도 모른다.** Zulily의 IPO와 2011년에 HauteLook을 Nordstrom에 매각

---

*shakeout : 어려운 경제 조건에서 더 강한 회사와 경쟁을 할 수 없어서 여러 회사들이 파산하는 상황

한 경우를 제외하고는 왜 그런 일이 자주 일어나지 않았을까? 사람들은 단지 추측할 뿐이다. 어느 투자자도 자신이 한 거래들이 어려움을 겪고 있다는 것을 받아들이고 싶지 않기 때문에 몇 개의 이유들이 그럴듯해 보인다고 단지 추측할 뿐이다.

- 그랑종이 고안해내고 다른 회사들이 그 뒤를 따른 효율적 자금과 잠재적으로 고객 자금화가 가능한 모델이 주어졌다면, 이러한 회사들의 현금에 대한 압박이 그리 많지 않았을 가능성이 있다. 그래서 특별 염가 매각이 일어날 이유가 없었다. 하지만 Totsy의 양도는 적어도 그들 경우에서는 그런 경우가 아니었다는 것을 시사한다. Totsy가 폐업을 할 시기 즈음인 2013년 6월에 Totsy의 판매회사들 중 하나가 언급했던 것처럼, "Totsy는 빠르게 떠나고 있습니다. 그들은 판매회사들에게 물품에 대한 지불을 하지 않고 있으며 수금대행회사들도 승산이 없는 상황이기 때문에 이 일을 맡지 않을 것입니다. Totsy는 아주 많은 사람들을 화나게 했습니다!"[60]
- 또 다른 그럴듯한 대답은 낙관적인 벤처 캐피털 투자자들이, 수익이 없든지 아니면 최소의 수익에도 불구하고 2011년에 Groupon이 했었고, 2013년 Zulily이 뒤를 잇는 것처럼, 언젠가는 그들 회사를 상장할 수 있다고 판단하고 있는 것이다. 그래서 IPO의 payday*를 희망하면서 지원을 계속하고 있다. 이것이 Gilt Groupe에서 일어나고 있는 일인지도 모른다. 시간이 말해줄 것이다.
- 아마도 몇몇 회사들은 폭락이 오고 있는 것을 보고, 이것이 라이벌의 멤버십 리스트나 특별 염가 가격에 자산을 인수하는 기회를 줄 수 있을 것으로 생각한다. 이것이 Rue La La가 벌이고 있는 게임으로 보인다.
- 아니면, 아마도 거의 그럴 것 같은데, 대부분 회사들의 손해 보는 실적은 이때에 IPO나 고가의 교환 판매를 지지하기에 단순히 불충분하다. 한 창업자가 언

---

*payday : 큰 돈을 얻을 수 있는 때를 말한다.

급한 것처럼, "창업은 여러분에게 행운이 따를 때까지 살아남는 예술입니다!"[61] 이 산업에서 실적을 못내는 회사들에게는 오늘날 단순하게 살아남는 것이 올바른 전략일지도 모른다.

그랑종은 동의하는 것처럼 보인다. 비록 그가 vente-privee의 장래에 대해서는 여전히 낙천적이지만, 이 산업에 있는 나머지 회사들에 대해서는 덜 낙관적이다. "반짝세일은 회사들을 위해 이벤트를 하려는 예정입니다. 반짝세일은 브랜드 회사에 문제가 생겨야 발생하므로, 여러분은 그 문제를 해결하는 운영을 합니다. 이것은 완전히 다른 사업입니다. 그리고 Gilt가 새로운 분야를 오픈할 예정이라고 말하고는 정가로 판매하는 전자 상거래 사이트를 열 때, 그들은 그냥 또 하나의 전자 상거래 회사가 되어가고 있는 것입니다. 우리가 원하는 것은 매일 아주 특별한 일이 일어나서 사람들이 들어오고 싶도록 만드는 것입니다. 그리고 그런 매일의 이벤트들로 인해 우리는 탐닉을 만들어냅니다. 우리는 전자 상거래를 하는 것이 아니라 이벤트를 하는 것입니다."[62]

## 엔젤 투자자들이 무엇을 알고 싶어 하고 무엇을 물어 볼 것인가?

만약 오늘 여러분이 창업자이든 이미 안정된 회사 안에서 일하든, 힘든 상황의 반짝세일 사업을 아마도 운영하고 있거나 혹은 말이 안 되지만 새로이 반짝세일 사업을 계획하고 있다면, 여러분은 유기적으로나 혹은 불가피하게 도산하려는 다른 회사의 멤버십리스트나 자산을 사들여서라도 언젠가 여러분의 회사를 더 빨리 성장시키기 위해서 자금이 필요하다고 결정할 수도 있다. 혹은 어쩌면 여러분이 Zara와 같이 잘 돌아가고 있는 것처럼 보이는 또 다른 희소가치 모델을 만들었을지도 모른다. 만약 이 둘 중 하나가 여러분의 상황이라면, 이 장의 사례기록들이 제시하는 질문 내용들은 무엇일까?

## 여러분과 여러분의 팀이 터놓고 이야기할 수 있는 판매회사와의 관계는 어느 정도 깊이인가?

Vente-privee가 하는 사업의 진정한 힘은 믿을 수 있고 깊고 지속적인 판매 회사와의 관계에 있다. 이러한 관계는 진실로 부족한 공급 상태인 물품들을, 적어도 그들의 내수시장인 프랑스에서만큼은 입수할 수 있도록 해준다. 아마도 다른 곳에서의 이런 관계 부족이 vente-privee가 진출했던 다른 나라들에서 그랑종이 실망스러운 실적으로 인정하는 요인의 하나일 것이다.

만약 여러분이 '단지 또 다른 반짝세일 상인'이라면, 판매 회사들도 결국은 여러분과 마찬가지로 성장하기 위해서 사업을 하고 있기 때문에 여러분에게 아마 약간의 제품을 팔게 될 것이다. 하지만 그 판매회사들이 여러분에게 파는 제품은 그들이 오랫동안 관계를 지속하고 있는 vente-privee와 같은 회사에게 파는 제품과는 다를 것이다. 그 판매회사들은 당연히 여러분에게 큰 할인을 해 주는 것이라고 말할 것이다. 하지만 여러분의 고객은 그 주장이 믿을 수 없는 것이라는 것을 곧 알아챌 것이다.

**만약 여러분이 반짝세일 거래를 심사숙고하고 있는 엔젤이나 다른 투자자라면, 여러분은 그러지 않는 게 좋을 것이다!** 하지만 만일 내가 아직 여러분을 설득하지 못했다면, 판매자와의 깊고 지속적인 관계가 여러분이 심사숙고하고 있는 사업의 핵심에 있는지, 그리고 여러분의 사업이 떠받치고 있는 부족 상태가 진짜이고 존속할 것 같은지에 대해서 적어도 확신을 가져야 한다.

## 여러분의 벤처는 모방하기 쉬워서, 새로운 경쟁자들을 만드는 경향이 있는가?

안타깝게도, 만약 여러분이 반짝세일 사업을 하고 있다면, 이 질문에 대한 답은 '그렇다'이다. 여러분이 앞으로 펼쳐지게 될 합병게임에서 이길 수 있는 회사임을 투자자에게 설득할 수 없다면, 장래 투자자의 대답은 '안 돼'일 확률이 높다는 것을 의미한다. 하지만 이 장의 원리는 단순히 몇몇, 이 또한 희소가치 모델이라고 여기고 있는 반짝세일이나 Groupon 스타일의 매일 거래에만 적용하는 것은 아니다.(하지만 나는 진짜로 가까운 레스토랑에서 점심에 대한 거래나 혹은 세차할인에 대한 할인의 진짜 희소성이 있는지 잘 모르겠다! 이러한 종류의 세일들은 온라인이든 오프라인이든 요즘에는 어디에나 존재하는 것처럼 보인다.)

우리가 간단히 보았던 Zara의 희소가치 모델이 실마리를 갖고 있을지도 모른다. Zara가 만약 제대로 예측한다면 스스로 판매하는 것에 대한 공급을 통제해서 그들이 만들어내는 희소성 있는 스타일을 '제조하고' 통제할 수가 있다. Zara가 판매하는 절반은 이런 식으로 운영된다.[63] 이것은 반짝세일 상인들이 수익을 얻고 싶어 하는 당연하다고 생각하는 희소성과는 대조를 이룬다. 이 산업에 진입하기가 쉽다는 것은, 경기불황이 심할 때에는 반짝세일을 그들이 갖고 있었던 재고품의 해결책으로 보았던 판매회사들이, 이제는 반짝세일 산업을 더 많은 물품을 팔 수 있는 기회로 보고 있다는 것을 뜻한다. 그들 중 다수가 이제는 반짝세일 거래를 위해서 특별히 제품들을 생산한다. 부족분은 더 이상 없다! 그래서 만약 여러분이 부족한 상품을 취급하지 않는다면, 여러분의 장래는 기껏 해야 흐린 것처럼 보인다.

## 여러분의 지표는 멤버들에 대한 것인가? 혹은 '지불하는 고객'과 그들의 가치에 대한 것인가?

너무 많은 인터넷 창업자들은 사용자들이나 유치한 멤버들의 숫자에 대해서 이야기하는데, 이것은 이 장에서 분석한 회사들이 나오는 많은 언론보도에서 보이는 아주 분명한 하나의 현상이다. 하지만 **유저들과 멤버들은 요금을 지불하지 않는다. 고객들이 지불한다.** 만약 여러분이 고객 자금화 희소가치를 기반으로 한 사업을 만들었다면, 여러분은 한 명의 평범한 고객을 더 얻는데 얼마나 비용이 드는지를 아마도 알아냈을 것이다. 일반적인 고객이 회원으로 남아 있는 기간 동안 수익 공헌도가 어느 정도의 가치인지를 가리키는 약간의 증거를 확보했을 것이다. 고객을 유치하는데 지출하는 비용과 제 5장에서 TutorVista에서 본 것과 같은 고객의 수명 가치 사이의 관계는, 장래의 투자자들이 여러분이 이해하고 있는지를 알고 싶어 하는 아주 중요한 요소이다.

## 여러분의 계획은 '크고 빨리 되기'인가, 혹은 여러분의 고객(약간의 벤처 캐피털을 추가해서)이 자금을 모아줄 수 있는 속도로 성장하기인가?

우리가 이 장 속의 vente-privee에서 보았듯이, 유망한 새로운 사업 모델을 찾거나 만들어내었을 때 만일 이 컨셉이 모방하기가 쉽다면, 벤처 캐피털 자금은 우르르 몰려들 것이다. 우리가 본 것처럼, Gilt, Lot18, Totsy, Zulily, 그리고 수많은 다른 회사들이 멤버십리스트를 늘리기 위해서 공격적으로 비용을 지출하였고, 그 운동자금 덕분에 낙관적인 벤처 캐피털로부터 자금을 모을 수가 있었다. Amazon이 닷컴 초기에 성공적으로 적용한 주문인 '크고 빨리 되기'는 만약 사업의 기반이 튼튼하다면 장점이 있다. 하지만 eBay는 고객들의 자금이 초기 성장을 이끌도록 허용하면서 초기에 훨씬 더 천천히 성장했다. 어느 산업에 너무 많은 자금이 흘러드는 것은 아마도 좋은 징조는 아니다!

민약 여러분의 희소기치 모델이 Zara와 같이 모방하기 어렵게 만드는 특성을 가지고 있다면, 여러분은 항상 위험을 동반한 우주선 속도로 성장할 필요가 없다. 엔젤 투자자들도 이러한 회사들을 아주 좋아할 것이다. 하지만 만일 여러분이 모방하기 쉬운 사업을 빠르고 크게 성장시키기 위해서 자금을 요청한다면, 이는 훨씬 더 어려운 거래일 것이다.

이것은 아마도 vente-privee가 미국에서 American Express와의 합작 투자에서 2년 뒤의 거래에서 소박한 4,000만 달러에 이를 정도로, 비교적 천천히 성장했다는 것을 말해 주고 있다.[64] 이러한 진행이 그랑종과 그의 사적 지분 투자자들을 실망시켰을지도 모른다. 반면에 이것은 대부분 희소가치 모델들이 고객들의 현금이 그들에게 자금을 모아줄 수 있는 속도로 천천히 성장할 수 있는 최선의 방법에 대해서 실마리를 제공할 수도 있다.

## 여러분의 사업은 사업 순환의 한 단계에만 의존하고 있는가?

Vente-privee의 자끄-앙투안 그랑종과 Gilt의 캐빈 라이언에게는 그들이 운영하고 있는 반짝세일 모델이 위축된 불경기 때문에 공급 쪽에 도움이 되었다는 것은 분명했다. 반면에, Zara는 좋을 때나 나쁠

때도 돈을 번다. 대부분 엔젤 투자자들의 투자 수평선은 그들이 원하는 것보다 더 길게 나타나고 있다. 경기 순환에서 한 단계에만 맞춘 사업은 자금을 유치하는데 잘 되어나가는 것처럼 보이지는 않는다. 반짝세일 산업에 먼지가 쌓이면, 반짝세일 모델이 보통 경기가 부진할 때만 효력이 있다는 것이 분명할지도 모른다. Zara에서와 같은 다른 희소가치 모델들은 이 경우에서 아마도 제외될 것이다.

## 희소가치 모델을 잘 되도록 만들기: 마지막 세 가지 교훈

이어지는 체크리스트에 요약되어 있는 엔젤 투자자들이 물어볼 질문들을 열거하는 것에 덧붙여서, 이 장에 나온 사례 기록들이 제공하는 중요한 세 가지 교훈들이 있다.

첫째, 이 장에서 우리가 본 희소가치 모델들의 핵심은, 뻔하지만 판매자들에게 돈을 지불하기 훨씬 전에 고객이 돈을 지불해야 한다는 것이다. 성장을 번개처럼 빠른 속도로 추구하는 것이 아니라면, 이 조건은 고객들이 희소가치에 기반을 둔 사업을 어느 정도 시간 동안 자금을 대는데 충분한 것으로 보이는데, 한 가지 단서가 있다. 사업이 만들어내는 수익은 사업을 운영하는 매일의 비용을 부담해서 역시 수익을 만들어내는데 충분해야 한다는 것이다. 고객들이 항상 현금을 가지고 지속적으로 넘치는 사업에서 수익의 현실성에 대해 간과하기는 쉽다. 하지만 조만간 수익은 절대 필요하게 될 것이다.

둘째, Zara와 vente-privee를 제외하고, 벤처 캐피털과 함께 시작하여 더 많은 투자를 초기에 그리고 자주 받은 수많은 회사들에 대한 이 장의 이야기는, 너무 이른 시기에 투자 자금 모으기의 불리한 면에 대한 증거들이다. 몇몇은 침몰하였고 많은 회사들이 경영 혼란을 겪었다. 몇몇 창업자들은 자리에서 쫓겨났다. 여전히 미완성인 이 이야기들 속에 비록 분명하지는 않지만 아마도 가장 안타까운 것은, vente-privee 이외의 사실상 모든 이런 회사들의 창업팀이 가지는 소유권 지분은 고가의 투자 라운드가 거듭될수록 눈에 띄게 희석되었다. 열심히 일하고 헌신적인 창업자들은 회사의 아주 작은 지분만을 소유하고 있다는 사실이다. 만일 자신들의 작은 지분이 아주 큰 파이의 한 조각으로 밝혀진다면 사실 그들은 행복해 할 것이다. 만일 매각 기간 제한이 끝나기 전에 Zulily 창업자들인 데럴 케이번스와 마크 베이턴이 소유하고 있는 주식이 현재 가치를 유지한다면, 두 사람을 위한 경우로 밝혀질 수도 있다. 하지만 반짝세일 산업의 안타까운 상태는, 대부분의 경우에 이러한 결과가 일어나기 어렵다는 것을 시사한다.

셋째, 부분적으로 판매하는 스타일의 수량에 대하여 디자이너로부터 매장 바닥까지 완전한 관리 덕분으로 Zara의 장기간에 걸친 성공은, 비록 반짝세일 모델들이 어려움을 겪어왔지만, 희소가치 모델이 올바른 상황 하에서 작동할 수 있다는 것을 제시한다.

그러므로 여러분이 성장할 수 있는 사업 모델을 찾고 있는 창업자이든, 회사의 성장을 재개하고자 방법을 찾고 있는 기업의 혁신자이든, 반짝세일의 다양성이 아니라면 희소가치 모델은 상당한 잠재력을 갖고 있는 것처럼 보인다. 이제는 누군가가 Zara에게 배워서 실제로 작동하는 새롭고 더 나은 희소가치 모델을 만들어낼 차례이다. 혹시 여러분의 차례인가? 혹은 여러분은 아직 탐험하지 못한 다섯 가지 고객 자금화 모델의 마지막 모델을 고려해 보고 싶은가? 만일 그렇다면, 페이지를 넘겨라!

# 7

## 한 사람을 위해서 만들고
## 그런 다음 모든 사람들에게 팔아라:

# 서비스를 제품으로 바꾸는 모델

중개인 모델
(Matchmaker Models)

서비스를 제품으로
바꾸는 모델
(Service-to-Product Models)

선불 모델
(Pay-in-Advance Models)

여러분의 고객
Your
Customer

희소가치 모델
(Scarcity-Based Models)

회원가입 모델
(Subscription Models)

건축 회사, 항공사, 컨설턴트업, 그리고 더 많은 서비스 사업에 관한 멋진 일 중 하나는, 서비스 자체의 본질이다. 일단 인도되고 소비되고 나면, 다른 제품과는 달리 서비스는 되돌려 받을 수가 없다. 만일 구입한 차가 불량품으로 드러나면, 그 차를 되돌려주고 다른 차를 받게끔 딜러를 설득해 볼 수가 있다. 하지만 만일 고객이 어떤 이유로 서비스에 대해 불만족스럽다고 한다면, 같은 방법으로 그 서비스를 되돌려 받을 수가 없다. 마치 집이 이미 지어졌고, 항공여행은 이미 떠나버렸거나 혹은 인도된 상담 자문의 경우처럼 말이다.

이러한 이유로, 많은 서비스 사업에서 공급자와 서비스 소비자가 비용의 일정 부분(항공 티켓처럼 어떤 경우는 전액)을 미리 공급자에게 지불하는 것에 동의하는 것이 관례이며, 때로는 도중에 공정들이 충족됨에 따라서 추가 지급이 이루어지기도 한다.

이렇게 함으로써 판매자는 돈을 못 받는 경우(만일 지급이 보류되어도 판매자가 서비스를 되돌려 받을 수가 없기 때문에)를 방지하고, 그리고 지급에 공정을 기초로 했을 때 거칠고 나쁜 서비스로부터 구매자를 보호해준다. 초기에 구매자가 본 것이 마음에 들지 않는다면 작업 완료 전에 중단될 수 있다.

**이것은 서비스 사업을 시작하는 누구에게나 좋은 소식이다.** 만일 여러분이 서비스 회사 경영진의 한 사람이라면, 이미 이 사실을 알고 있을 것이다. 왜? 대부분 서비스 사업은 손쉽게 시작할 수가 있고, 초기 보증금과 주기적인 지급 형태를 띤 고객들의 자금을 가지고 상당한 기간 동안 운영될 수 있기 때문이다. 가장 기본적인 형태의 전형적인 선불 모델인 것이다. 선행 투자는 종종 소액이거나 때로는 거의 없다!

하지만 이 장에서 보게 되겠지만, 서비스 사업을 시작해서 자신의 소유로 일어설 수 있는 시장성이 높은 제품으로 서비스를 탈바꿈하는 것은 결국 고객 자금화이며, 또한 제품 사업을 시작하는 현금 능률적인 길이다. 빌 게이츠와 폴 앨런에게 물어보라. 하지만 Microsoft의 고객 자금화 기원을 살펴보기 전에, 서비스를 제품으로 바꾸는 모델이 뜻하는 바가 정확히 무엇인지 분명히 해 두자: 서비스를 제품으로 바꾸는 모델은, 고객의 다양한 요구를 충족시키기 위해서 고객의 요구에 맞춘 서비스를 제공함으로써 시작하는 사업이다. 혼자 힘에 의존하는 일괄적인 해결책을 인도하기 위해서, 결국 판매자의 지원 없이 고객이 주로 사용할 수 있고 소비할 수 있는 축적된 전문기술에 의지하게 된다.

## Microsoft의 서비스로부터 제품으로

서비스를 제품으로 바꾸는 모델은 확실히 새로운 것은 아니다. 1975년에, 게이츠와 앨런은 새로운 기기에 대한 프로그래밍 언어를 개발하는 새로운 Altair8800 마이크로컴퓨터의 제조사에 대한 찬성 발언을 하였다.[1] BASIC 같은 쉬운 프로그래밍 언어가 없이는 새로운 Altair 제품은 근본적으로 타겟 시장의 대부분에게 무의미하다는 것을 컴퓨터 취미 생활자들 스스로는 알고 있었다.[2] Ricoh, Texas Instrument 와 다른 회사를 위해서 해결책을 개발하면서, 그들은 다른 PC 개척자들을 위해서 BASIC을 써넣는 유사한 거래를 하였다.

그 일에 대하여 어떻게 비용을 지급 받았는지에 대해 게이츠는 이렇게 회상했다. "일본 회사에 판매를 시작했을 때, 우리는 터무니없을 정도로 시나지게 약속을 했습니다. Ricoh는 우리가 가지고 있는 모든 언어를 인가해 주었고 사전에 18만 달러를 지불해 주었는데, 믿을 수가 없었습니다."[3] 앨런은 인도 문제에 동의하였다. "우리가 시간이 너무 걸리니, Ricoh는 마침내 우리가 건네주기까지 밤낮으로 우리 사무실에 앉아있는 일이 전부인 직원 한 명을 파견했습니다."[4]

몇 년 후인 1908년에, 그런 소프트웨어 응용 프로그램을 만든 게이츠와 앨런의 경험은, IBM으로 하여금 두 사람의 신생회사인 Microsoft를 고용해서, IBM이 개발하고 있던 숨겨진 신규 'personal computer'를 위한 운영체제(OS)를 만들도록 하였다. **하지만 실제로 게이츠와 앨런은 PC-DOS를 만들지는 않았다.** 두 사람은 가까이 있는 회사인 Seattle Computer Products로부터 많은 부분을 구입하였고, IBM을 위한 일을 완성하도록 그 회사의 최고 기술자를 고용하였다.[5]

게이츠와 앨런은 민첩하게 장래에 생겨날 IBM 모방회사에게도 역시 DOS를 제공할 수 있도록 IBM과의 계약을 체계화하였다.[6] 게이츠는 그의 생각을 생생하게 기억한다. "우리의 목표는 IBM으로부터 직접적으로 돈을 버는 게 아니라, IBM PC와 어느 정도 호환성이 있는 기기를 제공하기를 원하는 컴퓨터 회사들에게 MS-DOS 사용을 허가해 줌으로써 이익을 보고자 했습니다."[7]

PC의 보급이 커지면서 영리한 프로그래머들은 PC로 할 수 있는 어떤 것들을 곧 알아냈다. 예를 들면, 산문을 쓰고 편집하거나 혹은 지금 우리가 전표로 알고 있는 것을 개발해서 금전출납의 계산을 쉽게 바꾸고 업데이트할 수 있도록 한다.

서비스와 함께 개발된 광범위한 소프트웨어 전문기술을 한 PC 제조사에서 또 다른 제조사로 잇따라 인도해 온 Microsoft는, 수축포장 상자에 담겨서 배달되는 Windows, Word, Excel 그리고 더 많은 소프트웨어 제품들을 개발하기 시작했다. 서비스가 제품이 되었으며 그 나머지는 회사가 이루어낸 연혁이다. 제 1장에서 우리가 보았듯이, 디지털 지도제작 능력을 MapmyIndia.com으로 바꾸어 놓은 인도의 CE Info System이 한 것과 같은 사례이다.

제 7장은 21세기 두 개의 서비스 제공자에 대한 이야기를 살펴보고자 Microsoft의 초기 연혁에 의지하는데, 두 제공자는 각각의 영역에

서 광범위한 능력을 개발한 후에 제품 회사로 스스로를 변형시킬 수 있었고, 그 혜택은 이야기가 전개되면서 분명해질 것이다.

덴마크의 온라인 비디오 콘텐트 개발 회사이며 배급처인 **GoViral은, 한 푼의 자금도 없이 시작했으며 외부 투자를 단돈 일 크로네나 일 달러를 받아 본 적이 없었다.** 설립이 되고 겨우 7년 후인 2011년에, GoViral은 거의 1억 달러에 매각되었다. 푸에르토리코에 있는 훨씬 더 작은 IT 서비스 회사인 Rock Solid Technologies는, 자신들을 푸에르토리코의 시당국에 서비스를 제공하는 제공자에서, GoViral을 서비스 공급자로부터 지방자치제로 변형시켜서 일괄 도급* 방식의 크라우드 기반 소프트웨어 제품을 SaaS 기반의 공급자로 탈바꿈시키는 기회를 보았고, 서비스를 제품으로 바꾸는 자신들만의 전환을 이루었다.

여러분이 신진 창업가이거나 혹은 안정된 서비스 회사를 경영하는 누군가라면, 회사에서 서비스를 제품으로 전환해야 할까? 두 가지 합당한 이유가 있다.

- 커지면서 어떤 의미 있는 규모의 경제가 모자라기 때문에 더욱 많은 사람과 시스템을 요구하는 것 같아서, 제품 사업은 서비스 사업보다 종종 확장성이 좋다. 그것 자체를 목적으로 커지는 것은 여러분이 원하는 바가 아닐 수도 있다.
- 일반적으로 제품 사업은 제공하는 서비스를 팔거나 인도하는 능력인 한 사람(혹은 몇 사람)의 개인 재능에 덜 의지한다. 서비스 사업을 이끄는 기업가는 종종 자신을 목제할 수 있기를 바란다. 하지만 유감스럽게도 그렇게 할 수가 없는 일이다.

---

*turnkey : 제품을 구매자가 바로 사용할 수 있도록 생산자가 인도하는 방식. 디자인-빌드(design-build)라고도 한다. 보통 설계와 시공을 함께 발주하는 설계·시공 일괄 입찰의 뜻으로 쓰인다.

서비스를 제품으로 전환하는 것은 서비스 사업을 성장시키는 유일한 길은 아니다. 이 장은 서비스 사업의 이야기인, 제품 기반의 모델로 전환을 하지 않고 극적으로 성장한 QuEST Global Services를 살펴볼 것이다. 아마 틀림없이 속해야 하는 선불 모델에 넣기 보다는 오히려 여기에 배치한 것은, 선불 서비스 사업이 가까이에 가지고 있을 수도 있는 선택을 강조하기 위함이다.

## GoViral은 입소문이 퍼진다[8]

GoViral은 2003년 12월에 조촐하게 시작했으며, 공식적인 합병은 한참 후까지도 이루어지지 않았다. 공동 창업자인 클라우스 모스홀름 Claus Moseholm과 발더 올릭Balder Olrik은 몇 년간 서로 알고 있었으며, 종종 사업을 같이 해보자고 이야기를 나누곤 했다.

창의적인 타입의 예술가인 올릭은 디지털 미디어 대리점을 세웠다가 2002년에 팔아 치웠다. 마케팅 전략가이며 고객회계주임이었던 모스홀름은 8명의 작은 광고 대리점을 운영하였으며, 2003년 여름에 그곳을 떠났다.

세계적으로 보안 소프트웨어를 판매하는 친구의 회사인 BullGuard를 위해서 그런 광고를 자신이 만들어 줄 수 있다고 확신시킨 후에, 올릭은 그 해 여름에 2인조의 첫 서비스 제공인 온라인 비디오 광고를 만들고 출시함으로써 슬슬 시작했다. 예술가와 미디어 전문가로서 올릭은 그가 가진 다양한 배경에 의지해서, 광고를 기획하고 비디오를 찍고 편집하는 것까지 모든 프로젝트를 달성하였다. "광고는 엄청난 성공이었어요, 소비자들이 유쾌한 비디오 링크를 친구들에게 전달하면서 바이러스처럼 퍼져 나갔습니다." 모스홀름이 회상했다.[9] 합해서 거의 2,000만 명의 사람들이 비디오를 봤으니, 풋내기 회사의 첫 노력으로는 나쁜 출발이 아니었다!

그 해 말에, 바이러스성 마케팅(전자 메일을 통해 무의식적으로 메시지나 이미지를 받고 보내게 하는)에 관해 약간의 조사를 필요로 했지만, 모스홀름은 올릭이 창출해낸 것에 관해서 기사를 작성했다. 단지 몇몇 플레이어들만 정말로 이런 종류의 작업에 집중한다는 것을 깨달았다. 영국에 있는 회사인 The Viral Factory는 유사한 프로젝트를 만들었지만, 유기적이고 바이러스 같이 확산되는 비디오 콘텐츠를 만들어내기 위한 의식적인 노력은 기울이지 않았다.

용기를 북돋워주는 예비 경험은 손에 있고 가족들을 계속 먹여 살릴 수 있는 컨설팅 일이 있으니, 두 사람은 이 일을 단행하기로 결정했다. 2003년 크리스마스 휴일이 지나면서, 두 사람은 이 일을 사업에 대한 웹사이트를 개발했으며 곧바로 서비스 판매를 시도했다.

아이디어는 단순했지만 그럼에도 불구하고 기발했다. 두 사람은 덴마크에서 광고주들을 위해서 바이러스 같은 비디오 광고를 만들어내고, 생산하고, 배급하고자 했다. 아마도 그런 광고는 존재하지 않았고 온라인 비디오가 여전히 틈새현상이었기 때문에 광고주들 사이에 **그런 서비스는 수요가 거의 없었지만**, 두 사람이 말할 수 있는 한, 그런 사실이 **두 사람을 신경쓰이게 하지는 않았다**.

광고 산업에서의 경험에도 불구하고, 첫 고객 광고와 함께 한 성공과 시장에서의 분명한 간격으로 초기 활동은 힘이 들었다. "200만 뷰를 끌어늘일 수 있는 고객들을 위한 영화를 만드는 것에 대해서 대리점과 이야기를 나눌 때면, 마치 벽을 보고 있는 것 같았습니다."[10]하고 모스홀름은 회고했다. 성과를 거두기 위해서 시장을 교육하기에는 약간의 시간이 걸릴 것이라는 사실이 점점 분명해졌다.

## 시기상조

2004년에, 광고로부터 직접적으로 창출된 매출에 근거하여 GoViral 에게 지급한다는 합의하에, GoViral은 BullGuard에 두 개의 광고를 더 판매하였다. 두 개의 광고가 다 넓게 퍼졌지만, 마감된 실제 매출이 별로였기 때문에 GoViral은 단지 소액의 수익을 벌었을 뿐이었다.

이러한 일은 중요한 업적이었으며 여전히 작은 회사의 앞으로 개발에 지금을 조달하는 역할로서 약간의 현금과 성과 기준을 제공했으나, 광고 공동체로부터 다른 어떤 관심을 끌기에는 힘들다는 것이 입증된 셈이었다. 뭔가 바뀌어야만 한다.

코펜하겐에 있는 McCann Worldgroup의 디지털 쪽을 이끌고 있었던 친구인 헨릭 부쉬Henrik Busch의 도움과 그들이 모은 고객의 반응 덕분에, 두 사람은 하나의 매체로서의 온라인 비디오에 대해 생각하는 새로운 방법과 피치를 개발했다. 뷰당 비용* 가격책정이다.

GoViral은 특정한 비용에 대한 특정한 횟수의 비디오 '뷰'를 보장하고자 했다. 모스홀름이 회상했다. "우리는 일정한 양을 보장했습니다. 예를 들면, 특정한 가격에 대해서 10만 번의 클릭으로 비디오를 재생하는 것이지요. 그 이상은 무료였습니다."[11]

---

*cost-per-click(CPC) : 온라인 광고를 본 이용자가 배너 등의 광고를 클릭한 횟수를 기준으로 매체사(포털)에 광고비를 지불하는 광고단가 산정기법이다. 클릭 당 지불 방식이라고 한다.
cost-per-millenium(CPM) : 배너 등의 온라인 광고가 방문자에게 임프레션된 횟수, 즉 노출된 횟수를 기준으로 한 광고단가 산정기법이다. 1,000번의 임프레션을 한 패키지로 하여 광고단가를 산정한다.
cost-per-action(CPA) : 네티즌이 한번 반응할 때마다 지불해야 하는 광고비용. 광고를 본 사용자가 회원으로 등록하거나 소프트웨어를 다운로드 받거나, 설문이나 이벤트에 참여하는 등 광고주가 원하는 특정행동을 취할 때 그 횟수에 따라 광고비용을 책정하는 방식이다.

## 실제 사업이 되기: 고객의 자금이 지불 청구를 이끌다

2005년 2월에 YouTube가 출시되었고, 웹을 기반으로 한 비디오가 온라인 사용자의 레이더 상에서 명성을 얻기 시작했다. 모스홀름과 올릭은 2005년 말까지, 자신들의 회사를 등록하고 충분한 장래성을 보고 공식적으로 사업을 시작했다. 단 한 사람의 프로그래머와 함께 빠르게 움직이는 상품 영역 안의 회사에 서비스를 제공하기 위해서 대부분 덴마크 광고주와 일하면서, 그 해에 약 100만 덴마크 그로네(약 120,000달러) 어치의 광고를 인도했다.

이 많지 않은 금액의 고객 현금은 몇 개월 더 신생 회사의 경비를 충당하고 두 번째 프로그래머를 고용하기에 충분했지만, 여전히 소액의 월급만을 취했던 두 명의 창업주는 가계부 균형을 유지하기 위해서 컨설팅 일을 계속했다.

온라인 비디오 콘텐트에 대한 소비자의 흥미를 보여주는 YouTube의 시작과 함께, 만일 광고주를 위한 온라인에서 퍼지는 비디오 광고를 창조하고 생산하고 유통하는 두 사람이 상상하던 기회가 실현된다면, 모스홀름과 올릭은 약간의 도움이 필요하리라는 것을 알았다. 서로 친구 사이인 지미 메이먼Jimmy Maymann에게 GoViral 팀에 합류하기를 설득하기 위해서 그와 이야기를 나누기 시작했다. 2005년 크리스마스 휴일 동안 메이먼은 GoViral에 합류할 것에 동의했지만, 합류하려면 자신이 다니던 회사의 고용주에게 12개월 전에 사표를 고지해야 할 의무가 있었다.

**메이먼은 첫 기준으로 2006년 매출을 천만 크로네로 올리는 것으로 회사의 안목을 높게 가지자고 제안했다.** 모스홀름의 견해로는, "이 야망은 기껏해야 뻔뻔하고 최악의 경우에는 무모하였습니다. 주어진 것이라고는 회사 도처에 초라한 전문기술과 모든 것이 막연함뿐이었으니 터무니 없었습니다. 아무것도 제대로 되는 것이 없었습니다." 목표의 성취를 더욱 어렵게 만드는 것은, 확장성이 별로 없고 유통에 매달려야 하는 비디오 창작과 제작 사업에서 GoViral이 벗어나야 한다는 메이먼의 견해였다. 메이먼의 꿈에 계약서명을 하면서, 모스홀름과 올릭은 컨설팅 일을 그만두고 GoViral을 성공한 회사로 만드는데 모든 에너지를 집중하기로 결정했다.

다행히, GoViral은 곧 런던에 있는 광고 대리점인 Leagas Delaney를 통해서, 팀이 이제까지 기대해 왔던 더 많은 고객 자금을 일부분은 선불로 지급받는 매력적인 계약을 체결했다. 그 대리점은 비디오를 창작하고, GoViral은 고객인 Goodyear Europe이 의도한 목표 시장에 도달하고자 하는 웹사이트에 그 비디오를 올려서 유통을 담당하였다. 광고는 메이먼이 회사에 합류할 수 있기 전인 2006년 봄에 출시되었다. 팀은 가슴이 두근거렸으며, Goodyear를 위해서 계약 내용보다 더 많이 달성하기로 의도적인 결정을 하였고, 정확하게 그대로 시행하였다. 모스홀름이 그 이유를 설명했다. "콘텐트는 정말 강해서, 비디오는 많은 관심을 받았고, 우리가 약속한 것보다 더 많은 수백만 뷰를 달성하였습니다."

## 칸의 무대 위에서 주목을 받다

회사의 팀은 그동안의 산업 연줄을 이용해서, 2006년 6월에 열리는 칸 라이온즈 국제 광고 페스티벌에서 발표하는 의사일정에 들어가는 방법을 그럭저럭 이야기할 수 있었다. 이 페스티벌은 매년 유럽 광고 산업의 가장 크고 중요한 만남의 장이었다. 그 전 해에 YouTube의 출시로 촉진된 막 퍼져나가는 온라인 비디오 추세는 GoViral을 위해서 행운으로 밝혀졌다. 누구나 이 새로운 매체를 알고 싶어 했으며, 광고 커뮤니티 속에서도 관심이 커져가고 있었다.

두 사람은 칸에서의 기회를 최대한 강화하기로 마음 먹었다. 모스홀름은 회상한다. "우리의 작업에 관한 사실과 퍼뜨린 광고에 관한 인용으로 30페이지의 소책자를 준비해서는 모든 대표단의 선물 백 안에 끼워 넣었습니다."[12] 칸에서의 노출로 GoViral은 퍼져나가는 온라인 비디오의 떠오르는 틈새시장에서 선두주자로서의 위치를 점하였다. 더욱 중요하게도, GoViral의 작업을 유효하게 해주었다. 메이먼이 부연 설명했다. **"만일 칸에서 기본방침을 정하고 있으면, 여러분은 그것에 관해서 말할 가치가 있음에 틀림없습니다."**[13] 두 사람은 주제에 관해서 더 많은 세미나를 하도록 초대받았으며, 종종 이런 말을 들었다. "코펜하겐에서 다섯 명보다 훨씬 많은 것처럼 보였다."[14]

칸에서의 GoViral 출연에 뒤따라 올라간 지명도와 사업과 함께, 유럽 광고 산업의 본고장인 런던에서 팀은 회사의 연혁이 필요하다는 것을 깨달았다. 모스홀름은 가족을 런던으로 옮겼고, 코펜하겐으로부터 다른 팀 멤버를 데려왔으며, PR회사에서 여유분의 책상을 빌려서 걸려오는 전화와 프레젠테이션 준비를 담당할 조수를 고용했다. 메이먼은 그의 고용주에게 사전 고지기간을 줄여주도록 설득한 후에, 마침내 2006년 10월에 합류했으며 덴마크에 남았다.

런던 팀은 책상에 잘 붙어있지 않았고, 여전히 퍼져나가는 온라인 비디오의 새로운 현상의 잠재력과 GoViral의 접근법에 대해 미디어와 광고 대리점에 이야기를 하면서, 사실상 모든 시간을 정신없이 바쁘게 보냈다. 매출은 늘어나서, 2006년에 GoViral이 청구한 금액이 천만 크로네(약 120만 달러)에 도달한 사실은, 메이먼이 제의한 연간 대담한 목표를 적중시키기에 충분했을 뿐 아니라 연말까지 인원수를 12명으로 늘리면서 팀을 지속적으로 키우기에도 충분했다. 서비스 사업으로서 더욱 중요하게도, 많은 부분의 금액을 선불로 지급해 달라고 고객을 설득하는 것이 거의 매번 가능했다. 고객의 자금은 이제 훌륭하게 성장하고 있는 사업에 자금을 공급하고 있었다.

## 전문기술이 중요하다

2007년에, 비디오 콘텐트 창작에서 유통으로 사업을 집중적으로 전환하여, 창작 작업이 크게 그의 책임과 관심에 의존했기 때문에 공동 창업자인 발더 올릭은 완전히 행복하지는 않았다. 첨언하면, 세 사람 모두 광고와 미디어에서 강력한 배경을 가지고 있었고 판매할 수도 있었지만, 그들의 제공물에 근간을 이루는 기술에서 전문성이 부족하다는 것을[15] 모스홀름과 메이먼은 깨달았다. 새로운 광고 작업을 할 때마다 매번 힘이 드는 수동 과정이 요구되었다. **"단지 확장성이 좋지 않았어요."** 하고 모스홀름이 회고했다. 다시 한번 변화가 필요했다.

약간의 과정을 자동화하는 일 년 동안의 노력으로, 회사를 위해서 목표를 달성하려 한다면 GoViral은 기술에 정통한 경영진을 데려올 필요가 있다는 사실이 분명해졌다. 모스홀름은 운 좋게도 런던의 한 운동장에서 르네 레스먼Rene Rechtman과 연결되었다. 레스먼은 계열사 마케팅 프로그램을 개발한 스웨덴 회사 Tradedoubler에서 광고 감독이었는데, 회사의 기술적이고 상업적인 전략이 더없이 GoViral을 위해서 기획한 것 같았다. 메이먼과 모스홀름은 그가 GoViral에 합류하도록 구애작업에 착수했지만, 발더 올릭은 그런 움직임이 이치에 맞는지 확신할 수 없었다. 그가 보는 관점에서 회사는 훌륭하게 성장하고 있었고, 레스먼을 영입하려면 돈이 꽤 많이 들 것이 틀림없었다.

이런 도전 중에도 사업은 계속되었다. 사업은 아주 잘 진행되었으며 모든 점이 고려되었다! 2007년 말까지, 기술적인 도전에도 불구하고, 사업 운영 경비를 충당하는 거의 250만 달러에 가까운 추가 고객 자금이 제공되었고, 그룹은 2,000만 크로네에 이르는 두 배의 수익을 달성하였다. 여전히 중소 회사에 머무는 동안, 매각하였던 비디오 광고 유통으로부터 창출해낸 자금만을 지출하면서, GoViral은 외부의 자금 없이 이와 같은 이정표에 도달하였다.

## 돌파

2007년에, Nissan Europe은 유럽의 젊은 층을 겨냥해서 새로운 모델인 Qashqai의 출시를 기획하기 시작했다. 많은 소비자들에게 약간 답답하게 보여진 Nissan의 입장에서는, 만일 X-세대(1965년~1977년 태어난)와 함께 공명할 기회가 주어진다면 회사가 반드시 필요로 하는 것이 바로 온라인 비디오라는 것을 모스홀름과 메이먼은 확신했다. 새로운 모델의 출시에 연관된 상당한 프로젝트와 함께 회사 수익의 거의 절반을 제공하면서, 2007년과 2008년에 Nissan은 곧바로 GoViral의 가장 큰 단일 고객이 되었다.[16]

Nissan 수익은 엄청난 차이를 만들었고, 레스먼의 뒤를 이어서 새로운 CTO와 몇몇 다른 기술적인 인재와 함께, 2008년 여름에 기술에 정통한 레스먼을 영입할 수 있도록 해 주었다. 그 결과로, 2008년은 회사가 세 번째로 연속적으로 전년대비 100%의 성장을 이루었고, 매출은 두 배인 4,000만 크로네에 달했다.

Nissan 광고는 17개의 유럽 시장을 가로질러 15,000사이트에 나오는 복합적인 것이었다. 5,000만 뷰를 창출해냈고 Nissan Europe이 수백만 유로의 수익을 내는데 일조를 했다. 비록 결코 완전하지는 않았지만 결국 완전히 기능적이었던 기술 플랫폼 덕분에, GoViral은 고객에게 자세한 데이터 리포트와 분석을 제공할 수 있었다.[17] 이 성공은 회사 능력을 유효하게 만들어준 큰 척도가 되었으며, 다른 세계적인 브랜드에 대한 피치 속에서 강력한 사례연구에 기여하였다. 하나의 광고 매개로서 비디오의 잠재력에 대한 인지도가 빠르게 커지고 있었고, GoViral은 그 분야에서 일종의 강한 확신으로 자신을 정당화하는 매출의 신장을 이루었으며 성과 기준이 되는 성장하는 몸통이 되었다.

Nissan 성공의 근거가 되는 것은, 모스홀름이 회고하는 바와 같이, "2008년에 우리는 많이 조직화 되었어요."[18] **메이먼은 새로운 기술 플랫폼의 출시를 GoViral을 위한 하나의 '승부수'라고 불렀고**, 복잡한 데이터 수집과 분석 능력 없이 할 수 있었던 것보다 더 높은 수준에서 고객들에게 서비스를 제공하도록 해주었다. 플랫폼은 또한 GoViral이 더 큰 볼륨의 고객 광고를 처리할 수 있도록 해주었고 수익도 자연히 따라왔다. 단순한 일개의 서비스 제공자가 되는 대신에, GoViral은 자신의 제안을 상품으로 전환하였다.

자신들이 만든 광고의 성과에 대하여 미디어 바이어와 광고 회사가 측정하고 보고할 수 있고, 온라인상에 비디오 콘텐트를 인도하는 확고한 플랫폼인 상품이 되었다. 그보다 중요한 것은, 인도에서 훨씬 큰 효율성은 이제 그냥 소폭이 아니라 대단히 수익성이 크다는 것을 뜻하였다.

## 투자 파트너가 파티에 참석하다

2009년 초에, 새로운 플랫폼의 합류와 다른 사건들이 GoViral을 새롭고 더 빠르기조차 한 성장 궤적 위에 올려놓았다.

첫 번째, GoVral은 중요한 유럽 도시들에 영업 이사들을 영입하면서 최고의 경영 팀을 뛰어넘는 판매력을 확장했다.

두 번째, 2009년 중반에 GoViral의 고객 광고를 지원하기 위하여 더욱 나아진 최첨단 플랫폼을 출시하면서, 르네 레스먼이 도입한

CTO[*]를 더욱 많이 배송하였다. 콘텐트 창작에 대한 회사의 초기 집중과 유통에 관련한 새로운 집중 사이에서 여전히 약간의 갈등이 남아있는 데다가, 지금까지 상당한 가치가 창출되었다는 인식과 기술 발전에도 불구하고 모스홀름이 덧붙인 바와 같이 "우리의 기술은 도달했어야만 하는 곳까지는 여전히 가지 못했습니다."[19]라는 깨달음 때문에, 회사는 투자 파트너인 Kennet Partners에게 맡겨졌다.

Kennet는 올릭의 지분과 약간의 모스홀름 지분과 메이먼 지분을 사들였고, 팀이 만들어낸 가치의 약간을 거둬들이도록 허용했다. 가능성을 성취하는데 필요한 기술적인 재능과 다른 재능을 GoViral이 유치하고 보유하도록 돕기 위하여 스톡옵션 계획을 실행에 옮겼다.

GoViral의 고객 자금화 모델이 서비스 사업보다 상품 플랫폼 쪽으로 더 많이 발전하면서 회사가 계획했던 성장에 충분한 그 이상의 자금을 조달했기 때문에, 실제로 어떤 현금도 회사로 유입되지 않았다.

## 좌절과 설립

세계 경제에서 2008년~2009년의 추락은 특히 자동차 산업에서 GoViral의 '달러 박스(고수익 사업)' 고객인 Nissan Europe이 2009년에 뒷걸음질을 했다는 것을 뜻하였다. 그렇지만, 2009년에 단지 50%(6,000만 크로네까지) 성장한 매출에도 불구하고, 다른 고객들 사이에서 GoViral가 이룩한 발전은 2009년에 개최된 칸의 연례행사에서 AOL Europe의 관심을 끌기에 충분했다. AOL[**]은 약간의 공동

---

*Configure To Order : 주문사양생산대응. 구매자가 다양한 사양으로 구성하여 주문하면 그에 맞춰서 커스텀되어 출고되는 제품을 말한다.
**AOL(America On-Line) : 미국에서 가장 많은 사용자를 확보하고 있는 PC 통신망의 하나. 전자 우편, 공개 자료실, 뉴스, 금융, 동호회, 온라인 게임, 백과사전 등 다양한 서비스를 제공하고 있다. 멀티미디어 서비스에 강해서 인기가 높고, 인터넷 접속 서비스도 적극적으로 제공하고 있다.

작업과 가능한 인수를 제안했다. 하지만 모스홀름과 메이먼은 즐거운 시간을 보내고 있었으며 실제로 회사의 매각에는 별 흥미가 없었다.

일 년 뒤인 2010년 칸에서 AOL은 더욱 앞서 나갔으며, 이번에는 GoViral 팀이 더 수용하게 되어서 결국 매각에 동의하였다. 회사의 2010년 연간 매출의 다섯 배인 5억 크로네 혹은 9,670만 달러를 AOL이 지불하면서 회사의 매각은 2011년 1월에 마무리 되었다.

GoViral은 한 때 '터무니없는' 목표였던 1억 크로네의 매출을 이루게 되었고, **외부의 투자를 한 번도 받지 않은 회사에서 팀은 5억 크로네의 가치를 창출해 낸 것이다.** 유일하게 들어왔던 자금은 행복한 고객들로부터의 매출이었다.

팀이 바이럴 온라인 비디오 시장에서 누구보다 먼저 시작한 것과, 매력적이고도 독특한 컨셉(뷰당 비용 가격책정)을 포장해서 판매하는 팀의 능력과, 그다지 확산성이 없는 서비스 사업으로부터 고도로 확산성이 있는 사업으로 전환하는 효과적이고 기술적인 플랫폼을 개발하는 작업에서 '하지 않는 것보다는 늦더라도 하는 것이 낫다'는 생각에서 이룬 성공과, 고도의 수익성이 있는 상품 플랫폼 등이 이 매각에 반영되었다.

AOL 회장 팀 암스트롱Tim Armstrong은 진정으로 GoViral의 업적 그 자체를 이렇게 설명했다. "GoViral은 출판업자나 광고업자들에게 고도로 예측 가능하고 비용 효율이 높은 해결책을 인도하는, 믿을 수 없을 만큼 강력한 플랫폼을 만들어 내었습니다."[20] 일회성 서비스의 제공자로부터 고객들이 자신들만의 것을 사용할 수 있는 상품 플랫폼으로 전환한 덕분에, GoViral은 8년도 채 되지 않는 기간에 기이한 목표를 이루어 내었다. 고객 자금화로 서비스를 제품으로 전환한 모델이 그들에게는 아주 잘 공헌한 셈이다.

# 타자기와 카본지에서 SaaS로: Rock Solid[21]

2000년 1월에 앙헬 페레즈Angel Perez는 직업을 찾고 있었다. 21세기의 도래가 그가 고용된 대기업 자동차 부품 제조업자의 시스템을 붕괴시키지는 않을 것이라고 확신하면서 대기업의 IT 임무를 마무리 지었다. Y2K* 공포는 찍소리 없이 지나갔고, 페레즈는 다음에는 무엇이 될지 궁금해졌다.

미국에서 고향 푸에르도리코로 돌아온 후, 페레즈는 마이크로소프트 제품을 위한 IT 지원 공급자이며 Texas에 본사를 둔 Rock Solid의 작은 산후안San Juan 사무실을 운영하는 일을 얻었다. 사무실과 다섯 명의 직원은 백만 달러 서비스 계약을 한 푸에르토리코 고객에게 서비스를 제공하였고, 페레즈는 성장시킬 사업의 잠재력이 있다고 생각했다.

페레즈는 2006년까지 회사가 보유한 마이크로소프트 인증과 관계를 강화하고 활용해서, 80명에게 푸에르토리코 식의 영향력을 키웠는데 Dell, Citrix, Barracuda 그리고 다른 것들이 혼용되고 있었지만 이들 대부분은 마이크로소프트를 이용해서 사업과 공공부문 고객들을 지원하고 있었다.

성장은 온전히 Rock Solid의 서비스 계약이 가져다주는 고객 현금으로 조달되었다. **Rock Solid 팀은 IT 서비스와 지원에 대해서는 푸에르토리코 안에서, 특히 푸에르토리코 경제의 대들보인 유통산업과 정부 내에서, 찾아가야 할 가장 좋은 곳으로 알려지게 되었다. 하지만 페레즈는 더 많은 것을 원했다.**

---

*Y2K : 2000년 표기 문제 : 연도를 마지막 두 자리로만 표시한 데에서, 전산 자료 처리 시 컴퓨터가 2000년 이후의 연도와 1900년대의 연도를 구별해서 인식하지 못하게 되는 오류를 말한다.

# 새로운 기회

페레즈는 2006년에, 푸에르토리코의 78개 지자체 당국(다양한 크기의 시와 마을)을 21세기의 시스템 양식으로 도입하는 기회를 보았다. 대부분은 여전히 타자기와 카본지 그리고 수기식 대장을 운용하고 있었다. 페레즈가 보기에 선거구민들의 요구사항을 도와주기에는 비능률적이고 비효과적이었다. 페레즈는 참고가 될 만한 고객을 찾아서 이 기회를 추진하고 싶었고, 몇몇 세계 최고 육상선수를 위하여 매년 San Blas 하프 마라톤이 열리는 장소로서 3만여 명의 주민이 살고 있는 진보적인 도시인, Coamo라는 작은 상업에 종사하는 마을에서 찾게 되었다. Coamo의 온천은 한때 후안 폰세 데 레온*의 전설적인 젊음의 샘으로 소문이 났었다. Coamo 시장인 후안 카를로스 가르시아 파디야Juan Carlos Garcia Padilla는 통찰력이 있는 지도자였다. 페레즈가 회고했다. "그는 크게 생각하고 첫 번째가 되기를 좋아합니다."[22]

페레즈에게 Coamo는 시작하기 좋은 장소로 보였다. 대개 중소 규모의 사업을 목표로 하는 마이크로소프트의 ERP**와 CRM*** 시스템을 공공부문에 적용함으로써, 그와 그의 팀이 개발하고자 하는 것을 계산해서 일반적으로 시스템 개발 작업에는 200만 달러가 들지만 Coamo

---

*Juan Ponce de Leon : 스페인의 탐험가로 1493년에 콜럼부스의 2차 항해에 동행하였다. 1513년에 전설적인 젊음의 샘을 찾는 도중에 Florida를 발견하였다. (1460년~1521년)

**Enterprise Resource Planning : 전사적 자원관리. 기업의 모든 부분을 하나로 통합 관리하는 시스템. 1970년대 제조업체의 자재관리 시스템이 점차 발전하여 1990년 대 들어 기업 전체의 경영 자원을 최적화하여 활용하는 관점에서 구매, 생산, 물류, 마케팅, 회계 등 업무기능의 효율화를 추구하는 통합된 정보시스템으로 발전했다. ERP란 용어는 미국의 'ERP 더'라는 소프트웨어 개발회사가 자사의 소프트웨어 제품으로 명명한 것에서 유래했다.

***Customer Relationship Management : 고객 관계 관리. 기업이 고객을 관리하기 위해 필요한 방법론이나 소프트웨어 등을 가리키는 용어. 현재의 고객과 잠재 고객에 대한 정보자료를 정리, 분석해 마케팅 정보로 변환함으로써 고객의 구매 관련 행동을 지수화하고, 이를 바탕으로 마케팅 프로그램을 개발, 실현, 수정하는 고객 중심의 경영 기법을 의미한다. 나아가 고객 데이터 분석을 통해 고객과 양방향으로 소통하는 CRM 2.0 개념이 도입되었다.

를 위해서 50만 달러를 선불 입금하는 조건으로 하겠다고 페레즈는 제안했다. 일이 더 쉽고 더 빠르게 진행되었으므로 Coamo의 행정 직원들은 재빨리 새로운 시스템에 적응을 했다. 시민들도 역시 그 차이를 재빨리 알아차렸다.

- 실종된 정지 신호판은 더욱 빨리 교체되었다
- 도로 위의 파인 구멍도 채워졌다
- 길 잃은 개도 찾았다

그리고 그런 일을 신고한 사람에게도 문제가 해결되면 알려주었다. 그 프로젝트를 끝내고 난 뒤, 두 번째 확실한 비전을 가진 시장을 찾는 데 일 년 반이 걸렸지만, 2008년까지 소문이 돌기 시작했다. Rock Solid는 지자체 무대에 ERP와 CRM 시스템을 적응시키는 명성을 얻었다. 그 시스템은 어떤 직무에서는 지자체가 직원을 절반까지 줄일 수 있도록 해 주었고, 남는 직원과 비용을 더욱 생산적인 사용처에 투입 가능하도록 해주었다. 그리고 더 좋은 시스템은 또한 정부 자금을 은밀하게 사용할 수 있는 일을 훨씬 적게 만들었다.

## 서비스 사업: 성장하기 어렵다

Rock Solid가 이루어낸 지속적이지만 비교적 낮은 성장에도 불구하고, 페레즈는 잠재적인 지자체 고객들이 현재 시스템과 과정을 타자기와 카본지로부터 PC로 이동하도록 설득하기가 어렵다는 것을 알았다. 그렇게 하는 것이, 새로운 IT 시스템을 시행하도록 Rock Solid를 고용하는 것보다 훨씬 많이 관여해야 했다. 새로운 IT 담당자조차 일단 설치된 장비를 운영하려면 지자체는 PC, 서버, 케이블, 전력 지원 그리고 다른 것이 필요했다. 비록 지자체가 주민들을 위해서 제공한 향상된 서비스와 절감된 비용은 유망하게 보였지만, 작은 마을이 자체의 IT 시스템을 운영한다는 아이디어뿐만 아니라 자본적 비용이 위협적이었다.

이런 복잡함과 그런 프로젝트는 제안서와 경쟁 입찰이 요구된다는 사실은 Rock Solid의 판매 과정을 힘겹게 만들었다. **더 나은 접근법이 있어야만 했다.** 클라우드 컴퓨팅\*의 도착으로 페레즈는 완전히 다른 방법으로 시도할 기회를 보면서 그의 대답을 찾았다. 그의 팀이 인도하고 있었던 서비스를, 장래의 고객들이 클라우드에서 간단하게 운용할 수 있는 제품으로 전환하는 것이었다.

- 서버가 필요 없다
- 케이블이 필요 없다
- 또한 상설 IT 직원이 필요 없다

그보다는 크라우드로부터 시스템을 운용하는 것은, 고객들이 주요한 자본적 지출을 초래하지 않고 단순히 진행하는 운전 예산만 있으면 된다는 것을 의미한다. 시의 직원들은 그냥 인터넷 연결에 로그인만 하면 된다.

훨씬 좋은 것은 운전 계약을 따내기가 주요한 자본적 지출 프로젝트를 위한 입찰보다 관청의 번거로운 절차를 덜 필요로 하였다. 간단한 구매 주문이 필요한 전부였다.

---

\*cloud computing : 클라우드(cloud)로 표현되는 인터넷 상의 서버에서 데이터 저장과 처리, 네트워크, 콘텐츠 사용 등 IT 관련 서비스를 한 번에 제공하는 혁신적인 컴퓨팅 기술이다. 인터넷 상의 유틸리티 데이터 서버에 프로그램을 두고 그때그때 컴퓨터나 휴대폰 등에 불러와서 사용하는 웹에 기반한 소프트웨어 서비스이다.

## 고객 자금화 모델 중 서비스를 제품으로의 전환

페레즈는 고객들의 요구사항에 관해 배웠던 것에 집중했다. "지자체를 더 좋게 운영하는 네 가지 핵심 시스템이 있습니다. 인력관리와 임금대장, 수금(세금에서 주차 스티커까지), 회계, 시민 서비스(구급차 서비스에서 길 위의 파인 구멍 메우기까지 모든 것)입니다."[23] 그와 팀은 그의 소프트웨어를 크라우드 상에서 운용하는데 적응하기 시작했고, 2010년 중반까지 크라우드를 기반으로 한 첫 번째 지자체 고객을 만들었다. 서버도, 케이블도 없다.

인터넷에 연결된 세 대의 PC만으로, 각각 좌석 당 매달 소액의 비용을 Rock Solid에게 지불해준다. 고객의 요구에 맞춘 형태로 한 번에 한 지자체에게 인도된 그의 IT 서비스는 고객들이 대부분 스스로 가입하고 운영할 수 있는 제품으로 변형되었다. 다행히 고객의 요구에 맞춘 고객 서비스에서 그의 새로운 SaaS 기반 회원가입 모델로의 전환은 온전히 고객들의 현금으로 조달되었다.

Rock Solid는 2012년 중반까지 푸에르토리코에 있는 유통업자와 다른 고객들에게 전통적인 서비스 작업을 계속해서 인도했고, 역시 확산성이 있는 모델과 함께 크라우드 기반의 매출이 매출 총이익에서 최고 레벨의 판매에 25%를 추가하였다. Rock Solid는 2013년 말까지 푸에르토리코의 78개 지자체의 1/3 이상과 계약을 체결했으며, 라틴아메리카의 다른 곳에 있는 유사한 고객 또한 확보하였다. 더 좋은 것은 회사의 수익률이 급증하였다. "시간이 지날수록 SaaS 모델은 자꾸 좋아졌습니다. 우리는 더 영리해지고 더 효율적이 되었으며, 고객들 역시 배우고, 그래서 우리의 시간이 그다지 필요하지 않게 되었습니다." 페레즈의 서비스에서 제품으로의 전환은 Rock Solid를 고객 자금화로 변하여서 고도로 수익성이 높은 성장 기계가 되었다.

# 그 밖의 어떤 방법으로 여러분의 서비스 사업은 도약할 수 있는가? QuEST Global Services[24]

제 4장에서 배운 것처럼 많은 서비스 사업은 아주 자연스럽게 선불 모델을 기반으로 하고 있다. 하지만 제공하는 서비스를 키우거나 고객을 기반으로 한 서비스 성장은 서비스 제공회사 직원들을 동등한 속도로 성장시키는 것을 의미하기 때문에 많은 사업은 정말 확산성이 없다. 만일 고객으로부터 취할 수 있는 지불조건과 매출 총이익이 충분하게 매력적이라면, 제품 사업으로 전환하지 않고도 여러분의 사업을 잘 키울 수 있을 것이다.

그것을 바로 빠르게 성장하고 있는 외주 엔지니어링 서비스의 제공자인 QuEST Global Services가 하였다. 아짓 프라부Ajit Prabhu와 아라빈드 멜리제리Aravind Melligeri는 1997년에 뉴욕주 북부에서 회사를 시작하였다. **어릴 때부터 기업가 경향이 있는(인도의 고향 마을에서 나이가 많은 이웃에게 과일 나무를 빌려서, 수확한 과일의 일부분을 지불하는 형식으로)** 프라부는 박사 과정을 공부하는 동안 GE의 기업연구개발센터에서 파트타임 엔지니어링 일을 하고 있었다. 프라부는 GE의 현재 조달자보다는 우선 동료 엔지니어링 학생들 사이에서 GE를 위해 인재를 소싱하는 일을 해낼 수 있을 것이라고 생각했다.

1998년에, 인도가 낮은 비용에 추가 인재의 한 공급원이 될 수 있을 것이라고 멜리제리는 제안했고, 두 사람은 Bangalore에 사무실을 열었다. 사업 모델은 GE가 시간당 90달러를 지불하면 QuEST는 인도 엔지니어들에게 약 5달러를 지불하면 되니 땅 짚고 헤엄치기였다. 세상의 빠르게 커져가는 에너지에 대한 갈망 덕분에, 그리고 GE가 발전소를 위한 가스터빈의 선도적인 공급자였기 때문에, QuEST 매출의 80%는 GE가 차지하였지만 QuEST는 일 년을 마감하는 2001년 3월에 500만 달러의 매출을 기록하면서 빠르게 성장했다.

## 고객 자금 조달: 충분치 않다

QuEST의 매출 총이익은 매력적이었지만 GE의 지불 조건은 완전히
는 아니지만 빠르게 성장하고 있는 사업은 대부분 고객들의 현금으로
자금이 조달될 수 있다는 것을 의미하였다.

2001년 멜리제리는 QuEST의 초기에 가족 한 사람과 약간의 엔젤
투자자로부터 6만 달러를 모았는데, 회사의 대차대조표 상에 상당한
출자를 더 집어넣는 것도 괜찮을 것이라고 생각했다. "우리는 외부 자
금을 조달하는 것에 대해서 생각해야 합니다." 어느 날 그가 프라부에
게 말했다. **"정말로 절박할 때보다 자금이 필요 없을 때 대화를 시작하는 것이
훨씬 더 낫습니다."**

2001년 12월에 갑자기 전 세계에서 가장 큰 에너지 회사 중 하나이
며 GE 터빈 수요의 큰 견인차인 Enron이, 약간의 부정 회계로 인해
서 파산을 했다. 경영진 여러 명이 결국 감옥에 갔다. Enron의 몰락
에도 불구하고, QuEST 사업은 성장을 계속해서 회계를 마감하는
2002년 3월에 1,400만 달러를 기록했다. 반면에 멜리제리는 회사의
주요 자산이 매일 아침에 도착하고 매일 저녁에 귀가하는 속에서 서비
스 사업을 위한 종종 어려운 과제인, 자금을 조달하기 위해서 끈덕진
노력을 계속했다. 다행히 몇 달에 걸친 노력이 결국 결실을 맺었다.

Carlyle Group은 2003년 1월에 23%의 지분에 대한 600만 달러의
투자에 동의했고, 거래의 마무리까지 미정이었던 첫 100만 달러를 앞
당겼다. 유감스럽게도 한 달 뒤 GE가 인도에 엔지니어링 센터를 열 예
정이며, 외주 엔지니어링 활동을 모두 거둬들이겠다고 발표했다. 프라
부와 멜리제리는 망연자실했다.

## 성과 추락, 그리고 회복

QuEST에 준 GE의 주문량은 QuEST의 회계 연도 말인 2003년 3월에 1,700만 달러에서 2003년~2004년에(합계 1,400만 달러) 1,000만 달러로 추락했다. 갑자기 자금에 대한 QuEST의 필요성이 절박해졌다. 다행히 Carlyle과 신용을 만들어 놓은 덕분에, 거래를 진행해서 마무리 지었다. 프라부의 마음 속에 "우리는 GE의 바구니에 너무 많은 달걀을 넣어 두었구나, 더 큰 고객을 얻어야만 하겠다."[25]는 생각이 갑자기 분명해졌다. 회사가 이미 만들어 놓은 훌륭한 서비스 인도에 대한 우호적인 궤적 기록을 이용하여, 프라부는 재빨리 QuEST를 위한 '또 다른 GE'[26]를 찾는 작업에 착수했다.

GE를 위한 가스터빈 작업의 결과로 QuEST는 터빈 엔지니어링에서 상당한 전문 기술을 개발하고 있었다. 그 전문 기술은 프라부의 사업 개발 역량과 함께 전 세계적으로 가장 큰 제트 엔진(실제로는 그냥 다른 종류의 터빈) 제조사의 하나인 Rolls-Royce를 2004년 말에 합류시켰다. 2006년까지 유럽의 제트 항공기 제조사인 EADS와 미국에 있는 United Technologies' Pratt & Whitney 부서와 초기 사업을 QuEST와 함께 해서 굉장히 성장한 다른 제트 엔진 제조사를 포함하여 다른 큰 고객들이 합류하였다. 2004년~2005년에 QuEST의 최고 평가선이 1,960만 달러까지 회복했고, 2005년~2006년에 2,580만 달러까지 뛰었다. 수익성 역시 반등하여 힘든 시기였던 2003년~2004년에 350만 달러의 손실에서 2004년~2005년에 순익이 250만 달러, 2005년~2006년에 순익이 350만 달러로 반등했다. QuEST가 제 궤도에 돌아왔다.

회계 연도가 끝나는 2010년 봄까지, QuEST의 매출은 8,800만 달러, 그리고 순익은 1,070만 달러까지 성장했다. **세계적인 경제 하락은 실**

**제로 QuEST에게는 호재였으며,** 중요한 경영 인재를 유치하는데 도움을 주었고, 비용과 전략적 이유 양쪽을 위해서 고객들이 아웃소싱을 확장 하도록 격려하였다. "불황은 인재를 뽑기 위한 좋은 시기입니다. 고객 도 역시 마찬가지입니다."[27] 프라부는 회상했다. 이 과정에서, Carlyle 이 짭짤한 수익을 가지고 빠져나갔지만, 프라부와 멜리제리는 어떻게 든 외부 자금을 다시 한번 받을까를 심사숙고했다.

　두 사람은 엔지니어링 서비스에 대해 성장은 하고 있지만 여전히 분 열된 사업으로 보았으며, QuEST를 그 안에서 의심할 바 없는 선도자 로 만들기를 원했다. 프라부는 경영팀에게 제시한 어려운 문제를 돌아 보았다. "내가 보는 것처럼 우리 앞에 두 개의 선택이 있습니다. 하나 는 현재 성장률을 지속해서 우리가 만들어내는 현금으로 결국 빚(여러 분 전부가 알고 있고 내가 싫어하는)을 갚아나가서 적당한 때에 상장 하는 것입니다. 다른 하나는 지금 민간 자본을 받아서 좀 더 빠르게 성 장을 할 수 있도록 해서 우리 손 안에 있는 비전을 추구하는 것입니 다."

　모두 QuEST를 3억 달러 이상으로 평가하고 있는 세계 최고의 사모 펀드* 3개사로부터의 제안을 손에 쥐고, 프라부와 그의 팀은 다시 한 번 외부 투자를 받기로 결정했다.

　Warburg Pincus는 QuEST에 4,000만 달러를 투자했고 다른

---

*Private Equity Firm : 사모펀드. 고수익 기업투자펀드라고도 한다. 금융기관이 불특정 다수의 투자자로부터 자금을 모집한 뒤 일정한 제한을 두고 운용하는 공모펀드와 달리 사모펀드는 상 대적으로 투자 목적이 분명하며 운용상 제약을 받지 않는다는 특징이 있다. 사모펀드는 투자 자금을 자산가치가 저평가되거나 부실한 회사를 사들여 기업의 가치를 높인 뒤 시장에 다시 되팔아 이익을 추구하는 일명 바이아웃(buy-out) 펀드이다. 사모펀드는 특정 기업 자체를 사 고파는 방식으로 운용되기 때문에 주식의 일부를 사고파는 것과 달리 고수익을 기대할 수 있 지만 이에 따른 위험도 크다. 따라서 사모펀드에 투자하는 투자자들은 대부분 기관투자가들이 다. 목표수익에 이르면 이익을 실현하고 빠져나가기 때문에 주로 기업의 인수합병에 사용되기 도 하지만 다양한 투자자의 요구를 충족시키기 위한 맞춤 펀드로 활용되기도 한다.
우리나라에도 많은 사모투자 전문회사가 생겨나고 있지만 역사가 짧은 데다가 자금력이 크지 않기 때문에 아직은 검증된 수익률을 갖지 못하고 있다.

2,000만 달러를 창업자 두 사람에게 지불했다. 프라부에게는 일부분을 주었고, 1,000만 달러는 멜리제리가 제조에서 식별해낸 창업 기회를 추구하는데 사용하도록 했고, 나머지는 초기 엔젤 투자자와 QuEST 경영진에게 주었다. 프라부는 추진력을 얻었다. 회계 연도가 끝나는 2013년 3월에, 매출(2010년~2011년에 1억 마르크를 넘어섰고, 2011년~2012년에는 1억 6,000만 마르크를 기록했다)이 2억 5,000만 달러로 치솟았다. QuEST는 지속적으로 수익성이 높아졌다.

## 제품 전환 없이 서비스 사업은 도약할 수 있는가?

QuEST 이야기가 가리키는 것처럼, **해결할 수 있는 방법이 여러 가지 있듯이, 서비스 사업을 평가하는 방법은 얼마든지 있다.** 이 장의 앞부분에서 사례기록이 보여주는 것처럼 사업을 '상품화하기'는 한 방법이다. QuEST가 선택한 것처럼 눈앞의 서비스를 열심히 하는 것은 또 다른 방법이다. 하지만 서비스 사업을 평가하는 것은 비록 부분적으로 미리 지급받는다 하더라도, 종종 고객들의 자금보다 더 많은 것을 요구한다. 따라서 프라부는 분명히 사용가능한 기회의 이점을 취하기 위해서 자금을 조달하기로 결정했다. 고객 조달 자금은 지금까지의 서비스 사업을 해결할 것이다.

이 장을 진행하면서 서비스 사업의 다른 사례들을 봤는데, 대부분이 초기 성장을 위해서는 고객 자금조달에 의존했지만, 탱크 속의 더 많은 연료가 생산적인 용도에 투입될 수 있다는 사실이 분명해졌을 때 투자를 선택했다. 상품화가 진행상 가장 좋은 방법이라고 결정했을 때 여러분이 하고 있는 서비스 사업의 재도약을 위해서 자금을 요청한다면, 여러분이 속해 있는 안정된 회사의 최고 경영진이나 엔젤 투자자들이 무엇을 알고 싶어 하는지를 살펴보자.

## 엔젤 투자자들이 무엇을 알고 싶어 하는가?
## 그리고 무엇을 물어볼 것인가?

여러분이 현재 서비스 사업을 성공적으로 운영하고 있으며 어떻게 도약시킬 것인가를 궁리하고 있다면, 여러분이 제공하는 서비스를 상품화하는 것이 한 가지 방법이 될 수 있다.

이 장 안에서 GoViral과 Rock Solid의 사례와 제 1장으로 돌아가면 디지털 지도제작 제품에 있어서 히드웨어와 소프트웨어 양쪽 모두, 인도의 믿음직한 원천이며 지도제작 서비스 제공자에서 MapmyIndia로 전환한 CE Info System의 사례를 보았다. 약간의 외부 자금은 타당할 뿐만 아니라 **필요할 지도 모르는 상품 개발 작업에 자금 조달이 요구될 수도 있다는 점에서, 서비스에서 상품으로의 전환은 적당한 변곡점이 될 수도 있다.** 만일 이것이 여러분이 추구하고자 하는 전략이라면 엔젤이나 다른 장래의 투자자들이 물어볼 핵심적인 질문은 무엇일까?

**여러분이 지금 제공하는 이미 성공한 서비스보다 강력한 상품을 만들어줄 어떤 '고객에 대한 통찰력'\*을 모았는가?**

Rock Solid의 경우, 분명한 고객들의 혜택에도 불구하고 타자기와 카본지로부터 21세기 컴퓨터를 기반으로 한 운영으로의 이동은 고객 측과 판매자 측 양쪽의 관심에 대한 문제를 수반한다는 것을 보았다. 고객에게 이 전환의 의미는 Rock Solid를 채용하는 것뿐만 아니라 컴

---

\*Customer Insight : 고객에 대한 통찰력. 서기만의 「전략경영」에서는 고객의 명시적 니즈뿐만 아니라 잠재적 니즈까지 파악할 수 있는 통찰력이라 말했고, Peter Skarzynski의 「Innovation to the core」에서는 새로운 사업기회의 기반이 될 수 있는 충족되지 않는 필요성이나 문제라고 말했고, Mark W. Johnson의 「Seizing the White Space」에서는 특정한 상황에서 고객이 해결하고 싶어 하는 중요한 해야할 일이라고 말했다.

퓨터, 서버, 케이블 등을 구입해야 하고 컴퓨터와 서버를 운영하는 IT 담당자를 고용하기 등의 기껏해야 귀찮은 문제를 만든다는 것이다. Rock Solid에게는 주문을 획득한다는 것은 고객들이 받는 혜택에 관해 교육시키는 시간을 소비하는 과정이었으며, 제안서에 대한 요청을 개발하는데 고객을 도와주었고, 그리고는 입찰을 따내는 것이었다.

이 모든 도전의 의미는 새로운 고객을 유치하기가 훨씬 힘들었으며 앙헬 페레즈가 기대보다 시간을 소비하는 것이었다. 복잡함이 성장에 장애라는 점이 입증되었고 페레즈는 성장하기를 원했다.

**지자체의 요구사항 속에서 그가 얻은 통찰력은,** 어떤 소프트웨어 해결책이 그 요구사항을 최대한으로 만족시킬 수 있는가 하는 것과 **어떻게 실제로 성공에 대한 장애물이 완화될 수 있는가 하는 것이,** 크라우드를 기반으로 한 제품 해결 쪽으로 이동하는 기회를 식별하고 밝히는 것에 대한 **핵심이었다.**

## 어떤 범위까지 '서비스에서 제품으로의 전환'이 새롭고 매력적인 시장 영역을 열어젖힐까?

Rock Solid는 현재의 타겟 시장에 보다 나은 서비스를 제공하기 위해서 '서비스에서 제품으로의 전환' 방법을 사용했다. GoViral도 같은 방법을 사용했다. 반면에 CE Info Systems은 서비스를 제공할 수 있는 시장 영역을 극적으로 확대하는 전환 방법을 사용했다.

• 웹을 기반으로 한 위치 서비스와 함께, 예를 들면 회사의 위치를 보여주는 지도를 제공함으로써, 거의 어떤 규모의 회사에도 서비스 제공이 가능했을 것이다. 인도의 다소 혼란스러운 주소 시스템에서, MapmyIndia 고객들과 사용자들에게 진정한 가치를 입증했을 것이다.

- 서구의 제공자들은 효과적으로 인도의 데이터가 부족했기 때문에 자동차 속의 내비게이션 시스템에 대해서 급성장하고 있는 시장을 목표로 삼는 것이 가능했을 것이다.

만일 여러분의 사업 속에서 생각하는 전환이 새로운 시장을 열 의도라면 투자자들은 왜 그 시장이 매력적인가를 알고 싶어 할 것이며, 여러분의 팀이 그것을 추구할 가장 알맞은가를 알고 싶어 할 것이다. 또한 그런 전환이, 일단의 새로운 경쟁자아 함께 여러분을 새로운 산업 속에 안착시켜줄지, 그리고 그 산업이 영업하기에 매력적인 분야인지를 알고 싶어 할 것이다.[28]

여러분도 또한 여러분의 서비스 사업 속에서 만들었던 전문지식과 다른 자산들이, 새로운 시장의 요구를 충족시킬 새로운 사업을 세우는 적합한 토대를 제공한다는 것을 그들에게 납득시킬 필요가 있을 것이다.

CE Info Systems은 인도지도 제작데이터의 특별하고도 비길 데 없는 저장소를 조립하였는데, 이는 왜 Sherpalo Ventures와 Kleiner Perkins가 투자를 하였는지 그 이유를 설명해준다.

## 여러분의 사업을 서비스에서 제품으로 전환하는 훌륭한 인재를 확보하고 있는가?

GoViral 팀은 광고와 미디어 게임을 이해하는데 뛰어났는데, 그 친숙한 환경 속에서 어떻게 판매해야 하는지를 알고 있었다. 하지만 초기에는 기술 쪽에 어려움을 겪었는데 그들이 가진 강점 중 하나는 아니었다. 르네 레스먼이 합류하였을 때만 다른 숙련된 전문 인력을 데려와서 서비스에서 제품으로 전환을 하였는데 정말로 성과를 거두었다. GoViral에게는 다행히, 사업은 자금 운용에 정말 효율적이어서 전환을 하는데 자금을 조달할 필요가 없었다. **그렇지만 여러분의 회사는** 그들의 IT 배경에도 불구하고 CE Info Systems에서의 베르마 형제 경우와 같이 **제품 개발에 투자할 자금이 필요할지 모른다.** 그들과는 달리, 누가 여러분의 팀에 추가할 적격자인가를 정확히 식별하는데, 여러분은 도움이 필요할지 모른다.

코드를 작성하고 소프트웨어를 개발할 수 있는 사람들은 많지만, 어떤 사람들은 다른 사람들보다 훨씬 잘 해낸다. 이것이 바로 기술 경험이 있는 적당한 외부 투자자가 작성하는 수표를 뛰어넘는 가치를 추가할 수 있는 영역이다.

## 여러분은 진정으로 '느리고 안정된' 상태에서 '우주선'의 속도로 나아가길 원하는가?

GoViral, Rock Solid 그리고 CE Info Systems들은 일찍 서비스를 제품으로 전환했을 그 시점에서 모두 사업을 성장시켰다. 하지만 Rock Solid나 CE Info Systems은 그 누구도 특별히 빠르게 성장한 것은 아니다. 대부분의 투자자들은 물론 '느리고 안정된' 성장에 흥미를 느끼지는 않는다.

그들이 자금에서 찾는 수익은 탱크에 기름을 채워서 최고 속력으로 가속 페달을 밟기를 요구한다. 투자자들은 이런 것을 알고 싶어 한다.

• 비록 더 빠른 성장을 이루는 법을 이미 배운 누군가에게 여러분의 리더 역할을 양도할 것을 요청받을 수도 있다는 의미라 하더라도 아주 큰 사업을 만드는 것이 여러분의 포부인가?
• 여러분과 여러분의 팀이 그런 성장을 이루어내는 능력을 스스로 입증했는가?

여기서 역시 여러분의 투자자가, 예를 들면 추가 인재를 찾는데 도움을 주거나 혹은 빠른 성장을 수반하는 불가피하고 예측 가능한 도전을 통해서 이끌어줌으로써, 그들이 제공하는 자금을 뛰어 넘는 가치를 추가할 수도 있다.

## 여러분의 사업을 상품화 해야만 하는가? 혹은 있는 그대로 도약시켜야 하는가?

QuEST의 사례기록에서 본 것처럼, 때로는 서비스 사업을 상품 사업으로 전환하는 것이 필요 없거나 바람직하지 않을 수도 있다. QuEST는 그런 전환을 하지 않고 놀랄만한 방식으로 성장했다.

손수레를 뒤엎어서 변형시키는 것이 위험과 경비를 감당할 가치가 있는지, 혹은 현존하는 사업에 약간의 재산을 추가하는 것이 그 전환과 그에 따르는 필연적인 위험 없이 여러분이 도약하는데 도움을 줄 수 있는지를 투자자들은 물어볼 것이고 물어야만 한다. 가볍게 받아들일 것이 아닌 중요한 질문이다.

**전통적인 방식에 따르면, "사람 집약적인 서비스 사업은 단순하게 도약할 수 없다"고 한다.** 바이럴 온라인 비디오 고안자로서 초기 GoViral의 구체화를 포함하여 그 중 몇몇에게는 그것이 진실일 수도 있다. 하지만 QuEST의 아짓 프라부는 그것을 받아들이지 않는다.

16년 만에 제로에서 2억 5,000만 달러 이상의 매출을 이룬 것은 투자자를 언급하지 않더라도 대부분의 창업자들이 이루고 싶어 하는 종류의 성과임에 틀림이 없다.

# 서비스에서 제품으로 바꾸는 모델이 잘 되도록 만들기

서비스에서 제품으로의 전환이 여러분을 위한 것이라고 결정했다면, 아래 체크리스트에 요약해 놓은 엔젤 투자자들이 물어 볼 질문들은 정말로 그 길을 선택할 가치가 있다는 것을 증명할 일단의 유용한 요점을 제공한다.

그렇다면, GoViral과 Rock Solid의 이야기가 보여주는 것처럼 세상에서 빌 게이츠와 폴 앨런만이 실현시킬 수 있는 것은 아니다. 올바른 시장 기회와 적소에 적절한 팀이 있다면, 여러분도 역시 할 수 있다!

지금까지 이 책을 차례대로 읽어왔다면, 여러분의 기업적인 꿈을 성취하도록 도와줄 수 있는 다섯 가지 고객 자금화 모델을 살펴봤을 것이며, 또한 초기 투자자를 찾아다니는데 시간을 소비하지 말고 그렇게 하라.

하지만 그 다섯 가지를 적용하였던 다른 이들과 다섯 가지 모델에 관해서 나눈 대화로부터 나의 연구가 밝혀낸 다른 일단의 중요한 교훈들이 있기 때문에 나의 일은 아직 끝나지 않았다. 나를 또 하나의 장으로 이끌어서 개발하고 인도하고 명심시킬 충분한 교훈들이 있다.

그러므로 여러분이 한 사람의 창업자이거나 혹은 새로운 성장의 대로를 찾고 있는 한 사람의 기업 지도자라면, 나가서 여러분의 사업에 다섯 가지 모델을 현장에 투입하기 전에, 잠깐 흥분을 가라앉히고 내가 믿고 있고 여러분이 발견할 것이 결정적이 될 다음 페이지로 넘기기를 제안한다. 다시 한 번 영감을 줄 제 8장으로.

**존 멀린스의 엔젤 투자자 체크리스트**
**서비스를 제품으로 바꾸는 모델**

- 여러분이 지금 제공하고 있는 이미 성공한 서비스보다 더 강력한 제품을 만들어 줄 어떤 고객에 대한 통찰력을 모았는가?
- 어떤 범위까지 '서비스에서 제품으로의 전환'이 새롭고 매력적인 시장 영역을 열어젖힐까?
- 여러분이 사업을 서비스에서 제품으로 전환하는 **훌륭**한 **인재를** 학보하고 있는가?
- 여러분은 진정으로 '느리고 안정된' 상태에서 '우주선'의 속도로 나아가길 원하는가?
- 여러분의 사업을 상품화 해야만 하는가, 혹은 있는 그대로 도약시켜야 하는가?

# 8

## 실현하라:

# 여러분의 사업에서
# 하나의 고객 자금화 모델을 활용하라

"판매를 성취하라." 여러분이 사업을 잘 시작하거나 혹은 더 빨리 성장시키기 위해서 물론 실현시키고 싶은 것이다. 서문(저 앞쪽에 있는 "왜 이 책이어야만 하는가?")에서 읽어본 것을 기억할지 모르지만, 또한 벤처 캐피털 투자자인 마크 서스터Mark Suster는 창업자가 초점을 두어야 한다고 주장하는 점이다. 왜일까? 서스터가 말한다. "약간의 사업은 그들의 마법을 찾는데 시간이 걸립니다. 저는 회사들이 사업을 떠나는 한 가지 이유만을 압니다. 자금이 바닥났기 때문입니다. 사업으로부터 떠나는 것을 지연시키면 내가 아는 다른 어떤 전략보다 제품과 시장에 적합한 더 많은 기회를 가질 수 있습니다."[1]

서스터의 견해로는, **차라리 일찌감치 고객의 현금 유입을 받아들이는 것이 여러분과 같은 신생기업의 지출속도\*를 낮추어서 바라건대 영원히 불운한 사건을 연기하는 가장 좋은 방법이라는 것이다.** 물론, 여러분은 제 1장으로부터 왜 그런지에 대한 다른 많은 이유를 이미 알고 있으며, 여러분의 벤처 초기 진화 과정에서 서스터의 말처럼 투자자금을 모으려고 노력하며 시간을 보내기보다는 판매를 성취하는 것이 훨씬 좋은 생각이다.

제 2장에서 그렇게 하는 것이 다른 어떤 것만큼이나 마음가짐에서 비롯되는 행동과 더불어 매일 매일의 마음가짐에 관한 것임을 여러분은 또한 알고 있다. 누구의 행동인가? 여러분 자신의 행동과 또한 회사 내의 다른 모든 사람의 행동을 말한다. 제 2장에서 여러분과 여러분의 직원의 마음가짐이 공급자로부터 좋은 지불조건을 얻는 것을 포함해야만 하고, 그래야 여러분이 "지불유예기간을 가질 수 있다."는 것을 여러분은 또한 알고 있다.

제 3장에서 제 7장까지 하나 혹은 그 이상을 읽어보았다면, 혹은 여러분이 한 사람의 기업가이거나 고객 자금화 사업을 시작하고 재정을

---

\*burn rate : 신생기업의 지출속도. 네거티브 자금 흐름과 같은 의미의 용어. 회사가 출자자의 자본을 얼마나 빨리 고갈시킬 것인가에 대한 측정치이다.

관리하고 성장시키기를 추구하고 있는 한 사람의 경영진이라면, 여러분은 다섯 가지 고객 자금화 모델 중에서 어느 것을 여러분의 사업에 활용할 것인가에 관한 질문 받기 쉬운, 그래서 스스로에게 물어보아야만 할 일련의 문제를 또한 지금 손에 쥐고 있다.

주의 깊은 노력으로 이 문제들을 질문하고 답변하기는, 여러분이 지금 찾고 있는 여정의 어떤 단계에 있든지 간에 여러분의 사업에서 판매를 성취하는 적합한 모델이 어느 것인지에 대한 꽤 괜찮은 아이디어를 제공해줄 것이다. 다시 말해서 제 3장에서 제 7장까지는 많은 부분이 여러분의 특별한 환경에서 다섯 가지 고객 자금화 모델 중에서, 시작부터이든 혹은 현재의 사업에서 방향을 전환하든 어느 것을 활용하는가에 관한 것이다. 각 장이 각 한 개의 모델을 설명한 이 다섯 개 장은 여러분도 역시 그렇게 할 수 있다는 것을 알게 도와주는, 종종 영감을 주는 롤 모델 집단을 제시하고 있다.

하지만 여러분이 확실히 알고 있는 바와 같이, 매혹적이었지만 때로는 이 책을 교훈적인 이야기로 채운 몇몇 회사를 우리는 보아온 것처럼, 기업가의 길은 결코 쉽지 않다. 고객 자금화의 길을 따라 시작하기는 결코 만능 해결책도 아니며 성공의 보장도 아니다. 부엌의 식탁이나 차고에서 출발하든지, 아니면 이미 안정된 회사에서 신규 시장이나 새로운 제품이나 혹은 새로운 사업 모델을 향해 출발하든지 간에, **언제나 도처에 위험이 숨어 있다.** 따라서 내가 할 일은 아직 끝나지 않았다. 이 마지막 장에서, 나는 여러분의 사업에 이 책의 아이디어를 활용하는 데에 포함된 한 줌의 *중요한* 문제들을 언급하고 싶다. 그렇게 해서 여러분이 벤처를 이끌고 있는 사람이든 혹은 엔젤이나 다른 투자자로서 후원하고 있든, 여러분과 여러분의 고객 자금화 벤처에 성공을 위해 싸우는 기회를 주고 싶다.

- 첫째, 비록 많은 부분 스타트업과 시간이 지남에 따라 발전한 그들의 사례기록을 전달하였지만, 이 책의 교훈은 단지 스타트업만을 위한 것은 아니다. 그래서 여러분이 제자리를 찾아갈 수 있도록 "나는 지금 무엇을 해야 하는가?"라는 질문을 간단하게 언급하고 싶다. 여러분이 기대하는 바와 같이, '실현하기'에 있어서 여러분의 위치(기업인이냐, 혹은 투자자냐, 혹은 안정된 조직 내의 지도자냐 하는)가 어디냐에 따라 도전은 달라진다.

- 둘째, 실행을 이야기하고 싶다. 효과적인 실행 없는 고객 자금화 모델과 마음가짐은 아무런 열매도 거두지 못할 것이다. 각 다섯 가지 모델에 관련된 중요한 세 가지 질문에 대해서 나의 연구가 가르쳐준 것을 말해 주고 싶다.

  1. 어느 모델을 언제 사용해야 할까? B2B 환경에서? B2C? C2C? 서비스를 위해서, 아니면 제품을 위해서?

  2. 모델을 어떻게 적용해야 할까? 나의 연구로부터 각 모델에 대한 어떤 최선의 실행을 모을 수 있는가?

  3. 무엇을 주의해야 하는가? 약간의 함정은, 비록 '역경의 학교'지만 종종 어려운 길을 익혔던, 이 모델들을 적용해본 사람들에게 알려져 있고, 나도 역시 여러분에게 알려 주고 싶다.

     제 3장에서 제 7장에 걸쳐서 우리가 배웠던 그 이상으로 잘 진행되고 있는 이 교훈들은 다섯 가지 모델을 적용하는 방법에 관한 것이며, 하나의 특정한 모델이 여러분의 환경에서 타당한가 어떤가에 관한 것은 아니다.

- 셋째, 시작하는 것이다. 여러분이 기업가 길을 출범할 것인가? 혹은 성공 가능성을 향상시켜줄 수 있는 후원을 찾을 방법이나 장소가 있는가?

- 넷째, 왜 지금 하는가? 이것이 진정으로 새로운 벤처나 새로운 계획을 시작하고 자금을 모으는 최선의 접근인가? 만일 여러분이 물주를 찾을 수 있거나 기업의 자금을 침범할 수 있다면, '타인의 자산'이란 유혹이 여러분을 끌어들일 것인가?

# 스타트업을 위해서만은 아니다
## 지금 나는 무엇을 해야 하는가?

이 책에 나오는 이야기들은 단순한 이유 때문에 많은 부분이 스타트업에 집중되어 있다. 안타깝게도 혁신을 가장 발견하기 쉽고 번창할 개연성이 있는 곳이기 때문이다. Sun Microsystems의 공동 창업자이며 현재 밴처 캐피털 투자자인 빌 조이Bill Joy는 안정된 회사 내의 혁신에 관하여 한 번 지적했다. "큰 회사들은 거의 혁신하시 않습니다. 혁신은 독점적 이익을 얻고 수익성을 유지하는 몇 안 되는 방법 중 하나이기 때문에 안타깝습니다. 혁신 자체가 드물기 때문이 아닙니다. 혁신은 어느 곳에서나 일어나고 있습니다. 대부분 다른 곳을 뜻합니다만."[2] 따라서 정당한 이유로, 이 책 속의 교훈들은 창업자들과 그들을 후원한 투자자들의 경험으로부터 많은 부분을 얻어 왔다.

### 만약 여러분이 한 사람의 창업자인 경우, 고객으로로부터의 자금조달을 실현하기

만일 여러분이 새로운 벤처를 출발시키려고 하는 한 사람의 창업자거나 혹은 이미 여정을 시작한 기업가면, **고객 자금화를 사업에 활용하기 위한 이 책의 독자로서 가장 좋은 위치에 있다.** 왜냐? 여러분이 열쇠를 쥐고 있기 때문이다. 여러분이 할 수 있다면, 물론 고객(그리고 좋은 조건을 얻기 위해서 아마도 몇몇 중요한 공급업자도) 이외의 다른 누구에게도 물어볼 필요가 없다. 나이키의 구호 'Just do it!'이 말해주듯이, 만약 제 3장에서 제 7장에 걸쳐서 여러분이 읽은 다섯 가지 모델 중 하나가 현재 추구하고 있는 창업의 꿈에 꼭 적합하게 나타난다면, 여러분에게 분명 물어 오는 질문들에 대답하려고 모았던 증거에 기초하여서 그냥 해 버리는 것이다.

## 만약 여러분이 엔젤 투자자인 경우, 고객으로부터의 자금조달을 실현하기

엔젤 투자자로서 또는 여러분의 공간과 여러분의 네트워크와 여러분의 전문지식과 아마도 판매를 성취하는 노력 속의 창업자를 후원하는 여러분의 자금을 투자하는 인큐베이터나 엑셀러레이터 속의 누군가로서, 언뜻 보기에 자신에 대한 대접으로 이 책을 볼 수도 있다. "멀린스는 현대의 기업 생태계에서 엔젤이나 비슷한 사람들의 역할이 전혀 없다고 주장하고 있는 것인가?"하고 여러분은 의아해 할지도 모른다.

그와는 정반대다! 나는 여러분이 여러분의 자금이나 다른 후원을 찾고 있는 많은 사람들에게 최상의 후원을 제공할 수 있는 방법이, 투자자의 유혹에서 벗어나서 고객들을 향해 초점의 방향을 틀도록 그들을 회유하고 그들에게 압력을 가하고 혹은 그들을 도와주는 것(할 수 있다면 연락선과 함께)이라고 주장한다. 나는 대부분 경우에, 그들이 고객 자금화 모델에 수반되는 고객 끌어 들이기를 일단 성취하기만 하면, 고객 자금화 모델이 그들을 향한 최선의 방법이며 여러분의 자금에 도움을 가져오는 최선의 방법이라는 것을 그들이 볼 수 있게 도와주기를 원한다. **여기에 여러분이 해야 할 정말 중요한 역할이 있는데**, 여러분이 그 역할을 시도하도록 확신을 주었기를 희망한다.

## 만약 여러분이 안정된 회사에 있는 경우, 고객으로부터의 자금조달을 실현하기

만약 여러분이 안정된 회사 내에서 이 책 안에 있는 아이디어가 회사에서 활용될 기회를 본 지도자라면, 최고 위에 있거나 그 가까이 있거나, 혹은 회사의 구석진 곳에 처박혀 있든지 간에, 최초부터 분명히 하자: 쉽지는 않을 것이다. 아마도 그 일은, "우리가 일반적으로 하는 방법"을 혁신하고 변화하는 것이다. 그리고 빌 조이*가 주장하는 것처럼 대부분의 큰 회사들은 혁신을 하지 않는다. 왜일까? 단 한 가지, 그것은 위험을 내포하고 있으며, 대부분 혁신은 실패한다는 것이다.

큰 회사에 있는 대부분의 사람들은 이력서에 실패가 들어가는 것을 원치 않는다. 빌 조이가 지적한 것처럼 두 번째, "혁신저인 사람들은 더 많이 집중하고 덜 번거로운 절차의 작은 조직에서 일하는 것을 선호하는 경향이 있습니다."[3]

만일 여러분이 기존 기업에서 큰 아이디어를 가지고 구석진 곳에서 그것을 추구하는 진취성과 함께 하는 대단한 사람 중 한 사람이라면, 여러분의 아이디어를 추구하는데 필요해질 자금과 다른 후원을 얻기 위한 단독 여정과 오르막 오르기가 되기 쉽다.

여러분의 안정된 회사가 작거나 혹은 성장해온 기업 문화를 어떻게든 생생하게 유지해온 회사라면, 여러분이 가는 길은 약간 더 원활할 수도 있다. 만약 여러분이 고객으로부터 자금을 조달할 수 있는 아이디어를 가진 다른 사람들이 올 수도 있는 곳에 대한 문지기라면, 혹은 그 사람들이 그렇게 하도록 용기를 북돋아주는 가장 좋은 위치에 있는 사람이라면, 여러분의 회사에서 일어나는 고객 자금화 혹은 다른 것이건 간에, 혁신을 취하기 위하여 빌 조이가 제안한 약간의 실용적인 단계를 〈관련기사 8. 1〉을 적어보았다.

---

*Bill Joy :윌리엄 넬슨 조이(William Nelson Joy, 1954년 11월 8일~)는 미국의 컴퓨터 과학자이다. 버클리 대학의 대학원생 시절, BSD 유닉스 개발의 핵심적인 역할을 했으며, vi 편집기의 개발자로도 유명하다. 1982년 스콧 맥닐리, 비노드 코슬라, 안드레아스 폰 벡톨샤임과 함께 썬 마이크로시스템즈사(Sun Microsystems)를 공동 창립했고, 2003년까지 수석 연구원으로 재직했다.

비록 진짜 혁신은 안정된 회사의 외부에서 대부분 일어나는 것처럼 보이더라도, 몇몇 안정된 회사들은 혁신하는 방법을 알아냈다. 그들의 교훈은 무엇인가?

- Google을 모방하라. 똑똑한 사람들을 많이 고용하고, 그 사람들을 평행하게 일하는 작은 그룹으로 조직하고 번거로운 절차(프로젝트 평가, 획기적인 사건, 목표 수치*, 나머지 모든 것)를 최소한으로 유지하라.

- 작고 기발하고 쟁점이 되는 프로젝트를 운영하는 예산을 만들어라. 조직은 아마도 받아들이고 싶지 않겠지만, 성장하기 위한 잠재력을 가지고 있을지도 모른다. '작은'의 의미는 지역 식당 안의 작은 테이블 주위에 어울릴법한 숫자의 사람들이 수행하는 프로젝트를 말한다.

- 실패하는 혁신자들을 비난하지 마라. 빌 조이가 주장하듯이, "대단한 일을 시도해서 때때로 실패하는 사람들을 비난해서는 안 됩니다."

- 구매 가능한 회사들 혹은 기술들에 대한 회사의 경계 그 너머를 바라보라. 만약 구매를 할 수 있다면 그것을 만들지 마라. 사실은 그것이 Cisco**의 전략이다.

- 스티브 잡스의 클론(복제 인간)을 찾아라.

출처: 빌 조이가 2004년 11월 15일 Fortune 지에 기고한 "큰 문제: 얼마나 큰 회사들이 혁신할 수 있는가(Large Problem: How Big Companies Can Innovate)" page214.

---

*KPI : Key Performance Indicator
**Cisco : 세계 최대의 통신 장비 업체로 네트워크, 보안 시스템, 데이터센터, 이동·무선 등 인터넷 관련 솔루션 및 서비스를 제공하는 세계 최대의 통신 장비 업체이다. 소비자를 직접 상대하지 않기 때문에 일반인들에겐 널리 알려져 있지 않지만 IT업계를 대표하는 공룡 가운데 하나다. (www.cisco.com)

조직 내에서 여러분이 어디에 있든지 간에, 이 책 속에 연결된 다섯 가지 모델 중 하나를 사용해서, 만약 여러분의 아이디어가 너무나 좋아서 자금을 조달할 약간의 고객을 확보할 수 있다면 어떨까? 그 같은 경우라면 여러분은 경리부장이나 투자위원회에 자금을 요청하러 갈 필요가 없을 것이다. 확실히, 자금 요청에 시간을 보내는 것은 괜찮지만 그 아이디어의 잠재력을 상사에게 매도하는 것이 더 넓은 조직에 매도하는 것보다 훨씬 쉬울 가능성이 있다는 것을, 여러분의 상사(혹은 여러분이 상사라면 바로 여러분 자신)를 설득할 필요가 있을지 모른다. 특히 여러분이 고객으로부터 조달된(혹은 곧 받게 될) 자금을 이미 확보하고 있다는 것을 설명할 때는 더욱 그렇다.

사실, 우리는 현장에서 일어난 실례를 보아왔다. 제 6장에서 본 것처럼, 자끄-앙투안 그랑종과 그의 창업 파트너는 파리 패션 디자이너를 위한 골치 아픈 과잉 재고품을 처리하는 사업을 이미 하고 있었다. 인터넷의 도래와 함께, 그들은 다른 방식으로 그 일을 하기로 간단하게 결정했다. Rock Solid의 앙헬 페레즈(제 7장 참조)는 마이크로소프트와 다른 판매자의 소프트웨어 제품을 설치하는 사업을 이미 성장시키고 있었지만, 크라우드 덕분에 서비스를 더욱 확산 가능한 제품 사업으로 변환시킬 가능성을 보았다. 그랑종과 페레즈 두 사람 다 변환될 수 있는 가능성을 가진 기존 사업에 종사하고 있는 혁신자들이었다. 여러분도 혁신자인가? 그렇다면 전진하도록 하자!

## 실행: 다섯가지 모델을 언제 어떻게 실행해야 하며, 예상되는 함정들은 무엇인가?

이 책의 교훈을 낳은 연구 작업은 여러분이 지금까지 읽어 본 회사들의 사례기록을 발굴하면서 멈추지 않았다. 사실, 그것은 나의 연구 여정의 단지 일부분에 불과하였다. 그 회사들의 연구에 덧붙여서, 나는 다양한 환경에서 다섯 가지 모델 각각을 실제로 활용하는 길을 따라 간 실무자들(창업자들과 다양한 종류의 투자자들)로부터 배우고 싶었다. 일련의 이런 경험 많은 실무자와의 심층 인터뷰는 나에게 단지 사례기록만으로는 제공할 수 없는 추가적인 통찰력과 깊이와 폭을 주었다. 나름대로 다음과 같이 정리해 본다.

### 중개인 모델

오늘날, 한 종류의 중개인 사업이나 다른 사업을 시도하거나 혹은 그런 일을 하려고 투자를 찾고 있는 dot-commer*들은 넘쳐나는 것처럼 보인다. 오늘날의 '공유 경제'의 모든 이야기는 적어도 이런 경향의 근거가 되고 있다. 만약 여러분이 그 중 한 사람이라면, 다른 사람들이 배운 것이 여러분에게 도움이 되겠는가?

### 고객 자금화 사업을 세우기 위해서 언제 중개인 모델을 적용할 것인가?

- **충분히 사용되지 않은 물품이 있을 때**: 여유분의 침실 혹은 충분히 이용되지 않은 휴가 가정(Airbnb), 차고에서 잠자고 있는 자동차(RelayRides), 남는 시간이 있는 애견가(DogVacay).
  이 모두가 충분히 사용되지 않은 자원으로 돈 벌기를 시도하고 일시적으로 그 자원을 사용할 수 있는 사람들이 사용 가능하도록 만

---

*dot-commer : 인터넷 관련 기업에서 일하는 사람

들어 주는 중개인 사업의 대상이 되어 왔다.

너무나 일반화된 현상이라 지금은 '공유 경제'라는 용어까지 생겼다. 하지만 어느 것이나 공유한다고 해서 결과적으로 좋은 사업이 될 수 있다는 의미는 아니다. 충분히 사용되지 않은 자원이 중개인 사업(예를 들면, 많은 여행 웹사이트들은 실제로 그런 식으로 노력을 집중하지 않는다.)을 세우는 영역에만 있는 것은 아니지만, 적극적인 공급업자의 커뮤니티를 만드는 것을 더 쉽게 해주며 그렇게 하는 경비를 잠정적으로 줄여준다.

- **다양한 판매자들이 제공해야만 하는 것들 사이에 실제적 혹은 감지할 수 있는 차이가 있을 때**: 예를 들면, Airbnb에서 두 개의 자원이 같지는 않다. 다른 항공사들은 다른 시간에 항공스케줄을 잡는다. 따라서 완전히 일치하지 않는 대안 사이에서 구매자의 선택을 도와주는 Airbnb와 Expedia 같은 장터는 진정한 가치를 제공하는데, 서로 다른 판매자들이 제공하는 똑같은 제품인 책이나 CD 같은 상품이 팔리고 있는 곳에는 없는 진정한 가치이다.
- **상품과 서비스**: Airbnb, DogVacay, 그리고 많은 다른 중개인 사업이 서비스에 집중하고 있는 반면에, eBay와 Craigslist는 모든 종류의 상품을 팔면서 번창했다. **상품과 서비스 비슷한 것에 대하여 중개인 모델을 고려하지 않아야 할 필연적인 이유는 없다.**
- **소비자와 사업 구매자**: 이 질문에 관하여 배심원은 여전히 배제되어 있다. 고객에 초점을 맞춘 중개인 사업은 훨씬 더 알아볼 수 있었고, 초기 닷컴 시기에 눈에 띄는 실패에도 불구하고 B2B 중개인들이 일할 수 없다고 말하는 것은 아니다. 예를 들면, PivotDesk는 필요한 것보다 많은 사무실 공간을 가진 회사와 단기간 사용할 수 있는 공간을 찾고 있는 회사를 맺어준다.[4] 이와 같은 B2B 제공은 중개인 모델을 위한 차세대 영역이 될 수도 있다.

## 중개인 모델을 적용하는 방법

- **지급받는 가장 좋은 방법을 결정하라:** 집 주인과 여러 부류의 주택개량 계약업자를 맺어 주는 많은 중개인 중의 하나인 Service Magic(지금은 HomeAdvisor.com)은, 대부분의 다른 참가자들이 전체적인 일에 대한 수수료를 청구하는 반면에, '안내 비용' 방식을 채택했다. Service Magic 투자자인 브랫 펠드[Brad Feld]가 설명했다. "우리는 어느 소비자에게도 단지 몇몇 안내만 제공하기로 의견을 모았고, 따라서 계약업자는 판매를 할 제대로 된 기회를 가지게 되었습니다. 그리고 안내 비용은 금액이 아주 작았기 때문에 일을 따내지 못한 공급업자들도 그 비용을 크게 생각하지 않았습니다."[5]

안내 비용 모델은 큰 일이 될 수도 있는 건에 대한 수수료를 지불해야 하는 가능성보다 계약업자들에게 훨씬 매력적이라는 사실이 밝혀졌다. 또한 계약업자들이 고객과 직접 거래를 함으로써 시스템과 내기를 하려는 동기부여를 완화시켜 준다.

VRBO.com*은 임대하려는 재산권을 가진 집주인과 그 집을 임대하는 휴가객을 맺어주는 중개인 사업을 주도하는 회사로서, 판매자들로부터 등재된 비용을 부과하지만 수수료는 받지 않는다. 지불해야 할 수수료가 없으니 시스템을 우회하는데 대한 인센티브도 없다. Airbnb에서 채택된 것과는 다른 하나의 매출 모델이다.

**여러분이 처한 환경에서 최선의 지불 방법을 어떻게 결정할 수 있을까?** 대체 접근 방법을 식별하고 나서, 장래의 판매자들에게 이야기를 해서 어떤 접근 방법을 선호하는지를 알아 낸다. 혹은 더 나은 방법

---

*VRBO : Vacation Rental by Owner

은 실험적으로 운영을 해서 무엇을 배울 수 있는지 알아본다.

여러분의 사업에서 최선의 지불방법을 찾는 것은 중요한 문제이다. 단 하나의 방법밖에 없다고 추정하지 말자.

• **양쪽에 측정기준을 세우자:** 중개인 사업에서는 구매자와 판매자 양쪽을 다 확보할 필요가 있을 것이다. 따라서 양쪽을 확보하는데 전략을 가질 필요가 있고, 비용을 측정할 필요가 있다. 판매자를 확보하는 여러분의 전략은 구매자를 확보하는 전략과는 다를 것이며, 시간에 따라 다양해질 것이며 비용면에서도 다를 것이다. "구매자들을 위해서 사용하기에 효율적이고 쉬운 만큼 공급자들과도 똑같이 상호 작용하도록 만들 필요가 있습니다."하고 휴가객과 저가의 호텔을 맺어주는 중개인 회사인 Budget Places의 창업자인 존 에르체크John Erceg가 말한다.[6] 때로 간과된 중개인 사업의 한 측면이다.

• **내용물이 최고이니 그것을 입수하는 여러분의 장벽을 낮추어라:** 구매자가 여러분의 중개인 사업을 찾아오는 단 하나의 이유는 여러분이 제공하는 내용물(여러분이 입수한 판매자의 폭과 깊이) 때문이다. 핀란드의 유스티나 캇쿠스Justinas Katkus는 "내용물이 최고이다."[9]고 말하였다.

에르체크에게는 계약을 할 타겟 공급업자(처음에는 바르셀로나에 있는 중저가 호텔들이었고 마침내는 다른 곳에서도)에 대한 장벽을 낮추는 것을 의미하였다. "그 사람들이 필요로 하는 web presence*를 주었고, 별다른 비용 없이 단지 30분 정도만 시간을

---

*web presence : 사람, 사업 혹은 다른 존재를 보여주는 전 세계적인 웹상의 한 위치를 의미한다. 사람에 대한 웹 프레전스의 예를 들면 개인적인 웹사이트, 블로그, 프로파일 페이지, 위키 페이지, 혹은 소셜 미디어의 출현지점일 수도 있다.(LinkedIn 프로파일, 페이스북 계정, 혹은 트위터 계정 등) 모든 웹 프레전스는 다른 것과 구별하기 위해서 고유의 웹주소와 관련되어 있다.

내어서 이용 가능성과 요금을 우리의 시스템에 올리기만 하면 됩니다."[8]

- **시작하기 위해서 국지적으로 생각하고, 성장하기 위해서 국지적으로 생각하라**: 인터넷이 전 세계적으로 퍼져있는 마당에, 중개인 사업은 국지적으로 출발해야 한다고 생각하면 반직관적인 것처럼 보일 것이다. 하지만 한 번 생각해보자.

DogVacay는 자신과 다른 이들에게, 타 지역으로 확장하기 전에 로스엔젤레스에서 애완견 주인과 애완견 돌보미 양쪽을 연결해 주는 활발한 장터를 만들 수 있다는 것을 증명할 필요가 있었다. 다른 곳에 애완견 돌보미를 추가하는 것은 그곳의 애완견 주인과 크게 관계가 없었을 것이다.

마찬가지로 Airbnb는 목표 회의를 좁게 잡아서 한 번에 하나의 회의에만 서비스를 제공하면서 출발했다. 런던 경영대학원의 교수이자 오랫동안 초기 투자자로 활동한 존 베이츠John Bates가 지적한다. "여러분은 충분한 구매자와 판매자를 확보해야 합니다. 여러분은 최소한의 풀pool이 얼마나 커야만 하는지, 또한 그곳에 닿기 위해서 얼마나 많은 시간과 비용이 들어야 하는지 알 필요가 있습니다."[9]

**국지적인 문제는 또한 오랜 시간동안 지속한다.** "시애틀에서는 봄에 지붕을 수리하는 사람들보다 훨씬 많은 지붕 공사가 있습니다." Foundry Group의 브랫 펠드가 Service Magic을 회고한다.[10] 봄철에는 더 많은 지붕 수리하는 사람들을 시애틀에 확보하는 효과적인 계획을 개발하지 않는다면, 그곳에 있는 지붕 수리하는 사람들은 스스로 처리할 수 있는 모든 사업을 확보하고 있으니 여러분을 필요로 하지 않을 것이며, 지붕 수리를 원하는 고객들은 필요할 때 여러분이 지붕 수리하는 사람을 구하지 못한다고 바로 결론을 내릴 것이다.

만약 공급과 수요의 균형을 잡는데 많은 현금을 지출하지 않고도 여러분이 창의적으로 할 수 있다면, 이와 같은 불균형을 해소하는 것은 거래의 양쪽을 위한 믿음직한 자원으로 만들 수 있으며 본질적으로 자본 효율적인 여러분의 사업을 성장시키는데 도움을 준다.

- **판매자의 기대치를 관리하기 위해서 열심히 돌아다니다:** 구매자에게 제공할 계획인 여러분의 콘텐트가 무엇이든지 간에 충분한 공급 학보의 중요성을 부여하더라도, 공급자를 획득하기는 방심할 수 없다. 처음에 필요한 양에 도달하기 위해서 공급자의 명부를 만드는 동안, 그때까지 수요가 매우 빨리 실현될 것 같지 않다는 것을 알려주는 반면에 그들이 합류하도록 설득할 필요가 있다. 이 과정은 믿음과 인내가 동시에 요구되며, 온라인이나 전화로 호소하기보다는 얼굴을 맞대고 하는 판매와 함께 종종 최선책으로 여겨진다. Budget Places에서 에르체크는 중저가 호텔들이 그로 하여금 예약업무를 할 수 있도록 허락하는 계약을 체결하기 위해서 첫 몇 달 동안 정말 많이 돌아다녔다.

- **지불을 유예하기:** 밴처 캐피털 투자자이며 Sussex Place Ventures의 대표이사이신 리차드 굴레이Richard Gourlay는 많은 중계인 모델의 핵심 요소를 지적했는데 그 중계인들은 현금 거래를 취급한다. 이미 우리가 봐온 것처럼, 중개인은 판매인에게 송금해 주기 전에 적어도 얼마 동안은 지불을 유예하면서 추가의 판매자와 구매자를 확보하는 자금으로 사용하면서 구매자의 현금을 잡아둘 수 있다.[11]
닷컴 히트의 그늘에서 2002년에 Budget Places를 시작한 에르체크에게는, 이용 가능한 자금이 없을 때 지불을 유예하는 것이 필수였다. "고객들은 예약요금의 15%를 우리에게 지불해주었고, 이것이 우리 직원들에게 급료를 주고 더 많은 구글광고를 구입하는 자금이었으며, 30일 후 지불조건으로 할 수 있었습니다."[12] 물론, 모든 중개인들이 실제 거래를 취급하지는 않듯이, 모든 중개인들이 지불을 유예할 수는 없다.

따라서 여러분이 현금을 취급할지 안할지를 결정하는 것은 여러분의 사업을 고객으로부터 자금을 조달할 수 있도록 하는데 있어서 중요한 문제이다.

Airbnb는 그렇게 해서 지불유예로부터 이익을 얻었지만, VRBO.com에서는 VRBO.com의 손을 전혀 거치지 않고 빌리는 고객으로부터 현금이 직접 재산권 소유자에게 간다. DogVacay는 거래하는 온라인에 대해서 인센티브(애완동물 보험 무료와 환급 보장)를 제공하는데, 이 온라인 거래는 DogVacay에게 지불유예기간을 준다. 이런 종류의 디테일한 정보가 많은 거래에 중요한 역할을 한다.

## 중개인 모델: 조심해야 할 함정들

- **불균형**: 브랫 펠드가 최고로 언급한다. "여러분은 항상 불균형의 상태에 있는데, 구매자의 숫자에 비해 판매자가 충분치 않거나 혹은 적극적인 판매자에 대해 구매자가 충분하지 않은 상태에 처합니다."[13]

  따라서 여러분은 구매자와 판매자의 양쪽을 유치하기 위한 적극적인 전략이 필요할 것이며, 이 양쪽의 전략은 처음에 애를 써서 자금을 조달해야만 할 것이며, 이는 오랜 기간에 걸쳐서 유지해야 한다.

- **악역의 배우**: 여러분에게도 틀림없이 분쟁만 일삼는 당사자가 있을 것이다. 양쪽에 대한 합리적이며 공정하고 투명한 분쟁 해결 장

치가 필요할 것이다.[14]

- **자만심 측정 기준:** 오랜 동안 기업가와 투자자로 활동한 Kleiner Perkins Caufield & Byers의 랜디 코미사르Randy Komisar는 중개인 모델을 만드는 사람들은 종종 잘못된 측정 기준을 지켜본다고 논평한다.[15] 수요와 공급 사이의 잘못된 중개는(이것은 너무 많고 저것은 충분하지 않고) 회원의 숫자나 판매 수치보다 사업이 정말로 잘되고 있는지에 관해서 더 좋은 단서를 제공한다.

## 선불 모델

구식의 여행자 수표는 전형적인 선불 사업이다. 여행을 떠나기 전에 우리는 은행에 돈을 지급하고, 우리가 나중에 쓸 일이 있으면 사용하는 '안전한' 여행자 수표를 받는다. 그런 행위에 대하여 우리는 은행에 비용을 지불한다. 정당한 환경에서, 선불 모델은 여행자 수표만큼 매력적이게 고객 자금화 사업을 세울 수 있다. 여러분이 선불 사업의 길에 들어섰다면 과거로부터 어떤 교훈에 주의해야 할까?

## 고객 자금화 사업을 만들기 위하여 선불 모델을 언제 적용해야 할까?

- **정말로 저항하기 어려운 고객 고통의 분포가 있는 곳에:** 상품이든 서비스든 간에 고객들의 고통을 누르면 누를수록, 비록 완전히 개발되지 않은 해결책이라 하더라도 그 고객은 여러분에게 미리 지불할 가능성이 더 많게 된다. 존 베이츠John Bates는 이렇게 말한다. "여러분이 지금 가지고 있는 것을 사용할 수 있는 사람들을 찾아야만 한다."[16]

제 4장에 나오는 인도 여행 사업인 Via에서 우리가 본 것처럼, 부부 경영의 소규모 여행사는 실시간 항공권을 발행해서 더 많은 수수료를 받아야 할 진짜 필요성이 있었다. 이 두 개의 고객 고통 요점에 접근함으로서 Via는 건강한 출발을 하게 되었다. Via가 나중에 제공 품목에 철도와 버스 승차권을 추가했을 때처럼, 쥐를 잡기 시작하기만 하면 더 좋은 쥐덫을 만들 수 있다.

늘 그렇듯, 만약 여러분이 지금 팔기를 희망하는 것에 대해서 진정한 수요가 없다면, 아마도 매력적인 사업 또한 없을 것이다.

- **어느 B2B 환경에서나 거의 대부분: 여러분이 해결할 수 있는 진정한 문제를 가진 사업은,** 그것이 상품이든 서비스이든 간에 고객들이 해결책이라고 보는 것에 대해서는 적어도 일부분은 **즐겁게 미리 지불할 가능성이 있다.** 선급금을 여러분의 앞선 개발 비용에 전적으로 조달해도 불충분한 환경에서조차, 동의서나 혹은 더 좋다면 주문서와 같은 Advance Commitment*는 다른 원천으로부터 필요한 자금을 모으는 것에 도움을 줄지도 모른다.

  그러니 장래의 B2B 고객에게 미리 지불해달라고 요청하는 것은 언제나 타당하다. 만약 그들이 어떤 상품에 대해서 미리 지불하고 싶어 하지 않는다는 것을 발견하면, 그것은 아마도 그들은 결코 여러분에게 돈을 내지 않을 것임을 의미한다! 여러분이 잘못된 길을 가고 있을지도 모른다.

- **어느 서비스 사업에서나 거의 대부분:** 사실상 오랜 동안, 모든 종류의 판매하는 서비스는 그 서비스에 대해서 부분 혹은 전체적으로 미리 고객들에게 지불할 것을 요청해왔다. 고객들도 역시 기꺼이 지불한다. 그러니 만약 여러분이 거의 어느 종류의 서비스 사

---

*advance commitment : 미리 정해진 가격에 상품을 구입하겠다는 매입자의 약속

업을 시작할 계획을 세우더라도, 왜 여러분이 시작할 투자 자금이 꼭 필요해야만 하는지 이유는 없다. 그냥 주문할 것을 요청하고 또한 미리 지불할 것을 요청하라. 브랫 펠드가 말한 것처럼. "하지 않을 핑계는 없다."[17]

• **상품은 어떤가?** 유형의 상품을 선불조건으로 판매하는 사업을 만들기는 여러 가지 이유 때문에 대체로 어렵다. 첫째, 상품을 인도하기 전에 발생하는 상품 개발 비용이 있다. 만약 여러분이 고객이나 혹은 Kickstarter 같은 크라우드 펀딩 웹사이트 상 사람들까지도 여러분의 상품 개발에 자금을 대도록 설득할 수 있다면, 적어도 이론적으로는 굉장하다. 하지만 새로운 상품 개발 과정은 고객 개입의 부족, 고객 요구사항에 대한 이해의 부족, 도전 사이의 너무나 긴 개발 주기[18] 등 도전으로 가득하다. 이 사실을 고객들은 잘 알고 있으며 대체로 미리 자금을 대려고 하지 않는다. 그러니 고객 자금으로 여러분이 그 일을 할 수 없다면, 상품을 판매하는 사업을 만들기 위해서 여러분은 어떻게 해야 하는가? 아마도 솜씨가 좋은 창업 팀이 필요할 것이고 여유 시간에 스스로 상품(혹은 적어도 첫 번째 생존 가능한 버전의)을 만드는 이용 가능한 대역폭이 필요할 것이다.

**몇몇 상품 사업은 물론 상품 개발이 필요 없거나 조금의 노력만 요구되기도 한다.** A Suit That Fits*는 고객 맞춤 양복을 판매하는데 런던, 뉴욕 혹은 많은 다른 도시에서 국지적으로 치수를 재어서 네팔에서 재단과 봉제를 한다. 창업자인 워렌 베넷Warren Bennett은 전적으로 고객 자금화 선불 모델로 사업을 만들었다.[19] 우리가 제 4장에서

---

*A Suit That Fits : 영국의 맞춤식 양복 회사이다. 데이빗 하티라마니와 워렌 베넷이 2006년에 세웠으며, 기업가가 되는 것과 영국 사람들이 좀 더 좋은 옷을 입을 수 있도록 힘이 되고자 하는 두 가지 야망으로 시작했다.

본 것처럼 Threadless는 자신들이 운영하는 디자이너 커뮤니티에 제품 디자인 기능을 아웃소싱하였다. 선불 모델이 상품에 대해서는 유효하게 작용할 수 없다고 누가 말하는가? 약간의 창의력이 오래 갈 수 있다.

## 선불 모델을 적용하는 방법

• **사람들이 선불에 익숙한 범주를 찾아서 무엇을 사는지 혹은 소비하는지를 기다려라:** 급성장하고 있는 영국의 온라인 소매업자인 Made.com은 저렴한 가격에 디자이너 맞춤형 가정용 비품과 가구를 판매한다. 어떻게? 소비자들로부터 주문을 조합하고 선행 대금을 모으고, 예를 들면 안락의자 위에 알맞은 천을 입히는 것과 같이 주문에 맞추어서 상품을 만든다.

모든 사람들은 주문형 상품에 대해서는 미리 대금을 지불하고 인도를 기다리는 것이 합리적이라는 것을 알고 있으며, 또 그렇게 하고 있다. Made.com으로서는 운전 자본의 혜택이 모든 차이를 만든다. 회사 창업자인 31살의 CEO 닝 리Ning Li가 소견을 말한다. "제조업자로부터 가구를 매입하기 전에 우리는 가구를 팔기 때문에 우리는 소극적인 운전 자본을 보유하고 있습니다."[20]

• **독점적인 것은 어떤가?** 여러분의 선불 고객이 아마도 여러분이 생각하고 있는 것과는 달리 **상품이나 서비스의 독점적인 사용을 원할 수도 있다.**

두 번의 창업을 했으며 현재는 콜로라도 대학교에서 상업화 지도자로 있는 레이 존슨Ray Johnson은 사업의 성장을 가로막을 독점권을 허용하지 않아야 하는 반면, 고객의 사용 분야에 대한 방화벽을 가능한 좁게 만들면 더 좁은 형식의 독점권을 제공할 수 있다고 제안한다. 그들이 독점적으로 한정된 곳에 상품이나 서비스를 사용할 수 있지만 여러분은 다른 용도에 그것을 판매할 수 있다.[21]

- **고객의 확신과 믿음을 얻어라:** 고객들은 믿지 않는 공급업자에게 선금을 내어 주지는 않는다. B2B 환경에서는 믿음과 확신이 참고와 추천과 함께 사람과 사람 사이에 만들어질 수 있다. 온라인 판매자들에게는 하기가 더욱 어렵다. A Suit that Fits의 워렌 베넷은 초기에 신뢰를 만들기 위해서 신문 스크랩, 상, 그리고 평론 사이트 위 비평을 만들어 내기 위해서 열심히 일했다.[22] 오늘날 소셜 미디어는 이런 역할을 수행할 수 있다.

## 선불 모델: 조심해야 할 함정들

- **지배적인(갑질) 고객:** 고객의 요구를 충족시켜주는 것과 여러분의 중요한 방향을 바꾸는 그런 요구를 허용하는 것 사이를 걷는 적정선이 있다. 그런 고객 개입으로부터 수집해서 배울 점도 있겠지만, 한 명의 고객이 내세우는 요구사항이 여러분이 곧 서비스를 제공하기를 희망하는 더 넓은 시장의 요구사항을 대표할 수는 없다.[23]

- **우리는 지금 그것을 원한다.** 여러분의 선불 고객은 아마도 해결책을 지금 당장 원하는 문제를 해결하고 싶어 하기 때문에 지불했을 것이다. 하지만 콜로라도 대학교에서 창업정신에 대해서 Deming Center를 이끌고 있는 폴 저드Paul Jerde가 언급하는 것처럼, "때때로 여러분은 몇 달간 고객들로부터 아무런 소리도 듣지 못하고,"[24] 그것이 프로젝트를 완성하거나 나머지 일에 대하여 돈을 받는 것을 어렵게 만들 수 있다. 기대치를 설정하고 그런 문제를 방지하기 위해서 가까운 고객 관계를 만드는 것은 선불 B2B 환경에서는

필수적인 것이다.

- **나 먼저!** 폴 저드 역시 지적한 것처럼, 만약 여러분이 다양한 선불 고객을 확보하고 있다면, 그들 모두 목록의 가장 윗부분에 자신들의 요구사항을 올려주기를 기대할 것이다. 여러분이 자금이 부족하기 쉽고 모든 것을 당장 할 수 없다는 점을 감안하면, 고객들 중에서 누구에게 가장 먼저 서비스를 제공해야 하는가에 대한 힘든 선택에 직면할 것이다.[25]

- **자신이 누구인지 망각하기:** 서비스 사업은 종종 제품 사업이 되기를 동경한다. 왜 그럴까? 사업의 성장은 그 성장과 유사한 속도로 서비스 인도 팀을 키우는(그리고 아마도 훈련시키는) 것을 의미하기 때문에 많은 서비스 사업을 확장하기가 더 어렵다. 하지만 우리가 제 7장에서 본 것처럼, 서비스에서 제품으로 전환하는 사업은 스스로 내재된 문제를 안고 있으며, 하나에서 다른 것으로의 전환은 보이는 것보다 훨씬 더 어렵다. 서비스에서 제품으로의 전환을 추구하는데 있어, 서비스 공에서 눈을 떼는 것은 잠재적인 재앙에 대한 처방이다.

- **비전에서 명쾌함의 부족:** 저자, 투자자, 그리고 연속적인 창업자인 스티브 블랑크Steve Blank는 선불 고객들이 제공자의 의사일정을 추진하기를 추구하기 때문에 한 가지 전략 방향에서 다른 방향으로 회사의 표류를 보았다.[26] **고객들의 돈이 여러분을 먹여 살리고 있을 때 "아니"라고 말하기는 쉽지 않지만, 때로는 꼭 해야만 하는 일이기도 하다.**

- **여러분의 사업에서 주식을 원하는 고객들:** 나중에 인도하는 상품에 대해서 미리 지불하는 고객을 확보하기는 좋은 일이다. 하지만 그들이 주식 지분을 갖도록 허용하는 것은 좋은 일이 아니다. 왜일까? Kennet Partners의 성장 자본 투자가인 히렐 자이델Hillel Zidel은 간단하게 평한다. "우리는 그걸 좋아하지 않습니다."[27] 비록

사업을 고객 자금화 선불 모델로 시작하더라도, 어떤 점에서 여러분은 더욱 발전하는 제품 개발이나 혹은 더 빠른 성장에 조달할 기관 자금을 모으기를 원할 수도 있다. 그렇지만 만약 여러분의 고객들이 이사회나 주주 테이블에 한 자리를 차지한다면, 그 고객들의 목표는 투자자의 목표로부터 갈라져 나오기 쉽기 때문에 장래의 투자자들은 저지당할 수도 있다.

레이 존슨이 동의한다. "어떤 전략적인 투자는 언젠가 조정불량이 될 것입니다."[28] 따라서 고객들이 주주 구조 안에서 자리를 차지한다는 것은 위기에 닥쳤을 때 어떤 장래의 자금조달도 가능하다는 것이다. 하지만 그들이 주식을 요구했을 때 여러분은 어떻게 "안 된다."고 할 것인가? 그들에게 다른 뭔가를 주라: 어쩌면 다른 누군가에게 판매하기 전에 적절한 시기의 시장 혜택; 주된 경쟁자에게는 판매하지 않는다(적어도 제한된 기간 동안)는 합의나 혹은 위에 제안한 것처럼 사용 분야에서 독점적인 계약. 하지만 물론 확고한 구매 약속에 대한 답례로 이러한 것들을 시행한다는 것을 확인하라![29]

• **최고의 고객(고객 A) 혹은 차선의 고객(고객 B):** 몇몇 고객들은 자기들의 중요한 경쟁자들에게 이미 서비스를 제공하는 사람과는 사업하기를 원치 않을 것이다. 여러분은 주의할 필요가 있다. 만약 잠재적으로 더욱 매력적인 고객 B에게 또한 서비스를 제공하는 기회보다 선행하는 것을 뜻한다면, 선불 고객 A를 확보하는 것에 관해서 주의를 기울일 필요가 있을 것이다.

## 회원가입과 *SaaS* 모델

제 5장에서 읽어보았다면, 언뜻 보기에 무엇이든지 회원가입이라는

최근의 집착에 대하여 걱정한다는 것을 여러분은 알 것이다. 이어지는 질문도 역시 여러분에게 경고를 줄 수 있다.

반면에 크라우드(크라우드 컴퓨팅을 통한 인터넷 서비스 제공)의 출현으로, Salesforce.com*의 경우처럼 SaaS 모델은 광범위한 사용 속으로 들어왔기 때문에 회원가입 모델은 소프트웨어 산업에서 대유행이 되어 버렸다.

나는 고객 자금화 사업을 만드는데 회원가입 모델이 잠재적으로 사용될 수 있는 다수의 환경이 있다고 생각한다. 그 환경을 찾아내는 것은 여러분의 몫이다. 다음의 교훈이 도움을 줄 수도 있다.

## 고객 자금화 사업을 만들기 위해서 언제 회원가입 모델이나 SaaS 모델을 적용하는가?

- **구매한 것이 소멸하기 쉽거나 예상대로 소비될 때:** 뉴스는 소멸하기 쉽다. 생화도 상하기 쉽다. 일회용 기저귀는 예상대로 소비된다. 과일과 채소는 상하기 쉽고 예상대로 소비된다.

  파이낸셜 타임즈(영국의 경제 전문 일간지), H.Bloom, Diaper.com, 영국에서 유기농 채소를 매주 배달하는 Abel and Cole's 모두가 그런 현실로부터 이익을 누린다. 제 5장에서 우리가 본 바와 같이, 회원가입 모델은 진짜 상하기 쉬운 것이 아니고 반드시 예상대로인 것은 아니지만 단지 소비되는 모든 종류의 상품 카테고리에 걸쳐서 알맞게 사용되었다. 예를 들면 GuyHaus로부터의 화장품이나 세면도구, 혹은 Netflix로부터의 비디오 등이다. **회원가**

---

*Salesforce.com : 인터넷을 통해 사용할 수 있는 '주문형 고객관계관리(CRM) 서비스'를 제공하는 업체. 미국의 사업가 마크 베니오프가 컴퓨터 하드웨어와 소프트웨어 시스템을 구매하고 유지하는 전통적인 사업운용 방식에 대한 대안으로 1999년에 창립했다. 미국 샌프란시스코에 본사를 두고 있다.

입 모델이 이러한 카테고리 안에서 이치에 맞을지 그리고 이익을 만들어낼지는 편리한 기능, 비용 그리고 용법의 예상 가능함에 크게 달려 있다.

만약 회원가입하기가 더 많은 것이 필요할 때 단순히 재구입하기보다 고객들에게 더 싸거나 실질적으로 더 편리하다면, 그리고 사용 빈도가 예측 가능하다면, 회원가입 모델은 도움이 될 수 있다. 만약 하나 이상의 이런 조건이 충족되지 않으면, 주의하라.

• 만일 할 수 있으면 항상 소프트웨어를! 수많은 SaaS 기반의 소프트웨어 회사를 후원해온 브랫 펠드는 오랜 시간 동안 보수를 받는 소프트웨어를 위한 회원가입 모델은 언제나 딱 한 번 보수를 받는 좀 더 전통적인 라이센스 모델보다 더 바람직하다고 주장한다.[30] 하지만 보수의 지불과 상품의 인도 양쪽에 대해서 여러분에게는 선택권이 있다고 그는 지적하는데, 둘 중에서 어느 하나는 미리 될 수 있거나 혹은 오랜 시간 동안 확산될 수 있다. 브랫 펠드의 견해로는, 갱신 가능한 회원가입에 대해서 보수를 지급받는 편이(잠재적으로 오랜 동안) 딱 한 번 보수를 받는 쪽보다 훨씬 좋다고 한다.

## 회원가입 모델을 적용하는 방법

• 구매하기 전에 시도하라: 회원가입 모델은 한동안 제품이나 서비스를 시험해보고 자기의 필요에 맞는지를 알아보게 함으로써 실질적으로 정상이 아닌 무언가를 구입하는 구매자의 위험을 낮춰줄 수 있다. 저비용(염가), 저위험(안전한), 구매 전 시험의 프로그램을 시행하는 것은 고객을 확보하는 비용을 낮출 수 있고, 갱신비율을 근거로 해서 제공한 것에 대한 고객의 만족도를 가리키는 초기 측정기준을 제공할 수 있다.[31]

- **올바른 측정기준을 손에 넣으라:** 제 5장에서 TutorVista 창립자인 크리슈난 가네쉬가 지적하듯이, 회원가입 사업의 전체적인 경제의미를 움직이는 핵심적인 두 개의 측정기준이 있다. 신규 가입 회원을 확보하는 비용과 여러분의 고객으로 남아 있는 기간 동안 수익 기여도에 의해 측정한 그 고객의 수명 가치(lifetime value)이다.[32] 물론 고객 확보 전술이 진화하면서, 고객을 확보하는 비용은 변한다. 그리고 다른 부류의 고객들은(예를 들면 시장 영역 B에 대비하여 시장 영역 A에 속한) 다른 고객 확보 비용을 가질 것이고 아마도 수명 가치도 역시 다를 것이다.

  따라서 고객을 확보하는 비용과 수명 가치의 양쪽을 측정하는 것은 영역마다 상세한 생각과 조심스러운 측정을 요구한다. 추가로, 각각의 코호트(인구 통계에서 통계 인자를 공유하는 집단)를 기초로 한 그런 측정치를 추적하는 것은(예를 들면, 주어진 그 달의 확보된 고객 수) 수익에 대한 기여도와 앞으로의 가치가 시간이 지날수록 쇠퇴하는 정도를 더 좋게 측정할 수 있도록 한다.[33]

- **원금회수 기간을 측정하라:** 만일 여러분이 고객 자금화 회원가입 모델을 만들기를 원한다면, **평균 신규 고객의 원금회수 기간이 하나의 중요한 측정 기준이다.** 고객 확보에 여러분의 자금이 고객의 처음 구매에서 얻는 수익 기여도와 함께 얼마나 빨리 회수되는가를 여러분은 알아야 할 필요가 있다. 원금회수가 빠를수록, 여러분의 고객 자금화 사업에는 더 도움이 될 것이다.

- **무료요금Freemium · 할증요금Premium 모델:** 인터넷 시대에, 몇몇 사용자는 할증 요금 버전에 대해서 기꺼이 지불할 용의가 있을 것이라는 희망으로 몇몇 회원가입 사업은 무료의 기본적인 회원가입('무료 요금' 버전)을 제공한다. 그 고객이 업그레이드에 대해서 지불하는 충분한 추가 가치를 인식하고 있다면 유효하게 작용한다.

내가 좋아하는 음악 장르를 들려주기 때문에 나는 무료의 Pandora Radio 회원가입을 좋아한다. 할증 요금 버전은 광고 없음을 약속하지만, 내가 가장 좋아하는 방송국에서는 드물게 약간의 광고를 하고 있으니, 업그레이드에 대한 인센티브는 거의 없다. 무료 회원에게 너무 많이 주지 않고도 그들을 유치하기에 무엇이 충분히 좋은가의 사이에 어디에 선을 그을 것인가를 알기가 어려운 과제인 것이, 잘못 하면 지불 버전으로 옮겨가는데 있어서 증가치가 적기 때문이다.

## 회원가입 모델: 주의해야 할 함정들

- **고객 이탈:** 오는 고객도 있고 떠나가는 고객도 있다. 고객 이탈율과 그들을 움직이는 것이 무엇인지, 그래서 그 숫자를 줄이는 작업을 할 수 있다는 분명한 이해는 가장 중요하다.
- **고객 수명 가치의 과대평가:** 고객들이 영원히 회원가입을 계속할 것이라고 생각하기는 쉽다. 하지만 그렇지 않다. 수명 가치의 지나친 낙관적인 전망(혹은 원금 회수 기간의 과소평가)은 새로운 고객을 확보하기 위해서 지불할 가치가 없는 것으로 밝혀지는 새로운 고객들을 위한 과다지급으로 이끌 가능성이 있다. **이것은 자금을 빠르게 써버리는 처방이 된다.**
- **여러분의 산업에서 평가 측정기준을 이해하기에 실패:** 자금을 모으거나 혹은 회사를 처분할 때, 많은 회원가입 사업은 고객들의 수명 가치에 근거해서 가치가 있다. 고객 보유를 증가시키기 위한 효과적인 전술을 개발하는 것은 여러분의 고객 자금화 회원가입 사업이 가치가 있는 것에 대한 중요한 영향을 가질 수가 있다.
- **무료 요금의 무임승차자들:** Institutional Venture Partners의

줄스 말츠Jules Maltz와 다니엘 바니Daniel Barney가 평하는 것처럼, "전 세계의 십만, 100만 혹은 1억의 사람들이 제품을 사용하는 것을 보기를 원치 않는 기업가들이 있을까요? 하지만 만일 이 사용자들을 지불하는 고객들로 이끌지 않는다면(직접적이든 간접적이든), 회사를 천천히 파산시키는 값비싼 부담이 될 수 있습니다. 평균적으로, 단지 2%에서 4%의 무료 사용자들만이 지불 고객으로 변환합니다."[34] 말츠와 바니에 따르면, 이 함정에서 빠져나오는 단지 두 개의 방법이 있다.

① **시간이 지나면서 증가하는 가치로 인해서 무료요금 사용자들이 시간이 지나면서 지불하는 사용자가 될 때**: 예를 들면, 최초의 무료 Dropbox 용량이 가득차면서 더 많은 저장이 필요한 Dropbox 사용자들.

② virality(소셜미디어에서 입소문을 낼 수 있는 가치)로 인해 무료 요금 사용자들이 시간이 지나면서 지불하는 사용자를 끌어들일 때. SurveyMonkey의 고객들이 무료로 내보내는 모든 연구조사는 추가의 SurveyMonkey의 사용자들을 끌어 모을 수 있는 하나의 광고이다. 그런 새로운 사용자들의 몇몇은 장래의 돈을 내는 사용자가 될 것이다.

• **상하기 쉽거나 예측 가능한 소비의 부족**: 회원가입의 기반에 실제적으로 제공되는 기분 나쁜 거품은 무엇이든지 조심하라. Tackle Grab(낚시 루어), PantyFly(여자들의 팬티는 '닳아 없어지는가?'), 혹은 Boink Box(구입하는 것을 보이고 싶지 않은 사람들을 위한 X-등급 섹스 장난감) 등은 어떠한가? 내가 2013년에 썼듯이, 적어도 135개의 '유명무실한' 스타트업이 미국에서만 시작했었고, 몇몇은 평범하였고 나머지는 과도하게 야단법석이었다. 여기에 형성된 거품이 있지 않을까?[35] 우리는 곧 알게 될 것이다.

## 희소가치와 반짝세일 모델

Zara 같은 가장 최고의 희소가치 모델은 내 눈에는 구체화한 아름다움이다. 잘 실행되었을 때 **이런 모델**은 Zara의 경우처럼 **대항해서 경쟁하기에 가장 힘든 상대가 될 수 있다.** 안타깝게도 그런 모델의 많은 반짝세일 해석은 거의 같은 수준으로 실행하지 않았다. 자신들의 상품을 위해서 너무나 유행하는 것이 되어버렸다. 불완전한 이행은 빈약한 실행에 대한 이유들 중의 하나일지도 모른다. 만약 그렇다면, 위험에도 불구하고 만일 여러분이 그런 길에 머리를 숙이고 따라가고 싶다면 다음의 교훈은 여러분에게 유용할 수도 있다.

### 고객 자금화 사업을 만들기 위해서 희소가치와 반짝세일 모델을 언제 적용하는가?

- **빨리 바뀌는 제품이나 패션의 진부화가 있는 곳:** 여성들의 의류는 급속한 패션 사이클을 가진다. 기장은 올라가고 내려간다. 몸에 달라붙었다가 느슨해진다. 가지색은 뜨거운 새로운 색상이 되다가는 곧 바뀐다. 이 신속한 변화는 두 가지를 의미한다.
  ① 매 시즌의 끝에 생산자는 언제나 적어도 사라져가고 있는 패션의 재고과잉 비축분을 가지게 될 것이지만, 몇몇의 패셔니스타는 여전히 입고 싶어 할 것이다. 이것은 vente-privee 혹은 Gilt 같은 상인들은 해결할 수 있는 문제이다.
  ② Zara의 고객들처럼 패션에 관심이 많은 소비자들은 최신 스타일을 원하고 패션 곡선의 뒤쪽이 아니라 앞서가는 것을 보여주고 싶어 한다. 현재에 머물고 또한 뒤처지는 것을 바꾸는 것으로 자신의 의상을 보기 위해서 그들은 자주 구매한다.

이러한 사실은 고객들이 패션 고객들의 요구에 공명하는 '지금 구매'하도록 권장하는 속에서의 희소가치 모델을 의미한다.

- **여기저기 흩어진 판매상들이 여기저기 흩어진 시장에 접근해야 하는 상품 카테고리에서:** 아마도 Zulily의 성공에 기여한 한 가지 사실은, 시장으로 통하는 좋은 방법이 없었기 때문에 규모가 작은 아이들과 엄마들을 위한 상품을 전문으로 하는 규모가 작은 판매상들이 넘쳐났다는 것이었다. 많은 수의 판매상들은 너무나 작아서 Toys R Us와 같은 회사와 효과적으로 거래할 수가 없었고, 나머지 잠재적인 소매 고객들은 너무 여기저기 흩어져 있어서 효율적으로 접근할 수 없었을 뿐만 아니라 너무 작아서 지역화한 시장을 이용하는 것보다 더 많은 것을 제공할 수가 없었다. **그런 판매상들을 위해서 Zulily*는 이 두 가지의 문제를 해결했다.**

- **떠오르는 시장에서:** 인도와 같은 곳에서는, 소매업의 기반이 선진국에서 보다는 훨씬 덜 개발되어 있다. 고객의 입장에서 보면, 이것은 대도시 밖의 많은 상품 카테고리 안에서는 필연적으로 희소가치가 있다는 것을 뜻한다. 휴대폰 기술을 이용한 혁신적인 고객 자금화 유통전략이 될 수도 있으며(떠오르는 시장에서는 휴대폰이 컴퓨터 대용이 된다), 희소가치 모델(오늘 이 스타일을 주문하면, 다음 주에는 갖게 된다)은 이러한 요구에 서비스를 제공할 수 있도록 개발될 것이다.

## 희소가치와 반짝세일 모델을 적용하는 방법

- **반짝세일 모델에서는 재고품의 보유를 피하라:** 블로그 운영자이

---

*Zulily : 2009년에 시작한 미국의 인터넷 판매회사로, 아동, 유아용품, 의류, 잡화, 장난감, 출산 용품 등을 판매. 처음 상장할 때 회사의 가치가 26억불이었다. www.zulily.com

며 투자자인 그렉 베티넬리Greg Bettinelli는 Zulily가 성공한 열쇠 중 하나는 근본적으로 재고품을 보유하지 않았다는 것이라고 말한다. "그들의 무 재고품 모델은 네거티브 운영자금 모델의 결과를 낳았으며, 이것은 장기간 성공을 위한 초석이 되었습니다."[36] 하지만 상세한 내용 속에 악마가 있다고 영국 전자 상거래의 베테랑인 페리 블라허Perry Blacher는 지적한다. "완전히 판매되지 못한 반품이나 뜯지 않은 포장들이 최선의 노력에도 불구하고 재고품으로 끝날 수가 있습니다."[37]

- **구매처 지불기간을 늘려라:** 이러한 사업들은 역시 구매처의 자금 조달에 의해 이루어지는 것이 현실이기 때문에, 구매처로부터 좋은 지불기간을 확보하는 것이 대부분 어느 종류의 고객 자금화 사업을 만들더라도 중요하다는 것을 우리는 이미 보아왔다. 하지만 Zara에서와 같은 고객은 상품을 구입하면서 항상 훨씬 전에 돈을 지불하지는 않으므로 장기간의 구매처 지불조건은 희소가치 모델을 위해서 매우 중요하다. 그렇지만 경쟁적인 카테고리 안에서 장기간의 지불조건을 확보하는 것은 점점 힘들어지고 있다. 유럽의 반짝세일 사업 Buy VIP의 투자자인 Kennet Partners의 히렐 자이델Hillel Zidel은 말한다. "모든 것이 변했습니다."[38] 수많은 반짝세일 상인들이 너 나 할 것 없이 상품을 요청하고 있는 현실에서 많은 구매처는 그 상인들에게 미리 다량의 재고품을 약속하고 구매처에게 더욱 유리한 조건으로 지불할 것을 요구할 수 있게 되었다. 그래서 자이델의 견해로는 떠오르는 시장을 제외하고는 소비자 지불조건 안에서 여전히 존재하는 결핍이 저개발의 소매업 기반 구조를 의미하는 곳에서는, '끝났다'는 것이다.

- **사라졌을 때에는 정말 사라진 것이다. 재주문하는 유혹을 피하라.** 잘 팔리는 스타일이 지나갔을 때에는, 그것이 바로 여러분이 일어나

기를 원했던 것이다. 아마도 비슷한 것을 디자인하거나 주문하되 그 스타일이 지나가도록 내버려 두라.

## 희소가치와 반짝세일 모델: 주의해야 할 함정들

- **빠르게 지나가는 패션이나 상품 단종의 공백:** 우리가 제 6장에서 본 것처럼, 구매 행동을 이끌기 위해서 정말로 단종이 없는 모든 종류의 카테고리 안에서 반짝세일 사업을 찾고 있는 스타트업이 넘쳐났었다. 그런 카테고리 안에서는 여전히 잘될 것으로 믿으면서 나타나는 많은 수의 창업자들이 있음에도 불구하고 희소가치 모델은 가야 할 최선의 길이 아닐 수도 있다. 정말로 몇몇 그런 참가자들은 맨 먼저 그들을 사업으로 이끌었던 또 다른 자금의 효율성을 보존하려는 노력으로 우리가 제 5장에서 본 것처럼 역시 잘 안 될 수도 있는 회원가입 모델로 전환을 했다. 지금은 Oysho(란제리)와 Zara Home(홈 데코)를 포함한 여덟 가지 형태의 소매 사업을 운영하고 있는 Zara의 모회사인 Inditex조차도,[39] 패션이 그렇게 빨리 바뀌지 않는 형태 속에서 전략의 일부분을 적응시켜야만 했다. 결핍은 이런 형태 속에서 덜 중심적이 되었고, 회사의 전설적인 공급 체인 효율이 맨 앞으로 이동하게 되었다.
- **너무 적은 공급에 대해서 너무나 심한 경쟁:** 반짝세일 현상의 빠른 성장은 **패션 의류를 포함한 많은 상품 카테고리 안에서, 너무 많은 수요가 너무 많은 공급을 쫓고 있다**는 것을 의미하였다. 단지 그런 많은 과잉 재고품만 이용 가능하므로, 언제나 구매자의 수요를 만족시켜서 행복한 제조업자들은, 반짝세일 상인들을 위해서 특별히 만든 상품을 생산하는 쪽으로 전환하였다.[40] 하지만 소위 말하는 할인 가격 포인트를 만족시키기 위해서, 천의 값을 낮추고 제조 단

가를 낮추어야만 한다. 고객을 위한 원래의 가치 명제는 더 이상 거기에 없다. 만약 여러분이 사람들의 눈에 띄지 않게 움직여서 과 잉 재고품의 독점적인 공급권을 얻을 수 있는 하나의 카테고리를 찾을 수 없다면, vente-privee의 모방자들이 대부분 그렇듯이, 수익성보다 판매 성장은 성취하기가 훨씬 용이해질 가능성이 있을 것이다.

- **고객을 확보하는데 지나치게 지출하기**: 시간이 지남에 따라 고객 이 여러분에게 제공하는 수익 기여도와 관련하여 감당할 수 있게 고객을 확보하는 것은 필수적이다. 그렉 베티넬리가 평한 것처럼, 설상가상으로 대부분의 전자 상거래 소비자들이 주어진 사이트로 부터 구매하는 비율이 시간이 지나면서 감소하는 경향이 있고, 특 히 반짝세일 사업에서 그러하다.[41] 이러한 상황이 고객을 확보하 는데 여러분이 해야만 하는 것보다 손쉽게 더 많이 지출하도록 만 든다. "이 모든 것이 고객이 어떻게 행동하는가에 대해서 깊은 분 석적인 이해를 요구하며, 최고의 회사들은 수입을 지출에 잘 조화 시키는 훌륭한 분석가들을 보유하고 있으며, 또한 놀라울 정도로 데이터에 따라 움직입니다."[42] 페리 블라허Perry Blacher가 말한다.

- **비용이 많이 드는 마무리**: 알맞은 제품을 소개하고 구매하는 일부 터 다음 주의 홍보물을 만들어내고 고객의 주문을 재빨리 이행하 는 것까지 사업을 효과적으로 운영하는 것은 잘 해내기가 힘든 일 이다. 헛되게 홍보하고 잘못된 제품은 팔리지 않는다. 더딘 이행 은 고객 반품으로 이어질 가능성이 높다. 많은 희소가치 모델이 운 영하면서 종종 일어나는 많지 않은 매출 총이익은 사업을 하기 위 해 실행하는 것의 나머지를 관리하는데 실수의 여지를 거의 남기 지 않는다. "이 모든 일은 놀랍게도 가상이 아닙니다." 블라허가 언급한다.

오히려, 상품 구색을 소개하기, 구매처 관리하기, 유통 센터 안에서 선택율과 선반 공간의 단위 면적당 수익 관리하기 등과 같은 평범한 운영 문제들과 관계가 있다.[43] 만약 마무리 운영이 효과적이지 않다면, 여러분은 수익성이 좋은 희소가치 기반 사업을 만드는 데 힘든 시간을 보낼 것이다.

## *서비스에서 제품으로 전환하는 모델*

이 장에서 초기에 언급했듯이 실질적으로 모든 서비스 사업은 고객 자금화 선불 사업을 만드는 잠재적인 후보군이다. 하지만 서비스 사업으로 출발해서 자금을 모으고 싶지만 여러분이 제품 사업을 마음속에 품고 있다면 어떨까? 먼저 내가 선불 사업 목록에 만들어 놓은 적용하는 시기와 적용 방법, 그리고 주의해야 할 함정들과 같은 모든 원칙들을 여러분이 출발하면서 적용하라. 하지만 결국, 만일 제품 사업이 목표라면 서비스 사업으로부터 제품 사업으로의 쉽지만은 않은 전환을 만들 필요가 있을 것이다. 여기에 여러분이 그런 변곡점에 이르렀을 때 염두에 두어야 할 약간의 교훈을 적는다.

## 서비스로부터 제품으로의 전환을 시도하는 시기

- **기술이 허용할 때:** 서비스로부터 제품으로의 전환은 일반적으로 기술이 가능하게 해준다. 제 1장에서 우리가 본 것처럼, CE Info Systems은 인터넷이 가능하게 만들었기 때문에 MapmyIndia.com을 개발할 수 있었다. 제 7장에서 우리가 본 것처럼, Rock Solid는 크라우드가 가능하게 만들었기 때문에 전환을 할 수 있었다. GoViral은 광고주의 비디오 콘텐트 유통을 자동화하는 기술

을 사용함으로써 전환을 할 수 있었다.

- **여러분이 없어도 사용될 수 있는 어떤 가치를 여러분이 가졌을 때:** 단지 기술이 여러분의 전환을 가능하게 만들어준다는 것이, 독립 형의 '제품화'를 기반으로 인도되는 현재 여러분이 제공하는 그 서 비스를, 현재의 구매자든 신규 구매자든 꼭 구매자들이 원할 것이 라는 의미는 아니다.

  확산시킬 수 있는 사업을 찾아서 서비스를 제품으로 전환시키는 고통을 겪고 있는 컨설턴트업의 하나인 Prana Business의 창업 자이며 CEO인 조 클라크Joe Clark는 다른 컨설턴트들이 이용할 수 있는 전략 실행에 그의 회사를 특별하게 접근시키는 기회를 밝혀 주었다. 하지만 그와 그의 팀은 온라인 도구를 만들어야만 했는데, 그 도구가 다른 컨설턴트들이 쉽게 팔고 인도할 수 있도록 만들고, 가격 결정 모형을 정돈해서 Prana와 그의 고객들의 컨설팅 사업 양쪽 모두가 그 새로운 도구를 사용함으로써 수익을 낼 수 있도록 하였다.[44] Prana는 훌륭한 발전을 이루었지만, 그런 구체적인 내 용들을 바르게 정돈한다는 것은 언뜻 보이는 것보다는 일반적으로 훨씬 어려운 일이다.

## 전환할 때 서비스로부터 제품으로 바꾸는 모델을 적용하는 방법

- **반복하는데, 타겟 고객을 동참시켜라:** 거의 모든 제품 개발 노력 의 경우에서처럼, 제품의 처음 버전은 전적으로 옳을 수가 없을 것 이다. "우리는 그 모형을 다듬어야만 했습니다."라고 클라크가 회 상하는 것처럼 여러분의 제품 개발에 타겟 고객을 참여시키는 것 은 매우 중요하다.[45]
- **다양한 가격 결정 모형을 개척하라:** 누군가가 여러분의 제품에 어떻게

그리고 얼마를 지불하는가에 대한 여러분의 최초 희망과 예측은 아마도 틀릴 것이다.[46] 짐작하건대 여러분이 제공하는 서비스에 대해서 고객들이 현재 그들이 지불하는 것보다 훨씬 많을 것이다. 여러분은 약간의 대안을 테스트해서 무엇이 날아오르는지 볼 필요가 있을 것이다.

## 서비스에서 제품으로 바꾸는 모델: 전환할 때 주의해야 할 함정들

- **잘못된 경영팀:** 서비스와 제품 사업은 서로 다른 기술 구성의 종류를 요구한다.[47] 우리가 제 7장에서 본 바와 같이 르네 레스만을 대신하여 GoViral이 한 것처럼, 앞으로 전개되는 잠재력을 완전히 활용할 수 있도록 여러분에게 필요한 새로운 기술을 보유하고 있는가, 혹은 새로운 종류의 전문기술을 불러올 필요가 있을 것인가? 그렇지 않으면, 여러분은 브렛 필드가 "대부분은 스스로 자초한 초심자의 실수"[48]라고 부르는 희생물이 되기 쉽다.

- **잘못된 관계들:** 전환을 만들기 위해서, 다른 부류의 공급업자와 아마도 다른 일련의 고객들처럼 여러분에게는 지금 가지고 있는 것과는 다른 종류의 관계가 필요할 수도 있다. 그런 관계를 가지고 있는가? 그런 관계를 만들 수 있는가?

- **흑자로 가기 위해서 적자로 가기:** 여러분의 전환 만들기는 중대한 투자를 수반할 가능성이 있다. 만약 전환 후의 수익성과 급성장을 되돌릴 수 있다는 희망으로 수익성이 좋은 여러분의 회사가 당분간 수익성이 좋지 않은 회사로 바뀐다면, 그 투자를 만들고 자금을 모을 준비가 되어 있는가? Kleiner Perkins의 랜디 코미사르는 극명하게 표현한다. **"여러분은 흑자로 가기 위해서 적자로 갈 준비가 되어 있습니까?"**[49] 관여하는 모든 플러스와 마이너스와 함께 여러분

은 기꺼이 그렇게 하겠는가? 내가 학생들에게 말하는 것처럼, "여러분이 벤처 캐피털의 1달러, 1파운드, 1루피를 취하는 날이 여러분의 사업을 처분에 동의한 날이 될 것입니다."

- **훈련의 부족**: 스티브 블랭크Steve Blank의 견해로는, 서비스에서 제품으로 바꾸는 모델은 "최고의 훈련을 요구한다."[50] 최선의 노력에도 불구하고 확실한 전략을 가지지 않고는 방향을 잃기 쉽다. 블랭크가 언급한 것처럼 제품 사업은 '절대 안 올지도 모른다.'[51] Sussex Place Ventures의 리치드 굴리이는 같은 문제를 본다. "충분한 고객들의 필요를 만족시키는 올바른 제품에 도달하는 것은 보기보다 훨씬 힘든 일입니다."[52]

- **서비스 사업으로부터 여러분의 주의를 전환하기**: Prana의 조 클라크Joe Clark는 이렇게 언급한다. "나는 여전히 내 빵에 버터를 바를 필요가 있습니다."[53] 여러분의 서비스를 판매하고 인도하기로부터 시간을 빼앗는 것은 서비스 매출이 떨어지 것을 의미할 수도 있다. 여러분은 거기에 준비가 되어 있는가, 그리고 그 추락을 흡수할 수 있는가?

## 여러분의 고객 자금화 여정을 위한 출발점

자, 여러분은 고객 자금화 사업 만들기에 착수하기를 원한다. "하지만 어떻게 시작해야 할까?"라고 묻는다. 다행히도 여러분의 여정을 시작하기에 도움이 되는 플렛폼을 제공할 수 있는 다수의 훌륭한 출발점이 있다.

- **올바른 인큐베이터나 엑셀러레이터를 찾으라**: 너무나 많은 그런 창업 온실은 밴처 캐피털 펀딩을 확보할 수 있는 지점으로 벤처를 인도하려는

**데에 초점을 맞추고 있다.** 몇몇 창업자들에게는 고귀한 목표이겠지만, 여기서 우리가 찾고자 하는 것은 아니며 적어도 그렇게 빠른 시점은 아니다. 하지만 최선의 인큐베이터나 엑셀러레이터 유형은 고객들이 진정으로 가져야 하는 무언가에 대한 어떤 진행이 고객의 관심을 실제로 확보하느냐에 관하여 알고 있다.

그리고 비록 다수는 실제로 그렇게 직접적으로 말하지는 않지만 역시 자금 효율을 좋아한다. TechStars가 가족으로 초대한 대다수 스타트업이 우리의 다섯 가지 고객 자금화 중에서 세 가지 범주에 속한 것은 놀랄 일은 아니다. 중개인, 선불, 혹은 회원가입 모델을 만드는 회사. 만약 여러분의 지리적인 구역 안에서 고객 자금화의 마음가짐에 동참하고 있으며 그들의 시험을 충족시킨다고 생각하는 하나의 인큐베이터를 찾을 수 있다면, 여러분은 아마도 그곳에서 많은 좋은 충고와 좋은 연락처를 확보할 것이다.

- **올바른 엔젤 투자자를 만나라:** 몇몇 엔젤 투자자는 '알고 있으며' 여러분을 만난 순간부터 어쨌든 몽상과도 다를 바 없는 스프레드 시트에 관한 질문 대신 고객에 관한 질문으로 여러분을 다그칠 것이다. 다른 이들은 그렇게 하지 않는다. 만약 그들 혹은 여러분(엔젤이라면)이 많은 이들과 함께 시작한다면 아마도 그것은 좋지 않은 신호이다. 그들 대부분은 수표를 발행하기 전 상당한 기간 동안 장래의 피투자자를 사전에 시험하고 싶어 한다. 좋은 생각이며, 비록 여러분은 출발부터 그들의 자금을 원하지는 않겠지만, 일단 여러분의 고객 자금화 모델이 증명되고 성장할 준비가 되면 나중에 원할 수도 있다.

  따라서 여러분이 성장할 자금이 필요하기 전에 어느 정도의 엔젤 투자자를 알고 지내는 것도 나쁜 생각은 아니다. 고객 자금화의 관심과 함께 여러분의 계획을 증명하는 동안 여러분이 지금 당장 수표를 찾고 있지 않다는 사실은, 엔젤 투자자의 방문을 두드리고 있는 대부분의 다른 사람들로부터 여러분을 따로 떼어놓을 것이다. 하지만 주의하라. 여러분이 제 1장으로부터 혹독한 교훈을 상기할지 모르지만 엔젤 투자자의 솜씨에 대한 비틀림 곡선은 밴처 캐피털에 대한 그것보다 아마도 더욱 경사질 것이다. 그러니 여러분의 엔젤 투자자에 대한 실사를 주의 깊게 실시하라.

- **'스타트업 주말'에 참석하라:** 제 3장의 Rover.com이 시애틀에서의 아이디어가 만들어지고 시작되는 곳인 '스타트업 주말'에서 시작했다는 것을 알면 여러분은 놀랄지도 모른다.[54]

  Rover는 첫날부터 빠르게 성장하기 위해서 초기에 자금을 취하기로 선택한 반면, 여러분이나 그런 주말 모임에서 만날 수 있는 여러분과 같은 생각을 가진 창업 타입은, 일의 기반으로서 고객 자금화 모델 중 하나 혹은 몇 개에 확실히 노력을 집중할 수 있다.

## 그러니, 무엇을 기다리는가? 왜 지금은 안 되는가?

나는 왜 많은 경우에 너무 빨리 자금을 조달하는 것은 좋지 않은 생각인가, 또 여러분이 한 사람의 큰 뜻을 품은 창업자라면 고객으로부터 초기 자금을 조달하는 것이 취해야 할 더 좋은 길인가에 대한 약간의 이유를 밝히면서 이 책을 시작했다. 그리고 이 책을 여기까지 읽어온 안정된 회사에서 일하는 사람들에게도 그것은 역시 사실이다. 만일 여러분이 역시 이 책을 읽고 있는 엔젤 투자자에 속해 있다면, 혹은 인큐베이터나 엑셀러레이터 안에서 엔젤 투자자와 같은 후원자라면, 대부분 창업자가 원하는 것보다 나중에 신생 회사에 투자하는 것이 창업자와 엔젤 투자자 양쪽을 위해서 훨씬 이치에 맞으며 또한 투자 수익을 개선하기 쉽다는 것을 알게 될 것이다.

그러니 여러분이 어느 독자에 속하든지 간에, 고객 자금화 사업을 만드는 것이 실제로 될 수 있음을 이제 알게 되었다. 아니, 그것은 신기루가 아니다! 여러분은 또한 21세기의 영감을 주는 이야기의 모음과 바로 그렇게 이루어 낸 창업자들과 그들의 회사를 보았다.

따라서 여러분이 왜 지금 고객 자금화 사업을 해야만 하는지, 혹은 여러분이 엔젤 투자자라면 일단 고객 관심이 증명되면 나중에 그들의 사업을 지지하는 시선으로 고객 자금화 사업을 하고 있는 누군가와 연락을 유지하고 지도해야만 하는지에 관해 다시 요약하면서 마무리하기로 하자.

**"왜 지금 해야 하는가?"하고 여러분이 묻는다면, "왜 지금 하지 않아야 하는가?"하고 묻고 싶다.** 길거리를 걷고 있거나 세상 어딘가에 있는 누군가는 아마도 여러분과 거의 같은 아이디어에 몰두하고 있을 것이다. 만약 그 사람들이 투자자를 쫓기에 바쁜 반면에 여러분은 고객에 집중하고 있다면, 이 시합에서 이기는 쪽은 여러분이 될 것이다.

단언컨대 여러분은 재미와 즐거움도 가질 것이다. 연쇄 창업자인 에릭 뮬러Erick Mueller는 그의 창업 여정을 돌아보면서, 때로는 외부 투자가 포함되기도 했고 또 때로는 외부 투자가 없었지만, "투자자와 영합하는 쪽보다 고객의 문제를 해결하는 쪽이 훨씬 즐거웠습니다. 투자자의 문제보다는 고객의 문제를 택하겠습니다."[55]하고 말했다.

iDoneThis의 창업자인 월터 첸Walter Chen은 동의한다. "우리의 고객들이 묻는 질문은 다르다는 것을 알아챘습니다. 밴처 캐피털의 질문과는 달리, 고객들의 질문은 기회의 크기에는 덜 집중하였고 오히려 제품과 그 뒤에 담겨 있는 정신에 더 집중하였습니다. 그 점이 서로를 더욱 이해하게 해 주었습니다."[56]

결국에는, 하버드 경영대학원의 창업 재정의 권위자인 빌 샬만이 재

확인해 준다. "가장 좋은 자금은 투자자가 아니라 고객으로부터 나옵니다… 회사의 초기에 제품이나 서비스를 판매하는 것은 훌륭한 피드백과 아이디어를 다듬는 데에 필요한 자금을 제공합니다."[57]

따라서 이 책을 끝내기 전에 다시 한 번 말하자면, 할 수만 있다면 투자자로부터가 아니라 여러분의 고객으로부터 초기 자금을 확보하라. 만일 여러분이 처한 상황에서 옳은 일이라면 적당한 시기가 될 때 그때 투자자의 자금을 모으라. 그럼 언제가 옳은 때인가? 린 스타트업 운동이 대부이자 활발한 엔젤 투자자이며 조언지인 스디브 블랑크는 간단하게 언급한다. "되풀이 할 수 있고 확산 가능할 때가 되면 자금을 모으라."[58] 선택할 수 있는 다섯 가지 모델 중에서 여러분의 모델을 선택해서 자신의 여정을 시작하라. 즐거운 여행이 되기를 바란다!

# Notes

## Why This Book?

1. David S. Rose, comment on "How Many Start-ups in the US Get Seed/VC Funding per Year?" *Quora*, April 21, 2012, www.quora.com/Venture-Capital/How-many-start-ups-in-the-US-get-seed-VC-funding-per-year; Gust website, accessed February 8, 2014, www.gust.com.

2. Laura Montini, "Startups Saw More Seed Funding Deals in 2013," *Inc.*, March 13, 2014, www.inc.com/laura-montini/startups-are-finding-seed-funding-easier-to-come-by.html?cid=em01011week09day28c.

3. Fred Wilson, "Maximizing Runway Can Minimize Success," *A VC* (blog), September 18, 2018, www.avc.com/a_vc/2013/09/maximizing-runway-can-minimize-success.html.

4. Mark Suster, "Why You Need to Ring the Freaking Cash Register," *Both Sides of the Table* (blog), July 16, 2013, www.bothsidesofthetable.com/2013/07/16/ring-the-freaking-cash-register/.

5. Bill Joy, "Large Problem: How Big Companies Can Innovate," *Fortune*, November 15, 2004, 214.

6. John Mullins, *The New Business Road Test: What Entrepreneurs and Executives Should Do* before *Launching a Lean Start-up*, 1st ed. (London: Pearson/FT Publishing, 2003) and 4th ed. (London: Pearson/FT Publishing, 2013).

7. John Mullins and Randy Komisar, *Getting to Plan B: Breaking Through to a Better Business Model* (Boston: Harvard Business Review Press, 2009).

## Chapter 1   Craving Crowdfunding? Pandering to VCs? Groveling to Your CFO?: The Magic of Traction and the Customer-Funded Revolution

1. The Vermas' case history is based on an interview with Rakesh, Rashmi, and Rohan Verma in New Delhi, June 24, 2012.

2. Peter Drucker, *Innovation and Entrepreneurship*, reprint edition (New York: HarperBusiness, 2006).

3. Rud Browne, interview with the author, December 2, 2013.

4. Erika Brown Ekiel, "The Entrepreneur Questionnaire: Brian Chesky, Co-founder of Airbnb," Greylock Partners, April 8, 2011, http://greylockvc .com/post/47569079798/the-entrepreneur-questionnaire-brian-chesky.

5. Figures as of December 2013. Source: Airbnb.com.

6. TFW Bureau, "Travelling to New Heights," *Franchise India*, March 22, 2011, www.franchiseindia.com/magazine/2011/top-franchise/debutant/ via_120/.

7. Prashant K. Nanda, "Pearson Acquires Whole of TutorVista," *LiveMint*, February 21, 2013, www.livemint.com/Companies/LkipTPnsANIBwtrL BJOnHJ/Pearson-acquires-whole-of-TutorVista.html.

8. "Vente-privee.com," *Wikipedia*, last modified January 22, 2014, http://en .wikipedia.org/wiki/Vente-privee.com.

9. Mike Butcher, "AOL Europe Acquires Branded Video Distribution Network Goviral for 96.7 Million," *TechCrunch* (blog), January 31, 2011, http://techcrunch.com/2011/01/31/aol-europe-acquires-branded-video-distribution-network-goviral-for-96–7-million/.

10. The best of breed in this category, in my view, are Greg Gianforte's *Bootstrapping Your Business* (Avon, MA: Adams Media, 2005) and portions of David Cohen and Brad Feld's *Do More Faster* (Hoboken, NJ: John Wiley & Sons, 2010).

11. See Javier Rojas, "Bootstrapping Your Business for Success: Knowing When & How to Approach VC Firms" (white paper, Kennet Partners, 2008), www.kennet.com/ideas-resources/whitepaper-bootstrap-your-business-for-success/.

12. Harry McCracken, "The Kickstarter Economy," *Time*, October 1, 2012, www.time.com/time/magazine/article/0,9171,2125023,00.html.

13. Ethan Mollick, "The Dynamics of Crowdfunding: An Exploratory Study," *Journal of Business Venturing* 29, no. 1 (January 2014): 1–16; Abigail Tracy, "Kickstarter's Nine-Figure Milestone," *Inc.* March 3, 2014, www.inc.com/ abigail-tracy/kickstarter-raises-over-one-billion-in-pledges.html?cid= em01011week10day03d.

14. Chase Hoffberger, "'Inocente': A Big Oscars Win for Kickstarter," *Daily Dot*, February 25, 2013, www.dailydot.com/entertainment/inocente-kickstarter-oscars-win-documentary/.

15. Tim Bradshaw, "Crowdfunded Start-ups Face Production Challenges," *Financial Times*, May 5, 2013, www.ft.com/intl/cms/s/0/56a05e82-b34f-11e2–95b3–00144feabdc0.html#axzz2ZhK9Pzae.

16. Mollick, "The Dynamics of Crowdfunding."

17. Dan Marom, co-author of *The Crowdfunding Revolution*, interviewed by Gary Dushnitsky, "Crowdfunding," *Business Strategy Review*, March 2014, http://communications.london.edu/go.asp?/bLBS001/mLNTHEAG/uR3NIL/x9AA3FAG.

18. Ibid.

19. Ibid.

20. Bradshaw, "Crowdfunded Start-ups."

21. Ibid.

22. Michael Blanding, "The Problems and Promises of Crowdfunding," *Forbes*, contributed by HBS Working Knowledge, July 1, 2013, www.forbes.com/sites/hbsworkingknowledge/2013/07/01/the-problems-and-promises-of-crowdfunding/.

23. Cohen and Feld, *Do More Faster*, 203–4.

24. Todd Hixon, "Spring in Venture Capital," *Forbes*, September 18, 2013, www.forbes.com/sites/toddhixon/2013/09/18/spring-in-venture-capital/.

25. McCracken, "The Kickstarter Economy."

26. Hixon, "Spring in Venture Capital."

27. Henry Mance, "UK Venture Capital Boom Slows," *Financial Times Tech Hub*, July 21, 2013, www.ft.com/intl/cms/s/0/924b8050-f09a-11e2-929c-00144feabdc0.html?ftcamp=crm/email/2013722/nbe/UKMorning-Headlines/product#axzz2ZhK9Pzae.

28. Hixon, "Spring in Venture Capital."

29. Jon Swartz, "Twitter IPO Kick Starts Tech," *USA Today*, September 13, 2013, 1A–2A.

30. For a systematic approach to assessing entrepreneurial opportunities, there's another great book you might want to read—my first one, from 2003, now in its fourth edition—John Mullins, *The New Business Road Test: What Entrepreneurs and Executives Should Do* before *Launching a Lean Start-up*, 4th ed. (London: Pearson/FT Publishing, 2013). Pursuing a fundamentally flawed opportunity is a sure-fire path to disaster. From a societal perspective, it's even worse, as it's a waste of entrepreneurial time and talent. Whose? Hopefully not yours!

31. Quoted in "Venture Capital Has Gone from One Unreality to Another," *Knowledge @ Wharton*, January 16, 2002, http://knowledge.wharton.upenn.edu/article/venture-capital-has-gone-from-one-unreality-to-another/.

32. Alistair Barr and Clare Baldwin, "Groupon's IPO Biggest by US Web Company Since Google," *Reuters*, November 4, 2011, www.reuters.com/article/2011/11/04/us-groupon-idUSTRE7A352020111104.

33. Jonathan Weil, "Groupon IPO Scandal Is the Sleaze That's Legal," *Bloomberg Opinion*, April 4, 2012, www.bloomberg.com/news/2012-04-04/groupon-ipo-scandal-is-the-sleaze-that-s-legal.html.

34. Jonathan Weil, "Groupon IPO Scandal Is the Sleaze That's Legal," *Bloomberg Opinion*, April 4, 2012, www.bloomberg.com/news/2012-04-04/groupon-ipo-scandal-is-the-sleaze-that-s-legal.html; and Michael J. de la Merced, "Groupon's Shares Fall on Revision," *DealBook*, March 30, 2012, http://dealbook.nytimes.com/2012/03/30/restating-earnings-groupon-discloses-accounting-issues/.

35. Ibid., de la Merced.

36. M.G., "Discounted Out," *Schumpeter* (blog), *The Economist*, March 1, 2013, www.economist.com/blogs/schumpeter/2013/03/groupon-fires-its-boss.

37. See Groupon's two-year stock price history, http://finance.yahoo.com/echarts?s=GRPN+Interactive#symbol=grpn;range=2y;compare=;indicator=volume;charttype=area;crosshair=on;ohlcvalues=0;logscale=off;source=undefined;.

38. The Vermas' case history is based on an interview with Rakesh, Rashmi, and Rohan Verma in New Delhi, June 24, 2012.

## Chapter 2   Customer-Funded Models: Mirage or Mind-Set? Old or New?

1.  Except where noted, the story of Christopher Columbus and Queen Isabella is sourced from Infocordoba, "Columbus, Queen Isabella and King Ferdinand in Cordoba: The Real Connections," accessed February 8, 2014, www.infocordoba.com/spain/andalusia/cordoba/articles/christopher_columbus_isabella_ferdinand.htm.

2.  Melanie Filiziani and Lynn Isaacs, "Queen Isabella I of Spain," *Prof. Pavlac's Women's History Site*, last modified May 31, 2008, http://departments.kings.edu/womens_history/isabel.html.

3.  Steven N. Kaplan and Josh Lerner, "It Ain't Broke: The Past, Present, and Future of Venture Capital," *Journal of Applied Corporate Finance* 22, no. 2 (Spring 2010), 36–47.

4.  Brent Lundell Sr., "History of Venture Capital," *Gain Stream Group* (blog), July 8, 2013, www.gainstreamgroup.com/2013/07/08/history-of-venture-capital/.

5.  See, for example, SeedCamp (www.seedcamp.com), Y Combinator (www.ycombinator.com) and TechStars (www.techstars.com).

6. Except where otherwise noted, the Dell case history is drawn from "Dell Inc. History," *Funding Universe*, accessed February 8, 2014, www .fundinguniverse.com/company-histories/dell-inc-history/; and Michael Dell with Catherine Fredman, *Direct from Dell: Strategies That Revolutionized an Industry* (New York: HarperBusiness, 1999).

7. Dell and Fredman, *Direct from Dell*, 9.

8. Ibid.

9. Except where otherwise noted, the Banana Republic case history is taken from Mel Ziegler and Patricia Ziegler, *Wild Company: The Untold Story of Banana Republic* (New York: Simon & Schuster, 2012); Mel Ziegler and Patricia Ziegler, "Coup Lands Banana Republic in The Gap," *Bloomberg News*, September 20, 2012, www.bloomberg.com/news/2012–09–20/coup-lands-banana-republic-in-the-gap.html; Dan Schwabel, "The True Story behind the Banana Republic Brand," *Forbes*, October 2, 2012, www.forbes .com/sites/danschawbel/2012/10/02/the-true-story-behind-the-banana-republic-brand/; and Mel Ziegler and Patricia Ziegler, "An Empire Built on Short-Armed Shirts," *Bloomberg News*, September 18, 2012, www .bloomberg.com/news/2012–09–18/an-empire-built-on-short-armed-shirts.html.

10. Ziegler and Ziegler, *Wild Company*, page 6.

11. Ibid., page 8.

12. Ibid., page 10.

13. Ibid., page 14.

14. Ibid., page 15.

15. Ibid., page 18.

16. Ibid.

17. Ibid., 19.

18. Ibid., 20.

19. Ibid., 21.

20. Ibid., 44.

21. Ibid., 73.

22. Ibid., 77.

23. Ibid., 80.

24. Ibid., 81.

25. Ibid., 89–90.

26. Ibid., 90.

27. Dinah Eng, "Turning Khaki Into Gold," *Fortune*, February 28, 2013, 10.

28. Ibid.

29. Dell and Fredman, *Direct from Dell*, 18.

30. Ziegler and Ziegler, *Wild Company*, 94.

31. Ibid.

32. Ibid., 20.

33. Dell and Fredman, *Direct from Dell*, 17.

# Chapter 3   Buyers and Sellers, but Not *Your* Goods: Matchmaker Models

1. Ekiel, "The Entrepreneur Questionnaire: Brian Chesky."

2. Brian Chesky video at www.airbnbcom/story. Accessed December 15, 2012.

3. Jessi Hempel, "Airbnb: More Than a Place to Crash," *CNN Money*, May 3, 2012, http://tech.fortune.cnn.com/2012/05/03/airbnb-apartments-social-media/.

4. Fred Wilson, "Airbnb," *A VC* (blog), March 16, 2011, www.avc.com/a_vc/2011/03/airbnb.html.

5. grantgrant, "Founder Story: Airbnb's 11 Steps to Success," *GuoTime* (blog), April 4, 2012, www.guotime.com/2012/04/7-steps-idea-mainstream-adoptions-airbnb/.

6. Wilson, "Airbnb."

7. Om Malik, "What Every Startup Can Learn from Airbnb," *Om Says* (blog), *GigaOM*, February 22, 2011, http://gigaom.com/2011/02/22/airbnb/.

8. grantgrant, "Founder Story."

9. "Airbnb," *CrunchBase*, last modified February 6, 2014, www.crunchbase.com/company/airbnb.

10. Hempel, "Airbnb."

11. Paul Graham, "Subject: Airbnb," *Paulgraham.com*, March 17, 2011, Accessed December 8, 2013, www.paulgraham.com/airbnb.html.

12. Figures as of December 2013. Source: Airbnb.com.

13. grantgrant, "Founder Story."

14. Benjamin F. Kuo, "Interview with Aaron Hirschhorn, DogVacay.com," Socaltech.com, March 5, 2012, www.socaltech.com/interview_with_aaron_hirschhorn_dogvacay_com/s-0041300.html.

15. Nicky George, "Thoughts on Being an Entrepreneur with Aaron Hirschhorn—Founder of DogVacay," NG, May 20, 2012, www.nickygeorge.com/aaron-hirschhorn-founder-of-dogvacay-com/.

16. Jeff Gelles, "Tech Life: Sending Your Pooch on a DogVacay," *Philly.com*, May 18, 2012, http://articles.philly.com/2012–05–18/business/31750014_1_aaron-hirschhorn-dog-owners-three-dogs.

17. Wendy W., "DogVacay" review posted May 17, 2010, retrieved from *Yelp*, September 28, 2012, www.yelp.com/biz/dogvacay-santa-monica?sort_by=date_desc.

18. Kuo, "Interview with Aaron Hirschhorn."

19. Tomio Geron, "Dog Sitter Site DogVacay Expands Nationwide As Kennel Alternative," *Forbes*, July 2, 2012, www.forbes.com/sites/tomiogeron/2012/07/02/dog-sitter-site-dogvacay-expands-nationwide-as-kennel-alternative/.

20. George, "Thoughts on Being an Entrepreneur."

21. Ibid.

22. Leena Rao, "The Art of Science," *TechCrunch* (blog), February 2, 2013, http://techcrunch.com/2013/02/02/the-art-of-science/#.

23. Kuo, "Interview with Aaron Hirschhorn."

24. Amy Sacks, "Doggie B&B Service Places Pets in Homey Spots during Vacations," *New York Daily News*, April 14, 2012, www.nydailynews.com/life-style/doggie-b-b-service-places-pets-homey-spots-vacations-article-1.1061644.

25. Kuo, "Interview with Aaron Hirschhorn."

26. Tomio Geron, "How People Make Cash in the Share Economy," *Forbes*, January 23, 2013, www.forbes.com/sites/tomiogeron/2013/01/23/how-people-make-cash-in-the-share-economy/.

27. Leena Rao, "The Airbnb for Pets, DogVacay, Raises $6M," *TechCrunch* (blog), November 13, 2012, http://techcrunch.com/2012/11/13/the-airbnb-for-pets-dogvacay-raises-6m-from-benchmark/.

28. Geena Urango, "Year One: DogVacay Barks Its Way up the Ladder," *LA Tech Rise* (blog), February 26, 2013, http://latechrise.com/2013/02/26/year-one-dogvacay-barks-its-way-up-the-ladder/.

29. Colleen Taylor, "Pet Boarding Marketplace DogVacay Fetches $15 Million Series B Led by Foundation Capital," *TechCrunch* (blog), October 10, 2013, http://techcrunch.com/2013/10/10/pet-boarding-marketplace-dogvacay-fetches-15-million-series-b-led-by-foundation-capital/.

30. Kuo, "Interview with Aaron Hirschhorn."

31. "About Us," DogVacay, accessed February 8, 2014, http://dogvacay.com/about.

32. Tiffany Swift, "ProFounder Delivers for Entrepreneurs, and the Communities That Believe in Them," *Sheepless*, March 30, 2011, www.sheepless.org/magazine/features/profounder-delivers-entrepreneurs-and-communities-believe-them.

33. "ProFounder: About" (archive), accessed February 8, 2014, https://web.archive.org/web/20120707182807/http://www.profounder.com/about.

34. Leena Rao, "ProFounder Launches to Help Small Businesses Crowdsource Fundraising," *TechCrunch* (blog), November 30, 2010, http://techcrunch.com/2010/11/30/profounder-launches-to-help-small-businesses-crowdsource-fundraising/.

35. Leena Rao, "Crowdsourced Fundraising Platform ProFounder Now Offers Equity-Based Investment Tools, *TechCrunch* (blog), May 3, 2011, http://techcrunch.com/2011/05/03/crowdsourced-fundraising-platform-profounder-now-offers-equity-based-investment-tools/.

36. Tom Cheshire, "ProFounder: Putting Investors Wheels in Motion," *Wired UK*, August 22, 2011, www.wired.co.uk/magazine/archive/2011/09/start/investors-wheels-in-motion.

37. Tiffany Swift, "Profounder Delivers."

38. Cheshire, "ProFounder: Putting Investors Wheels in Motion."

39. Leena Rao, "Crowdsourced Fundraising Platform ProFounder."

40. "Profounder Shutting Down," *Profounder, the blog* (archive), February 17, 2012, accessed February 8, 2014, http://web.archive.org/web/20130115172605/http://blog.profounder.com/2012/02/17/profounder-shutting-down/.

41. Simon Rothman, "How to Structure a Marketplace," *TechCrunch* (blog), August 19, 2012, http://techcrunch.com/2012/08/19/how-to-structure-a-marketplace/.

42. Ibid.

43. PRWeb, "Dog Vacay Raises $1 Million in Seed Funding Lead by First Round Capital to Fuel Nationwide Expansion," news release, March 19, 2012, www.prweb.com/releases/2012/3/prweb9299700.htm.

44. Michael Arrington, "The Moment of Truth for Airbnb As User's Home Is Utterly Trashed," *TechCrunch* (blog), July 27, 2011, http://techcrunch.com/2011/07/27/the-moment-of-truth-for-airbnb-as-users-home-is-utterly-trashed/.

45. Mike Butcher, "Police Bust Prostitutes Using Airbnb Apartment in Stockholm," *TechCrunch* (blog), August 14, 2012, http://techcrunch.com/2012/08/14/police-bust-prostitutes-using-airbnb apartment in stockhom/.

46. PRWeb, "DogVacay.com Launches Superior Alternative to Caged Kennels with a Community of Loving and Trusted Home-Based Dog Boarders," March 1, 2012, www.prweb.com/releases/2012/3/prweb9243962.htm.

47. David Hsu, conversation with the author, July 13, 2013.

# Chapter 4  Ask for the Cash: Pay-in-Advance Models

1.  Membership fees as of July 2013, www.costco.com and www.costco.co.uk.
2.  The Costco business model is discussed in considerable detail in Chapter 6 of John Mullins and Randy Komisar, *Getting to Plan B: Breaking Through to a Better Business Model* (Boston: Harvard Business Review Press, 2009).
3.  Costco Wholesale Corp. information page, *BloombergBusinessweek*, accessed February 10, 2013, http://investing.businessweek.com/research/stocks/financials/financials.asp?ticker=COST.
4.  Max Chafkin, "The Customer is the Company," *Inc.*, June 1, 2008, www.inc.com/magazine/20080601/the-customer-is-the-company_pagen_2.html.
5.  Except where otherwise noted, the Threadless case history is sourced from Jake Nickell, *Threadless: Ten Years of T-shirts from the World's Most Inspiring Online Community* (New York: Abrams Image, 2010).
6.  Nickell, *Threadless*, 12.
7.  Marcia Froelke Coburn, "How Jake Nickell Built His Threadless Empire," *Chicago Magazine*, June 20, 2012, www.chicagomag.com/Chicago-Magazine/July-2012/How-Jake-Nickell-Built-His-Threadless-Empire/.
8.  Nickell, *Threadless*, 12.
9.  Ben Lang, "An Interview with Jake Nickell: Founder of Threadless," *EpicLaunch*, November 16, 2011, http://epiclaunch.com/an-interview-with-jake-nickell-founder-of-threadless/.
10. "Jake Nickell, Co-founder of Threadless, on Innovation," video chat, *Inc.*, May 24, 2010, www.inc.com/inctv/2010/05/inc-live-jake-nickell.html.
11. Chris Lake, "Threadless Founder Jake Nickell on Community and Crowdsourcing," *eConsultancy* (blog), September 22, 2010, http://econsultancy.com/us/blog/6627-threadless-founder-jake-nickell-on-community-and-crowdsourcing.
12. Coburn, "How Jake Nickell Built His Threadless Empire."
13. Nickell, *Threadless*, 15.
14. Ibid., 50–51.
15. Ibid., 76.
16. Ibid., 67.
17. Coburn, "How Jake Nickell Built His Threadless Empire."
18. Nickell, *Threadless*, 78.
19. Don Peppers, "Why Not Pay Customers for Their Good Ideas?" *LinkedIn*, Jul 30, 2013, www.linkedin.com/today/post/article/20130730121107-17102372-why-not-pay-customers-for-their-good-ideas.
20. Coburn, "How Jake Nickell Built His Threadless Empire."

21. Ibid.

22. Lake, "Threadless Founder Jake Nickell."

23. Ibid.

24. Bhisham Mansukhani, "FlightRaja Involves Agents in Unprecedented E-commerce Venture," *Express Travel World*, November 2006, www .expresstravelworld.com/200611/market02.shtml.

25. Regina Anthony, "Real Journeys, but It's Still Virtual Profit for Online Travel Firms," *LiveMint*, June 6, 2007, www.livemint.com/Companies/ FnhdAkkZbUZtCka5fYpMUN/Real-journeys-but-its-still-virtual-profit-for-online-trav.html.

26. Vani Kola, "Indo US Ventures," video, 2009, London Business School.

27. Vani Kola, NEA Indo US Ventures, conversation with the author, January 2009.

28. Mansukhani, "FlightRaja Involves Agents."

29. Ibid.

30. Praveena Sharma, "Travel Solution Firm Via Books VC Funding," *Daily News and Analysis*, June 5, 2007, www.dnaindia.com/money/report_travel-solution-firm-via-books-vc-funding_1101467.

31. Gayatri Vijaykumar, "Flightraja Now Via, Announces US$ 5 Million VC," *Express Travel World*, July 2007, www.expresstravelworld.com/200707/ aviationworld15.shtml.

32. Ibid.

33. Vani Kola, conversation with the author, January 2009.

34. Dennis Schaal, "Sequoia India Boosts Coffers of Online Travel Portal with $10 Million Investment," Tnooz, January 27, 2010, www.tnooz.com/ 2010/01/27/news/sequoia-india-boosts-coffers-of-online-travel-portal-with-10m-investment/.

35. Deepti Chaudhary, "Travel Company Via to Raise $100 Million," *Wall Street Journal*, March 29, 2011, http://online.wsj.com/article/ SB10001424052748704559904576230272614332228.html.

36. Schaal, "Sequoia India Boosts Coffers."

37. TFW Bureau, "Travelling to New Heights," *Franchise India*, March 22, 2011, www.franchiseindia.com/magazine/2011/top-franchise/debutant/via_120/.

38. Vijay C. Roy, "Via to Take over Jalandhar-Based Firm," *Business Standard*, November 12, 2011, www.business-standard.com/india/news/via-to-takeover-jalandhar-based-firm/455248/.

39. Amit Mitra, "Via Bus Bets Big on Domestic Pilgrimage," *The Hindu Business Line*, December 8, 2011, www.thehindubusinessline.com/ industry-and-economy/logistics/article2698708.ece?homepage=true&ref=wl_government-and-policy_art.

40. "Via and Tiger Airways Singapore Sign Exclusive Travel Agent Alliance," Via.com, December 5, 2012, http://in.via.com/go/world/press#.

41. Ibid.

42. Namita Bhagat, "Filling the Gap of Indian Travel Biz," *Franchise India*, April 30, 2012, www.franchiseindia.com/interviews/established/Filling-the-gap-of-Indian-travel-biz-454/.

43. Except where otherwise noted, The Loot's story is sourced from and used with the permission of Ambika Patni, Shreedar Munshi, and John Mullins, "The Loot (A)," 2010, London Business School and the National Entrepreneurship Network, www.thecasecentre.org.

44. Ibid., 2.

45. Ibid.

46. Ibid., 4.

47. Ibid., 5.

48. Ibid.

49. Ibid., 6.

50. Ibid., 7.

51. Ibid.

52. Ibid.

53. Ibid., 8.

54. Ambika Patni, Shreedar Munshi, and John Mullins, "The Loot (B)," 2010, London Business School and the National Entrepreneurship Network, page 3.

55. Abhishek Raghunath, "The Robin Hood of Retail," *Forbes India*, July 10, 2010, http://forbesindia.com/article/work-in-progress/the-robin-hood-of-retail/14952/1.

56. Jay Gupta, interview with the author, January 22, 2013.

57. Namita Bhagat, "Filling the Gap."

# Chapter 5   Recurring Revenue: Subscription and SaaS Models

1. Kelly Clay, "Will 2012 Be the Year of Subscription-Based Services?" *Locker Gnome*, January 9, 2012, www.lockergnome.com/news/2012/01/09/will-2012-be-the-year-of-subscription-based-services/.

2. Sam Grobart, "Subscribe Forever," *BloombergBusinessweek*, November 18, 2013, 80.

3. Ibid.

4. Roy Furchgott, "Adobe Sends Boxed Software to the Cloud," *New York Times*, May 7, 2013, http://gadgetwise.blogs.nytimes.com/2013/05/07/adobe-sends-boxed-software-to-the-cloud/?ref=adobesystemsinc.

5. Grobart, "Subscribe Forever."

6. See http://topics.nytimes.com/top/news/business/companies/adobe_systems_inc/.

7. Narayan Krishnamurthy, "Log In and Learn: More and More Teachers Are Learning That It Pays to Move into the Virtual Classroom," *Outlook Money*, January 16, 2006, as run on TutorVista's "In News" page, www.tutorvista.com/press/mediacover/outlookmoneyjuly.php.

8. Philip Anderson, "K. Ganesh at TutorVista," *DARE*, January 1, 2008, http://issuu.com/daretostartup/docs/-04—-january-2008.

9. Sameer, "How Krishnan Ganesh Utilized Indian Tutors to Create TutorVista," *Nagpur Entrepreneurs* (blog), February 20, 2012, www.nagpurentrepreneurs.com/entrepreneur-interviews/how-krishnan-ganesh-utilized-indian-tutors-to-create-tutorvista.

10. Michelle Tsai, "TutorVista Gets $2M To Teach American Kids Online," TutorVista, June 2, 2006, as run on TutorVista's "In News" page, www.tutorvista.com/press/mediacover/djjuly.php.

11. Anderson, "K. Ganesh at TutorVista."

12. "After BPO It Is KPO: Indian Teachers Tutor US and UK kids," *Newind Press*, November 1, 2005, as run on TutorVista's "In News" page, www.tutorvista.com/press/mediacover/newindpressjuly.php.

13. Tsai, "TutorVista Gets $2M."

14. Tripat Preet Singh and John Mullins, "Indo US Ventures" case, 2009, London Business School.

15. Anderson, "K. Ganesh at TutorVista."

16. Steven E. F. Brown, "Outsourced Tutoring Company Raises $2M," *San Francisco Business Times*, June 12, 2006, www.bizjournals.com/sanfrancisco/stories/2006/06/12/daily14.html.

17. Adrienne Sanders, "TutorVista: Investor Steps Up after Hints of Rivals Sniffing Around," *San Francisco Business Times*, August 11, 2006, as run on TutorVista's "In News" page, www.tutorvista.com/press/mediacover/orlandobj.php.

18. Vanessa Hua, "One for the Books—Tutoring Gets Outsourced," *San Francisco Chronicle*, October 22, 2006, www.tutorvista.com/press/mediacover/SanFranciscoChronicle.pdf.

19. Ibid.

20. "After BPO It Is KPO."

21. Stephen David, "Teachers in India Help Students in the West Master Maths and Science through Internet Tuitions," *India Today*, July 15, 2006, as run on TutorVista's "In News" page, www.tutorvista.com/press/mediacover/indiatodayjuly.php.

22. B. M. Thanuja, "Sequoia to Put In $3 million in TutorVista," *The Economic Times*, December 20, 2006, http://articles.economictimes.indiatimes.com/2006–12–20/news/27439188_1_sequoia-capital-india-online-coaching-jv-partner.

23. "TutorVista Secures $10.75 Million Second Round Funding Led by Lightspeed Venture Partners," press release, December 20, 2006, as run on TutorVista's "In News" page, www.tutorvista.co.in/press/mediakitpdf/003-Funding%20Release%20Round%20B%20FINAL.pdf.

24. Dilip Thakur, "TutorVista's Big Catch," *Education World*, January 2007, www.educationworldonline.net/index.php/page-article-choice-more-id-794.

25. Thakur, "TutorVista's Big Catch."

26. Anderson, "K. Ganesh at TutorVista."

27. Moinak Mitra, "TutorVista.com gets $18-m PE Funding," *India Times*, July 24, 2008, http://articles.economictimes.indiatimes.com/2008–07–24/news/27710654_1_hybrid-model-online-education-pc-prices.

28. Anderson, "K. Ganesh at TutorVista."

29. Mitra, "TutorVista.com gets $18-m PE Funding."

30. Ibid.

31. Heather Timmons, "Pearson Acquires Stake in 2 Indian Education Companies," *New York Times*, June 24, 2009, www.nytimes.com/2009/06/25/business/global/25rupee.html?_r=1&dbk.

32. "UPDATE 1-Pearson invests $30 mln in 2 Indian education firms," *Reuters*, June 24, 2009, www.reuters.com/article/2009/06/24/pearson-idUSBNG42796820090624.

33. "Pearson Buys Majority Stake in TutorVista," *The Economic Times*, January 19, 2011, http://articles.economictimes.indiatimes.com/2011–01–19/news/28429453_1_tutorvista-pearson-majority-stake.

34. "Pearson Buys Out Remaining 20% of TutorVista," *TechCircle.in*, February 25, 2013, http://techcircle.vccircle.com/2013/02/25/pearson-buys-out-remaining-20-of-tutorvista/.

35. Nanda, "Pearson Acquires Whole of TutorVista."

36. The Pollaros' story is taken from an interview with Sam Pollaro, April 10, 2013.

37. Sam Pollaro, interview with the author, April 10, 2013.

38. "Petal Pusher," *Daily Candy*, July 29, 2009, www.dailycandy.com/washington-dc/article/71187/Petals-for-the-People-Launches.

39. The H.Bloom story, except where noted otherwise, is taken from an interview with Bryan Burkhart, May 6, 2013.

40. Bryan Burkhart, "Introducing Building the Team: Flower Power," *New York Times*, January 16, 2013, http://boss.blogs.nytimes.com/2013/01/16/introducing-building-the-team-flower-power/.

41. Bryan Burkhart, interview with Nell Derick-Debevoise, May 6, 2013.

42. Burkhart, "Introducing Building the Team: Flower Power."

43. Bryan Burkhart, interview with Nell Derick-Debevoise, May 6, 2013.

44. Ibid.

45. Jessica Bruder, "Starting the 'Netflix of Flowers,'" *New York Times*, September 22, 2011, http://boss.blogs.nytimes.com/2011/09/22/trying-to-start-the-netflix-of-flowers/.

46. Bruder, "Starting the 'Netflix of Flowers.'"

47. Abha Bhattarai, " Subscription Flower Service H.Bloom Says Washington Revenue Has Tripled in the Past Year," *Washington Post*, September 5, 2012, www.washingtonpost.com/business/capitalbusiness/subscription-flower-service-hbloom-says-washington-revenue-has-tripled-in-the-past-year/2012/09/07/fb410966-eba2–11e1-b811–09036bcb182b_story.html.

48. Bryan Burkhart, interview with Nell Derick-Debevoise, May 6, 2013.

49. Evelyn Rusli, "Flower Delivery Service H.Bloom Picks Up 2.2M in Series A Funding," *TechCrunch* (blog), November 4, 2010, http://techcrunch.com/2010/11/04/floral-delivery-service-h-bloom-picks-up-2–2-million-in-series-a-funding/.

50. Bryan Burkhart, "Introducing Building the Team: Flower Power."

51. Sarah Frier, "H.Bloom Cuts Down on Dead Flowers with Software Picking Lilies," *Bloomberg News*, December 2, 2012, www.bloomberg.com/news/2012–12–21/h-bloom-cuts-down-on-dead-flowers-with-software-picking-lilies.html.

52. Ibid.

53. Bruder, "Starting the 'Netflix of Flowers.'"

54. Ibid.

55. Alyson Shontell, "How A Flower Start-up Is Turning a 25-Year-Old into a Revenue-Generating Machine," *Business Insider*, October 5, 2012, www.businessinsider.com/how-hbloom-is-turning-20-somethings-into-revenue-generating-machines-2012–10.

56. Jessica Bruder, "Why H.Bloom Hires Only from Outside Its Industry," *New York Times*, October 16, 2012, http://boss.blogs.nytimes.com/2012/10/16/why-h-bloom-only-hires-from-outside-its-industry/?src=rechp.

57. Bruder, "Starting the 'Netflix of Flowers.'"

58. Bhattarai, " Subscription Flower Service H.Bloom."

59. Shontell, "How A Flower Start-up."

60. Adrianne Pasquarelli, "A New York Merchant Blooms in Dallas," *Crain's New York Business*, October 5, 2012, www.crainsnewyork.com/article/20121005/RETAIL_APPAREL/121009942#ixzz2JO46THak.

61. Frederic Lardinois, "Flower Subscription Service H.Bloom Raises $10 Million," *TechCrunch* (blog), April 11, 2012, http://techcrunch.com/2012/04/11/flower-subscription-service-h-bloom-raises-10-million/.

62. Alyson Shontell, "H.Bloom's Co-founder Is Allergic to Flowers and Its Top Paying Customers Spend $500,000 Per Year," *Business Insider*, April 13, 2012, http://articles.businessinsider.com/2012–04–13/tech/31335602_1_flowers-subscription-model-markets#ixzz2JNy2iSjA.

63. Benjamin F. Kuo, "Interview with Bryan Burkhart, H.Bloom," Socaltech .com, July 17, 2013, www.socaltech.com/interview_with_bryan_burkhart_h_bloom/s-0050353.html.

64. Ibid.

65. Claire Cain Miller, "Building Start-ups via Stars' Ties to Fans," *New York Times*, November 25, 2012, www.nytimes.com/2012/11/26/technology/building-start-ups-using-stars-ties-to-fans.html?_r=0.

66. "Manpacks," BuzzSpark.org, accessed February 10, 2014, http://buzzsparks.org/manpacks.

67. Miller, "Building Start-ups."

68. Drew Olanoff, "GuyHaus Makes Shopping Simple and 'Magical' for Guys," *The Next Web*, September 23, 2011, http://thenextweb.com/apps/2011/09/23/guyhaus-makes-shopping-simple-and-magical-for-guys/.

69. "Lollihop Snack Boxes Are the Gift That Keeps On Giving," *Diets in Review*, November 8, 2011, www.dietsinreview.com/diet_column/11/lollihop-snack-boxes-are-the-perfect-gift-that-keeps-giving/.

70. Erin Griffith, "Jesse Middleton and the Importance of 100% Focus on Your Best Idea," *Pando Daily*, April 27, 2012, http://pandodaily.com/2012/04/27/jesse-middleton-and-the-importance-of-100-focus-on-your-best-idea/.

71. Lollihop landing page, accessed February 10, 2014, www.lollihop.com.

72. Kola, "Indo US Ventures."

73. Anderson, "K. Ganesh at TutorVista."

74. Ibid.

75. Frier, "H.Bloom Cuts Down."

76. Edmund Lee, "The Year of the Paywall," *BloombergBusinessweek*, November 18, 2013, www.businessweek.com/articles/2013–11–14/2014-outlook-online-publishers-paywall-strategy.

77. Avi Dan, "When It Comes to Billionaires Buying Newspapers, Marketers Should Pay Attention to Warren Buffett, Not Jeff Bezos," *Forbes*, August 11, 2013, www.forbes.com/sites/avidan/2013/08/11/when-it-comes-to-billionaires-buying-newspapers-marketers-should-pay-attention-to-warren-buffett-not-jeff-bezos/.

78. Ibid.

## Chapter 6 Sell Less, Earn More: Scarcity and Flash Sales Models

1. Vivienne Walt, "Meet Amancio Ortega: The Third Richest Man in the World," *Fortune*, January 8, 2013, http://management.fortune.cnn.com/2013/01/08/zara-amancio-ortega/.

2. "Vente-Privee: Management," vente-privee, accessed February 10, 2014, http://pressroom.vente-privee.com/Management/Jacques-Antoine_Granjon.aspx.

3. Ben Rooney, "Vente Privee: The Art of Trading Discounted High-End Goods," *Wall Street Journal Tech Europe*, September 16, 2011, http://blogs.wsj.com/tech-europe/2011/09/16/vente-privee-the-art-of-trading-discounted-high-end-goods/.

4. Ibid.

5. Jennifer L. Schenker, "Vente-privee.com Refashions Closeouts," *BloombergBusinessWeek*, January 11, 2008, www.businessweek.com/stories/2008–01–11/vente-privee-dot-com-refashions-closeoutsbusinessweek-business-news-stock-market-and-financial-advice.

6. Rooney, "Vente Privee."

7. Schenker, "Vente-privee.com Refashions Closeouts."

8. Rooney, "Vente Privee."

9. Pascal-Emmanuel Gobry, "Vente Privée Founder Explains How He Will Squash His American Copycats (EXCLUSIVE INTERVIEW)," *Business Insider*, May 12, 2011, http://articles.businessinsider.com/2011–05–12/tech/30007776_1_e-commerce-flash-sales-long-term.

10. Douglas MacMillan, "French E-tailer Vente-privee Designs an Expansion," *Bloomberg Businessweek*, May 24, 2010, www.businessweek.com/technology/content/may2010/tc20100524_876704.htm.

11. Schenker, "Vente-privee.com Refashions Closeouts."

12. Lauren Indvik, "Flash Sales Powerhouse Vente-privee Launches in the US," *Mashable*, November 9, 2011, http://mashable.com/2011/11/09/vente-privee-us-launch/.

13. MacMillan, "French E-tailer Vente-privee."

14. Schenker, "Vente-privee.com Refashions Closeouts."

15. Riley McDermid, "Spanish Shopping Club Privalia Aims for Latin America with $95M Score," *New York Times*, October 4, 2010, www.nytimes.com/external/venturebeat/2010/10/04/04venturebeat-spanish-shopping-club-privalia-aims-for-lati-15434.html.

16. MacMillan, "French E-tailer Vente-privee."

17. Gobry, "Vente Privée Founder Explains."

18. Ibid.

19. "Why Flash Sale Site Vente-Privée Is Not a Flash in the Pan," *Fashionista*, August 21, 2012, http://fashionista.com/2012/08/why-flash-sale-site-vente-privee-is-not-a-flash-in-the-pan/.

20. "Vente Privée: Management."

21. "Vente Privée," Summit Partners Case Studies, accessed December 10, 2014, www.summitpartners.com/investments/vente-privee-case-study.aspx.

22. Jason Del Rey, "Vente-Privee's Granjon, Flash Sales Pioneer, on Competing in the U.S.," July 1, 2013, *All Things D*, http://allthingsd.com/20130701/vente-privees-granjon-flash-sales-pioneer-on-competing-in-the-u-s/.

23. Ibid.

24. Andrew Rice, "What's a Dress Worth?" *New York Magazine*, February 14, 2010, http://nymag.com/fashion/10/spring/63807/.

25. Colleen Debaise, "Launching Gilt Groupe, A Fashionable Enterprise," *Wall Street Journal*, October 19, 2010, http://online.wsj.com/article/SB10001424052748703792704575366842447271892.html.

26. Molly Cain, "Insider Secrets of Gilt Groupe's Alexandra Wison," *Forbes*, August 29, 2012, www.forbes.com/sites/glassheel/2012/08/29/insider-secrets-of-gilt-groupes-alexandra-wilson/3/.

27. Matthew Carroll, "The Rise of Gilt Groupe: Gilt's Strategy to Combat Full Frontal Assault by Competitors [Part 3]," *Forbes*, January 5, 2012, www.forbes.com/sites/matthewcarroll/2012/01/05/the-rise-of-gilt-groupe-part-3/.

28. Ibid.

29. Jessica Wohl, "Amazon's Site Best Satisfies Shoppers," *Denver Post*, December 12, 2012.

30. Spencer E. Ante and Dana Mattioli, "Gilt's Flash Hunt: New Chief for IPO," *Wall Street Journal*, November 8, 2012, http://online.wsj.com/article/SB100014241278873233894704578107303377319238.html.

31. Teresa Novellino, "As new Gilt CEO, Pressure's on Peluso," *Upstart Business Journal*, December 7, 2012, http://upstart.bizjournals.com/entrepreneurs/hot-shots/2012/12/07/pressure-is-on-for-new-gilt-groupe-ceo.html?page=all.

32. Ibid.

33. Sarah Frier, "Gilt Groupe Stakes IPO Future on Bringing Back Flash," *BloombergBusinessweek*, August 1, 2013, www.businessweek.com/news/2013–07–31/gilt-groupe-stakes-ipo-future-on-bringing-back-the-flash-tech.

34. Ibid.

35. Tom Taulli, "Could Gilt Groupe Pull Off an IPO?" *InvestorPlace*, August 1, 2013, http://investorplace.com/ipo-playbook/could-gilt-groupe-pull-off-an-ipo/.

36. Ari Levy and Leslie Picker, *Bloomberg*, "Gilt Groupe Said to Choose Goldman to Manage IPO," February 12, 2014, www.bloomberg.com/news/2014–02–10/gilt-groupe-said-to-choose-goldman-to-manage-web-retailer-s-ipo.html.

37. Robin Wauters, "Totsy Lands $5 Million in Funding for Flash Sales Site for Children Products," *TechCrunch* (blog), http://techcrunch.com/2010/11/30/totsy-lands-5-million-in-funding-for-flash-sales-site-for-children-products/.

38. Rip Empson, "Flash Deals Site Totsy Lands $18.5M to Take On Zulily in the Battle for Shopping Moms," *TechCrunch* (blog), July 17, 2012, http://techcrunch.com/2012/07/17/totsy-series-b/.

39. Adrianne Pasquarelli, "Flash-Sale Site Totsy Is Toppling," *Crain's New York Business*, May 17, 2013, www.crainsnewyork.com/article/20130517/RETAIL_APPAREL/130519886.

40. Ibid.

41. John Cook, "Daily Deal Site Zulily Raises $43 million at Huge Valuation of More Than $700 million," *GeekWire*, August 10, 2011, www.geekwire.com/2011/daily-deal-site-zulily-raises-43-million-huge-valuation-700-million/.

42. Empson, "Flash Deals Site Totsy."

43. Erin Griffith, "Totsy Burns through $34 million, Lays Off Its 83 Employees, Selling Assets," *PandoDaily*, May 22, 2013, http://pandodaily.com/2013/05/22/totsy-burns-through-34-million-lays-off-its-83-employees-selling-assets/.

44. Leena Rao, "Flash Sales Site For Moms, Zulily Raises $85M from Andreessen Horowitz; Valued at $1B," *TechCrunch* (blog), November 15, 2012, http://techcrunch.com/2012/11/15/flash-sales-site-for-moms-zulily-raises-85m-from-andreessen-horowitz-valued-at-1b/.

45. Cook, "Daily Deal Site Zulily."

46. Scott Martin, "Zulily IPO Zooms 87.5% on First Day of Trading," *USA Today*, November 15, 2013, www.usatoday.com/story/tech/2013/11/15/zulily-ipo-rockets-84-in-trading/3582295/.

47. Daniel Wolfman and Chris Beier, "How a Disaster on Everest Inspired an Entrepreneur," video interview with Philip James, *Inc.com*, June 14, 2012, www.inc.com/chris-beier-and-daniel-wolfman/entrepreneur-lessons-how-a-disaster-on-everest-inspired-lot18-founder-philip-james.html.

48. Alyson Shontell, "Lot18 Closes a Whopping $30 Million Series C Round from Accel Partners," *Business Insider*, November 4, 2011, www.businessinsider.com/lot18–30-million-series-c-accel-partners-2011–11#ixzz2bnLG2XMT.

49. Adrienne Jeffries, "Layoffs at Lot18: 15 Percent of Employees Were Just Let Go from Fast-Growing Luxury Discount Site," *Betabeat*, January 19, 2012, www.betabeat.com/2012/01/19/layoffs-at-lot18-philip-james/.

50. Alyson Shontell, "Turnover at Wine Startup Lot18: 4 Senior Executives Gone in The Last Month," *Business Insider*, May 17, 2012, www.businessinsider.com/lot18-lost-4-senior-executives-in-the-last-month-2012–5.

51. Ibid.

52. Alyson Shontell, "Lot18 Continues To Crumble, Lays Off 11 More People," *Business Insider*, May 13, 2013, www.businessinsider.com/exclusive-lot18-lays-off-11-employees-2013–5.

53. Shontell, "Turnover."

54. Colleen Taylor, "Wine Site Lot18 Downsizes Again: UK Operations to Shut Down This Week," *TechCrunch* (blog), July 19, 2012, http://techcrunch.com/2012/07/19/lot18-closes-uk-operations/.

55. Scott Kirsner, "What's Next for Rue La La, Fast-Growing 'Flash Sale' Specialist Based in Boston?" *Boston Globe*, December 22, 2011, www.boston.com/business/technology/innoeco/2011/12/whats_next_for_rue_la_la_fast-.html.

56. Ina Steiner, "Rue La La Lays off Staff and Absorbs SmartBargains Discount Site," *eCommerceBytes*, January 13, 2012, www.ecommercebytes.com/cab/abn/y12/m01/i13/s02.

57. Kirsner, "What's Next for Rue La La."

58. Del Rey, "Vente-Privee's Granjon."

59. Rooney, "Vente Privee."

60. Misty McHenry, owner of Tutu Mania, comment on Empson, "Flash Deals Site Totsy," *TechCrunch* (blog), June 7, 2013, http://techcrunch.com/2012/07/17/totsy-series-b/?fb_comment_id=fbc_10151016464595816_26291425_10151622279875816#f131195cd600c.

61. Manish Sabharwal, CEO TeamLease, "TeamLease" video, London Business School, 2010.

62. Gobry, "Vente Privée Founder Explains."

63. Susan Berfield and Manuel Baigorri, "Knitting a Supply Chain," *BloombergBusinessweek*, November 18, 2013, 90–92.

64. Del Rey, "Vente-Privee's Granjon."

## Chapter 7    Build It for One, Then Sell It to All: Service-to-Product Models

1. Bill Gates, *The Road Ahead* (New York: Viking Penguin, 1995), 16–17.

2. Brent Schlender, "Bill Gates & Paul Allen Talk: Check out the Ultimate Buddy Act in Business History," *Fortune*, October 2, 1995, http://money.cnn.com/magazines/fortune/fortune_archive/1995/10/02/206528/index.htm.

3. Ibid.

4. Ibid.

5. Gates, *The Road Ahead*, page 48.

6. Schlender, "Bill Gates and Paul Allen Talk."

7. Gates, *The Road Ahead*, 49.

8. The GoViral story, except where otherwise noted, is drawn from interviews with Claus Moseholm, March 18, 2013, and Jimmy Maymann, March 27, 2013.

9. Claus Moseholm, interview with the author, March 18, 2013.

10. Ibid.

11. Ibid.

12. Ibid.

13. Jimmy Maymann, interview with the author, March 27, 2013.

14. Claus Moseholm, interview with the author, March 18, 2013.

15. Ibid.

16. Jimmy Maymann, interview with the author, March 27, 2013.

17. Ibid.

18. Claus Moseholm, interview with the author, March 18, 2013.

19. Ibid.

20. Butcher, "AOL Europe Acquires Branded Video Distribution Network."

21. The Rock Solid story is drawn from interviews with Ángel Pérez, September 16, 2012 and September 7, 2013.

22. Ángel Pérez, interview with the author, September 16, 2012.

23. Ibid.

24. The QuEST Global Services case history is drawn from Elizabeth Philp and John Mullins, "QuEST Global Services (A)" and "QuEST Global Services (B)," 2012, London Business School.

25. Philp and Mullins, "QuEST Global Services (A)," 9.

26. Ibid., 7.

27. Philp and Mullins, "QuEST Global Services (B)," 3.

28. For a structured way of assessing the attractiveness of new market opportunities such as these, see John Mullins, *The New Business Road Test: What Entrepreneurs and Executives Should Do* before *Launching a Lean Start-up*, 4th ed. (London: Pearson/FT Publishing, 2013).

# Chapter 8   Make It Happen: Put a Customer-Funded Model to Work in *Your* Business

1. Suster, "Why You Need to Ring the Freaking Cash Register."

2. Joy, "Large Problem," 214.

3. Ibid.

4. See www.pivotdesk.com.

5. TechStars' and the Foundry Group's Brad Feld, interview with the author, August 21, 2013.

6. Budgetplaces' John Erceg, interview with the author, September 5, 2013.

7. Finnish entrepreneur Justinas Katkus, interview with the author, September 6, 2012.

8. John Erceg, interview with the author, September 5, 2013.

9. Professor John Bates, London Business School, interview with the author, April 23, 2013.

10. Brad Feld, interview with the author, August 21, 2013.

11. Sussex Place Ventures' Richard Gourlay, interview with the author, May 9, 2013.

12. John Erceg, interview with the author, September 5, 2013.

13. Brad Feld, interview with the author, August 21, 2013.

14. Ibid.

15. Randy Komisar, Kleiner Perkins Caufield & Byers, interview with the author, December 3, 2012.

16. Professor John Bates, interview with the author, April 23, 2013.

17. Brad Feld, interview with the author, August 21, 2013.

18. Ibid.

19. A Suit That Fits founder Warren Bennett, interview with the author, July 12, 2013.

20. Jonathan Moules, "Made.com Gleefully Shuns High Street," *Financial Times*, January 31, 2013.

21. Raymond Johnson, University of Colorado, interview with the author, April 8, 2013.

22. Warren Bennett, interview with the author, July 12, 2013.

23. Paul Jerde, University of Colorado, interview with the author, April 3, 2013.

24. Ibid.

25. Ibid.

26. Author, educator, and investor Steve Blank, interview with the author, December 3, 2012.

27. Kennet Partners' Hillel Zidel, interview with the author, April 10, 2012.

28. Raymond Johnson, interview with the author, April 8, 2013.

29. Ibid.

30. Brad Feld, interview with the author, August 21, 2013.

31. Author, educator, and investor Steve Blank, interview with the author, December 3, 2012.

32. Anderson, "K. Ganesh at TutorVista."

33. Perry Blacher, Zulily Europe, interview with the author, December 17, 2013.

34. Jules Maltz and Daniel Barney, "Should Your Startup Go Freemium?" *TechCrunch* (blog), November 4, 2012, http://techcrunch.com/2012/11/04/should-your-startup-go-freemium/.

35. Patrick Clark and John Tozzi, "Unpacking the Box Bubble," *BloombergBusinessweek*, May 20, 2013, 53.

36. Greg Bettinelli, "My Reaction to Zulily's IPO Filing and Flash Sales Explained," *#LongLA* (blog), October 9, 2013, http://gregbettinelli.com/2013/10/09/reaction-to-zulilys-ipo-filing-and-flash-sales-explained/.

37. Perry Blacher, interview with the author, December 17, 2013.

38. Hillel Zidel, interview with the author, April 10, 2012.

39. Lydia Dishman, "The Strategic Retail Genius behind Zara," *Fortune*, March 23, 2012, www.forbes.com/sites/lydiadishman/2012/03/23/the-strategic-retail-genius-behind-zara/.

40. Rice, "What's a Dress Worth?"

41. Bettinelli, "My Reaction to Zulily's IPO Filing."

42. Perry Blacher, interview with the author, December 17, 2013.

43. Ibid.

44. Joe Clark, CEO of Prana Business, interview with the author, April 8, 2013.

45. For guidance on developing new products that your customers will actually want, see Steve Blank, *The Four Steps to the Epiphany* (Café Press, 2013).

46. Joe Clark, interview with the author, April 8, 2013.

47. Randy Komisar, interview with the author, December 3, 2012.

48. Brad Feld, interview with the author, August 21, 2013.

49. Randy Komisar, interview with the author, December 3, 2012.

50. Author, educator, and investor Steve Blank, interview with the author, December 3, 2012.

51. Ibid.

52. Richard Gourlay, interview with the author, May 9, 2013.

53. Joe Clark, interview with the author, April 8, 2013.

54. Brad Feld, interview with the author, August 21, 2013.

55. Eric Mueller, Chairman, Funovation, interview with the author, April 4, 2013.

56. Walter Chen, "Avoid the Series A Crunch by Customerstrapping Your Company," *Pando Daily*, July 26, 2013, http://pandodaily.com/2013/07/26/avoid-the-series-a-crunch-by-customerstrapping-your-company/.

57. Quoted in Gianforte and Gibson, *Bootstrapping Your Business*, i.

58. Author, educator, and investor Steve Blank, interview with the author, December 3, 2012.

# 후기

　내가 그동안 연관되었던 의미 있는 대부분의 다른 것과 같이, 이 책은 시작부터 한 팀의 노력으로 이루어져 있다. 나뿐만 아니라 다른 사람들에게도 자극이 되었고, 종종 다수의 특별한 창업 벤처를 이해하고 시작하는 놀라운 노력을 해준 나의 학생들과 시작되었다. 그들 중에서도 넬 데릭 드베브와스Nell Derick-Debevoise의 활약은 뛰어 났다.

　그녀가 Columbia와 런던 경영대학원에서 MBA를 받은 후 자신의 창업 벤처인 Inspiring Capital(www.inspiringcapital.ly)을 시작하는 동안, 넬은 친절하게도 이 책 속으로 진화한 연구 프로젝트에 나를 도와주기 위해서 많은 시간을 할애해 주었다. 많은 수의 회사에 관한 그녀의 끈질긴 확인과 검토, 그리고 그 회사들과 회사를 창업하고 성장시킨 창업자들에 관해서 우리가 알아낸 것을 논리정연하고 이용 가능한 사례기록으로 정리한 그녀의 능력은 결정적이었다. 그녀의 작업은 고객 자금화 모델의 유형으로 이어준 통찰력을 가능하게 만들었고, 생명을 얻게 된 이야기를 낳았다. "고마워요, 넬." 그녀의 기분 좋은 유머와 나에 대한 인내심을 굳이 언급하지 않더라도, 그녀의 작업이 없었으면 이 책은 존재하지 않았을 것이다.

　또한 넬과 내가 수행한 장황하고도 상세한 인터뷰에 친절하게 동의해 준 사람들에게도 감사를 전하며, 특별히 이 책의 사례 기록에서 여러 번에 걸쳐서 분석되어 있는 이야기의 주인공들인 MapmyIndia의 베르마 형제와 로한 베르마, Ryzex의 러드 브라운, Petals of the People의 샘 폴라로와 H.Bloom의 브라이언 버크하트, GoViral의 지미 마이만과 클라우스 모스홀름, Rock Solid의 앙헬 페레즈에게 감사를 전한다.

이런 인터뷰나 보조 자료로부터 출처를 삼든지 간에 각 장을 살아나게 하는 사례 기록은 단지 빙산의 일각에 불과하다. 나의 더욱 힘든 연구 과제는 고객 자금화 모델을 실제로 잘 돌아매장 만든 경험을 가진 창업자와 투자자로부터 통찰력을 추구하는 것이었다. 그들의 이름은 너무 많아서 여기에서 확인하기는 힘들지만, 제 8장과 때때로 다른 곳에서 그 사람들이 제공하는 교훈과 함께 찾을 수가 있다. 이 책 속에서 발견되는 유용한 아이디어와 모범 규준의 대부분은 아마도 그 사람들의 것이다. 해석에 있어서 어떠한 오차도 오롯이 나의 것임을 밝힌다.

어떤 광범위한 연구 프로젝트를 수행하고 결과를 해석하는 것은 물론 사람이 하는 일이지만, 또한 정당한 환경을 취하기도 한다. 작업에 충실할 수 있게 해준 관대한 연구 기금과 함께 비옥한 연구 환경을 제공해준 런던 경영대학원과 동료들에게 진심을 다한 감사를 전한다.

작업의 후기에 내가 원래의 아주 거친 원고를 시종일관한 모양으로 나르기 시작했지만 나의 Wiley 편집장인 리차드 나라모어Richard Narramore의 지혜가 빛이 났다. "리차드, 고마워요. 이 프로젝트에 확신을 가지고 메시지를 다듬는데 도와주고, 또한 그러지 않았다면 쉽지 않았을 내용을 더욱 이해하기 쉽게 만들어주어서." 그리고 제임스 프랄레이James Fraleigh는 더욱 선명하고 더욱 읽기 쉽도록 산문을 다듬는 최고의 작업을 해주었다. "여러분에게 경의를 표해요, 제임스!" 우리 모두를 제자리에서 즐겁게 일할 수 있도록 해준 Wiley의 티파니 콜롱Tiffany Colon에게도 역시 감사의 인사를 전한다.

마지막으로, 활동적이며 힘이 넘치던 소년이던 나의 어린 시절에 글을 읽고 쓰는 것이 뒷마당에서 하는 축구나 학교 운동장에서 하는 야구만큼이나 재미있다는 것을 알려주신 것에 대해, 나의 어머니인 엘리스 멀린Alice Mullins과 선친인 잭 멀린스Jack Mullins께도 감사의 마음을 전한다. "어머니, 그 모든 밤에 학교 에세이를 다듬는 것을 도와주시고 계속해 주신 것이 결국 나에게는 엄청난 즐거움이었어요!" 중년에 박사학위를 거쳐서 경력을 바꾸었을 때 싫어도 '나의 뒷머리'를 참고 봐주었던 40년 이상 나의 훌륭한 아내인 도나Donna에게도 고마운 마음을 전한다.

이 책의 많은 부분이 쓰여졌던 2013년의 여름 동안 나의 아내는 나의 많은 면을 봐야만 했다. 의심할 여지없이 그녀도 나와 함께 자전거를 타고 여행을 하기를 바랐을 것이다. 비록 아마도 내가 조금 천천히 작업하기를 바랐을 수도 있지만, 도나는 모든 과정에서 관대하고 지지하는 나의 동반자였다. 그녀가 알게 된 것처럼 '천천히' 그리고 '정지'라는 말은 나의 사전에는 없다. 하지만 어쨌든 그녀는 나를 사랑하고 지지해준다.

창의력과 연구심으로 세상을 돌아매장 만드는 인도와 아프리카 같은 곳에서 대도시나 벽촌에 있는 회사의 구석진 자리에 숨어 있는 사람들을 포함해서, 수많은 창업자들에게 나의 진심어린 감사를 전하면서 마무리하려 한다. 이 책 속의 이야기들이 증명하는 것처럼 사업 세계의 나머지는 그들로부터 배울 것이 많다는 것이 나의 견해이다. 직접적이든 간접적이든 그들이 만들어내는 생계 없이는, 그리고 계속 증가하는 속도에 우리의 세상을 바꾸고 있는 그들의 혁신 없이는, 우리의 삶은 확실히 덜 흥미로울 것이며 덜 만족스러울 것이다. 여러분 모두에게 감사를 표한다!

2014년 3월 존 멀린스

# 연구 과정

이 책이 그 한 부분인 연구의 여정은 런던 경영대학원에서 2000년의 안식년을 보내면서 출발했다. 거기에서 여러 달 동안 생각과 공부에서 벗어나서, 창업의 실패율 쪽으로 방향을 잡으려고 노력하면서 내가 바랐던 것이 창업의 기회를 평가하는 더 낫고 더욱 원칙에 입각한 방법인가를 확인하려고 시도해 보았다. 다행히, 그 연구가 나의 "일곱 개의 도메인" 체제에서 결실을 맺어, 'The New Business Road Test'에서 개발되어 2003년에 초판을 내게 되었고, 새로운 개정판을 2006년, 2010년, 그리고 2013년에 출판하였다.

그때, 일곱 개의 도메인 체제를 수백 명의 창업자에게 적용하는 나의 작업이 사업 모델 속으로 더욱 깊이 파고 들게 하였다. 특히 항공 산업의 Southwest와 Ryanair 그리고 의류 소매업의 Zara와 같이 진짜 타개에 박차를 가한 사업 모델을 말한다. 다시 한 번 말하지만, 랜디 코미사르Randy Komisar와 함께 저작한 책인 『Getting to Plan B』는 즐거운 결과였다.

『Getting to Plan B』안에 소개한 이야기의 회사들을 연구하면서, 그리고 대부분 사업 타개의 핵심에는 수익이 아닌 자금 흐름이 놓여 있다는 것을 직관적으로 이해하는 성장 지향의 창업자와 다른 사업 지도자들과 함께 진행된 나의 작업에서, 실용적인 자금 모델이 지속되는 성공의 중심에 자리하고 있는 Dow Jones와 Costco처럼 자체적으로 분석을 해 놓은 회사들에, 나는 더욱 흥미를 갖게 되었다. "어떻게 더 나은 실용적인 자금 모델이 만들어질 수가 있을까?"하고 나는 궁금했다. "그리고 만일 그 실용적인 자금 모델이 충분히 잘 만들어지면, 필요한 자금을 모으기 위해서 고객들로부터 시간을 빼앗기보다 긴 시간이 아니라면 적어도 출발할 때만이라도 창업자들이 고객의 자금을 사업에 조달하도록 해줄 수 있을까?"

내 연구 여정의 최근의 국면이 2012년에 시작되면서, 나의 연구 파트너이자 과거의 제자(그리고 그녀의 정당한 자격으로 한 사람의 창업자)인 넬 데릭-드베부아스와 나는 고객의 자금으로 사업을 시작한 것으로 보이는 회사들을 찾기 시작했다. 결국은 여기에 접합되어 있는 고객 자금화 다섯 가지 모델을 종합하면서 그 회사들이 어떻게 했는지 혹은 하지 않았는지를 알아보기 위해서 그 회사들의 접근 방식을 살펴보았다. 시작하면서 우리가 찾은 40개 이상의 후보들 중에서, 거의 20개로 리스트를 추려서 그들의 매혹적인 이야기를 여기에 소개했다.

동시에, 나는 고객 자금화 모델의 효과적인 실행에서 무엇이 문제인지를 더 잘 이해하는 쪽으로 신경을 쓰면서 창업자들과 투자자들(벤처 캐피털과 엔젤 투자자 양쪽 다)을 인터뷰하기 시작했다. 오래 전에 내가 배운 것처럼, 계획을 세우는 것은 중요하지만 결과를 가져다주려면 실행이 정말로 중요하다. 나는 궁금해졌다.

**"다섯 가지 모델의 각각을 적용하려면 가장 좋은 환경은 무엇이었을까? 어떻게 하면 최선의 실행이 이루어질 수 있었을까? 길을 따라 잠복하고 있는 일반적인 함정은 무엇일까? 엔젤 투자자나 다른 투자자들이 물어봐야 할 다섯 가지 모델 각각에 대한 핵심 질문은 무엇일까?"**

나와 넬이 함께 한 연구의 결과는 여러분이 지금 손에 쥐고 있거나 화면상에서 보고 있는 것들이다. 세계적으로 가장 혁신적이고 야심적인 창업자와 그들이 세운 성공했거나 혹은 여러 주목할 만한 경우에 성공하지 못한 회사들의 영감을 주는 이야기들.

우리가 식별해서 다섯 가지 다른 고객 자금화 모델로 정리한 이야기들은 고객이 모아준 자금 뿐만 아니라 한 사람의 창업자로서의 인생에 관한 교훈을 생생하게 들려주기 때문에 아마도 이 책의 가장 매력적인 부분일 것이다. 여기에 묘사된 것처럼, 막 시작하거나 장시간 안정되어 있거나 크거나 작거나 모든 종류의 회사들과 투자자들도 역시, 기업 회원과 그들의 이야기로부터 어떻게 시작하고 어떻게 재정 관리를 하고 어떻게 성장시키는가에 관한 중요한 교훈을 배울 수 있을 것이다. 아마 창업자와 다른 사업 지도자들 그리고 투자자 부류를 위한 이 책의 가장 간결하게 교훈적인 부분은 우리의 연구 여정이 밝혀놓은 핵심 교훈을 요약해서 전해주는, 제 2장부터 제 8장까지의 끝부분에 있는 체크리스트들이다.

이 책은 창업자와 그들 회사의 아주 소수 샘플에 근거한 소위 '귀납적 연구'라고 불리는 결과물이기 때문에, 여기에 제시한 교훈을 배워야 할 유일한 것이라거나 급속하게 변화하고 있는 세상에서 100% 영원히 세월의 시련을 견디어 낼 것이라고 주장하지는 않을 것이다.

내가 그려낸 식견에서의 오류는 순전히 나의 몫이다. 창업 세계는 규칙을 깨뜨리는 용기 있고 사려 깊은 사람들로 가득 차 있기 때문에, 또한 그런 식견들이 반드시 '맞다'고 주장하지도 않겠다. 독자 여러분들이 이곳에 깨뜨리라고 만들어놓은 교훈을 발견할 수도 있다.

하지만 이 책에서 내가 알아내고 열거한 교훈들이 내일의 창업자와 투자자 그리고 경영자들을 격려해서, 적어도 출발 시점에서 투자자들로부터 자금을 모으기보다는 무엇보다 먼저 고객들의 문제와 충족되지 않은 요구사항을 해결하는데 노력을 집중하기를 희망해 본다.

여러분이 주목하지 않을 수 없는 많은 이야기들을 이 책 속에서 보았을 것과 같이, 여러분의 고객을 제대로 보라. 그러면 만약 조금이라도 여러분이 필요하다면 투자자들은 십중팔구 뒤를 따른다.

# 저자 존 멀린스는 누구인가?

창업자와 투자자로부터 배우고 있거나 그들과 함께 일하면서 세상에 나오지 않을 때, 존 멀린스는 그의 시간을 세상에서 가장 매혹적이고 살기에 적합한 도시인 런던과 로키산맥의 산기슭 끝자락에 아늑하게 자리 잡은 훨씬 작고 정겨운 콜로라도 주의 골든 마을에서 시간을 보낸다. 이전에 창업도 해봤고 지금은 런던 경영대학원에서 수상 경력이 있는 교수로 재직하고 있는 존은 두 권의 베스트셀러의 저자이며, 현실 세계에서 창업 회사에 관한 수십 회의 사례 연구 뿐 아니라 40권 이상의 책을 출판했다.

이제 4판이 된 존의 첫 번째 책, 『The New Business Road Test: What Entrepreneurs and Executives Should Do Before Launching a Lean Start-up(창업자와 경영자는 린 스타트업을 시작하기 전에 무엇을 해야만 하는가)』는 창업 기회를 평가하는데 있어서 결정적인 작업이 되었다.

유명한 벤처 캐피털 투자자인 랜디 코미사르와 함께 한 그의 두 번째 책, 『Getting to Plan B: Breaking Through to a Better Business Model(더 나은 사업 모델로 돌파하기)』는 비평적으로 칭찬을 받았고, 종종 잘 듣지는 않지만 창업자들이 최초의 'Plan A'로부터 더욱 경제적으로 실행 가능한 'Plan B'에 이르도록 도와주기 위해서 하나의 현장 테스트한 과정과 틀을 제공한다.

존은 창업정신, 자신의 사업을 성장시키기, 그리고 높은 잠재력이 있는 벤처의 시작과 자금조달에 관하여 전 세계의 청중들에게 인기 있는 연설가이다.

# 허황된 꿈인가?
# 방법을 모르는 것 뿐인가?

창업이나 스타트업을 시작하려는 사람들에게 가장 큰 고민은 무엇일까? 그것은 바로 '고객'이라고 생각합니다.

이것은 어떻게 보면 간단하고 기본적인 것일지 모르지만 창업자들은 기본적으로 고객을 어떻게 만족시킬지, 어떻게 물품이나 서비스를 그들에게 잘 팔 수 있을지에 대한 답을 얻기 위해 하루에 몇 시간씩 머리를 싸매고 고민합니다. 또한 고객을 유치할 수 있는 유일한 방법은 벤처 회사들에게 투자를 받거나 대출을 받은 뒤 이 자금으로 마케팅을 하거나 물품이나 서비스를 더 발전시키려고 노력하는 것이라고 생각합니다. 그래서 서비스나 물품의 본질을 개발하고 더 낫게 만들려는 노력보다는 어떻게 하면 투자를 받을 수 있을까에 대해 더 많은 시간을 할애하곤 합니다.

거의 대부분 사람들은 어떻게 고객을 찾을까 하는 두려움 때문에 창업에 대해 회의적이고 어렵다고 생각합니다. 특히, 기발하고 새로운 아이디어는 있지만 그 아이디어를 뒷받침할 수 있는 자금을 조달할 수 없을 것이라는 막연한 두려움 속에서 많은 똑똑한 잠재적 창업자들이 그들의 가능성을 접곤합니다.

창업(Entrepreneurship) 분야에서 가장 유명하고 저명한 교수 중

한 명인 존 멀린스 교수가 항상 강조하는 키워드 또한 '고객'입니다. 그의 책 제목인 『Customer Funded Business』, 직역하면 '고객을 자금화한 사업'이라는 것에서 알 수 있듯이 그는 '고객'을 단순히 자신 아이템이나 서비스를 사들이는 대상이 아니라 자금을 대주는 사람으로 생각하는 발상의 전환이 필요하다고 주장합니다.

그는 상품이나 서비스를 출시하기 전에 고객들에게 인정을 받고 그들이 먼저 물건을 사게끔 만듦으로써 그들을 하나의 사업 파트너로 여기라고 이 책에서 강조하고 있습니다. 고객을 아이디어의 검증 대상이자 사업의 자금을 대주는 투자자로 삼음으로써, 두 마리 토끼를 한 번에 잡을 수 있다는 것입니다. 고객은 번뜩이는 아이디어 상품이나 서비스를 남들보다 빠르게 그리고 더 저렴한 가격으로 먼저 접할 수 있고, 자신들의 자금을 선금으로 받은 회사는 이러한 검증 과정에서 일어난 실수나 고칠 점, 혹은 더 개선할 수 있는 점들을 보완해서 더 나은 물품이나 서비스를 출시하는데 그 비용을 사용할 수 있는 것입니다. 한마디로 말해서, 서로 득을 보는 win-win situation인 것이죠. 아마 이 세상에는 여러분과 같은 아이디어와 생각으로 창업을 하고 싶거나 혹은 하고 있는 사람들이 있을 것입니다. 하지만 그들이 투자를 받거나 자금을 모으기 위해 바쁠 때, 여러분이 고객에게 집중하고 그들로부터 투자금을 받아낼 수 있다면 성공하는 쪽은 단연 여러분 쪽이 될 것입니다.

존 멀린스 교수는 고객을 사업 파트너로 만들 때 총 다섯 가지 모델을 제안합니다. 중개인 모델, 선불 모델, 회원가입 및 Saas 모델, 희소가치와 반짝세일 모델, 그리고 서비스를 제품으로 바꾸는 모델.

이 다섯 가지 방법은 우리가 흔히 생각할 수 있는 크라우드 펀딩이나 벤처 캐피털로부터 자금을 모으는 방법과 유사할 수는 있으나 본질적으로 매우 다른 양상을 띄고 있습니다. 크라우드 펀딩의 경우, 존 멀린스 교수가 제안하는 다섯 가지 모델들 중에서 하나의 예시일 뿐입니다. 또한 벤처 캐피털의 경우, 보통 회사에 막대한(혹은 적은) 자금을 투자하는 명목으로 회사지분을 가져가게 됩니다.

이 경우 투자를 받은 회사의 입장에서는 당장 자금이 생기기 때문에 좋은 일일 수 있으나, 큰 그림으로 보았을 때 그 지분이 회사나 창업자들에게 끼칠 손해는 막대해질 수 있습니다. 하지만 고객에게 자금을 모으는 존 멀린스 교수의 모델을 사용하여 자금을 모을 경우, 회사의 지분을 잃을 염려도 없을 뿐더러 오히려 고객들에게 스스로 마케팅을 하게하고 그들에게 검증을 받는 것이기 때문에 회사가 성장하는 데 큰 기여를 할 수 있습니다.

개인적으로 스타트업에 몸담고 있는 창업자로서 존 멀린스 교수가 제안한 다섯 가지 모델들(그 중에서도 특히 제 회사와 큰 연관이 있는 중개인 모델)은 저에게 적지 않은 영감을 주었습니다. 시작한 지 얼마 되지 않은 시점에서 앞으로 나아가야 할 방향, 문제점, 그리고 가장 고민 되었던 회사의 성장에 관련된 많은 해답들을 이 책과 존 멀린스 교수의 가르침에서 얻었습니다.

각 모델을 그저 설명하는 것이 아니라 직접 각 모델들을 성공적으로 사용하여 성장한 회사들과 소통하여 각 회사의 이야기를 존 멀린스 교수 특유의 위트로 재미있고 흥미롭게 풀어나감으로써, 독자로서 또 창업자로서도 손을 떼지 못할 정도로 집중해서 읽은 책입니다.

다섯 가지 모델을 그저 제안만 하는 것이 아니라 창업을 시작하고 싶지만 어디에서부터 시작해야 하는지, 각각 모델의 문제점과 어떠한 함정이 있을 수 있는지에 대해서도 명확히 제시함으로써 존 멀린스 교수는 여러분의 창업 성공을 응원하고 있습니다. 창업자뿐만 아니라 엔젤 투자자가 이러한 창업자들의 아이디어와 그들의 성장에 대해 어떻게 대해야 하는지도 자세하게 설명하고 있기 때문에 이 책은 창업자들이 늘 곁에 두고 펼쳐보며 조언을 얻을 수 있는 속이 꽉 찬 책이라고 할 수 있습니다.

존 멀린스 교수가 말한 것처럼 이 다섯 가지 모델을 아는 것만으로 성공할 수는 없습니다. 가장 중요한 것은 여러분 자신이나 혹은 여러분이 책을 권해주려는 사람이 다섯 가지 고객자금화 모델 중 사업과 알맞은 모델을 고른 뒤 그것을 활용하는 것입니다. 존 멀린스 교수는 책에서 다섯 가지 모델 중에서 여러분의 모델을 선택해서 자신만의 여정을 시작하라고 제안합니다.

이제 이 책을 읽고 난 뒤 고객으로부터 자금을 받아서 사업을 시작하는 것이 신기루가 아니라 실제로 일어났고 일어나고 있는 일이라는 것을 이제 여러분들은 깨닫게 될 것입니다. 하지만 여러분은 그래도 약간은 주저하며 "왜 지금 해야 하죠?"라고 물을 수도 있습니다. 그렇다면 존 멀린스 교수는 여러분에게 이렇게 다시 물을 것입니다. "왜 지금 하지 않아야 하죠?"

마지막으로 이 책에 나온 전문 용어들이나 몇 가지 표현들은 독자들의 원활한 이해를 돕기 위해서 백과사전 등에서 인용하여 〈주〉로 표기했음을 밝히며, 번역의 오류나 미숙함은 오롯이 번역자에게 있음을 고백합니다.

2016. 11  관악재에서
옮긴이 정우용

# 빈손으로 창업하라
## THE CUSTOMER-FUNDED BUSINESS

2016년 12월 5일 초판 1쇄 인쇄
2016년 12월 12일 초판 1쇄 펴냄

지은이 | 존 멀린스
옮긴이 | 정우용
펴낸이 | 이철순
디자인 | 이성빈

펴낸곳 | 해조음
등   록 | 2003년 5월 20일 제 4-155호
주   소 | 대구광역시 중구 남산로13길 17 보성황실타운 109동 101호
전   화 | 053-624-5586
팩   스 | 053-624-5587
e-mail | bubryun@hanmail.net

ISBN  978-89-92745-53-6 03220